U0559697

**谨以此书献给**

秦始皇帝陵兵马俑考古发掘50周年

秦始皇帝陵博物院/秦始皇兵马俑博物馆建院（馆）45周年

Dedicated to the 50th anniversary of the archaeological excavation of the Terracotta Army of the Emperor Qinshihuang's Mausoleum and the 45th anniversary of the founding of the Emperor Qinshihuang's Mausoleum Site Museum / Terracotta Army Museum

# 秦始皇兵马俑一号坑新出土彩绘陶质文物保护修复报告

（2010～2022）

秦始皇帝陵博物院
陶质彩绘文物保护国家文物局重点科研基地
陕西省陶质及彩绘文物保护修复工程技术研究中心
著

科学出版社
北京

## 内 容 简 介

本书是对秦始皇帝陵一号坑新出土大型陶质彩绘兵马俑保护修复技术的总结，系统介绍了考古现场出土文物应急保护、信息提取方法、科学检测分析、病害认知类型、保护修复过程、数字化辅助修复研究及制作工艺探讨等，以典型的案例互补复杂彩绘文物保护修复的方法。

本书适合从事考古与文物保护技术、秦文化研究，特别是古陶瓷文物保护修复技术的研究人员及大中专院校相关专业的学生阅读、参考。

---

**图书在版编目（CIP）数据**

秦始皇兵马俑一号坑新出土彩绘陶质文物保护修复报告：2010～2022 / 秦始皇帝陵博物院，陶质彩绘文物保护国家文物局重点科研基地，陕西省陶质及彩绘文物保护修复工程技术研究中心著. —北京：科学出版社，2024.7

ISBN 978-7-03-078402-5

Ⅰ. ①秦… Ⅱ. ①秦… ②陶… ③陕… Ⅲ. ①秦俑—古代陶瓷—文物保护—研究报告—2010-2022②秦俑—古代陶瓷—器物修复—研究报告—2010-2022 Ⅳ. ①K878.84

中国国家版本馆CIP数据核字（2024）第078310号

---

责任编辑：樊 鑫 / 责任校对：张亚丹

责任印制：赵 博 / 封面设计：张喆文

科学出版社 出版

北京东黄城根北街16号

邮政编码：100717

http://www.sciencep.com

涿州市般润文化传播有限公司印刷

科学出版社发行 各地新华书店经销

*

2024年7月第 一 版 开本：787×1092 1/16

2025年9月第二次印刷 印张：24

字数：570 000

**定价：328.00元**

（如有印装质量问题，我社负责调换）

# Conservation and Restoration Report on Excavated Polychrome Pottery Statues from the Terracotta Army Pit 1 (2010–2022)

Emperor Qinshihuang's Mausoleum Site Museum

Key Scientific Research Base of Ancient Polychrome Pottery Conservation, National Cultural Heritage Administration

Engineering and Technology Research Center of the Ancient Pottery and Polychrome Conservation and Restoration, Shaanxi Province

Science Press
Beijing

# 序　一

秦兵马俑被誉为“二十世纪考古史上最伟大的发现之一”。秦兵马俑作为秦始皇帝陵园的一部分，为我们研究秦代军事制度、服饰文化、雕塑艺术、制作工艺、组织管理、民族融合等诸多方面提供了极为重要的实物资料。兵马俑是古代雕塑艺术的宝库，为中华民族灿烂的古老文化增添了光彩，也给世界艺术史补充了光辉的一页。1987年12月，联合国教科文组织已将秦始皇陵（包括兵马俑坑）列入《世界遗产名录》。

秦兵马俑一号坑第三次考古发掘，是在前两次考古发掘资料归纳整理的基础上，力求进一步做到更为科学化、规范化和精细化考古。自2009年至2022年底，历时十三年，发掘面积430平方米，占一号坑总面积3%，出土陶俑240件，陶马16匹，以及大量兵器、车迹、建筑遗迹。考古现场调查发现出土陶俑、陶马存在不同程度的损坏，陶胎表面残存的彩绘极易脱落，保护修复迫在眉睫。2010年，基于考古发掘与文物保护的需要，博物馆组织文保专家现场进行应急性保护处理出土的彩绘陶俑，同时由专业技术人员编写保护修复方案。2011年4月，国家文物局通过了《秦俑一号坑新出土兵马俑保护修复方案》的评审和批复文件。这是个重大的科研项目。

本项目是在国家文物保护行业标准颁布后实施的全国重点保护修复项目之一，严格遵守《中华人民共和国文物保护法》、《中华人民共和国文物保护实施条例》等法律法规及保护修复的基本原则。通过多年的不断实践，以传统修复和现代修复相结合，运用科技手段不断地创新保护修复工作；陶俑残片信息资料收集相对全面，尤其是现场保护方面对陶俑、陶马表面彩绘及脱落在泥土上的彩绘遗迹和各种迹象进行前期信息收集，环境监测、现场保护（固型、固色）和提取保护等都取得了可喜的成就。实施修复过程中进一步明确了陶俑的制作程序，不断提升和探讨大型陶质彩绘文物的修复技术，针对大型陶质彩绘文物，开展清理技术前期试验粘接技术，进一步科学、规范化保护修复操作程序。

至2022年底，完成了140件陶俑、陶马的科学保护修复研究。以一号坑新出土的兵马俑保护修复项目为基础，科研成果丰硕，发表论文80余篇，出版专业著作8部，承担国家课题3项、国家文物局课题4项、省部级重大课题2项，申请专利（发明专利\实用新型专利）9项，制定国家标准2项。作为最早获得可移动文物保护修复资质的单位，在陶质彩绘文物保护修复项目实施过程中，通过技术培训与项目合作将实践经验与研究成果对外推广，培养了一支专业的文物保护修复队伍，提升了文物保护修复技术水平。

该书是项目成果的梳理与总结，详细介绍了考古发掘背景，文物出土保存现状，科学检测分析、保护修复实施，制作工艺以及秦代制陶工匠信息收集，数字化技术应用探索，将传统修复与现代修复相结合，针对不同的修复对象，采取相应的保护修复个例，建立统一的文物保护修复档案。优化了大型陶质彩绘文物保护修复技术和工艺，形成了陶质彩绘文物保护修复规范，大大提升了陶质彩绘文物保护修复研究水平。

该书的出版是考古工作的一件大事，是多年科研成果的结集，凝聚着多人的心血和汗水。我对该书的出版，由衷地表示欣喜和祝贺！值此《秦始皇兵马俑一号坑新出土彩绘陶质文物保护修复报告（2010～2022）》出版之际，又欣逢秦始皇帝陵兵马俑发掘50周年［秦始皇帝陵博物院/秦始皇兵马俑博物馆建院（馆）45周年］，谨向参加秦兵马俑考古发掘、保护修复、陈列展示、科学研究、社会教育的全体同志表示祝贺并致以诚挚的谢意。随着考古工作的深入发展，兵马俑坑还会有更多新的遗迹、遗物出现，文物的保护修复工作仍任重道远，希望再接再厉，不断精益求精，开拓创新，取得更辉煌的成绩。

袁仲一

2024.03.15于西安

# 序　二

秦始皇兵马俑坑是秦始皇帝陵园的一组大型陪葬坑，位于丽山园东1.5千米，是中国古代雕塑艺术史上的一颗明珠，被誉为“世界第八大奇迹”、“二十世纪考古史上最伟大的发现之一”。秦始皇陵是第一批全国重点文物保护单位，1987年被列入《世界遗产名录》。

2009年6月，秦始皇帝陵博物院独立对兵马俑一号坑T23方进行了第三次考古发掘，发掘面积430平方米，至2022年底，共出土兵马俑256件（其中陶马16匹）。基于遗址博物馆考古发掘与文物保护知识的普及、公众教育、陈列展示工作的需要，采取边开放、边考古、边保护、边修复、边展示的一体化新模式让中外观众近距离感受秦俑的科技考古、科学保护修复理念的全过程。

秦俑一号坑新出土兵马俑保护修复项目，是配合第三次考古发掘工程，严格按照国家文物局批复的《秦俑一号坑新出土兵马俑保护修复方案》和文物保护修复行业标准执行。从2009年到2022年，文保科技工作者历经十三年的接续传承，科学、规范、创新、求实的工作作风，保护修复了140件新出土的兵马俑。

项目实施中，始终秉承历史真实性、最小干预性、材料兼容性、可再处理性等原则，融合考古、历史、艺术、科学、数字化手段等多学科、多领域、多角度研究，充分地认识和解读了兵马俑的历史价值、艺术价值、科学价值和社会价值；本项目全方位地分析了彩绘兵马俑理化性能、病害机理，加深了对文物病害的科学认知；使我们更直观地了解了兵马俑制作工艺，更深入地理解了秦兵马俑的艺术水平，极大地丰富了秦代社会生产力与生产水平研究的史料；将传统修复与现代修复方法相结合，科学地对残破兵马俑进行了保护修复。尤其在考古现场出土文物固型固色、颜色监测、粘接材料筛选、彩绘提取回贴、数字化保护应用等方面均体现了修复经验和修复技术的突破与创新，实现了在考古现场对多种材质脆弱遗迹进行固型并提取，优化了陶质彩绘文物粘接工艺，大大提升了秦俑表面彩绘价值和展示效果，为秦俑的保护和修复提供了科学化个性化的保护措施和建议，其中薄荷醇固型一号坑脆弱陶质文物及遗迹的现场提取技术在全国推广与应用，并成功固型提取了多种材质类型文物及遗迹。

该书全面地、系统地总结了一号坑出土陶质彩绘文物保护修复全流程，阐释了新时代文物保护理念，为优化修复工艺和改善秦兵马俑的保存环境提供了科学依据，提升了秦俑彩绘文物保护修复的技术水平。该书是博物院建院以来第一本关于秦始皇陵出土彩绘陶质文物保护修复的书籍，更是秦始皇陵兵马俑一号坑考古发掘50周年的重要成果之一。

该书不仅是一本修复报告，更是一大批秦俑文物研究与修复工作者成长、成熟历程的见证，它是集体智慧的结晶。几代文保科技工作者披荆斩棘、负重前行，为探源秦代文脉、传承历史文化、守护精神标识做出了巨大的努力和贡献！“古人学问无遗力，少壮工夫老始成”，未来我们更应共同努力继往开来，砥砺前行，采用更科学、更先进、更有效的手段，守护好、传承好这处宏大的中华瑰宝、秦代雕塑精粹！

秦始皇帝陵博物院副院长
陶质彩绘文物保护国家文物局重点科研基地主任 周萍

2024.05.16于秦俑馆

# 目　录

# Contents

# 第一章　绪　　论

## 一、秦始皇兵马俑一号坑考古发掘历史

秦始皇帝陵坐落在西安以东38千米的临潼区，南倚骊山，北临渭水，南高北低，气势雄伟，陵园规模宏大，总面积为56.25平方千米，陵上封土原高约115米，现仍高达76米，陵园内有内外两重城垣，内城周长3840米，外城周长6210米。墓葬区在南，寝殿和便殿建筑群在北，今尚残留遗址。1961年，秦始皇帝陵被国务院公布为第一批全国重点文物保护单位。1987年，秦始皇帝陵及兵马俑坑被联合国教科文组织列入《世界遗产名录》。

据初步统计，目前在秦始皇帝陵园附近已发现各种陪葬坑180余座，其中兵马俑坑为表现秦代军事内容的陪葬坑，共三座，总面积达2万余平方米。三座陪葬坑呈“品”字形分布，紧密相连，按照发现的先后顺序，分别编为一、二、三号坑（图1.1）。

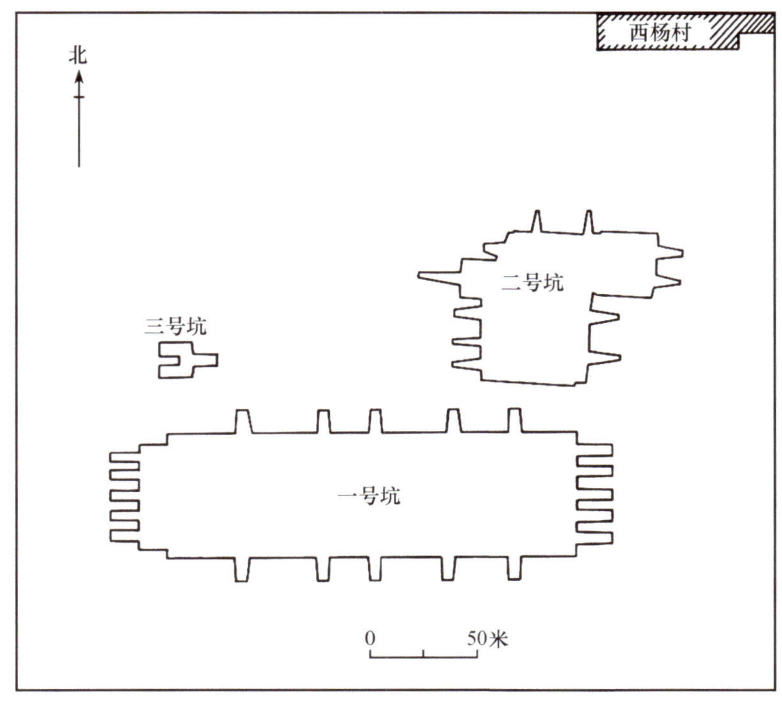


图1.1　兵马俑一、二、三号坑分布示意图

一号兵马俑坑总面积14260平方米，按照排列的密度估计，全部发掘后可出土陶俑、陶马6000余件。目前，一号坑已进行过三次正式发掘，见图1.2。兵马俑一号坑于1978年5月至1981年9月进行了第一次正式发掘。集中清理一号坑东端的五个探方（T1、T2、T10、T19、T20），发掘面积为2000平方米。共出土木质战车8乘，拉车的陶马32匹，各类武士俑1087件及大量青铜武器与车马器。1984年着手编写《秦始皇陵兵马俑坑一号坑发掘报告（1974—1984年）》①，由文物出版社于1988年正式出版。

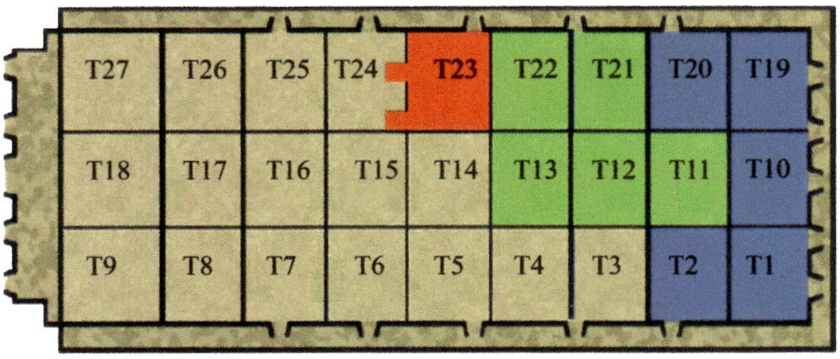

| T27 | T26 | T25 | T24 | T23 | T22 | T21 | T20 | T19 |
|---|---|---|---|---|---|---|---|---|
| T18 | T17 | T16 | T15 | T14 | T13 | T12 | T11 | T10 |
| T9 | T8 | T7 | T6 | T5 | T4 | T3 | T2 | T1 |

图1.2　一号坑三次发掘位置示意图

（第一次考古发掘位置-紫色区域；第二次考古发掘位置-绿色区域；第三次考古发掘位置-橙色区域；土黄色区域未发掘）

1986年3月至1987年初，对一号坑进行了第二次正式发掘。新开五个探方（T11、T12、T13、T21、T22），发掘面积2000平方米。后因故暂停，以上两次发掘单位均为陕西省考古研究所（现陕西省考古研究院）。

2009年至2022年，秦始皇帝陵博物院对一号坑进行第三次正式发掘，发掘位置位于T23、T24，发掘面积430平方米，出土陶俑256件（其中陶马16匹），车迹4乘以及大量的兵器、建筑遗迹等，出版了第一阶段考古报告《秦始皇帝陵一号兵马俑陪葬坑发掘报告（2009—2011年）》②。第三次考古发掘出土陶俑、陶马的位置见图1.3。

## 二、一号坑第三次考古发掘的意义

一号坑第三次考古发掘由秦始皇帝陵博物院获得团体领队资格后首次独立主持发掘，在以下四个方面较前两次发掘有明显的特色。

（1）发掘前做了充分的论证。在发掘开始之前邀请了张忠培、徐苹芳、袁仲一、焦南峰、王建新等二十余位著名考古学家就发掘方案进行了讨论和论证，并邀请张忠培、徐苹芳、袁仲一、焦南峰等专家担任顾问。

① 陕西省考古研究所、始皇陵秦俑坑考古发掘队：《秦始皇陵兵马俑坑一号坑发掘报告（1974—1984）》，文物出版社，1988年。

② 秦始皇帝陵博物院：《秦始皇帝陵一号兵马俑陪葬坑发掘报告（2009—2011年）》，文物出版社，2018年。

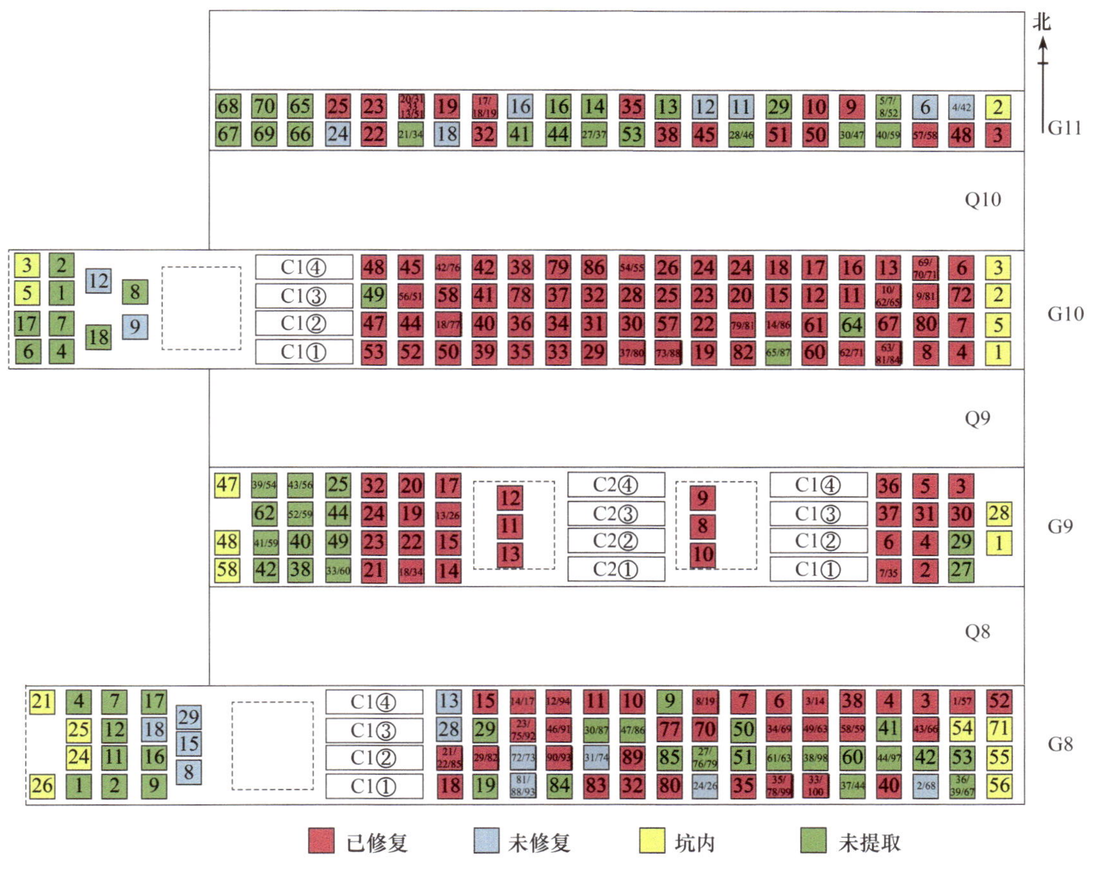


图 1.3 一号坑第三次发掘出土陶俑陶马位置示意图

（“Q” 为隔墙的编号前缀；“G” 为过洞的编号前缀；“C” 为车的编号前缀）

（2）文物保护、彩绘修复受到高度重视。发掘队伍中既有考古方面的专家，也有文物修复、彩绘保护等方面的专家。具体来说，在领队负责制的基础上，分为现场发掘、文物修复、彩绘保护三个组，分工协作，各司其职。

（3）发掘条件好，可以进行精细化操作，获取更多的遗存信息。本次发掘位于博物院内，一号坑遗址建有保护大棚，发掘时间、资金充足。发掘从大处着眼，小处着手，紧扣细部，尤其是在陶俑、陶马方面，按每个个体出土现状、彩绘保存状况、制作痕迹、陶文、体型、面型等逐项记录，并从整体上分析陶俑的形象姿态与出土位置的关系，从而能够获得充分的遗存线索来进一步分析俑坑军阵的排列规律。

（4）使用了先进的文物保护设备，尝试运用多项新的修复和采集整理数据的方法。秦陵博物院建有专门的文物保护修复部，2005 年，获批陶质彩绘文物保护国家文物局重点科研基地，实验室可以对陶俑、青铜器、石器等文物进行科学的修复与保护和相关的研究工作，可以全天候监测秦俑坑乃至秦陵周边地区环境，收集整理温湿度监测数据。利用该实验室的设备可以分析彩绘的颜料成分、颜料色彩锐变机理，观察和分析彩绘层次结构，开展彩绘文物保护剂对比研究及老化测试等方面研究工作。本次发掘首次尝试运用计算机技术拼对陶俑，利用3D等数字化信息技术提取、储存资料。发掘过程中非常注意脆弱遗迹、遗物的识别和提取，在发掘的同时着手对这些遗存的材质和加工工艺等方面进行研究。发掘过程中广泛提取遗迹、遗物样品进行科技检测。

兵马俑一号坑第三次发掘坚持考古发掘、文物修复、彩绘保护、科技分析检测密切配合，多学科、多渠道、最大化地获取资料，虽然发掘面积不及前两次发掘的四分之一，但是获取了大量有用信息，在俑坑军阵排列、武器配备、防护设备、指挥器具、秦俑的体型与面型、秦俑的制作流程、彩绘施彩等方面都有了新的认识。本次发掘的意义主要有以下几个方面。

（1）促进秦俑雕塑的艺术风格、艺术特点、艺术渊源的研究。

（2）为秦代的兵役制度、秦军的编制与装备、秦军的战略与战术、秦代军事装备的文化渊源等方面的研究提供重要的实物材料。

（3）彩绘陶质文物的科学发掘与现场保护所获取的成功经验，将为其他地区同类文物的保护提供有力的借鉴和技术保障。

（4）向国际学术界展现中国列入世界文化遗产考古遗址的发掘和研究水平以及先进的文物保护技术水平。

## 三、一号坑新出土兵马俑保护修复情况概述

2010年5月，经过一年的科学考古发掘，第一件陶俑出土，基于考古发掘与文物保护的需要，博物馆组织文保专家现场进行应急性保护处理新出土的彩绘陶俑；6月，开始组织专业技术人员编写保护修复方案；11月方案编制完成并上报国家文物局；2011年4月11日国家文物局通过了《秦俑一号坑新出土兵马俑保护修复方案》的评审并批复文件①。

秦俑一号坑新出土兵马俑保护修复项目，是配合第三次考古发掘工作，由多学科专业技术人员同时组成保护修复组，严格按照国家文物局批复的《秦俑一号坑新出土兵马俑保护修复方案》实施。从2010年5月17日提取第一件残俑至2022年底，经过十余年不断的保护修复，已完成修复兵马俑140件（陶马4匹）。

在修复中，坚持“不改变文物原状”，以历史的真实性、最小干预性、材料兼容性、可再处理性、可辨识性、稳定性为原则，以传统修复方法为主兼顾现代修复方法相结合，充分地认识和解读兵马俑的历史价值、艺术价值、科学价值和社会价值；不断引入科技检测分析手段，全方位地分析了彩绘兵马俑理化性能、病害机理，加深了对文物病害的科学认知，更直观地了解兵马俑制作工艺，从而科学地对残破兵马俑进

① 国家文物局博函（372号）。

行保护修复，为后续陈列展示、科学研究、公众教育及文化交流共鉴提供第一手实物资料。目前一号坑残俑残马的保护修复工作仍在进行中。

## 四、一号坑新出土兵马俑保护修复的意义

秦俑一号坑新出土彩绘兵马俑保护修复项目是陶质彩绘文物保护国家文物局重点科研基地成立以来承担的最大的保护修复项目之一，其保护修复的意义主要表现在以下几个方面。

（1）历史研究方面。秦兵马俑是中华文明的精神标识，具有重要的历史、艺术、科学价值。本次出土的256件彩绘兵马俑的保存状况相对较差，但考古现场的应急性保护处理对陶质彩绘文物的保护提供了范例。在保护修复中进一步了解秦代军人服饰的风格特征，为研究“秦代军服是自备还是统一发放”、“秦人尚黑”、“秦人服饰”等学术问题提供新的参考。

（2）制作工艺方面。进一步研究秦代大型制陶作坊流程：“雕塑为主、模塑结合、分段制作、组装套合、入窑焙烧、出窑彩绘”，分析兵马俑的支撑结构、模塑方式、雕塑工艺、烧成方式、施彩方法、遗存痕迹等，为研究秦代雕塑艺术、制作工艺、劳动力组织及“物勒工名”制度提供了新思路。

（3）保护修复方面。在传统修复基础上，加大引入现代科技手段，最大限度地挖掘文物价值信息；开展数字化（3D、计算机）技术提取文物资料、辅助拼对修复研究；通过对遗留彩绘土块提取加固，进行彩绘原位回贴技术研究；不断提升大型陶质彩绘文物的修复技术；进一步规范保护修复程序；研发陶质彩绘文物的填补材料和修复专用工具。

（4）陈列展示方面。探索遗址类博物馆“边发掘、边保护、边修复、边展示”的一体化新模式；开展大型陶质彩绘文物修复后原址展示稳定性预防性保护研究。

（5）公众教育方面。开放保护修复实验室（秦兵马俑医院），让观众近距离地了解保护修复兵马俑全过程，解读历史，探寻中华文明的密码，赏秦俑艺术之美，感知中华文化博大精深及保护世界文化遗产的重要性。

（6）技术推广应用方面。在保护修复过程中，通过技术培训将科研成果推广应用与修复实践相结合，培养一批全国陶质彩绘文物保护修复人才。

# 第二章　新出土文物基本信息

秦俑一号坑第三次考古发掘保护修复，是基于前两次发掘修复的基础上开展的，本次资料整理更为精细和全面，保护修复力求对所有出土文物做到翔实的调查和记录，所有保护修复环节科学、严谨、规范。

本次采用新的考古模式——边发掘、边保护、边修复、边展示，每件陶俑残片经考古人员现场试拼后移交文物保护部进行保护修复。不论文物残片是提取至实验室还是一号坑修复区，在开展具体的保护措施前，首先需要对该俑的整体保存状况做详细记录，包括出土位置、陶俑编号、现状描述、病害调查、制作工艺等信息，集文字资料和影像资料形成出土文物修复前的原始资料。

## 一、保存现状

保护修复实施前，需要对陶俑的整体和每一件残片拍照、记录、描述，除了文物本身携带的考古信息外，还需统计文物破损情况，彩绘保存状况，病害类型及分布范围等，尤其针对残片保存状况需要进一步观察和有针对性的病害分析。对肉眼无法识别的病害需要借助现代科学仪器如光学显微镜、X射线影像、超声波检测等无损探伤设备对彩绘残片及俑头进行病害“诊断”。彩绘残片出土后环境变化波动较大，需要结合环境变化进行保湿、加固、防霉处理，减少环境变化引起的损害。

具体陶俑、陶马保存信息卡如表2.1及表2.2所示。

表2.1　T23G8：81/88/92铠甲武士俑保存信息卡

| 名称 | 铠甲武士俑 | 出土位置及照片 |
|---|---|---|
| 出土编号 | T23G8：81/88/92 |  |
| 完残程度 | 残58片 | |
| 年代 | 秦代 | |
| 质地 | 陶质 | |
| 发掘地点 | 秦兵马俑一号坑T23G8 | |
| 出土时间 | 2015年7月24日 | |
| 保存单位 | 秦始皇帝陵博物院 | |
| 重量（kg） | 148 | |

续表

| 修复前照片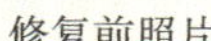 |  |
|---|---|
| 修复前保存现状及病害记录 | |
| 该俑提取时整体残断58片，保存基本完整：<br>1. 该俑头部完好，头与脖颈一体成型，俑头面部可见白色彩绘；脖颈处残；<br>2. 壅颈完好，壅颈处可见绿色及朱红色彩绘，壅颈内部可见台面；<br>3. 铠甲连右臂完整，胸甲部位可见陶文；<br>4. 右臂残断，双手连接部分小臂固定于袖口内，右手五指残断，左手手把残断；右臂可见大量绿色彩绘，衣褶可见朱红色彩绘；<br>5. 铠甲下旅残11片；底袍残13片，底袍可见绿色彩绘；<br>6. 左腿连袍，右腿连足，左足有肉粉色彩绘，残断处可见植物损害，右腿连足从足踝处残断，双足与踏板分开制作，足踏板残5片<br>该俑提取时病害较多，存在彩绘脱落、残断、泥土附着物、脱落、酥粉、裂缝、裂纹 | |
| 表面彩绘、花纹 | |
| 该俑整体彩绘脱落，局部有彩绘保留。出土时彩绘进行过保护处理<br>左腿连袍，右腿连足，左足有肉粉色彩绘，面部可见白色彩绘，壅颈处可见绿色及朱红色彩绘，右臂可见大量绿色彩绘，衣褶可见朱红色彩绘 | |
| 陶文分布位置、照片或拓片 | |
| 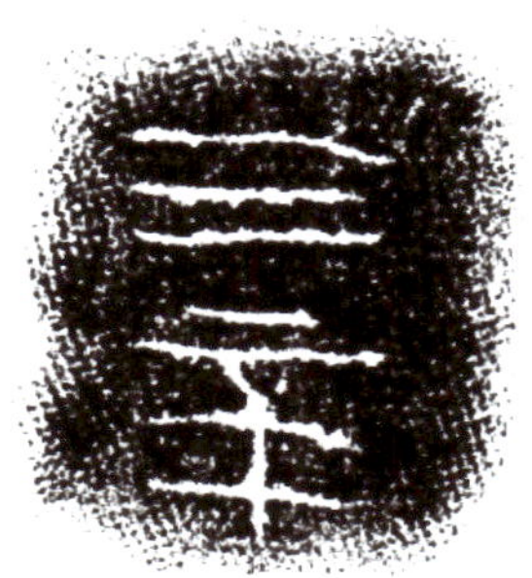<br>右胸甲处陶文“三辛” | <br>左手把处陶文“三辛” |

表2.2　T23G9：C2④左骖马保存信息卡

<table>
<tr><td>名称</td><td>左骖马</td><td rowspan="9">出土位置及照片<br></td></tr>
<tr><td>出土编号</td><td>T23G9：C2④</td></tr>
<tr><td>完残程度</td><td>残114片</td></tr>
<tr><td>年代</td><td>秦代</td></tr>
<tr><td>质地</td><td>陶质</td></tr>
<tr><td>发掘地点</td><td>秦兵马俑一号坑T23G9</td></tr>
<tr><td>出土时间</td><td>2013年7月1日</td></tr>
<tr><td>保存单位</td><td>秦始皇帝陵博物院</td></tr>
<tr><td>重量（kg）</td><td>332</td></tr>
<tr><td>修复前照片</td><td colspan="2"> </td></tr>
<tr><td colspan="3">修复前保存现状及病害记录</td></tr>
<tr><td colspan="3">该俑提取时整体残断114片，保存基本完整，马腹部有一方形的木棍支撑痕迹<br>马头残破严重，共残32片<br>马身残破严重，共残68片，马蹄内侧有明显的手指抹痕和泥条盘筑痕迹<br>马腿连接马蹄，共残12片<br>马尾完整2片，尺寸42cm×8cm<br>试拼得出该陶马马身最大厚度12cm，最小3.9cm。马腔最大直径54.7cm，周长172cm<br>整体均被泥土附着物覆盖。该俑提取时可见的病害有：彩绘脱落，泥土附着物、硬结物，残断、裂缝、剥落</td></tr>
<tr><td colspan="3">表面彩绘、花纹</td></tr>
<tr><td colspan="3">该俑整体彩绘脱落，马眼有红色彩绘保留，陶马鼻孔局部有彩绘，呈白色和绿色；提取前对留存彩绘做过预加固处理</td></tr>
<tr><td colspan="3">陶文分布位置、照片或拓片</td></tr>
<tr><td colspan="3">无陶文</td></tr>
</table>

配合秦兵马俑一号坑第三次考古发掘工作，先后从一号坑T23探方G9、G10、G8、G11四个过洞中提取残破兵马俑155件（图2.1～图2.5），经过十三年不断的保护修复，已修复兵马俑140件（其中陶马4匹）。在已修复的140件兵马俑中，铠甲武士俑127

图 2.1　T23 探方 G9/G10 考古发掘现场全景图

图 2.2　T23G8 考古发掘现场局部图

图 2.3　T23G9 考古发掘现场局部图

图2.4　T23G10考古发掘现场局部图

图2.5　T23G11考古发掘现场局部图

件，高级军吏俑（将军俑）1件，军吏俑6件，御手俑2件，陶马4匹；修复后，经拼对暂时无头俑20件（含御手俑1件）；陶俑残破数量从30片到160片不等；大部分陶俑彩绘脱落，仅在面部、双臂、双手、铠甲甲带、双腿、足履处残留部分彩绘及漆皮。留存的彩绘颜色多为红色、白色、绿色、蓝色及紫色、黄色、黑色等，考古人员在现场对彩绘残片采取应急性保护处理。

修复的4匹陶马，出土时破损严重，残片数量较多，最少残92片，最多残片数量达117片。陶马表面彩绘大面积脱落，仅在头部、腿部、尾梢及陶马背部可见零星彩绘留存，彩绘颜色有白色、绿色、紫色及黑色漆皮，出土时有彩绘的残片经考古人员现场预加固保护处理。

## 二、保存环境

### 1. 临潼地区地理环境

西安市临潼区位于东亚暖温带半湿润气候向内陆干旱气候的过渡带上，兼有两种气候的特点，属于大陆性暖温带季风气候。四季冷暖干湿分明：春季暖和，多风，干燥，回暖早，升温快；夏季炎热，日照长，多雨兼伏旱；秋季温暖，降温快，多阴雨；冬季寒冷，干燥，气温低而雨雪少。

临潼区历年平均气温13.5℃，气候属暖温带半湿润大陆性季风气候。四季分明，夏季炎热多雨，冬季寒冷少雨雪，春秋时有连阴雨天气出现。年极端最高气温35～41.8℃；极端最低－16～－20℃。全年以7月最热，月平均气温26.1～26.3℃，月平均最高气温32℃左右；1月最冷，月平均气温－0.3～－1.3℃，月平均最低气温－4℃左右，年较差达26～27℃。降水年际变化很大，多雨年和少雨年雨量差别很大，两者最大差值可达590mm。降水的季节分配也极不均匀，有78%的雨量集中在5月到10月，其中7月到9月的雨量即占全年雨量的47%，且时有暴雨出现。年平均相对湿度70%左右。

### 2. 秦俑一号坑环境

秦兵马俑一号坑遗址保护大厅是20世纪70年代钢架结构建筑，东西长230m、南北宽62m，占地面积约14260m$^2$，覆盖在遗迹上方的大棚除必要的避阳和遮雨外，并无其他环境保护措施，阳光可通过玻璃窗直接照射到遗址大厅内文物上，使受到阳光照射的地方的温湿度发生显著变化。遗址区文物直接存放于俑坑土遗址内，与俑坑大气、土壤环境直接接触，基本处于一种开放的保存状态，受外界环境影响较大（图2.6、图2.7）。

图2.6　一号坑环境监测站

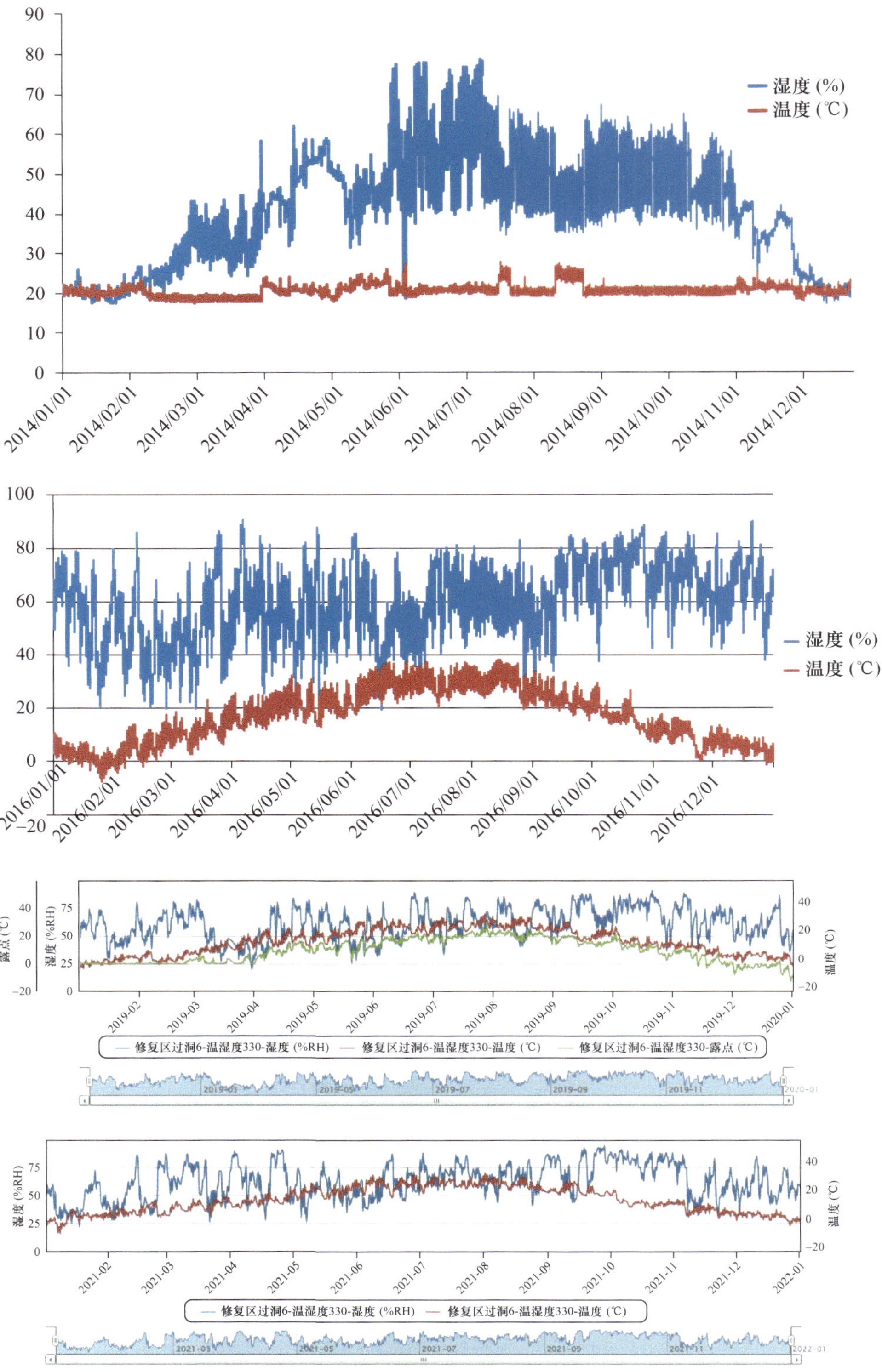


图 2.7　2014～2021 年一号坑考古现场环境监测图

经监测，2014～2021年一号坑展厅内近几年的温度变化主要分布在5.3～36.2℃之间，历年温度最高值在38.9～41.5℃之间,最低温度值在－7.8～－5.5℃之间。一号坑展厅内湿度变化主要分布在19.8%～94.2%之间，湿度波动在61.8%～70.1%，最高达70.1%。年内湿度变化较大。一号坑内温湿度随外界的变化而变化，只是一号坑内的温湿度的日变化幅度小于外界。一号坑内温湿度变化受室外环境影响强烈。

总之，一号坑的微气候环境受外界气候影响强烈，波动较大。因此也会对修复工作产生一定的不利影响，建议较为精细的修复工作和持续较长时间的彩绘保护修复工作应放在修复实验室进行。

# 第三章　病害调查

## 一、病害种类

### 1. 彩绘层病害

（1）脱落，包括三个方面：其一，颜料层和生漆底层附着在一起从陶胎上脱落；其二，颜料层脱落，生漆底层附着在陶胎表面；其三，不同的颜料层之间分离，上层颜料脱落，下层颜料和生漆底层仍附着在陶胎上（图3.1）。

（2）起翘，出土后的生漆底层因打破了原来的平衡关系而快速失水，导致发生剧烈的收缩、起翘（图3.2）。

（3）空鼓，彩绘层局部脱离其附着体，但脱离区域周边仍与其附着体连接（图3.2）。

图3.1　脱落

图3.2　起翘、空鼓

（4）龟裂，彩绘层表面失水而导致微小网状开裂（图3.3）。

（5）变色，颜料色相变化的现象。

### 2. 陶胎病害

因自身材质老化、环境腐蚀、地壳运动、地下水侵蚀等自然灾害，或者人为破坏等因素影响，导致陶质胎体受损严重，部分剥落或残缺不全。具体病害特征与表现如下。

①残断，陶胎断裂造成秦俑结构完整性破坏（图3.4）；②变形，陶俑胎体在高

图3.3 起翘、脱落、空鼓、龟裂

温、外力等作用下发生形体的改变；③剥落，陶俑胎体表面局部呈片状脱落，但未造成器物结构完整性破坏；④裂缝、裂纹，由于长期的地下埋藏，土壤的侵蚀、温湿度变化、地下水活动、相互挤压、碰撞等因素造成文物出现的裂纹、裂缝，二者的区别表现在裂纹是彩绘层或陶胎中未穿透其厚度的开裂现象，裂缝是彩绘层或陶胎中穿透其厚度的开裂现象（图3.5、图3.6）；⑤酥粉，由于地下水的侵蚀、温湿度变化、可溶盐活动等因素造成了陶胎及彩绘酥粉（图3.7）；⑥结晶盐，陶俑、陶马内部可溶盐析出，在文物的表面形成白色的结晶盐，影响文物的外观面貌（图3.8）（具体检测分析见第四章）；⑦泥土附着物，埋藏环境中的泥土附着于彩绘陶俑陶马表面，影响兵马俑整体外貌（图3.9）；⑧硬结物，土壤或陶胎内可溶盐中的钙、钡、镁、铁等阳离子析出，与阴离子在文物表面结合形成硬结物（图3.10）；⑨其他附着物，因陶俑长期埋藏在地下，经受自然灾害和人为破坏，由于埋藏土壤的下沉、粘连导致彩绘陶俑表面有大量的泥土附着物和其他附着物，另外，金属锈蚀物、炭迹等其他物质附着在陶俑、陶马表面形成污染层（图3.11）；⑩刻画，由于人为或其他外力作用而在陶质彩绘文物表面形成的刻画、文字、图案、符号等痕迹；⑪植物损害，陶俑埋藏在土壤中，土壤中植物根茎的生长对秦俑产生不利的影响，对陶胎及彩绘造成的破坏（图3.12）；⑫动物损害，由于一号坑大厅封闭不严，动物在文物表面活动的遗迹、排泄物等对陶质彩绘文物造成的破坏（图3.13）；⑬微生物病害，陶俑、陶马出土后表面附着的污垢及适宜的生长环境有利于微生物滋生，其代谢产生

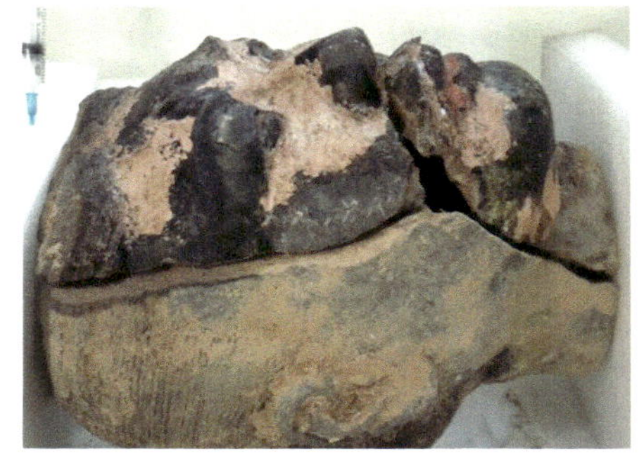

图 3.4　残断

图 3.5　裂缝、裂纹

图 3.6　裂缝、残断、剥落、泥土附着物

（a）彩绘酥粉

（b）陶胎酥粉

图 3.7　酥粉

图3.8 结晶盐

图3.9 泥土附着物

图3.10 硬结物

图3.11 其他附作物（炭迹）

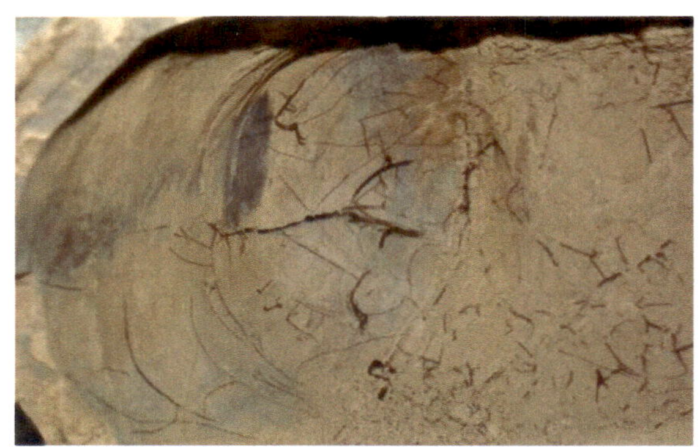

图3.12 植物损害

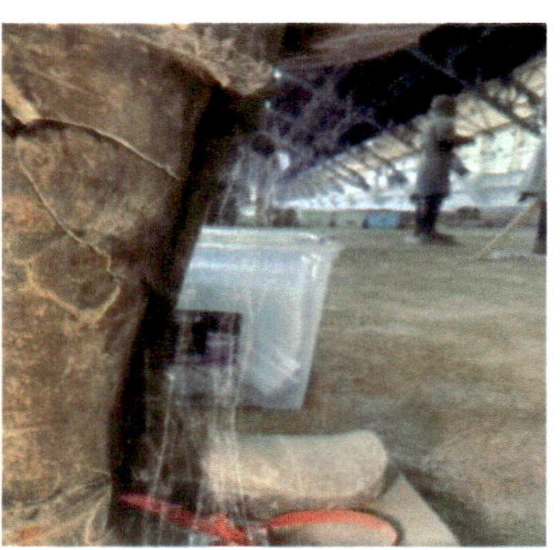

图3.13 动物损害

的有机酸、色素及酶类等会腐蚀文物材质，影响文物外观（图3.14）（具体检测分析见第四章）。

图3.14　微生物病害

## 二、病害统计

对一号坑第三次考古发掘保护修复的136件陶俑、6件陶马（完成修复4件，未修复2件）的病害情况进行统计，参照中华人民共和国文物保护行业标准《陶质彩绘文物病害分类及图示》，根据陶质彩绘文物特征及兵马俑病害实际情况，共统计常见病害9种。

第一类，泥土附着物、硬结物、其他附着物；

第二类，残断、结晶盐；

第三类，脱落、起翘、剥落；

第四类，植物损害。

兵马俑表面病害面积的统计与分析，详见表3.1、表3.2。

表3.1　彩绘陶俑病害类型程度表

| 病害类型 / 占比（%） / 陶俑编号 | 脱落 | 起翘 | 残断（片） | 剥落 | 泥土附着物 | 硬结物 | 结晶盐 | 植物损害 | 其他附着物 |
|---|---|---|---|---|---|---|---|---|---|
| G8：6 | 85 | / | 50 | 1 | 75 | 5 | / | 2 | 3 |
| G8：46/91 | 80 | 1 | 71 | 3 | 90 | 3 | / | 3 | 2 |
| G8：5/14 | 70 | 1 | 60 | 2 | 50 | 2 | / | 1 | 2 |
| G8：49/65 | 75 | / | 66 | 1 | 45 | 2 | / | 1 | 1 |
| G8：1/57 | 87 | / | 55 | / | 69 | 3 | / | 3 | 2 |
| G11：23 | 80 | 1 | 24 | / | 65 | 5 | / | 1 | 2 |
| G10：15 | 76 | / | 44 | / | 80 | 3 | / | / | / |

续表

| 陶俑编号 \ 占比（%） \ 病害类型 | 脱落 | 起翘 | 残断（片） | 剥落 | 泥土附着物 | 硬结物 | 结晶盐 | 植物损害 | 其他附着物 |
|---|---|---|---|---|---|---|---|---|---|
| G8：23/75/93 | 69 | / | 41 | / | 87 | 2 | / | / | / |
| G8：83 | 90 | / | 50 | / | 90 | / | / | 3 | / |
| G10：41 | 72 | / | 53 | / | 89 | 5 | 5 | / | / |
| G11：31/33 | 68 | 3 | 34 | 2 | 90 | 4 | / | / | / |
| G8：35 | 80 | 2 | 44 | / | 50 | / | / | 2 | / |
| G8：21/22/45 | 90 | / | 58 | / | 85 | / | / | / | / |
| G8：89 | 96 | / | 47 | / | 87 | 3 | / | 2 | / |
| G10：13 | 92 | / | 67 | 1 | 90 | 2 | / | 3 | / |
| G10：52 | 91 | / | 56 | 3 | 92 | 5 | / | / | 3 |
| G10：37 | 87 | 1 | 30 | 4 | 90 | 5 | / | 3 | / |
| G10：9 | 97 | / | 52 | 2 | 90 | 2 | / | / | / |
| G10：26 | 90 | / | 94 | 5 | 95 | / | / | / | / |
| G10：79 | 80 | 3 | 36 | 3 | 70 | 1 | / | 3 | / |
| G10：83 | 86 | 1 | 41 | 1 | 80 | 2 | / | / | / |
| G8：11 | 95 | 1 | 55 | / | 87 | 3 | / | 2 | / |
| G10：27 | 94 | 1 | 49 | / | 83 | 1 | / | 2 | / |
| G10：81 | 80 | 2 | 47 | 5 | 90 | 3 | / | 1 | 1 |
| G10：88 | 83 | 3 | 43 | 3 | 89 | 5 | / | / | 2 |
| G10：53 | 76 | 5 | 37 | 2 | 90 | 2 | / | 2 | 1 |
| G9：8 | 75 | 3 | 67 | 2 | 80 | 2 | / | 3 | 1 |
| G11：51 | 95 | 5 | 11 | 2 | 87 | 3 | / | 3 | 2 |
| G10：14/85 | 89 | 5 | 12 | 3 | 90 | / | / | 1 | 1 |
| G10：11 | 78 | 3 | 81 | 2 | 95 | 3 | / | 2 | 1 |
| G10：4 | 90 | 1 | 65 | 3 | 90 | 2 | / | 2 | 1 |
| G10：44 | 89 | 3 | 89 | 2 | 95 | 1 | / | 3 | / |
| G10：25 | 80 | 5 | 71 | 2 | 90 | 1 | / | 1 | 1 |
| G8：20/82 | 78 | 3 | 31 | 2 | 80 | 3 | / | 2 | 2 |
| G11：22 | 69 | 5 | 6 | 1 | 69 | 2 | 3 | 2 | 1 |
| G10：31 | 90 | 1 | 119 | 5 | 89 | 1 | 3 | 3 | 3 |
| G10：60 | 90 | 1 | 66 | 3 | 70 | / | / | / | 2 |
| G10：72 | 91 | 1 | 140 | 3 | 90 | 3 | / | 2 | 1 |
| G9：24 | 90 | 2 | 62 | 3 | 87 | 3 | / | 2 | 1 |

续表

| 病害类型 占比（%） 陶俑编号 | 脱落 | 起翘 | 残断（片） | 剥落 | 泥土附着物 | 硬结物 | 结晶盐 | 植物损害 | 其他附着物 |
|---|---|---|---|---|---|---|---|---|---|
| G10：35 | 78 | 3 | 30 | 5 | 50 | 1 | / | 2 | 3 |
| G10：82 | 76 | 5 | 76 | 3 | 80 | 2 | / | 1 | / |
| G10：62 | 70 | 5 | 49 | 3 | 76 | 2 | / | 1 | 1 |
| G10：54/55 | 87 | 2 | 38 | 2 | 75 | 2 | / | 1 | 1 |
| G10：16 | 90 | 2 | 50 | 3 | 97 | 3 | / | / | 1 |
| G10：28 | 78 | 5 | 72 | 4 | 89 | 3 | / | / | 2 |
| G10：33 | 77 | 5 | 70 | 2 | 78 | 2 | / | 1 | 2 |
| G8：58/59 | 94 | 1 | 43 | 5 | 70 | 3 | / | 2 | 2 |
| G10：34 | 95 | 1 | 66 | 2 | 89 | 3 | / | 3 | 5 |
| G11：10 | 98 | 1 | 36 | 3 | 89 | 5 | 3 | 2 | 1 |
| G10：24 | 97 | 1 | 38 | 2 | 90 | 4 | / | 3 | 5 |
| G10：32 | 96 | 2 | 106 | 5 | 96 | 5 | / | 2 | 1 |
| G10：38 | 94 | 2 | 76 | 4 | 90 | 3 | / | 2 | / |
| G10：45 | 97 | 1 | 74 | 5 | 96 | 1 | / | / | 1 |
| G8：16/17 | 93 | 2 | 63 | 4 | 80 | 2 | / | / | 1 |
| G11：17/26/39 | 90 | 2 | 64 | 2 | 98 | 2 | / | / | 1 |
| G10：48 | 86 | 4 | 26 | 4 | 89 | 2 | / | 2 | 1 |
| G10：78 | 96 | 1 | 42 | 1 | 76 | 2 | / | 1 | 2 |
| G10：10/63/68 | 87 | 3 | 37 | 2 | 78 | 2 | / | 2 | 1 |
| G10：46/51 | 98 | 1 | 24 | 3 | 90 | 2 | / | / | 1 |
| G10：58 | 98 | 1 | 33 | 4 | 97 | 2 | / | / | 2 |
| G10：7 | 97 | 1 | 25 | 5 | 87 | 3 | / | / | 1 |
| G9：4 | 98 | 1 | 42 | 5 | 95 | 3 | / | / | 2 |
| G9：14 | 98 | 2 | 33 | 3 | 78 | 2 | / | / | 1 |
| G9：20 | 95 | 2 | 89 | 5 | 90 | 3 | / | / | 1 |
| G9：23 | 86 | 5 | 42 | 4 | 96 | 3 | / | / | 1 |
| G10：86 | 95 | 2 | 62 | 3 | 87 | 2 | / | / | 1 |
| G8：12/94 | 96 | 3 | 56 | 2 | 78 | 3 | / | 3 | 1 |
| G9：11 | 68 | 5 | 81 | 4 | 65 | 3 | 2 | 3 | 3 |
| G9：9将 | 90 | 10 | 40 | 3 | 65 | 3 | / | / | 5 |
| G10：69 | 85 | 5 | 40 | 4 | 80 | 3 | / | 2 | 1 |
| G9：13吏 | 95 | 2 | 112 | 5 | 97 | 2 | / | 3 | 1 |

续表

| 陶俑编号 \ 占比（%） \ 病害类型 | 脱落 | 起翘 | 残断（片） | 剥落 | 泥土附着物 | 硬结物 | 结晶盐 | 植物损害 | 其他附着物 |
|---|---|---|---|---|---|---|---|---|---|
| G10：43 | 85 | 5 | 75 | 5 | 90 | / | / | / | / |
| G8：34 | 95 | 2 | 42 | 3 | 76 | 2 | / | 2 | / |
| G8：70 | 96 | 2 | 70 | 4 | 80 | 3 | / | / | 1 |
| G10：23 | 97 | 1 | 97 | 3 | 93 | / | / | 2 | 1 |
| G10：6 | 97 | 1 | 98 | 4 | 98 | 2 | / | 2 | 1 |
| G8：43/66 | 96 | 1 | 89 | 3 | 96 | / | / | / | / |
| G8：25/78/96 | 97 | 2 | 55 | 5 | 90 | 2 | / | / | 2 |
| G8：38 | 85 | / | 61 | 1 | 70 | 3 | / | 2 | 3 |
| G8：3 | 90 | / | 67 | 3 | 65 | 2 | / | 1 | 2 |
| G8：4 | 90 | / | 118 | 5 | 75 | 3 | / | 3 | 3 |
| G8：52 | 95 | 1 | 69 | 5 | 70 | 3 | / | 3 | 3 |
| G8：32 | 85 | / | 22 | 1 | 70 | 5 | / | 3 | 2 |
| G8：33 | 70 | 2 | 30 | 2 | 80 | 3 | / | 2 | 3 |
| G8：77 | 95 | / | 33 | 2 | 75 | 5 | / | 2 | 2 |
| G9：12 | 98 | / | 160 | 10 | 80 | 3 | / | 3 | 3 |
| G9：10 | 65 | 1 | 52 | 8 | 50 | 3 | / | 5 | 3 |
| G9：16 | 70 | 1 | 69 | 5 | 76 | 3 | / | 3 | 2 |
| G9：30 | 85 | 1 | 45 | 10 | 75 | 3 | / | 2 | 2 |
| G9：37 | 80 | 1 | 83 | 3 | 80 | 3 | / | 3 | 3 |
| G9：31 | 85 | / | 56 | 1 | 70 | 4 | / | 2 | 3 |
| G9：22 | 85 | / | 107 | 5 | 80 | 3 | / | 3 | 2 |
| G9：3 | 80 | / | 40 | 1 | 80 | 5 | / | 3 | 2 |
| G9：5 | 90 | / | 67 | 3 | 75 | 3 | / | 2 | 3 |
| G9：21 | 90 | / | 15 | 3 | 75 | 2 | / | 2 | 3 |
| G10：22 | 90 | / | 30 | 2 | 65 | 3 | / | 3 | 2 |
| G10：47 | 75 | 1 | 89 | 2 | 75 | 3 | / | 3 | 2 |
| G10：17 | 95 | / | 56 | 3 | 80 | 3 | / | 3 | 2 |
| G10：36 | 95 | / | 27 | 2 | 75 | 3 | / | 2 | 2 |
| G10：30 | 90 | / | 9 | 3 | 65 | 3 | / | 2 | 2 |
| G10：12 | 98 | / | 34 | 2 | 75 | 3 | 3 | 2 | 2 |
| G10：67 | 96 | / | 42 | 4 | 70 | 2 | / | 3 | 3 |
| G10：50 | 65 | 3 | 17 | 3 | 60 | 3 | / | 3 | 2 |

续表

| 病害类型 占比（%） 陶俑编号 | 脱落 | 起翘 | 残断（片） | 剥落 | 泥土附着物 | 硬结物 | 结晶盐 | 植物损害 | 其他附着物 |
|---|---|---|---|---|---|---|---|---|---|
| G10：19 | 80 | / | 53 | 2 | 80 | 2 | / | 2 | 3 |
| G10：57 | 75 | 1 | 12 | 3 | 75 | 3 | 3 | 3 | 1 |
| G11：26 | 95 | / | 64 | 3 | 70 | 2 | / | 2 | 3 |
| G11：19 | 95 | / | 39 | 3 | 65 | 3 | / | 3 | 3 |
| G11：45 | 98 | / | 34 | 2 | 70 | 3 | / | 3 | 2 |
| G11：3 | 80 | 1 | 15 | 2 | 60 | 3 | / | 3 | 3 |
| G11：35 | 75 | / | 24 | 3 | 70 | 3 | / | 3 | 2 |
| G8：40 | 90 | / | 79 | 1 | 80 | 3 | / | 1 | 3 |
| G11：32 | 95 | / | 15 | 3 | 60 | 3 | / | 3 | 2 |
| G11：38 | 85 | / | 15 | 3 | 65 | 3 | / | 3 | 3 |
| G11：9 | 80 | / | 32 | 3 | 80 | 3 | / | 3 | 3 |
| G10：20 | 85 | 5 | 66 | 5 | 80 | 1 | / | / | 2 |
| G8：80 | 80 | 2 | 75 | 1 | 85 | 2 | 3 | / | 1 |
| G8：8/99 | 65 | 3 | 58 | 3 | 73 | 3 | / | / | 2 |
| G9：2 | 89 | 3 | 113 | 3 | 79 | 3 | / | 3 | 2 |
| G9：18 | 90 | 3 | 76 | 3 | 85 | 1 | / | / | 2 |
| G9：15 | 85 | 3 | 75 | 3 | 84 | 2 | 2 | / | 1 |
| G9：17 | 95 | 1 | 105 | 2 | 89 | 2 | / | / | 3 |
| G9：6 | 93 | 1 | 76 | 2 | 80 | 1 | / | 1 | 2 |
| G10：18 | 95 | 1 | 49 | 3 | 80 | 2 | / | / | 3 |
| G10：8 | 80 | 3 | 65 | 2 | 80 | 3 | / | / | 2 |
| G9：7 | 85 | 3 | 28 | 3 | 87 | 3 | / | / | 1 |
| G10：42 | 87 | 2 | 39 | 3 | 90 | 2 | / | 1 | 2 |
| G8：18 | 84 | 1 | 80 | 3 | 83 | 3 | / | / | 2 |
| G8：81/88/92 | 90 | 3 | 58 | 3 | 85 | 3 | / | / | 1 |
| G8：15 | 95 | 1 | 55 | 3 | 87 | 1 | / | 3 | 1 |
| G8：7 | 85 | 3 | 68 | 2 | 82 | 2 | / | 2 | 3 |
| G11：50 | 90 | 2 | 36 | 3 | 85 | 3 | 1 | 2 | 2 |
| G11：57/58 | 80 | 3 | 40 | 3 | 89 | 1 | / | 3 | 2 |
| G8：90/95 | 90 | 2 | 63 | 3 | 82 | 3 | / | 2 | 2 |
| G10：29 | 95 | 2 | 45 | 2 | 87 | 1 | / | / | 3 |
| G10：39 | 73 | 5 | 35 | 5 | 90 | 3 | / | 2 | 2 |

表 3.2 彩绘陶马病害类型

| 陶俑编号 \ 病害类型 / 占比（%） | 脱落 | 起翘 | 残断（片） | 剥落 | 泥土附着物 | 硬结物 | 结晶盐 | 植物损害 | 其他附着物 |
|---|---|---|---|---|---|---|---|---|---|
| T23G9：C1① | 95 | / | 146 | 5 | 70 | 3 | / | 4 | 2 |
| T23G9：C1③ | 95 | / | 114 | 5 | 65 | 3 | / | 3 | 2 |
| T23G9：C1④ | 98 | / | 167 | 3 | 65 | 3 | / | 2 | 2 |
| T23G9：C2② | 90 | / | 80 | 5 | 70 | 3 | / | 2 | 3 |
| T23G9：C2③ | 98 | / | 102 | 3 | 70 | 3 | / | 2 | 3 |
| T23G9：C2④ | 98 | / | 114 | 3 | 65 | 2 | / | 3 | 2 |

根据病害程度分类，陶质彩绘文物病害程度分为四等。

**第一等，濒危**

凡有下列情况之一者，定为濒危。

（1）第三类病害面积达30%以上。

（2）第二类病害面积达70%以上。

**第二等，重度**

凡有下列情况之一者，定为重度。

（1）第三类病害面积20%～30%。

（2）第二类病害面积50%～70%。

（3）第一类病害面积70%以上。

**第三等，中度**

凡有下列情况之一者，定为中度。

（1）第三类病害面积10%～20%。

（2）第二类病害面积30%～50%。

（3）第一类病害面积50%～70%。

**第四等，轻微**

凡有下列情况之一者，定为轻微。

（1）第三类病害面积不足10%。

（2）第二类病害面积10%～30%。

（3）第一类病害面积30%～50%。

（4）第四类病害面积不足10%

经统计，在秦兵马俑常见陶胎病害中，残断（二类病害）、泥土附着物（一类病害）较为严重，其中，陶俑平均残断75片左右，最多残断160片，陶马平均残断120片，最多残断167片。泥土附着物平均覆盖陶俑表面积88%左右，陶马覆盖表面积68%左右。硬结物（一类病害）、结晶盐（二类病害）等相对较少，硬结物平均占陶俑陶胎面积的3%左右，陶马平均占3%左右。结晶盐病害在陶马中较常见，本次拟修复6件陶马，均存在结晶盐病害；陶俑结晶盐病害共13件，占本次修复陶俑的1%。秦兵马俑彩绘病害较为严重，在136件陶俑中，彩绘脱落（三类病害）、起翘（三类病害）普遍存在，平均彩绘脱落面积占秦俑表面积的85%以上，陶马平均彩绘脱落面积占表面积的95%左右；平均彩绘起翘面积占秦俑表面积的3%左右，陶马彩绘因大部分脱落，不具备起翘病害的统计条件。

根据病害程度，秦兵马俑病害程度为第一等濒危，需要科学保护修复及后期环境控制才能达到延长文物寿命的目的。

## 三、病害成因

秦兵马俑在地下埋藏两千多年，彩绘陶俑陶马因自身材质老化、环境腐蚀、地壳运动、自然灾害和人为破坏等因素影响，导致陶俑陶马受损特别严重，保存状况极差。根据观察分析，这些出土的彩绘陶俑陶马病害及主要成因有以下几方面。

### 1. 埋藏环境因素

因陶俑长期埋在地下，埋藏土壤的下沉、粘连导致彩绘陶俑表面有大量的泥土附着物；土壤中或彩绘陶俑内可溶盐中的钙、钡、镁、铁等离子析出文物表面与其他阴离子作用在文物表面形成的硬结物；土壤或陶俑内可溶盐在文物表面析出形成结晶；土壤中炭迹或其他物质附着在彩绘陶俑的表面。另外，兵马俑在地下埋藏两千多年，由于彩绘陶俑本身材质的劣化，埋藏土壤的塌陷，温湿度变化、地下水活动导致的冻融和文物表面因相互挤压、碰撞、接触等造成了陶俑陶马表面出现的裂纹、裂缝等损伤，在埋藏过程中人为破坏、自然机械力、地下水侵蚀及冻融等作用，也会导致陶胎部分剥落或残缺不全。

### 2. 保存环境因素

新出土的兵马俑现存放于T23、T24探方内，无法实施有效的温湿度控制，冬季干燥寒冷（最低温度−2℃）、夏季湿润炎热（最高温度42℃），温差很大，经研究测试阳光照射2小时，温度升高8℃，而相对湿度则下降约11%。春冬干旱且常伴有沙尘天气，夏末秋初较为多雨，气候变化复杂。年平均温度15℃左右，相对湿度（RH）38%左右。最新研究表明，兵马俑博物馆区的部分大气环境污染物浓度呈上升趋势，特别是酸性污染物有明显的增加，颗粒物携带的某些化学物质（如硫化物、硝酸盐及小分子有机酸）在一定条件下，可以与文物表面或者矿物颜料发生化学反应，破坏文物。颗粒物沉降在文物的表面，覆盖、污损其原有色彩，使彩绘文物表面变暗，影响其美学观赏价值和视觉效果，颗粒物中富铁、锰的颗粒物会催化、加速污染气体和文物表面材料的化学反应，大气颗粒物同时也是各类微生物的载体，在一定湿度情况下，引起文物长霉腐蚀，温度过低将会因冻融作用，使彩绘层酥松脱落，并导致陶基质因结构性劣变而产生酥粉。

### 3. 文物材质因素

由于兵马俑结构的特殊性，秦俑彩绘先在陶体上涂一层生漆作底层，再在底层上涂彩绘颜料，涂层厚度不一，生漆层厚0.03～0.06毫米，颜料层厚者为0.09～0.20毫米、薄者为0.01～0.04毫米，故彩绘俑生漆底层一旦老化将在失水干燥过程中慢慢地发生严重的收缩—龟裂—起翘—卷曲。彩绘层中的颜料调和剂也因长期埋藏而老化或流失，颜料层结构由致密而变得松散、无黏附力，在现场或室内遇到干燥的环境下容易碎化、脱落与陶体发生分离。又因上层覆盖土的长期塌压，有的彩绘层失去了与生漆层的黏附力，而与覆盖土的黏附力增强，从而导致彩绘层直接黏附于覆盖的土上，致使原先通体绘彩的兵马俑保存状况发生了极大的变化，打破了原有的平衡关系。特别是刚出土后日温湿度差异较大，彩绘层在较短的时间内发生急剧的变化。残存彩绘的保存状况、层次结构、颜料层和漆底层厚度、颜料种类和颜料粒度的多样性不同，其损坏现象也有所不同。

兵马俑埋藏在土壤中时，由于地下水的侵蚀、温湿度变化等原因造成了陶胎的表面酥粉。出土后已经打破原有的平衡关系，在新的环境中发生显著的变化，特别是陶体及表面彩绘层含水量的变化，使彩绘层很快发生起翘、脱落、空鼓；又由于空气迅速侵入而发生氧化反应，自由基类的碳化反应随即出现，有机物炭化不可避免，加上日光照射，时间稍长就会出现龟裂、变色。

## 四、结论

秦俑一号坑新出土兵马俑的病害程度高、成因复杂，尤其是彩绘病害最为严重，本项目经过十几年来陶质彩绘文物保护修复的经验和对病害治理的方法，对各种病害产生的原因进行了初步分析，针对具体的病害进行了相应的预防和治理，效果显著。当然，治理陶质彩绘文物的病害方法不是唯一的，随着科技手段的不断深入，新材料和新技术的应用，会有更好更多的物理方法治理陶质彩绘文物的病害。

# 第四章　科 学 分 析

目前许多分析测试方法已被应用到陶器的研究中，包括激光拉曼光谱分析（RM）、偏光显微分析（PLM）、扫描电镜能谱分析（SEM-EDS）、X射线衍射分析（XRD）、X射线探伤技术、超声波检测技术、超景深显微观察、傅里叶变换红外光谱分析（FT-IR）等，从而使人们更多地了解了秦兵马俑的制作工艺、病害机理、保存状况、理化性能和物质组成，使陶质彩绘文物的分析检测不断科学化、规范化，分析手段多样化，逐渐建立起陶质彩绘文物分析数据库，为陶质彩绘文物的科学保护修复提供依据，在此过程中也逐渐树立了科学的文物保护修复理念。

## 一、彩绘层分析

### （一）彩绘颜料分析

一号坑修复项目中出土了一定数量的彩绘陶俑，色彩丰富，主要包含有红、粉、绿、蓝、紫、白、黄等颜料色彩。根据彩绘残留状况以及分析需求，在考古现场对陶俑表面残留的彩绘及粘连在土块上的彩绘遗迹进行采样，选取了来自27件陶俑的颜料样品进行分析，结合偏光显微分析法、激光拉曼光谱分析法、剖面显微分析法和扫描电镜能谱分析法对颜料的形貌、元素、结构进行分析，获得了彩绘颜料的种类、成分及层次结构信息，为进一步保护修复彩绘陶俑提供了数据支撑。

#### 1. 样品信息

根据出土彩绘的种类、残留位置与状况、取样要求以及保护修复进度，主要集中进行三次样品采集，分别从27件陶俑上采集样品共63个，进行成分及层次结构的分析，表4.1为样品采集的信息（图4.1、图4.2）。

表4.1　彩绘样品信息及描述

| 样品编号 | 文物编号 | 样品描述 | 取样位置 |
|---|---|---|---|
| 1 | G10：8 | 红色 | 壅颈 |
| 2 | G10：8 | 红色 | 脱落 |
| 3 | G10：3 | 绿色 | 右腿短裤 |

续表

| 样品编号 | 文物编号 | 样品描述 | 取样位置 |
|---|---|---|---|
| 4 | G10：3 | 红色 | 右腿短裤下花结处 |
| 5 | G10：12 | 白色 | 左手背 |
| 6 | G10：4 | 蓝色、白色 | 右腿短裤左侧 |
| 7 | G10：4 | 白色 | 右腿短裤右侧 |
| 8 | G10：4 | 绿色 | 左腿 |
| 9 | G10：8 | 红色、粉色 | 壅颈 |
| 10 | G10：8 | 白色 | 壅颈 |
| 11 | G10：8 | 粉色 | 壅颈 |
| 12 | G10：3 | 白色 | 面部额头 |
| 13 | G10：17 | 红色 | 足部脱落 |
| 14 | G10：17 | 白色 | 右足踝 |
| 15 | G8：13 | 白色 | 甲片 |
| 16 | G8：18 | 绿色 | 前袍 |
| 17 | G8：1 | 浅粉色 | 脱落土块表层 |
| 18 | G10：15 | 绿色粉末 | 袍侧 |
| 19 | G10：15 | 紫色粉末 | 甲带 |
| 20 | G10：15 | 粉紫色 | 甲带 |
| 21 | G10：8 | 深紫色粉末 | 腰部甲片 |
| 22 | G10：8 | 白色粉末 | 甲片 |
| 23 | G10：8 | 少量朱红色粉末 | 胸甲甲钉 |
| 24 | G11：58 | 蓝色粉末 | 右裤管 |
| 25 | G11：58 | 蓝色片状、白色 | 后袍 |
| 26 | G11：58 | 蓝色片状 | 左裤管 |
| 27 | G10：16/17 | 白偏淡蓝 | 脱落 |
| 28 | G10：16/17 | 红 | 脱落 |
| 29 | G8：14 | 白+漆 | 脱落 |
| 30 | 4#俑 | 绿+漆 | 腿 |
| 31 | 4#俑 | 红 | 腿 |
| 32 | 块11 | 粉+漆 | 脱落 |
| 33 | 4#俑 | 紫色粉末 | 腿部 |
| 34 | 4#俑 | 紫色粉末 | 腿部 |
| 35 | 4#俑 | 绿色粉末 | 腿部 |
| 36 | G9东1 | 绿色 | 踏板右侧（袖口前端） |
| 37 | G9东1 | 粉色 | 踏板右侧（袖口端面） |
| 38 | G9东1 | 绿色 | 踏板中间 |
| 39 | G9东5 | 红色 | 鱼鳞甲上 |

续表

| 样品编号 | 文物编号 | 样品描述 | 取样位置 |
| --- | --- | --- | --- |
| 40 | G9东1 | 红色 | 底袍端面 |
| 41 | G9东1 | 白色、粉色 | 足面 |
| 42 | 块12 | 绿色 | 脱落 |
| 43 | 片6 | 粉色 | 脱落 |
| 44 | 块2 | 绿色 | 脱落 |
| 45 | G10：12 | 黑色漆皮 | 左手臂 |
| 46 | G8：14 | 黄色 | 俑头面部 |
| 47 | G11：44 | 绿色 | 脱落 |
| 48 | G11：44 | 红色 | 脱落 |
| 49 | G11：13 | 绿色 | 左臂 |
| 50 | G11：30 | 蓝色 | 脱落 |
| 51 | G11：30 | 绿色 | 铠甲 |
| 52 | G11：31 | 朱红色 | 铠甲 |
| 53 | G11：18 | 红色 | 铠甲 |
| 54 | G11：45 | 红色 | 脱落 |
| 55 | G11：14 | 白色 | 脱落 |
| 56 | G11：46 | 粉色 | 脱落 |
| 57 | G11：46 | 红色 | 脱落 |
| 58 | G11：39 | 粉色 | 脱落 |
| 59 | G11：15 | 绿色 | 脱落 |
| 60 | G11：35 | 红色 | 脱落 |
| 61 | G11：19 | 红色 | 脱落 |
| 62 | G10：8-1 | 紫色 | 壅颈 |
| 63 | G10：8-2 | 紫色 | 陶片 |

紫色彩绘

蓝色彩绘、绿色彩绘、黑色漆皮

图4.1　部分彩绘样品照片

粉色彩绘、褐色漆皮

白色彩绘

粉色彩绘、黄色彩绘

绿色彩绘

红色彩绘

黑色彩绘

蓝色彩绘

红色彩绘

图4.2 部分彩绘样品照片

## 2. 分析方法及结果

1）偏光显微分析法（PLM）

A. 仪器及材料

Leica公司生产的DMLSP偏光显微镜；Leica Wild体视显微镜；Meltmont固封树脂；巴斯德滴管；直头和弯头钨针；异物镊子；载玻片；$\phi$12盖玻片；加热台；擦拭纸；无水乙醇，甲醇，丙酮；黑色油性笔。

B. 制样过程

用丙酮擦拭载样面；用黑色油性笔在背面标出载样区域；借助体视显微镜，用洁净的钨针取样到载玻片的载样区域；根据样品的离散状况，滴加甲醇或无水乙醇至样品边缘后，用钨针研匀样品至溶剂完全挥发；用镊子取盖玻片放至样品上，放于加热台上，加热至90～100℃；在加热台上，吸取固封树脂沿盖玻片一侧缓慢完全渗满整个盖玻片。

C. PLM分析结果

分析结果见表4.2、图4.3。

表4.2　PLM分析结果

| 样品编号 | 文物编号 | 样品描述 | 分析结果 |
| --- | --- | --- | --- |
| 1 | G10：8 | 该样品在单偏光下呈红色偏黄岩石状晶体，在正交偏光下呈火红色并带有橘黄色调，折射率很大，消光性强 | 朱砂 |
| 2 | G10：8 | 该样品有白色和红色两种颗粒<br>白色颗粒在单偏光下呈微小圆形透明颗粒，在正交偏光下消光性强，折射率小；红色颗粒在单偏光下呈红色偏黄岩石状晶体，在正交偏光下呈火红色并带有橘黄色调，折射率很大，消光性强 | 碳酸钙＋朱砂 |
| 5 | G10：12 | 该样品在单偏光下呈白色颗粒聚集，边缘不清晰，在正交偏光下弱消光，折射率稍小 | 骨白 |
| 6 | G10：4 | 该样品有暗白色、白色和蓝色三种颜料颗粒<br>暗白色颗粒在单偏光下呈灰白色颗粒聚集，边缘不清晰，在正交偏光下弱消光，折射率稍小；第二种白色颗粒在单偏光下呈微小圆形透明颗粒，在正交偏光下消光性强，折射率小；蓝色颗粒在单偏光下呈蓝色偏绿岩石状晶体，在正交偏光下强消光，折射率大 | 骨白＋碳酸钙＋石青 |
| 7 | G10：4 | 该样品在单偏光下呈白色颗粒聚集，边缘不清晰，在正交偏光下弱消光，折射率稍小 | 骨白 |
| 8 | G10：4 | 该样品在单偏光下呈淡绿色岩石状晶体，有明显的纤维条纹，在正交偏光下强消光，折射率稍大 | 石绿 |
| 9 | G10：8 | 该样品有白色和红色两种颗粒<br>白色颗粒在单偏光下呈白色颗粒聚集，边缘不清晰，在正交偏光下弱消光，折射率稍小；红色颗粒在单偏光下呈红色偏黄岩石状晶体，在正交偏光下呈火红色并带有橘黄色调，折射率很大，消光性强 | 骨白＋朱砂 |

续表

| 样品编号 | 文物编号 | 样品描述 | 分析结果 |
|---|---|---|---|
| 10 | G10：8 | 该样品在单偏光下呈灰白色颗粒聚集，边缘不清晰，在正交偏光下弱消光，折射率稍小 | 骨白 |
| 11 | G10：8 | 该样品有白色和红色两种颗粒<br>白色颗粒在单偏光下呈聚集态，边缘不清晰，在正交偏光下弱消光，折射率稍小；红色颗粒在单偏光下呈红色偏黄岩石状晶体，在正交偏光下呈火红色并带有橘黄色调，折射率很大，消光性强 | 骨白＋朱砂 |
| 12 | G10：3 | 该样品有灰白色和红色两种颗粒<br>灰白色颗粒在单偏光下呈灰白色颗粒聚集，边缘不清晰，在正交偏光下弱消光，折射率稍小；红色颗粒在单偏光下呈红色偏黄岩石状晶体，在正交偏光下呈火红色并带有橘黄色调，折射率很大，消光性强 | 骨白＋朱砂 |
| 13 | G10：17 | 该样品在单偏光下呈红色偏黄岩石状晶体，在正交偏光下呈火红色并带有橘黄色调，折射率很大，消光性强 | 朱砂 |
| 14 | G10：17 | 该样品有白色和红色两种颗粒<br>白色颗粒在单偏光下呈白色岩石状颗粒，小颗粒聚集，在正交偏光下消光性弱，折射率小；红色颗粒在单偏光下呈红色偏黄岩石状晶体，在正交偏光下呈火红色并带有橘黄色调，折射率很大，消光性强 | 白土＋朱砂 |
| 15 | G8：13 | 该样品在单偏光下呈灰白色颗粒聚集，边缘不清晰，在正交偏光下弱消光，折射率稍小 | 骨白 |
| 16 | G8：18 | 该样品有绿色和红色两种颗粒<br>绿色颗粒在单偏光下呈淡绿色岩石状晶体，有密集的纤维条纹，在正交偏光下强消光，折射率稍大；红色颗粒在单偏光下呈红色偏黄岩石状晶体，在正交偏光下呈火红色并带有橘黄色调，折射率很大，消光性强 | 石绿＋朱砂 |
| 17 | G8：1 | 该样品有白色和红色两种颗粒<br>白色颗粒在单偏光下呈白色岩石状颗粒，小颗粒聚集，在正交偏光下消光性弱，折射率小；红色颗粒在单偏光下呈红色偏黄岩石状晶体，在正交偏光下呈火红色并带有橘黄色调，折射率很大，消光性强 | 白土＋朱砂 |
| 18 | G10：15 | 该样品中有绿色和暗红色两种颗粒<br>绿色颗粒在单偏光下呈淡绿色岩石状晶体，有明显的纤维条纹，在正交偏光下强消光，折射率稍大；暗红色颗粒在单偏光下呈暗红色，边缘圆润，在正交偏光下全消光，折射率大 | 石绿＋铁红 |
| 19 | G10：15 | 该样品有紫色、暗红色和红色三种颗粒<br>紫色颗粒在单偏光下呈浅紫色平板装晶体，在正交偏光下弱消光，折射率较大；暗红色颗粒在单偏光下呈暗红色，边缘圆润，在正交偏光下全消光，折射率大；红色颗粒在单偏光下呈红色偏黄岩石状晶体，在正交偏光下呈火红色并带有橘黄色调，折射率很大，消光性强 | 中国紫＋铁红＋朱砂 |

续表

| 样品编号 | 文物编号 | 样品描述 | 分析结果 |
|---|---|---|---|
| 22 | G10：8 | 该样品在单偏光下呈灰白色颗粒聚集，边缘不清晰，在正交偏光下弱消光，折射率稍小 | 骨白 |
| 23 | G10：8 | 该样品有暗红色和红色两种颗粒<br>暗红色颗粒在单偏光下呈暗红色，边缘圆润，在正交偏光下全消光，折射率大；红色颗粒在单偏光下呈红色偏黄岩石状晶体，在正交偏光下呈火红色并带有橘黄色调，折射率很大，消光性强 | 铁红＋朱砂 |
| 24 | G11：58 | 该样品有蓝色和暗红色两种颗粒<br>蓝色颗粒在单偏光下呈蓝色偏绿岩石状晶体，在正交偏光下强消光，折射率大；暗红色颗粒在单偏光下呈暗红色，边缘圆润，在正交偏光下全消光，折射率大 | 石青＋铁红 |
| 25 | G11：58 | 该样品在单偏光下呈蓝色偏绿岩石状晶体，在正交偏光下强消光，折射率大 | 石青 |
| 33 | 4#俑 | 该样品有紫色和红色两种颗粒<br>紫色颗粒在单偏光下呈浅紫色平板状晶体，在正交偏光下弱消光，折射率较大；红色颗粒在单偏光下呈红色偏黄岩石状晶体，在正交偏光下呈火红色并带有橘黄色调，折射率很大，消光性强 | 中国紫＋朱砂 |
| 35 | 4#俑 | 该样品在单偏光下呈淡绿色岩石状晶体，有密集的纤维条纹，在正交偏光下强消光，折射率稍大 | 石绿 |
| 36 | G9东1 | 该样品有蓝色和绿色两种颗粒<br>蓝色颗粒在单偏光下呈蓝色偏绿岩石状晶体，在正交偏光下强消光，折射率大；绿色颗粒在单偏光下呈淡绿色岩石状晶体，有密集的纤维条纹，在正交偏光下强消光，折射率稍大 | 石青＋石绿 |
| 37 | G9东1 | 该样品有灰白色和红色两种颗粒<br>灰白色颗粒在单偏光下呈灰白色颗粒聚集，边缘不清晰，在正交偏光下弱消光，折射率稍小；红色颗粒在单偏光下呈红色偏黄岩石状晶体，在正交偏光下呈火红色并带有橘黄色调，折射率很大，消光性强 | 骨白＋朱砂 |
| 38 | G9东1 | 该样品在单偏光下呈淡绿色岩石状晶体，有密集的纤维条纹，在正交偏光下强消光，折射率稍大 | 石绿 |
| 39 | 3-1 | 该样品在单偏光下呈红色偏黄岩石状晶体，在正交偏光下呈火红色并带有橘黄色调，折射率很大，消光性强 | 朱砂 |
| 40 | G9东1 | 该样品在单偏光下呈红色偏黄岩石状晶体，在正交偏光下呈火红色并带有橘黄色调，折射率很大，消光性强 | 朱砂 |
| 41 | G9东1 | 该样品有灰白色和红色两种颗粒<br>灰白色颗粒在单偏光下呈灰白色颗粒聚集，边缘不清晰，在正交偏光下弱消光，折射率稍小；红色颗粒在单偏光下呈红色偏黄岩石状晶体，在正交偏光下呈火红色并带有橘黄色调，折射率很大，消光性强 | 骨白＋朱砂 |
| 44 | 块2 | 该样品有绿色和暗红色两种颗粒<br>绿色颗粒在单偏光下呈淡绿色岩石状晶体，有密集的纤维条纹，在正交偏光下强消光，折射率稍大；暗红色颗粒在单偏光下呈暗红色，边缘圆润，在正交偏光下全消光，折射率大 | 石绿＋朱砂 |

续表

| 样品编号 | 文物编号 | 样品描述 | 分析结果 |
| --- | --- | --- | --- |
| 46 | G8：14黄色 | 该样品在单偏光下呈暗黄色片状，在正交偏光下呈亮黄色，强消光，折射率大 | ? |
| 47 | G11：44绿色 | 该样品在单偏光下呈淡绿色岩石状晶体，有密集的纤维条纹，在正交偏光下强消光，折射率稍大 | 石绿 |
| 48 | G11：44红色 | 该样品在单偏光下呈红色偏黄岩石状晶体，在正交偏光下呈火红色并带有橘黄色调，折射率很大，消光性强 | 朱砂 |
| 49 | G11：13绿色 | 该样品在单偏光下呈淡绿色岩石状晶体，有密集的纤维条纹，在正交偏光下强消光，折射率稍大 | 石绿 |
| 50 | G11：30蓝色 | 该样品在单偏光下呈蓝色偏绿岩石状晶体，在正交偏光下强消光，折射率大 | 石青 |
| 51 | G11：30绿色 | 该样品在单偏光下呈淡绿色岩石状晶体，有密集的纤维条纹，在正交偏光下强消光，折射率稍大 | 石绿 |
| 52 | G11：31朱红色 | 该样品在单偏光下呈红色偏黄岩石状晶体，在正交偏光下呈火红色并带有橘黄色调，折射率很大，消光性强 | 朱砂 |
| 53 | G11：18红色 | 该样品在单偏光下呈红色偏黄岩石状晶体，在正交偏光下呈火红色并带有橘黄色调，折射率很大，消光性强 | 朱砂 |
| 54 | G11：45红色 | 该样品在单偏光下呈红色偏黄岩石状晶体，在正交偏光下呈火红色并带有橘黄色调，折射率很大，消光性强 | 朱砂 |
| 55 | G11：14白色 | 该样品在单偏光下呈灰白色颗粒聚集，边缘不清晰，在正交偏光下弱消光，折射率稍小 | 骨白 |
| 56 | G11：46粉色 | 该样品在单偏光下呈灰白色颗粒聚集，边缘不清晰，在正交偏光下弱消光，折射率稍小 | 骨白 |
| 57 | G11：46红色 | 该样品在单偏光下呈红色偏黄岩石状晶体，在正交偏光下呈火红色并带有橘黄色调，折射率很大，消光性强 | 朱砂 |
| 58 | G11：39粉色 | 该样品有红色和白色两种颗粒<br>红色颗粒在单偏光下呈红色偏黄岩石状晶体，在正交偏光下呈火红色并带有橘黄色调，折射率很大，消光性强；白色颗粒在单偏光下有白色浅绿色调，边缘圆润，在正交偏光下强消光，折射率较大 | 朱砂+铅白 |
| 59 | G11：15绿色 | 该样品在单偏光下呈淡绿色岩石状晶体，有密集的纤维条纹，在正交偏光下强消光，折射率稍大 | 石绿 |
| 60 | G11：35红色 | 该样品在单偏光下呈红色偏黄岩石状晶体，在正交偏光下呈火红色并带有橘黄色调，折射率很大，消光性强 | 朱砂 |
| 61 | G11：19红色 | 该样品在单偏光下呈红色偏黄岩石状晶体，在正交偏光下呈火红色并带有橘黄色调，折射率很大，消光性强 | 朱砂 |
| 62 | G10：8紫色 | 该样品在单偏光下呈浅紫色平板状晶体，在正交偏光下弱消光，折射率较大 | 中国紫 |
| 63 | G10：8紫色 | 该样品在单偏光下呈浅紫色平板状晶体，在正交偏光下弱消光，折射率较大 | 中国紫 |

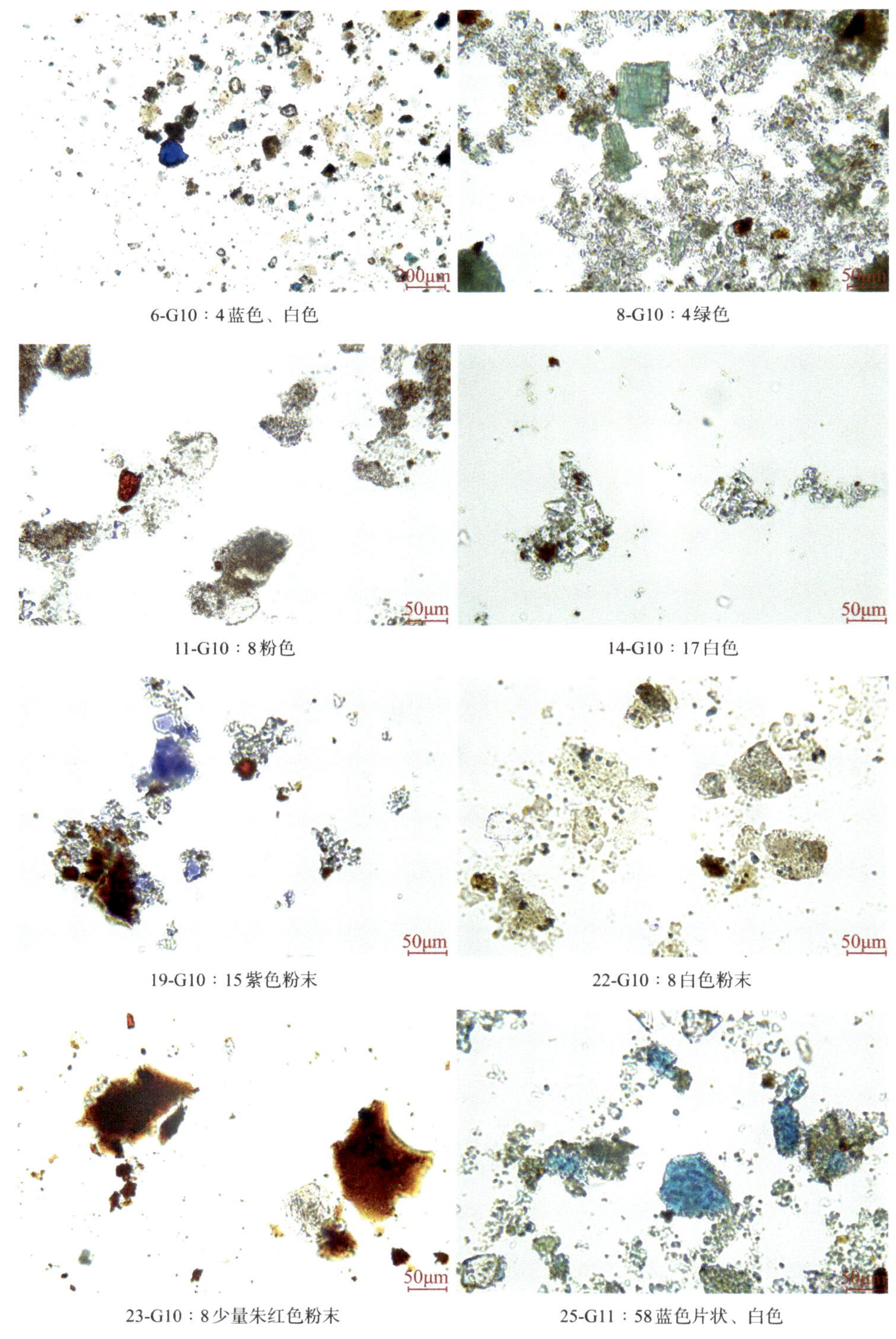


6-G10：4 蓝色、白色

8-G10：4 绿色

11-G10：8 粉色

14-G10：17 白色

19-G10：15 紫色粉末

22-G10：8 白色粉末

23-G10：8 少量朱红色粉末

25-G11：58 蓝色片状、白色

图 4.3　部分颜料样品偏光显微照片（200×）

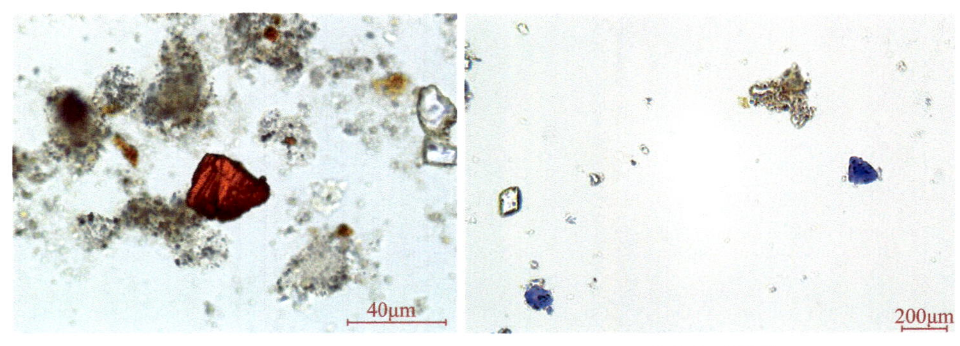


48-G11：44红色　　63-G10：8紫色

图4.3 （续）

PLM是通过对颜料晶体的形状、折射率和消光性等进行观察，与已建立的绘画颜料数据库中各类颜料的物相特点比对，从而判别所分析颜料样品的种类。从48个样品的偏光分析结果可以看出：①红色样品有两种，多数红色颗粒在单偏光下呈红色偏黄岩石状晶体，在正交偏光下呈火红色并带有橘黄色调，折射率很大，消光性强，这些特征与朱砂标准样品在偏振光下的特征极为相似，据此可以推断，这些红色样品的显色物质主要为朱砂；18-G10：15、19-G10：15、23-G10：8和24-G11：58四个样品中的暗红色颗粒在单偏光下呈暗红色，边缘圆润，在正交偏光下全消光，折射率大，这些特征与铁红标准样品在偏振光下的特征极为相似，据此可以推断，这些四个样品的红色显色物质主要为铁红；②白色样品有四种，多数白色颗粒在单偏光下呈灰白色颗粒聚集，边缘不清晰，在正交偏光下弱消光，折射率稍小，这些特征与骨白标准样品在偏振光下的特征极为相似，据此可以推断，多数白色样品的显色物质主要为骨白；2-G10：8和6-G10：4两个样品中的白色颗粒在单偏光呈微小圆形透明颗粒，在正交偏光下消光性强，折射率小，这些特征与碳酸钙标准样品在偏振光下的特征极为相似，据此可以推断，这两个样品的白色显色物质主要为碳酸钙；14-G10：17和17-G8：1样品中的白色颗粒在单偏光下呈白色岩石状颗粒，小颗粒聚集，在正交偏光下消光性弱，折射率小，这些特征与白土标准样品在偏振光下的特征极为相似，据此可以推断，这两个样品的白色显色物质主要为白土；58-G11：39粉色样品中的白色颗粒在单偏光下有白色浅绿色调，边缘圆润，在正交偏光下强消光，折射率较大，这些特征与铅白标准样品在偏振光下的特征极为相似，据此可以推断，58-G11：39粉色样品中的白色显色物质主要为铅白；③绿色样品在单偏光下呈淡绿色岩石状晶体，有密集的纤维条纹，在正交偏光下强消光，折射率稍大，这些特征与石绿标准样品在偏振光下的特征极为相似，据此可以推断，绿色样品的显色物质主要为石绿；④蓝色样品在单偏光下呈蓝色偏绿岩石状晶体，在正交偏光下强消光，折射率大，这些特征与石青标准样品在偏振光下的特征极为相似，据此可以推断蓝色样品的显色物质为石青；⑤紫色颗粒在单偏光下呈浅紫色平板状晶体，在正交偏光下弱消光，折射率较大，这些特征与中国紫标准样品在偏振光下的特征极为相似，据此可以推断这四个样品的紫色显色物质主要为中国紫。

2）激光拉曼光谱分析法（RM）

A. 仪器及检测条件

RM分析测试所用仪器为英国雷尼绍公司生产的RenishawinVia型显微激光拉曼光谱仪。仪器配有高稳定性研究级德国原装Leica显微镜，包含10×原装目镜，5×、20×、100×及50×长焦物镜头。空间分辨率：在100×倍镜头下，横向分辨率≤0.5μm，光轴方向纵向分辨率≤2μm，共焦深度连续可调。

工作条件：激发光波长为514nm。波数在100～3000cm$^{-1}$范围内，波数精度为±1cm$^{-1}$，物镜为100×镜头，光斑尺寸为1μm，信息采集时间为10s，累加次数3次。

B. 制样过程

分析时直接将样品颗粒放于载玻片上，用无水乙醇浸润，研磨，然后置于样品台上待检，在显微镜下选择需要分析的样品区域。

C. RM分析结果

分析结果见表4.3、图4.4。

**表4.3　RM分析结果**

| 样品编号 | 文物编号 | 峰值[a]和相对强度[b] | 分析结果 |
|---|---|---|---|
| 1 | G10：8 | 252vs、347w | 朱砂 |
| 2 | G10：8 | 252vs、343w、961vs | 朱砂+骨白 |
| 3 | G10：3 | 150m、178m、219m、267m、350m、430s、533m、718w、1054w、1094w、1363m、1490vs | 石绿 |
| 4 | G10：3 | 254vs | 朱砂 |
| 5 | G10：12 | 960vs | 骨白 |
| 5 | G10：12 | 1054vs | 铅白 |
| 6 | G10：4 | 962vs | 骨白 |
| 6 | G10：4 | 177m、248m、401vs、1095s、1576s | 石青 |
| 7 | G10：4 | 961vs、1045w | 骨白 |
| 8 | G10：4 | 151m、179m、220m、269m、431s、534m、1058w、1098w、1491vs | 石绿 |
| 9 | G10：8 | 961vs | 骨白 |
| 9 | G10：8 | 253vs、346m | 朱砂 |
| 10 | G10：8 | 960vs | 骨白 |
| 11 | G10：8 | 961vs | 骨白 |
| 11 | G10：8 | 253vs、344m | 朱砂 |

续表

| 样品编号 | 文物编号 | 峰值[a]和相对强度[b] | 分析结果 |
| --- | --- | --- | --- |
| 12 | G10：13 | 254vs、344m | 朱砂 |
| 12 | G10：13 | 249s、401vs、764w、936w、1094s、1423w、1577m | 石青 |
| 12 | G10：13 | 961vs、1044w | 骨白 |
| 16 | G8：18 | 149m、179m、219m、269m、431s、534m、1055w、1098w、1491vs | 石绿 |
| 17 | G8：1 | 960vs | 骨白 |
| 18 | G10：15 | 152m、180m、220m、269m、432s、535m、1057w、1097w、1492vs | 石绿 |
| 19 | G10：15 | 253vs、342m | 朱砂 |
| 19 | G10：15 | 142m、274m、459m、512s、586vs、985s | 中国紫 |
| 21 | G10：8 | 140m、179w、229w、272m、350m、456m、509s、584vs、984s | 中国紫 |
| 21 | G10：8 | 253vs、348w | 朱砂 |
| 22 | G10：8 | 961vs | 骨白 |
| 23 | G10：8 | 253vs、347m | 朱砂 |
| 24 | G11：58 | 248s、400vs、763m、936w、1094s、1427vs、1577s | 石青 |
| 25 | G11：58 | 294s、406s、606m | 铁红 |
| 25 | G11：58 | 247s、400vs、764m、933w、1094s、1426s、1577s | 石青 |
| 25 | G11：58 | 181m、270m、434s、538m、1492vs | 石绿 |
| 32 | 块11 | 143m、274m、465m、515vs、587vs、985s | 中国紫 |
| 33 | 4#俑 | 253vs、348m | 朱砂 |
| 33 | 4#俑 | 144m、185m、274w、465m、515s、587vs、986vs | 中国紫 |
| 33 | 4#俑 | 1370s、1589s | 炭 |
| 35 | 4#俑 | 155m、180m、220w、270m、352w、433s、535m、719w、1365m、1492vs | 石绿 |
| 36 | G9东1 | 153s、180s、219m、269m、353w、432s、535m、719w、1366m、1492vs | 石绿 |
| 37 | G9东1 | 431w、590w、961vs、1045w、1075w | 骨白 |
| 37 | G9东1 | 254vs、347m | 朱砂 |
| 38 | G9东1 | 153m、181m、221w、271m、354w、432s、536m、719w、1366m、1492vs | 石绿 |
| 39 | 3-1 | 254vs、344m | 朱砂 |
| 40 | G9东1 | 252vs、344m | 朱砂 |

续表

| 样品编号 | 文物编号 | 峰值[a]和相对强度[b] | 分析结果 |
|---|---|---|---|
| 41 | G9东1 | 961vs | 骨白 |
| 41 | G9东1 | 252vs、344m | 朱砂 |
| 46 | G8：14（俑头面部黄色） | 826vs | 砷铅矿族系混合物 |
| 47 | G11：44 | 150m、177m、217w、268m、356w、430s、534m、1490vs | 石绿 |
| 50 | G11：30 | 247s、400vs、764m、933w、1095s、1430s、1578s | 石青 |
| 53 | G11：18 | 250vs、341m | 朱砂 |
| 55 | G11：14 | 964vs | 骨白 |
| 56 | G11：46 | 478s、548vs | 铅丹 |
| 62 | G10：8 | 275w、464w、515s、587s、988w | 中国紫 |
| 63 | G10：8 | 144w、181w、240w、274w、463w、514s、586s、984w | 中国紫 |

a表示峰值单位$cm^{-1}$；b表示峰值相对强度；s为强峰；m为中等峰；w为弱峰；v为非常。

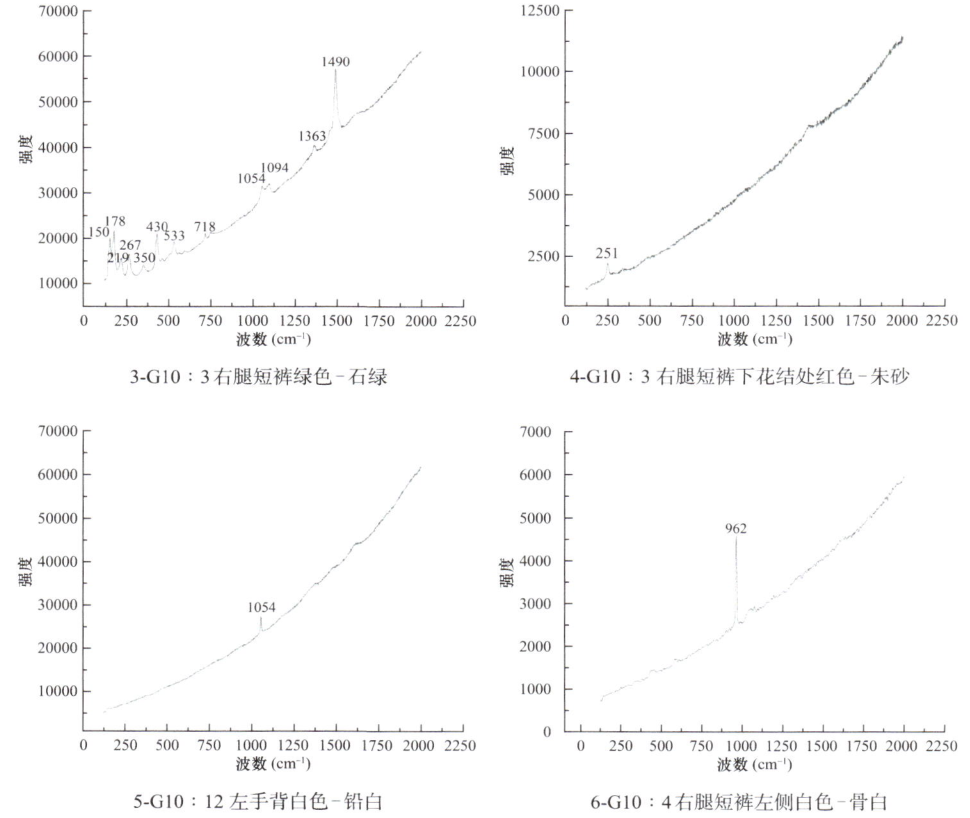


图4.4 部分样品的RM光谱图

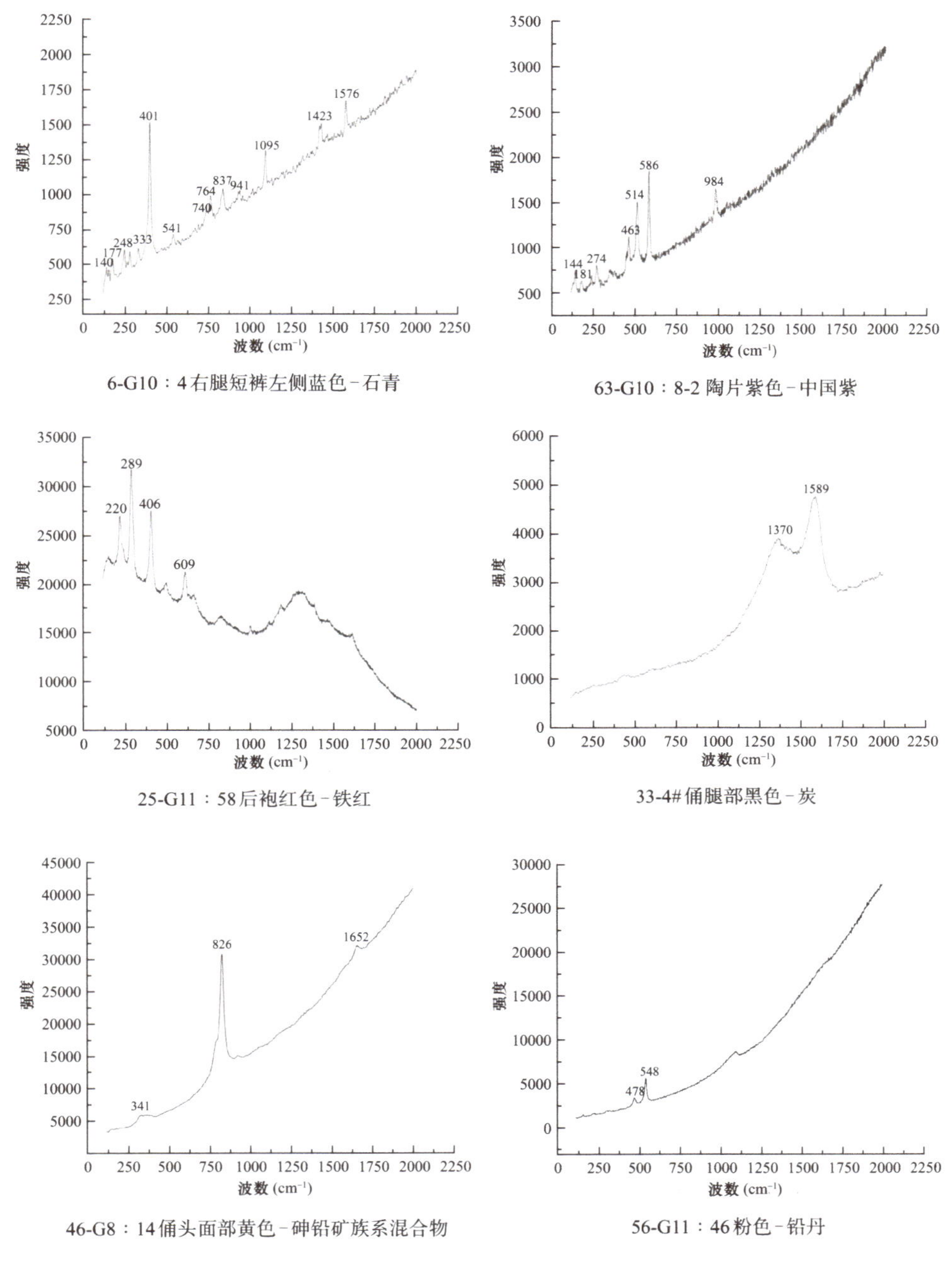


6-G10：4右腿短裤左侧蓝色－石青

63-G10：8-2陶片紫色－中国紫

25-G11：58后袍红色－铁红

33-4#俑腿部黑色－炭

46-G8：14俑头面部黄色－砷铅矿族系混合物

56-G11：46粉色－铅丹

图4.4 （续）

RM是根据采集物质拉曼散射信息推出分子振动等信息，从而对分子结构等相关信息进行分析的方法。从52个拉曼分析结果可以看出：①多数红色样品的拉曼光谱较简单，在250cm$^{-1}$、284cm$^{-1}$、341cm$^{-1}$附近存在明显的振动峰，这三个峰符合朱砂标准样品的拉曼光谱特征，因此判断多数红色样品的颜料为朱砂；25-G11：58

红色样品在294cm$^{-1}$、406cm$^{-1}$、606cm$^{-1}$附近存在明显的振动峰，这三个峰符合铁红标准样品的拉曼光谱特征，因此判断25-G11：58红色样品的颜料为铁红；56-G11：46粉色在121cm$^{-1}$、230cm$^{-1}$、313cm$^{-1}$、390cm$^{-1}$、478cm$^{-1}$、548cm$^{-1}$附近存在明显的振动峰，这几个峰符合铅丹标准样品的拉曼光谱特征，因此判断56-G11：46粉色样品的红色颜料为铅丹；②多数白色样品的拉曼光谱较简单，在961cm$^{-1}$附近存在明显的振动峰，这个峰符合骨白标准样品的拉曼光谱特征，因此判断多数白色样品的颜料为骨白；5-G10：12白色样品在1054cm$^{-1}$附近存在明显的振动峰，这个峰符合铅白标准样品的拉曼光谱特征，因此判断这个白色样品的颜料为铅白；③绿色样品在152cm$^{-1}$、180cm$^{-1}$、220cm$^{-1}$、269cm$^{-1}$、432cm$^{-1}$、535cm$^{-1}$、1057cm$^{-1}$、1097cm$^{-1}$、1492cm$^{-1}$附近存在明显的振动峰，这几个峰符合石绿标准样品的拉曼光谱特征，因此判断绿色样品的颜料为石绿；④蓝色样品在248cm$^{-1}$、400cm$^{-1}$、763cm$^{-1}$、936cm$^{-1}$、1094cm$^{-1}$、1427cm$^{-1}$、1577cm$^{-1}$附近存在明显的振动峰，这几个峰符合石青标准样品的拉曼光谱特征，因此判断蓝色样品的颜料为石青；⑤紫色样品在144cm$^{-1}$、185cm$^{-1}$、274cm$^{-1}$、465cm$^{-1}$、515cm$^{-1}$、587cm$^{-1}$、986cm$^{-1}$附近存在明显的振动峰，这几个峰符合中国紫标准样品的拉曼光谱特征，因此判断紫色样品的颜料为中国紫；⑥33-4#俑黑色样品在1370cm$^{-1}$、1589cm$^{-1}$附近出现振动峰，这两个峰符合炭标准样品的拉曼光谱特征，因此判断该样品的颜料为炭；⑦46-G8：14俑头面部黄色样品在139cm$^{-1}$、826cm$^{-1}$附近存在明显的振动峰，这两个峰和砷铅矿族系混合物标准样品的拉曼光谱峰位接近，因此判断黄色样品的颜料为砷铅矿族系混合物。

3）剖面显微分析法

A. 仪器及材料

Leica DMLSP偏光显微镜；Leica Wild体视显微镜；包埋剂（环氧树脂及固化剂）；紫外固化仪；磨片机；抛光布；压片机；载玻片；橡皮泥；硅橡胶片；透明PE塑料管；双面胶带；镊子；纸标签和酒精等。

B. 制样过程

将双面胶带粘在硅胶片上；在体视显微镜下，将颜料垂直粘在双面胶带上，用透明塑料管圈住颜料块，将Technovit 2000LC注入塑料管内，在塑料管内放入打印好的标签，将样品放在载玻片上，放入紫外固化仪中加固，加固时间20～30分钟；加固完毕后，在打磨机上用砂纸打磨样品剖面，依次在粗细目数不同的细磨砂纸上研磨（600、800、2400、3000、4000、6000、8000目），最后将样品底部加上橡皮泥，粘在载玻片上，表面加一层镜头纸，在压样器上压平后，即可在体式显微镜下进行观察。

C. 剖面显微分析结果

分析结果见表4.4、图4.5。

**表 4.4　部分颜料样品剖面显微分析结果**

| 样品编号 | 文物编号 | 分析结果 |
|---|---|---|
| 2 | G10：8 | 该样品为三层结构：<br>第一层为深红色颜料层，颜料层厚度约为 130～138.8μm<br>第二层为红色颜料层，颜料层厚度约为 158.4～200μm<br>第三层为漆层，漆层厚度平均约为 9.7μm |
| 5 | G10：12 | 该样品为二层结构：<br>第一层为白色颜料层，颜料层厚度约为 32.6～62.1μm<br>第二层为黑色漆皮层，漆皮层厚度约为 39.7～45.6μm<br>黑色漆皮层与颜料层有明显的分层 |
| 6 | G10：4 | 该样品为二层颜料层：<br>第一层为蓝色颜料层，颜料层厚度约为 17.6～67.7μm<br>第二层为白色颜料层，颜料层厚度约为 415～470.9μm |
| 9 | G10：8 | 该样品为三层结构：<br>第一层为红色颜料层，颜料层厚度平均约为 13.5μm<br>第二层为粉红色颜料层，颜料层厚度约为 153～179μm<br>底层为漆皮层，颜料层厚度约为 8.8～14.7μm |
| 10 | G10：8 | 该样品为一层白色颜料层：<br>颜料层厚度较均匀，约为 859.5～941.9μm |
| 12 | G10：13 | 该样品为三层结构：<br>最外层为白色颜料层，颜料层厚度约为 84.9～107.7μm<br>第二层为粉色颜料层，颜料层厚度约为 186.1～199.2μm<br>第三层为黑色漆皮层，漆皮层厚度约为 9.7～27.8μm |
| 20 | G10：15 | 该样品为一层颜料层：<br>颜料层为红紫色颜料层，红色颜料层上有分散的紫色颗粒，厚度约为 4.8～15.5μm |
| 26 | G11：58 | 该样品为二层结构：<br>第一层为蓝色颜料层，颜料层厚度约为 186.1～402μm<br>第二层为漆层，漆层厚度平均约为 8.29μm |
| 27 | G10：16/17 | 该样品为三层结构：<br>最外层为红绿色相间颜料层，厚度不均，颜料层厚度约为 11.8～89.6μm<br>第二层为蓝白色与绿色相互渗透的颜料层，颜料层厚度约为 191.5～269.1μm<br>底层为黑色漆皮层，漆皮层厚度约为 12.7～27.8μm |
| 28 | G10：16/17 | 该样品为一层红色颜料层：<br>颜料层厚度约为 4.2～18.8μm |
| 29 | G8：14 | 该样品为二层结构：<br>最外层为白颜料层，颜料层厚度约为 49～83.3μm<br>第二层为漆层，漆层厚度约为 5～14.7μm |

续表

| 样品编号 | 文物编号 | 分析结果 |
|---|---|---|
| 30 | 4#俑 | 该样品为三层结构：<br>最外层为黑色颜料层，颜料层厚度约为4.2～27.7μm<br>第二层为绿色颜料层，颜料层厚度约为184.5～291.1μm<br>第三层为漆层，漆层厚度平均约为4μm |
| 31 | 4#俑 | 该样品为一层红色颜料层：<br>红色颜料层厚度约为4.8～34.6μm |
| 32 | 块11 | 该样品为二层结构：<br>第一层为粉色颜料层，颜料层厚度约为101.6～194.3μm<br>第二层为漆层，漆层厚度平均约为7.6μm |
| 42 | 块12 | 该样品为二层结构：<br>最外层为绿色颜料层，颜料层厚度约为144.7～281.2μm<br>第二层为漆层，漆层厚度约为13.3～36.5μm |
| 43 | 片6 | 该样品为一层颜料层：<br>颜料层为浅粉色颜料层，浅粉色颜料层上有分散的红色颗粒，厚度约为131.4～180.9μm |
| 44 | 块2 | 该样品为二层结构：<br>外层为绿色颜料层，颜料层厚度约为64.7～82.4μm<br>底层为黑色漆皮层，漆皮层厚度约为20.6～41.2μm |
| 45 | G10：12 | 该样品为一层漆皮层：<br>漆皮层厚度约为70～105.9μm |
| 46 | T24G8：14黄色 | 该样品为两层颜料层，颜料层容易剥落，与地仗层分开：<br>最外层为亮黄色颜料层，颜料层厚度约为25.3～73.2μm<br>第二层为黄色和白色相互渗入的颜料层，颜料层厚度约为67.5～135.7μm |
| 62 | T24G10：8①紫色 | 该样品为一层颜料层：<br>颜料层为紫色颜料层，颜料层厚度平均约为60.27μm |

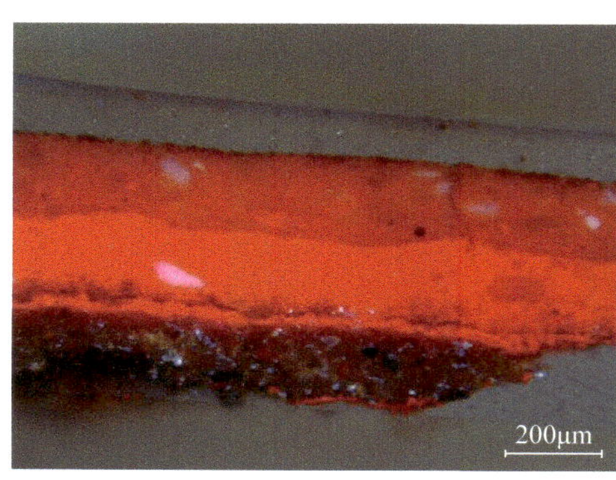

2-红色

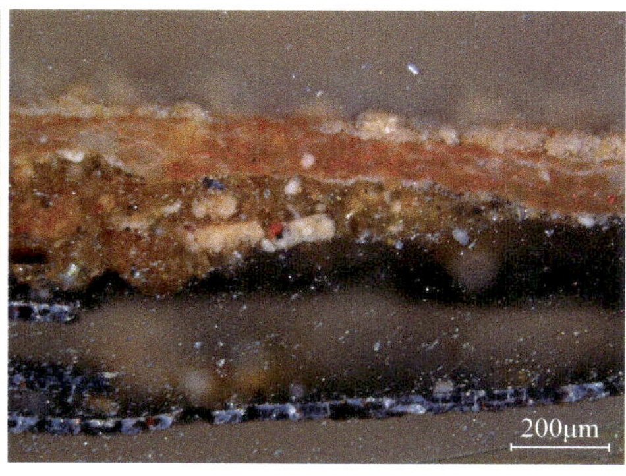

5-白色、黑色漆皮

图4.5　样品剖面显微照片

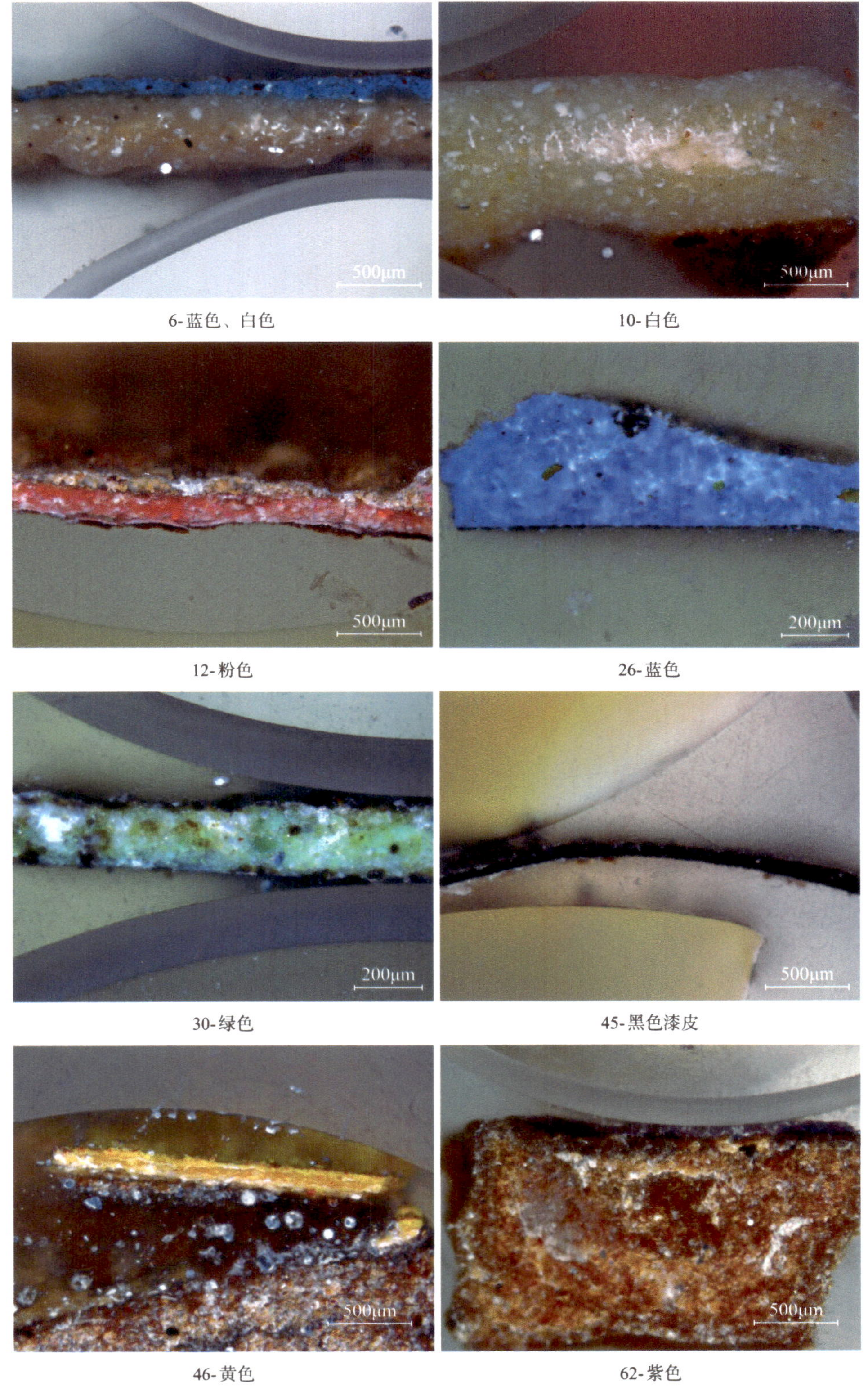


6-蓝色、白色　10-白色

12-粉色　26-蓝色

30-绿色　45-黑色漆皮

46-黄色　62-紫色

图4.5 （续）

剖面分析法是采用显微镜观察彩绘剖面层次的方法，通过该方法可以了解彩绘的层次结构。从20个剖面分析结果可以看出：①颜料多数使用黑色漆皮做底层，底层上再绘制彩色颜料；②颜料层由一层或两层组成；③有的是同色系颜料组成，有的是不同色系颜料组成；④漆层的厚度相对颜料层的厚度较薄，若上附有颜料层，则其大部分为10～20μm左右，若其上未附着颜料层，则其厚度为100μm左右；⑤不同种类不同部位的颜料层厚度不一，根据颜色效果表达与不同部位来进行不同厚度的施彩。

4）扫描电镜能谱分析法（SEM-EDS）

A. 仪器及检测条件

扫描电镜采用FEI公司生产的Quanta200型环境扫描电子显微镜，仪器配备EDX公司的能谱仪。

测试条件：高真空；加速电压为20kV；工作距离为10mm；束斑为4.0～5.0。由于样品量特别少，采用环境扫描电子显微镜，检测所取样品的微观形貌和元素组成，为进一步分析颜料成分提供基础。

B. 制样过程

用钢针挑取颗粒状的颜料颗粒于样品台上，对样品进行喷金处理。

C. SEM-EDS分析结果

部分样品的SEM-EDS结果如下：分析结果包括样品颜料颗粒外观形貌电子图像和元素分析结果谱图（图4.6）；以及颜料对应EDS元素原子百分含量（%）（表4.5）。

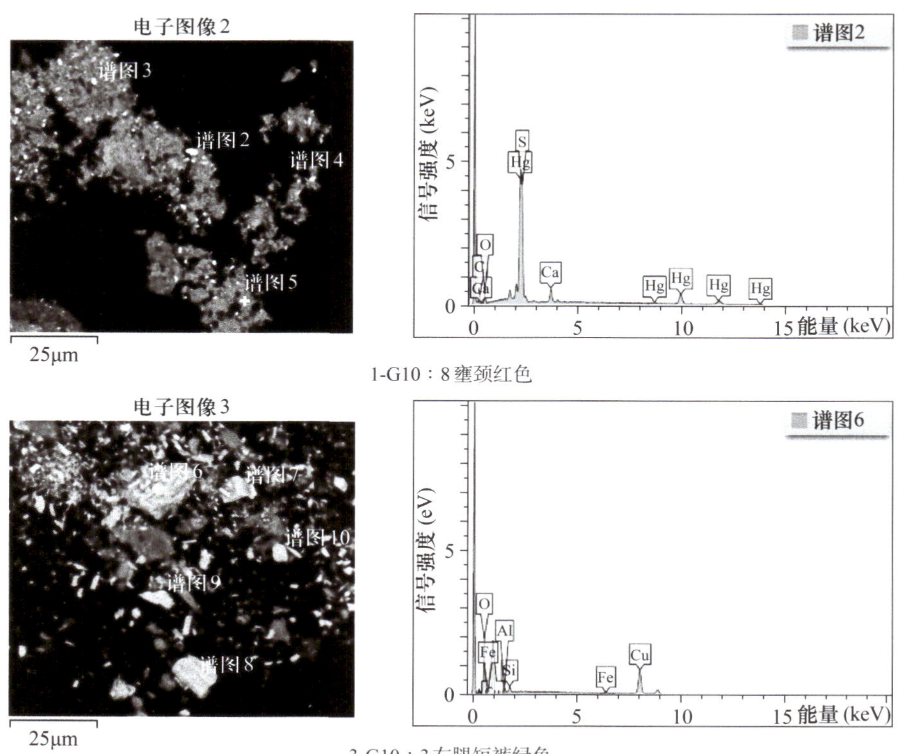


图4.6　部分颜料样品颗粒的外观形貌电子图像和元素分析结果谱图

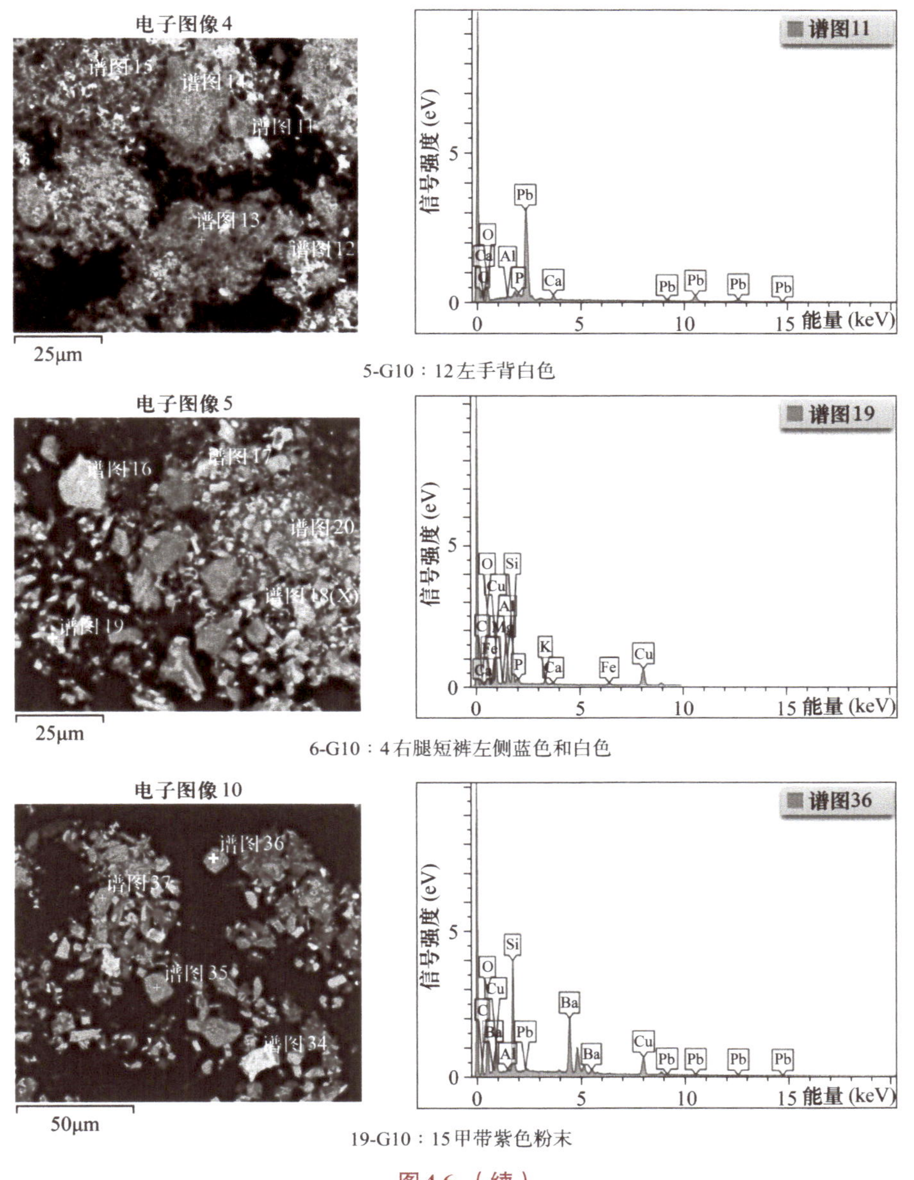


5-G10：12左手背白色

6-G10：4右腿短裤左侧蓝色和白色

19-G10：15甲带紫色粉末

图4.6 （续）

SEM-EDS在对文物材料微观形貌观察的同时进行元素定性分析。本次分析的14个样品针对的都是粉末样品，分析结果可以看出：①1-G10：8、39-3-1红色样品中Hg和S含量高，结合偏光和拉曼分析结果，可以推断红色样品为朱砂；②3-G10：3、38-G9东1绿色样品中Cu含量特别高，结合偏光和拉曼分析结果，可以推断绿色样品为石绿；③7-G10：4、10-G10：8、15-G8：13白色样品中Ca和P含量特别高，结合拉曼和偏光分析结果，可以推断白色样品为骨白；④37-G9东1粉色样品中Ca、P、Hg和S含量高，结合偏光和拉曼分析结果，可以推断该样品为骨白和朱砂；⑤5-G10：12白色样品中

表 4.5 部分颜料样品 SEM-EDS 元素分析结果

| 样品编号 | 元素原子百分含量（%） | | | | | | | | | | | | | | 结果 |
|---|---|---|---|---|---|---|---|---|---|---|---|---|---|---|---|
| | C | O | Si | Ca | P | S | Hg | Fe | Pb | Cu | Ba | Al | Mg | K | |
| 1-G10：8 壅颈红色 | 48.67 | 22.93 | 0 | 4.39 | 0 | 11.77 | 12.24 | 0 | 0 | 0 | 0 | 0 | 0 | 0 | 朱砂 |
| 3-G10：3 右腿短裤绿色 | 16.68 | 56.75 | 0.72 | 0 | 0 | 0 | 0 | 0 | 0 | 25.86 | 0 | 0 | 0 | 0 | 石绿 |
| 5-G10：12 左手背白色 | 32.71 | 44.10 | 0.65 | 9.40 | 5.07 | 0 | 0 | 0 | 8.07 | 0 | 0 | 0 | 0 | 0 | 骨白、铅白 |
| 6-G10：4 右腿短裤左侧蓝色和白色 | 10.46 | 63.24 | 5.50 | 0.28 | 0.85 | 0 | 0 | 0.54 | 0 | 14.10 | 0 | 4.71 | 0 | 0.31 | 骨白、石青 |
| 7-G10：4 右腿短裤右侧白色 | 6.93 | 41.06 | 0 | 36.08 | 15.92 | 0 | 0 | 0 | 0 | 0 | 0 | 0 | 0 | 0 | 骨白 |
| 10-G10：8 壅颈白色 | 8.39 | 61.16 | 0.22 | 18.21 | 11.28 | 0 | 0 | 0 | 0 | 0 | 0 | 0.15 | 0.58 | 0 | 骨白 |
| 15-G8：13 甲片白色 | 9.53 | 63.71 | 0.24 | 16.02 | 10.49 | 0 | 0 | 0 | 0 | 0 | 0 | 0 | 0 | 0 | 骨白 |
| 17-G8：1 脱落土块表层粉红色 1 | 9.11 | 58.22 | 0 | 20.55 | 12.11 | 0 | 0 | 0 | 0 | 0 | 0 | 0 | 0 | 0 | 骨白 |
| 17-G8：1 脱落土块表层粉红色 2 | 38.71 | 21.91 | 0 | 4.79 | 0 | 17.21 | 17.38 | 0 | 0 | 0 | 0 | 0 | 0 | 0 | 朱砂 |
| 19-G10：15 甲带紫色粉末 1 | 39.99 | 13.12 | 0 | 0 | 0 | 23.60 | 23.30 | 0 | 0 | 0 | 0 | 0 | 0 | 0 | 朱砂 |
| 19-G10：15 甲带紫色粉末 2 | 13.87 | 49.76 | 18.46 | 0 | 0 | 0 | 0 | 0 | 0 | 7.98 | 9.45 | 0.48 | 0 | 0 | 中国紫 |
| 34-4# 俑腿部紫色粉末 | 19.50 | 40.27 | 19.61 | 0 | 0 | 0 | 0 | 0 | 0 | 9.14 | 10.82 | 0.66 | 0 | 0 | 中国紫 |
| 37-G9 东 1 踏板右侧（袖口端面）粉色 | 59.67 | 29.86 | 3.86 | 0.42 | 0.23 | 0.85 | 0.45 | 0.66 | 0.61 | 0.78 | 1.02 | 1.06 | 0.31 | 0.23 | 骨白、朱砂 |
| 38-G9 东 1 踏板中间绿色 | 24.78 | 53.29 | 3.14 | 0 | 0 | 0 | 0 | 0.61 | 0 | 15.34 | 0 | 2.72 | 0 | 0.12 | 石绿 |
| 39-3-1 鱼鳞甲上红色 | 0 | 0 | 0 | 0 | 0 | 51.5 | 48.5 | 0 | 0 | 0 | 0 | 0 | 0 | 0 | 朱砂 |
| 44- 块 2 脱落绿色 | 33.88 | 11.48 | 2.13 | 0 | 0 | 0 | 0 | 0 | 0 | 50.87 | 0 | 1.63 | 0 | 0 | 石绿 |

Pb、Ca和P含量较高，偏光分析结果为骨白，拉曼分析结果为骨白和铅白，由此推断该样品应该含有骨白和铅白两种；⑥6-G10：4样品中Cu、Ca和P含量较高，偏光分析结果为骨白、碳酸钙和石青，拉曼分析结果为骨白和石青，由此推断该样品可能包含骨白、碳酸钙和石青三种；⑦17-G8：1浅粉色样品含有Hg、S、Ca和P，偏光分析结果为白土和朱砂，拉曼分析结果为骨白，由此推断该样品应该包含骨白和朱砂；⑧19-G10：15紫色样品含有Hg、S、Ba、Si和Cu，偏光分析结果为中国紫、铁红和朱砂，拉曼分析结果为朱砂和中国紫，由此推断该样品应该包含朱砂和中国紫，不包含铁红；⑨34-4#俑紫色样品Ca、P、Ba、Si和Cu含量较高，由此推断该样品可能含有中国紫和骨白；⑩44-块2绿色样品中Cu含量特别高，偏光分析结果为石绿和朱砂，因为没有发现Hg和S，所以推断绿色样品中仅含有石绿。

### 3.小结

通过PLM、RM、剖面分析法和SEM-EDS对秦俑彩绘样品颜料的分析，得出以下结论。

（1）颜料的物质结构通过PLM、RM和SEM-EDS相结合可知，此次采集的颜料样品中红色为朱砂、铁红、铅丹；绿色为石绿；蓝色为石青；紫色为中国紫；黑色为炭黑；黄色为砷铅矿族系混合物。在混合颜料中发现较多白色，主要为骨白和铅白，其中偏光显微分析得知白色还包含有碳酸钙和白土，但拉曼光谱分析未得到对应的图谱。5-G10：2左手背白色样品偏光显微分析为骨白，拉曼光谱分析为骨白和铅白，扫描电镜能谱分析发现Pb、Ca、P含量都较高，说明拉曼结果较全面，该样品包含骨白和铅白两种。19-G10：15甲带紫色粉末样品偏光显微分析为中国紫、铁红和朱砂，拉曼分析为中国紫和朱砂，扫描电镜能谱分析Hg、S、Ba、Si、Cu含量较高，没有Fe元素，说明该样品包含朱砂和中国紫，没有铁红。PLM、RM及SEM-EDS三种方法互相印证，互相补充，使分析结果更全面，更准确。

（2）从PLM、RM、层次结构分析及SEM-EDS均可看出，部分颜料为两种或三种不同的颜料物质调和而成，如G10：15样品，PLM表明该样品包含中国紫、铁红和朱砂三种；G10：13样品，RM表明该样品包含朱砂、石青和骨白三种；粉色为朱砂与骨白混合而成，深紫色为朱砂与中国紫混合而成等，从而呈现出不同的色彩效果。

（3）颜料层次分析可知多数使用黑色漆皮做底层，上再绘制彩色颜料，颜料层由一层或两层组成。漆层的厚度较薄。不同种类不同部位的颜料层厚度不一，根据颜色效果表达与不同部位来进行不同厚度的施彩。

## （二）彩绘胶料分析

胶料是彩绘层的重要组成部分，起到分散和固着颜料的作用。彩绘文物使用的胶料多为天然有机物，按其主要组成可分为蛋白类（包括动物胶、蛋类和奶类物质等）、多糖类（包括桃胶、糊精等）及脂肪酸酯类（包括油脂、蜡等）。气相色谱-质谱联用法（GC-MS）灵敏度高、检出限低，配合合适的前处理方法，可实现文物的微损分析，是当前最可靠的胶料分析方法。采集一号坑第一时间出土的刚刚脱落的15个彩绘样品，最大限度减少了样品污染的可能性。利用GC-MS分析了样品中的氨基酸、脂肪酸和糖类物质，计算并推断秦俑彩绘胶料的残留量及种类，为秦俑彩绘保护及修复材料的选择提供了依据，同时为秦代彩绘工艺的研究提供了重要线索。

### 1. 样品信息

在秦俑彩绘被发掘出土的第一时间，采集刚刚脱落的彩绘样品，共采集了12件不同陶俑的红、蓝、绿、粉、白（分别用字母r、b、g、p和w表示）不同颜色的15个样品。依据样品的出土位置及考古学编号对样品进行编号，如G11：44g表示出土位置为第11号过洞的编号为44号的秦俑身上的绿色彩绘样品。

### 2. 分析方法及结果

A. 仪器与试剂

Milestone ETHOS ONE微波水解仪（意大利Milestone公司）；7890A-5975C气相色谱-质谱联用仪（美国Agilent公司）。Omix $C_4$固相萃取柱购自美国Agilent公司。

实验用所有溶剂均为色谱纯。三氟乙酸（纯度99%）、无水吡啶、Amberlite MB 6113离子交换树脂（瑞士Fluka公司）。乙硫醇（纯度99.5%）、双（三甲基硅烷基）三氟乙酰胺（BSTFA）、含有1%三甲基氯硅烷（TMCS）的BSTFA、含有1%TMCS的N-（叔丁基二甲硅烷基）-N-甲基三氟乙酰胺（MTBSTFA）、三乙胺（纯度99.5%）；氨基酸标准溶液（含有12.5mmol/L的脯氨酸和羟基脯氨酸，以及2.5mmol/L的天门冬氨酸、谷氨酸、丙氨酸、精氨酸、半胱氨酸、苯丙氨酸、甘氨酸、羟赖氨酸、异亮氨酸、组氨酸、亮氨酸、赖氨酸、蛋氨酸、丝氨酸、酪氨酸、苏氨酸和缬氨酸）；脂肪酸和二羧酸丙酮溶液，包含月桂酸（0.24mg/g）、辛二酸（0.27mg/g）、壬二酸（0.28mg/g）、肉豆蔻酸（0.25mg/g）、葵二酸（0.3mg/g）、棕榈酸（0.25mg/g）、油酸（0.51mg/g）、硬脂酸（0.51mg/g）；单/二糖和糖醛酸水溶液，包括D-半乳糖（0.1mg/g）、L-海藻糖（0.1mg/g）、L-树胶醛糖（0.1mg/g）、L-鼠李糖（0.1mg/g）、L-甘露糖（0.1mg/g）、D-木糖（0.1mg/g）、D-葡萄糖（0.1mg/g）、D-葡萄糖醛酸（0.1mg/g）、D-半乳糖醛酸（0.1mg/g）水合物；用于氨基酸分析的内标正亮氨酸溶液（纯度99%，138.66μg/g）、用于脂肪酸分析的内标十三酸异辛烷溶液（纯度99%，135.48μg/g）、用于糖分析的内标甘露醇溶液（0.1mg/g）均购自美国Sigma公司。

B. 实验条件

微波水解蛋白质水解：功率550W，5min升温至160℃，保持该功率和温度30min；多糖水解：功率800W，2min升温至120℃，保持该功率和温度18min；脂肪酸酯皂化：功率400W，5min升温至80℃，之后以300W的功率保持该温度55min。

GC-MS分析采用EI源，电压70eV，传输线温度280℃，选择离子模式；色谱柱为HP-5MS（30m×0.25mm×0.25μm），连接有脱活石英前柱（2m×0.32mm）；载气为氦气（纯度99.998%）；分流模式为不分流。

氨基酸分析的载气流速为1.2mL/min，进样口温度220℃。色谱升温程序：初始温度100℃，保持2min；以4℃ /min速率升温至280℃，并保持15min。脂肪酸分析的载气流速为1.2mL/min，进样口温度300℃。色谱升温程序：0℃保持2min；以10℃ /min速率升温至200℃，保持3min；以10℃ /min速率升温至280℃，保持3min；再以20℃ /min升温至300℃，保持30min。糖类分析的载气流速为1.0mL/min，进样口温度250℃。色谱升温程序：50℃保持2min；以5℃ /min速率升温至190℃，保持20min；以5℃ /min速率升温至280℃，保持15min。

C. 实验方法

氨基酸分析使用甲酸-甲醇-水（0.1%：75：5，V/V）对$C_4$柱吸附的蛋白进行洗脱，洗脱液经氮气吹干后，加入6mol/L HCl进行蛋白质的微波水解。向水解液中加入正亮氨酸内标，氮气干燥后，用10μL含有1%TMCS的MTBSTFA进行衍生化。吸取2μL溶液，采用GC-MS进行氨基酸分析。

脂肪酸分析向氨水超声辅助萃取的残留物中加入200μL10%（w/w）KOH乙醇溶液，进行脂肪酸酯的微波皂化，皂化后溶液使用200μL正己烷萃取，残留液用HCl酸化，再用200μL乙醚萃取。将正己烷和乙醚的萃取液混合，加入十三酸内标，氮吹至干。再加入20μLBSTFA和50μL异辛烷进行衍生化。吸取2μL溶液，采用GC-MS进行脂肪酸分析。

糖类分析称取约1mg彩绘样品，加入200μL 2.5mol/L氨水，超声辅助萃取。将萃取液蒸干后，用100μL三氟乙酸溶解，用$C_4$柱吸附溶液中的蛋白。将固相吸附后的剩余溶液进行多糖微波水解，然后使用离子交换树脂对水解液净化。向净化后的溶液中加入甘露醇内标，氮气干燥后，用乙硫醇/三氟乙酸溶液进行缩醛化反应，然后用BSTFA进行烷基化，反应完成，氮吹至干。使用50μL含有1%TMCS的BSTFA衍生化后，吸取2μL溶液，采用GC-MS进行糖类分析。

D. 实验结果

氨基酸分析结果：秦俑彩绘样品胶料的氨基酸总离子流图和选择离子流图，代表性样品G11：44g的图谱见图4.7和图4.8。利用选择离子流图进行定量分析。秦俑彩绘样品蛋白类胶料含量分析结果见表4.6。

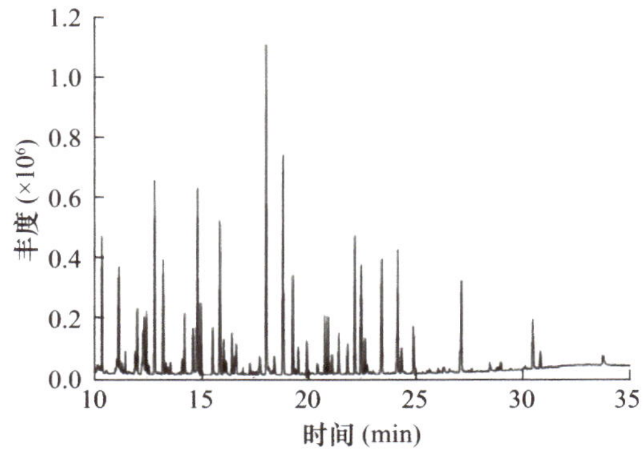


图4.7　G11：44g样品的氨基酸分析总离子流图

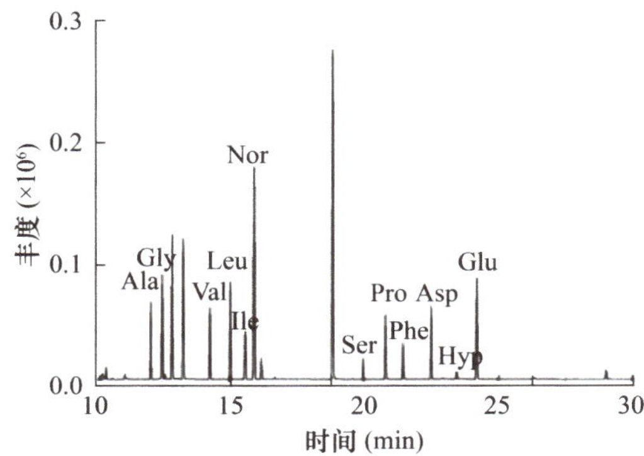


图4.8　G11：44g样品的氨基酸分析的选择离子流图

表4.6　秦俑彩绘样品蛋白类胶料含量分析结果

| 样品 | 蛋白质含量（μg/mL） | 方法检出限（μg/mL） | 样品中蛋白胶料含量（‰） |
|---|---|---|---|
| G11：44g | 0.59 | 0.31 | 1.23 |
| G11：13g | 1.18 | 0.31 | 2.23 |
| G11：30b | 1.15 | 0.31 | 0.21 |
| G11：31r | 0.08 | 0.31 | — |
| G11：18r | 0.04 | 0.31 | — |
| G11：45r | 0.71 | 0.31 | 0.42 |
| G11：14w | 0.40 | 0.31 | 2.11 |
| G11：46p | 0.16 | 0.31 | — |
| G11：39p | 1.46 | 0.31 | 0.26 |
| G11：15g | 0.44 | 0.31 | 0.21 |
| G11：44r | 0.37 | 0.31 | 0.51 |
| G11：30g | 0.41 | 0.31 | 0.69 |
| G11：46r | 0.26 | 0.31 | — |
| G11：35r | 0.53 | 0.31 | 1.05 |
| G11：19r | 0.28 | 0.31 | — |

注：蛋白含量以定量检出的丙氨酸、甘氨酸、缬氨酸、亮氨酸、异亮氨酸、丝氨酸、脯氨酸、苯丙氨酸、天门冬氨酸、羟基脯氨酸和谷氨酸含量的总和计，样品中的胶料含量以蛋白含量占样品总质量的百分比表示

由表4.6可知，部分样品的蛋白含量低于方法检出限。即便是高于检出限的10个文物样品，其中蛋白胶料的含量也非常低，平均值仅为0.89‰。这可能是因为秦俑彩绘在埋藏过程中出现了严重的胶料降解及流失，或者除蛋白类外还使用了其他种类的胶料。

从表4.7可知，所有样品中均检出了Hyp。虽然样品G11：44g、G11：13g、G11：30b、G11：45r的Hyp含量低于1%，但其Gly平均含量达到了10.3%。Hyp是动物胶特有的氨基酸，这说明样品中有动物胶，但含量有差异。

表4.7 文物样品的氨基酸组成

| 样品 | 氨基酸含量（%） | | | | | | | | | | |
|---|---|---|---|---|---|---|---|---|---|---|---|
| | Ala | Gly | Val | Leu | Ile | Ser | Pro | Phe | Asp | Glu | Hyp |
| G11：44g | 4.0 | 11.7 | 4.4 | 7.3 | 3.5 | 9.2 | 19.2 | 7.7 | 14.1 | 18.3 | 0.6 |
| G11：13g | 11.9 | 9.6 | 12.0 | 15.4 | 3.8 | 3.6 | 17.4 | 7.6 | 11.5 | 7.1 | 0.1 |
| G11：30b | 10.9 | 8.1 | 8.3 | 13.5 | 6.3 | 5.6 | 16.1 | 6.4 | 10.7 | 13.2 | 0.9 |
| G11：45r | 7.6 | 11.7 | 6.9 | 9.9 | 3.6 | 5.6 | 12.5 | 9.0 | 16.8 | 15.5 | 0.9 |
| G11：14w | 8.8 | 12.4 | 8.5 | 13.6 | 5.7 | 4.2 | 9.6 | 5.5 | 17.1 | 12.6 | 2.0 |
| G11：39p | 9.4 | 6.7 | 7.4 | 10.3 | 5.1 | 6.7 | 13.6 | 7.2 | 13.4 | 18.7 | 1.5 |
| G11：15g | 13.3 | 7.5 | 11.1 | 16.1 | 7.4 | 6.1 | 14.2 | 5.0 | 6.3 | 11.5 | 1.5 |
| G11：44r | 8.1 | 8.7 | 7.4 | 11.4 | 5.5 | 1.0 | 18.8 | 7.3 | 12.1 | 18.3 | 1.4 |
| G11：30g | 12.7 | 8.0 | 10.4 | 15.3 | 7.0 | 8.8 | 11.7 | 5.0 | 6.8 | 12.5 | 1.8 |
| G11：35 | | 16.9 | 14.0 | 13.3 | 8.8 | 3.6 | 7.4 | 4.4 | 7.2 | 9.1 | 1.3 |

注：高于检出限的10件样品的11种氨基酸组成百分比数据

脂肪酸及糖分析结果：为了研究秦俑除使用蛋白类物质作为胶料外，是否还使用了脂肪酸酯或多糖类物质，对所收集的样品进行了脂肪酸及糖分析，结果见表4.8。

表4.8 秦俑彩绘样品酯类及多糖胶料含量分析结果

| 样品 | 酯类胶料含量（μg/mL） | 多糖胶料含量（μg/mL） | 样品 | 酯类胶料含量（μg/mL） | 多糖胶料含量（μg/mL） |
|---|---|---|---|---|---|
| G11：44g | 0.38 | 0.14 | G11：39p | 1.17 | 0.23 |
| G11：13g | 1.56 | 0.03 | G11：15g | 0.96 | 0.41 |
| G11：30b | 1.37 | 0.14 | G11：44r | 1.57 | 0.37 |
| G11：31r | 0.69 | 0.34 | G11：30g | 0.84 | 0.46 |
| G11：18r | 0.58 | 0.36 | G11：46r | 1.41 | 0.29 |
| G11：45r | 0.88 | 0.25 | G11：35r | 1.38 | 0.51 |
| G11：14w | 1.28 | 0.17 | G11：19r | 0.99 | 0.14 |
| G11：46p | 0.52 | 0.31 | | | |

酯类胶料含量以定量检出的月桂酸、辛二酸、壬二酸、肉豆蔻酸、葵二酸、棕榈酸、油酸、硬脂酸含量的总和计，多糖胶料含量以定量检出的D-半乳糖、L-海藻糖、L-树胶醛糖、L-鼠里糖、L-甘露糖、D-木糖、D-葡萄糖、D-葡萄糖醛酸、D-半乳糖醛酸含量的总和计。酯类胶料方法检出限为3.46μg/mL，多糖胶料方法检出限为0.64μg/mL。由表4.8可知，分析的15个样品中，酯类胶料及多糖胶料含量均低于检出限，视为未检

出。据此判断，在分析的秦俑彩绘样品中，这两类胶料老化降解，严重流失，或并未使用。

### 3. 小结

通过对秦始皇兵马俑彩绘样品胶料的氨基酸分析、脂肪酸分析及糖分析，发现秦俑彩绘以蛋白类胶料为主，酯类及多糖胶料老化流失严重或并未使用。由于年代久远、埋藏时间长，秦俑彩绘层胶料流失、降解严重，残留量极少（仅0.89‰），这可能是秦俑彩绘易于脱落的另一重要原因。因此，秦俑出土后应立即进行彩绘加固处理，以起到固定彩绘层颜料、防止其脱落的作用。

## 二、陶胎分析

### （一）成分与物理性能分析

陶质、陶色和陶器器壁厚度都属于陶器制作时的属性特征，它与制陶技术紧密相关。陶质、陶色也是对陶器时间与空间分类、分期统计中的重要指标。以往主要通过肉眼观察对陶器陶质、陶色进行区分，陶质有泥质陶与夹砂陶两类，陶色有红、灰、黑、褐、白等，其中白陶较为特殊，其余几种陶色较为常见。陶色的差异与陶土成分、陶窑结构、烧制过程和方法等密切相关，陶器往往有颜色不纯正的现象，如红褐色、灰褐色，除了烧制过程中火候不均匀等原因，也与陶器或陶片的埋藏环境相关。兵马俑一号坑出土陶俑陶色普遍为青灰色，也有部分残片呈陶红色、灰色。实验主要通过对陶胎化学组分和物理特性进行分析，为后期保护修复和保管存放提供参考。

#### 1. 样品选取

陶胎分析的样品源自从一号坑出土的无法复位修复的陶俑、陶马残片，筛选不同颜色和厚度的7片残片，见表4.9，实验由中国科学院上海硅酸盐研究所进行分析，测定样品元素、成分、烧成温度、吸水率、显气孔率、体积密度和抗压强度等。

表 4.9　陶胎分析样品信息

| 样品编号 | 样品来源 | 陶片颜色 | 尺寸（cm×cm×cm） |
|---|---|---|---|
| 1# | 陶马 | 青灰 | 4×3×1 |
| 2# | 陶马 | 青灰 | 4×3×0.7 |
| 3# | 陶俑 | 陶红 | 3.5×3×1.2 |
| 4# | 陶俑 | 青灰 | 3×2.5×0.6 |
| 5# | 陶俑 | 青灰 | 2.3×2×0.6 |

续表

| 样品编号 | 样品来源 | 陶片颜色 | 尺寸（cm×cm×cm） |
|---|---|---|---|
| 6# | 陶俑 | 陶红 | 2.2×1×1 |
| 7# | 陶俑 | 灰色 | 3×1.5×0.6 |

### 2. 分析方法及结果

A. 化学组成分析

利用X射线荧光光谱仪PHILIPS PW2404（4.0kW端窗铑靶，X射线管），测定7个样品陶胎的化学组成。将文物样品胎体表面用蒸馏水清洗干净后进行测试。

实验共分析了7个样品的主次量化学元素，即Na、Mg、Al、Si、K、Ca、Ti、Fe等元素，均以氧化物表示，分析结果见表4.10。

表4.10 陶胎主次量化学元素组成（wt%）

| 样品编号 | $Na_2O$ | MgO | $Al_2O_3$ | $SiO_2$ | $K_2O$ | CaO | $TiO_2$ | $Fe_2O_3$ | 烧失量 |
|---|---|---|---|---|---|---|---|---|---|
| 1# | 1.58 | 2.26 | 17.06 | 64.67 | 3.31 | 1.72 | 0.77 | 6.34 | 1.73 |
| 2# | 1.76 | 2.08 | 16.17 | 66.88 | 3.47 | 1.76 | 0.71 | 5.93 | 0.48 |
| 3# | 1.82 | 1.71 | 15.17 | 66.13 | 3.08 | 1.82 | 0.71 | 5.48 | 3.36 |
| 4# | 1.65 | 2.32 | 17.02 | 63.89 | 3.36 | 1.86 | 0.81 | 6.80 | 1.56 |
| 5# | 1.89 | 1.93 | 14.93 | 66.16 | 3.13 | 1.85 | 0.71 | 5.29 | 3.48 |
| 6# | 1.91 | 1.95 | 15.45 | 68.08 | 3.19 | 1.90 | 0.69 | 5.51 | 0.72 |
| 7# | 1.69 | 2.28 | 16.80 | 65.10 | 3.48 | 1.82 | 0.77 | 6.62 | 0.76 |

采用美国产FEI钨灯丝Quanta 650电子扫描显微镜，英国产Oxford INCA X-MAX 250能谱分析仪，将陶质样品抛光、离子溅射仪镀金后，利用扫描电子显微镜在加速电压20kV、束斑4的条件下观察脆弱陶质样品的微观结构，同时利用能谱仪分析测定其相关成分。

对其中5个样品进行断面剖光处理，通过扫描电镜观察不同放大倍数下样品的微观形貌（图4.9～图4.13），借助能谱仪分析样品元素，以氧化物表示，结果见表4.11。

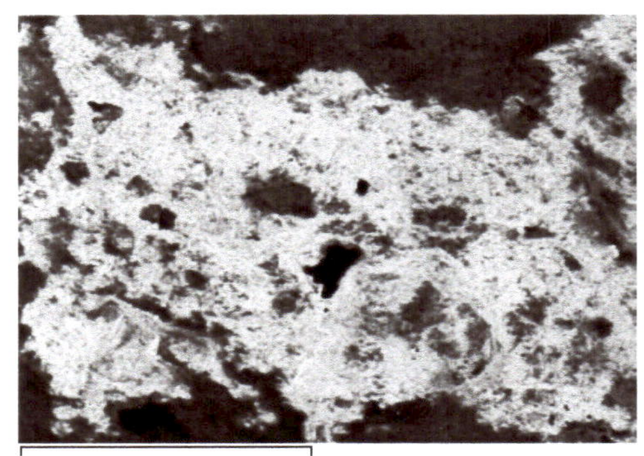

图4.9 T23G9：20

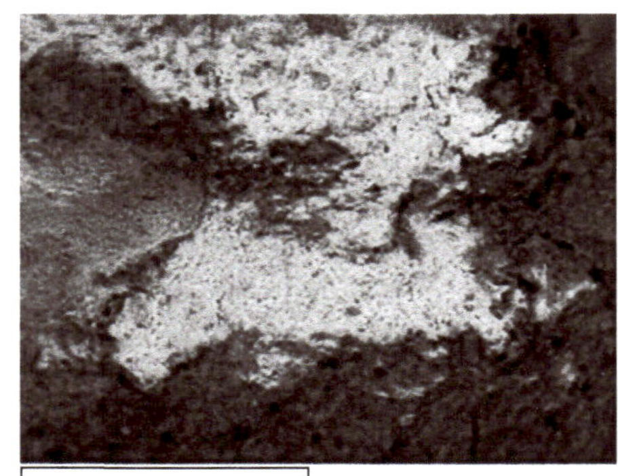

图4.10 T23G9：C①

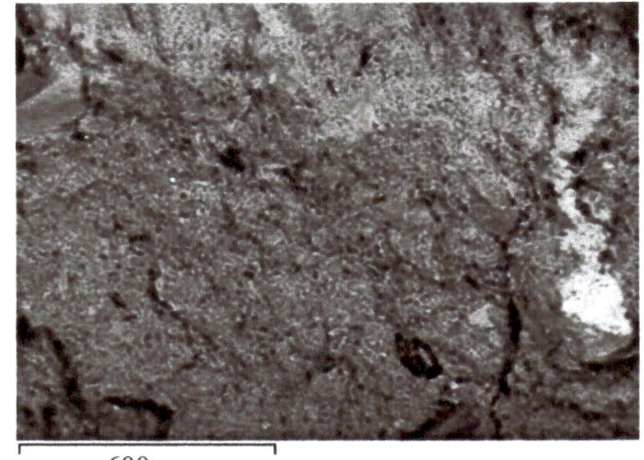

图4.11　T23G9：18

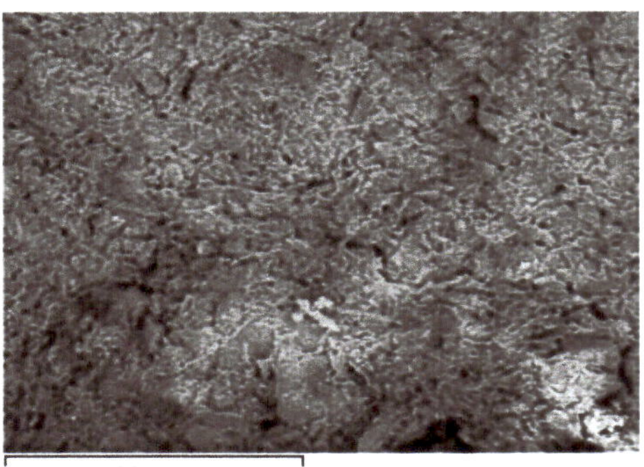

图4.12　T23G9：5

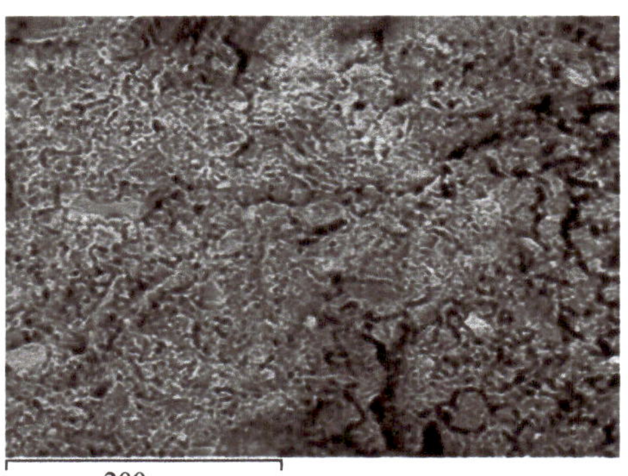

图4.13　T23G9：C②

表4.11　扫描电镜能谱分析结果（wt%）

| 样品编号 | $SiO_2$ | $Al_2O_3$ | FeO | MgO | $K_2O$ | $Na_2O$ | CaO | $TiO_2$ | 电镜图片 |
|---|---|---|---|---|---|---|---|---|---|
| 7# | 63.26 | 19.66 | 6.74 | 2.67 | 3.19 | 1.29 | 2.51 | 0.69 | 图4.9 |
| 1# | 63.12 | 19.07 | 6.05 | 3.02 | 3.80 | 1.34 | 1.95 | 0.75 | 图4.10 |
| 6# | 60.13 | 18.20 | 11.04 | 3.07 | 3.70 | 0.98 | 1.85 | 1.04 | 图4.11 |
| 3# | 61.04 | 19.02 | 9.11 | 2.78 | 3.42 | 1.26 | 2.19 | 1.17 | 图4.12 |
| 2# | 63.19 | 17.96 | 8.41 | 2.63 | 3.88 | 1.20 | 1.85 | 0.88 | 图4.13 |

在扫描电镜下对陶片剖面进行观察发现，高倍数下，陶片内部有细小的孔洞（图4.13），低倍数下，陶片内部裂隙较多，样品内部有少量杂质，分布不规则。结合两种分析检测方法对陶胎的主要成分进行分析，可知7个陶胎样品的主要成分是$SiO_2$和$Al_2O_3$，两种成分的平均相对含量之和均为80%左右，助熔剂（陶质文物中除$SiO_2$和$Al_2O_3$）的平均相对含量为14%～17%，助熔剂含量较高，其中FeO的含量均在5%以上。

选取有代表性的样品，用无水乙醇进行3次超声波清洗，干燥后采用X射线衍射仪测试胎体表面组成的晶体结构。日本D/max 2550V X射线衍射仪：Cu靶，功率18kW，θ—2θ测角仪。

XRD测试结果见图4.14，7个样品的峰值完全重合，且所有样品的主要晶相为α-石英、微斜长石、钠长石。此外，秦俑陶胎还含有少量的白云母及伊利石。结合陶胎元素分析与晶相分析结果，发现样品的原料特征极为相似[①]，组成特征属于易熔黏土，与我国古代北方地区一般陶器（红陶、灰黑陶等）的胎料相似，结合古代制陶原料就地取土的习惯，陶胎的原料应为陕西地区含氧化硅质的黏土。这些陶质文物样品所用的原始黏土矿物中不含蒙脱石，相对而言性能较为稳定、具有一定抵御环境侵蚀的能力。

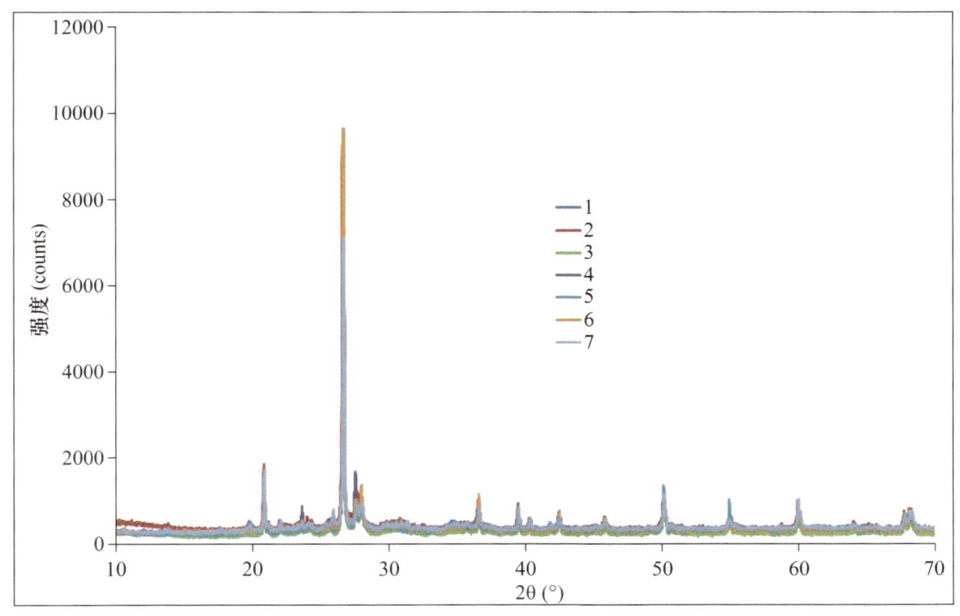


图4.14 样品的XRD测试图谱

B. 物理性能分析

根据中华人民共和国国家标准《陶瓷砖试验方法 第3部分：吸水率、显气孔率、表观相对密度和容重的测定》（GB/T 3810.3—2016），来进行文物样品的密度、吸水率、显气孔率测试。测试样品尺寸为10mm×10mm×10mm。

采用德国NETZSCH 402E热膨胀分析仪测试样品的烧成温度，将尺寸为5mm×5mm×25mm的文物样块放进炉子中煅烧（500℃，保温60～90min）以除去样品表面的灰尘及杂质。利用热膨胀仪进行烧成温度的测试，主要实验条件是：使用温度1600℃，控温精度0.3℃，位移传感器量程5mm，精确度8nm，样品直径1～12mm，样品长度25～50mm。测试中的升温过程分为两个阶段：第一阶段以10℃/min的升温速率从

---

① 鲁晓珂、李伟东、李强等：《山东青州和沂源地区出土彩绘陶器的测试分析》，《文物保护与考古科学》2014年第26卷第2期。

20℃升至700℃，第二阶段以5℃ /min的升温速率升至1200℃。被测样品的膨胀收缩曲线通过高温膨胀仪自动描述装置被精确记录下来。

采用德国Instron-5592万能材料实验机测试样品的抗压强度，控制挤压速度为0.5mm/min（最大负荷：600kN，试验速度：0.001～500mm/min）。测试样品尺寸为10mm×10mm×10mm。

采用多种仪器对6个样品的烧成温度、体积密度、吸水率、显气孔率、抗压强度进行测试，结果见表4.12。

表4.12 文物样品的物理性能及抗压强度测试

| 编号 | 烧成温度（±20℃） | 体积密度（$g/cm^3$） | 吸水率（%） | 显气孔率（%） | 抗压强度（MPa） |
|---|---|---|---|---|---|
| 1# | 755 | 1.81 | 17.3 | 32 | 69.9 |
| 2# | 990 | 1.86 | 17.1 | 32 | 43.6 |
| 3# | 790 | 1.91 | 14.6 | 28 | 76.3 |
| 4# | 985 | 1.81 | 18.0 | 33 | 64.1 |
| 6# | 990 | 1.79 | 17.2 | 31 | 67.2 |
| 7# | 976 | 1.82 | 17.8 | 32 | 26.6 |

表4.12可以看出，陶片样块烧成温度在755～990℃，多数样块烧成温度接近1000℃，烧成温度较高；平均体积密度为1.83$g/cm^3$；3#样块吸水率较低，其余样块吸水率在17%以上；显气孔率多在32%左右；抗压强度差异较大，平均值为57.95MPa。

一般来说烧成温度高，孔隙率小、体积密度大、吸水率小，抗压强度大；然而2#与7#的烧成温度高，抗压强度小，这可能是与文物样品在埋藏或者出土后遭受环境各种因素作用、影响有关所致。

1#、3#样块烧成温度较低，其余则接近1000℃，通过化学成分测定可知陶胎原料基本是一致的，造成烧成温度差异的原因可能是烧制时陶窑内部温度不均匀，且陶俑、陶马个体重量（100～300kg）都比较大，不同部位存在受温不均匀现象，可以肯定的是，当时陶工有意提高了陶俑、陶马的烧制温度，陶俑、陶马有一定造型，并且胎体比较厚重，要保持其造型特征需要较高的强度作为支撑。

### 3. 小结

（1）不同颜色的陶片其样品的化学成分相同，陶胎均包含石英、微斜长石、钠长石。此外，秦俑陶胎还含有少量的白云母及伊利石。样品的原料特征极为相似，烧制原料应为北方黏土，结合古代制陶原料就地取土的习惯，陶胎的原料应为陕西地区含氧化硅质的黏土。

（2）多数样品抗压强度大；2#与7#的烧成温度高，抗压强度小，这是由于文物样品在埋藏或者出土后遭受环境各种因素作用、影响所导致的。

（3）多数陶片烧制温度较高，接近1000℃，个别样品烧成温度存在明显差异，造成烧成温度差异的原因可能是烧制时陶窑内部温度不均匀。

## （二）力学测试

陶器在修复以及运输过程中会受到各类载荷的影响，研究陶片的力学性能可获得陶器在受载过程中的应力状态；研究内部结构与力学性能的关系可以在微观尺度下分析陶片的宏观力学性能，为陶器加工工艺以及原料选择等方面的研究提供理论依据。

### 1. 实验样品

实验样品选取秦俑不同部位的残片，包括内衬、铠甲、底袍、壅颈、袍角共11片，样品信息及照片见表4.13。

表4.13 实验样品基本信息

| 样品编号 | 年代 | 部位 | 照片 |
|---|---|---|---|
| 1 | 秦代 | 内衬 |  |
| 2 | 秦代 | 铠甲 |  |
| 3 | 秦代 | 底袍 |  |
| 4 | 秦代 | 内衬 |  |

续表

| 样品编号 | 年代 | 部位 | 照片 |
|---|---|---|---|
| 5 | 秦代 | 袍角 |  |
| 6 | 秦代 | 内衬 |  |
| 7 | 秦代 | 内衬 |  |
| 8 | 秦代 | 壅颈 |  |
| 9 | 秦代 | 内衬 |  |
| 10 | 秦代 | 内衬 | 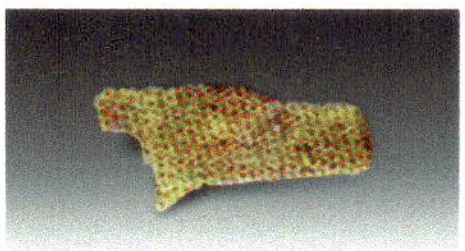 |
| 11 | 秦代 | 内衬 |  |

### 2. 分析方法及结果

实验方法：三点弯曲实验所使用的设备为Instron小载荷试验机，实验中压头的加载速率为0.5mm/min。加载过程中试件所受到的载荷以及位移都通过实验机自带的传感器记录于与之相连的计算机中，实验机的配套软件能够实时给出试件每一时刻的载荷-位移曲线，可分析试件以及材料的拉伸强度和弯曲弹性模量。

利用超声波检测仪测量与材料密实度有关的参数（波速、幅度）。在ZBL-U520非金属超声检测仪的功能选择界面中选择超声法不密实区和孔洞测量来测量陶片试件不密实度的相关参数，在测量前先通过测量标准件对检测仪进行校定。对于每一个陶片试件进行3次测量，检测仪将自动记录超声波在试件中传播的波速以及幅度等参数。通过非金属超声检测仪测量与试件密实度相关的数据，并且通过得到的数据与前面测得的力学参数进行比对来研究参数之间的相关性。

实验仪器设备：Instron小载荷试验机（配置三点弯曲夹头）、超声波检测仪、游标卡尺、数据采集软件。

1）陶片的力学性能

A. 拉伸强度

三点弯曲实验中拉伸强度的计算公式为：

$$\sigma_{\max}=\frac{M}{I\Big/\frac{h}{2}}=\frac{\frac{NL}{4}}{\frac{bh^2}{6}}=\frac{3}{2}\frac{NL}{bh^2} \tag{4-1}$$

其中$N$表示试件受到的最大载荷，$L$表示测量前设定好的跨度，$h$和$b$分别表示试件断裂面的高度和宽度，高度方向是三点弯曲实验中载荷的加载方向[①]。通过公式获得陶片试件拉伸强度，结果见表4.14。

表4.14 试件的实验数据及拉伸强度

| 试件编号 | 高度 $h$（mm） | 宽度 $b$（mm） | 跨度 $L$（mm） | 最大载荷$N$（N） | 拉伸强度（MPa） | 平均拉伸强度（MPa） |
|---|---|---|---|---|---|---|
| Q-1-1 | 13.9 | 10.9 | 40 | 232.1 | 6.6 | 8.1 |
| Q-1-2 | 15 | 15.8 | 40 | 484.6 | 8.2 | |
| Q-1-3 | 15.3 | 8.3 | 40 | 307.7 | 9.5 | |
| Q-2-1 | 16.7 | 9.2 | 40 | 385.0 | 9.0 | 10.4 |
| Q-2-2 | 12 | 9 | 40 | 256.0 | 11.9 | |

① 王志强：《过火损伤瓷器保护修复研究》，《文物保护与修复》2013年第4期。

续表

| 试件编号 | 高度 $h$（mm） | 宽度 $b$（mm） | 跨度 $L$（mm） | 最大载荷 $N$（N） | 拉伸强度（MPa） | 平均拉伸强度（MPa） |
|---|---|---|---|---|---|---|
| Q-3-1 | 18.9 | 12.6 | 40 | 1295.7 | 17.3 | 14.6 |
| Q-3-2 | 23 | 15.1 | 40 | | 15.0 | |
| Q-3-3 | 16.3 | 14.2 | 40 | | 11.5 | |
| Q-4-1 | 14.1 | 13 | 40 | | 11.0 | 11.0 |
| Q-5-1 | 19 | 16.6 | 40 | | 11.2 | 11.2 |
| Q-6-1 | 12.4 | 9.6 | 40 | | 3.6 | 4.4 |
| Q-6-2 | 13.2 | 11.5 | 40 | | 5.1 | |
| Q-7-1 | 16.3 | 15.9 | 40 | | 10.3 | 10.5 |
| Q-7-2 | 15.3 | 11.2 | 40 | | 9.1 | |
| Q-7-3 | 14.8 | 12.1 | 40 | | 12.2 | |
| Q-8-1 | 10.8 | 7.5 | 40 | | 15.8 | 16.6 |
| Q-8-2 | 12 | 9.7 | 36 | | 17.8 | |
| Q-8-3 | 16.5 | 9.8 | 40 | | 16.1 | |
| Q-9-1 | 16.4 | 16.2 | 40 | | 8.2 | 8.3 |
| Q-9-2-1 | 15.1 | 14.9 | 40 | | 9.2 | |
| Q-9-2-2 | 14.6 | 15.2 | 40 | | 9.5 | |
| Q-9-3 | 16.1 | 11.1 | 40 | | 6.2 | |
| Q-10-1-1 | 12 | 9.7 | 40 | | 18.5 | 16.4 |
| Q-10-1-2 | 12.1 | 9.8 | 40 | | 16.6 | |
| Q-10-2-1 | 12.6 | 13.4 | 40 | 511.4 | 14.4 | |
| Q-10-2-2 | 12.6 | 13.2 | 40 | 557.5 | 16.0 | |
| Q-11-1 | 15.3 | 10.5 | 40 | 542.3 | 13.2 | 11.2 |
| Q-11-2 | 12.4 | 14.1 | 40 | 422.3 | 11.7 | |
| Q-11-3 | 15.3 | 10.3 | 40 | 348.1 | 8.7 | |

从表4.14中可以看出，试件的拉伸强度具有很大的差异，拉伸强度在3.6～18.5MPa之间，说明陶片内部构成不均匀，壅颈部位的拉伸强度最大，底袍次之，袍角再次之，铠甲和内衬最小，说明陶俑的铠甲和内衬在受载的过程中最容易受到破坏，修复过程中需要特别注意。

B. 弯曲弹性模量

计算试件的弯曲弹性模量需要取得试件在线弹性阶段的变形状态，通过曲线形状大致确定线性区所在位置，曲线前部分非线性区是由于系统接触变形造成，后部分为断裂所导致的载荷急剧下降。在确定线性区位置后提前该部分数据，对线性区进行线性拟合，其中拟合函数的斜率就是我们所需要的参数$\Delta N/\Delta\delta$，最后将所得数据代入公式（4-2）便可得到试件的弯曲弹性模量，实验结果见表4.15。

三点弯曲实验的弹性模量计算公式为：

$$E=\frac{L^3}{48I}\left(\frac{\Delta N}{\Delta\delta}\right)=\frac{L^3}{4bh^3}\left(\frac{\Delta N}{\Delta\delta}\right) \tag{4-2}$$

其中$\Delta N/\Delta\delta$为位移－载荷曲线中线性区的斜率，$L$、$h$、$b$的定义与公式（4-1）相同。

表4.15 试件的位移－载荷曲线线性区斜率$\Delta N/\Delta\delta$与弯曲弹性模量

| 试件编号 | 线性区斜率（N/mm） | 弯曲弹性模量（MPa） | 平均弯曲弹性模量（MPa） |
|---|---|---|---|
| Q-1-1 | 2570.9 | 1405.2 | 1072.2 |
| Q-1-2 | 2544.3 | 763.4 | |
| Q-1-3 | 1947.3 | 1048.1 | |
| Q-2-1 | 2111.8 | 788.6 | 1070.5 |
| Q-2-2 | 1314.6 | 1352.5 | |
| Q-3-1 | 2891.6 | 543.9 | 609.7 |
| Q-3-2 | 4189.6 | 364.9 | |
| Q-3-3 | 3537.8 | 920.5 | |
| Q-4-1 | 3445.5 | 1512.8 | 1512.8 |
| Q-5-1 | 4034.3 | 566.9 | 566.9 |
| Q-6-1 | 832.4 | 727.6 | 731.6 |
| Q-6-2 | 1216.0 | 735.6 | |
| Q-7-1 | 3340.1 | 766.1 | 889.4 |
| Q-7-2 | 2352.6 | 938.4 | |
| Q-7-3 | 2337.8 | 953.6 | |
| Q-8-1 | 2414.4 | 4088.8（舍） | 1386.7 |
| Q-8-2 | 2202.9 | 1532.9 | |
| Q-8-3 | 3413.0 | 1240.4 | |
| Q-9-1 | 3600.6 | 806.2 | 800.5 |
| Q-9-2-1 | 2955.0 | 921.6 | |
| Q-9-2-2 | 2658.6 | 899.2 | |
| Q-9-3 | 1664.8 | 575.0 | |
| Q-10-1-1 | 2922.7 | 2789.9 | 2249.3 |
| Q-10-1-2 | 2718.9 | 2505.7 | |
| Q-10-2-1 | 3128.6 | 1867.5 | |
| Q-10-2-2 | 3026.9 | 1834.1 | |
| Q-11-1 | 3371.8 | 1434.6 | 1381.8 |
| Q-11-2 | 2811.3 | 1673.2 | |
| Q-11-3 | 2392.5 | 1037.7 | |

从表4.15可知，秦俑陶片的弯曲弹性模量差异较大，试件的平均弯曲弹性模量在566.9～2249.3MPa之间，说明陶片内部结构与组成差异明显，这与样品的选取部位、厚度、烧成温度等相关。

2）陶片的密实度相关参数

非金属超声波检测仪检测获得陶片的材料参数，即波速和幅度结果见表4.16。

表4.16　非金属超声检测仪测量数据

| 编号 | 波速1（km/s） | 幅度1（dB） | 波速2（km/s） | 幅度2（dB） | 波速3（km/s） | 幅度3（dB） | 波速平均 | 幅度平均 |
|---|---|---|---|---|---|---|---|---|
| 标准件 | 0.490 | 88.51 | 0.490 | 89.67 | 0.485 | 88.51 | 0.488 | 88.90 |
| Q-1-1 | 0.434 | 99.09 | 0.434 | 98.63 | 0.434 | 98.39 | 0.434 | 98.70 |
| Q-1-2 | 0.478 | 97.84 | 0.478 | 97.72 | 0.472 | 96.83 | 0.476 | 97.46 |
| Q-1-3 | 0.264 | 100.59 | 0.264 | 99.39 | 0.264 | 99.96 | 0.264 | 99.98 |
| Q-2-1 | 0.485 | 92.78 | 0.491 | 94.26 | 0.491 | 95.81 | 0.489 | 94.28 |
| Q-2-2 | 0.381 | 100.85 | 0.381 | 100.7 | 0.381 | 101.07 | 0.381 | 100.87 |
| Q-3-2 | 0.614 | 87.72 | 0.608 | 87.72 | 0.602 | 87.48 | 0.608 | 87.64 |
| Q-3-3 | 0.468 | 92.09 | 0.468 | 88.19 | 0.468 | 88.63 | 0.468 | 89.64 |
| Q-4-1 | 0.404 | 98.54 | 0.404 | 98.39 | 0.404 | 98.25 | 0.404 | 98.39 |
| Q-5-1 | 0.534 | 87.99 | 0.534 | 87.33 | 0.540 | 89.70 | 0.536 | 88.34 |
| Q-6-1 | 0.380 | 99.59 | 0.375 | 99.42 | 0.380 | 101.22 | 0.378 | 100.08 |
| Q-6-2 | 0.365 | 101.63 | 0.361 | 101.5 | 0.361 | 101.01 | 0.362 | 101.38 |
| Q-7-1 | 0.468 | 88.85 | 0.462 | 88.63 | 0.462 | 88.66 | 0.464 | 88.71 |
| Q-7-2 | 0.355 | 93.06 | 0.355 | 92.86 | 0.351 | 92.82 | 0.354 | 92.91 |
| Q-8-1 | 0.233 | 99.79 | 0.233 | 100.38 | 0.233 | 100.86 | 0.233 | 100.34 |
| Q-8-2 | 0.324 | 102.34 | 0.324 | 101.82 | 0.324 | 101.44 | 0.324 | 101.87 |
| Q-9-1 | 0.494 | 93.12 | 0.488 | 92.40 | 0.488 | 92.67 | 0.490 | 92.73 |
| Q-9-2 | 0.442 | 95.37 | 0.442 | 95.62 | 0.442 | 96.33 | 0.442 | 95.77 |
| Q-10-1 | 0.188 | 100.79 | 0.188 | 100.64 | 0.188 | 100.35 | 0.188 | 100.59 |
| Q-10-2 | 0.429 | 94.94 | 0.423 | 94.83 | 0.429 | 94.87 | 0.427 | 94.88 |
| Q-11-1 | 0.463 | 94.40 | 0.469 | 99.87 | 0.469 | 99.87 | 0.467 | 98.05 |
| Q-11-2 | 0.418 | 98.82 | 0.418 | 98.68 | 0.418 | 98.54 | 0.418 | 98.68 |

3）各参数之间的相关性

关于各参数之间的相关性，实验一共得到了4个材料参数（拉伸强度、弯曲弹性模量、波速、幅度）。对于4个参数之间的6种相关关系，通过决定系数$R^2$来进行线性回归从而来分析各参数间的相关性。在线性回归中，相关系数$R^2$越接近1，线性方程的参考价值越高，即说明两个参数之间具有很强的线性关系；相反，决定系数$R^2$接近0时，表明参数间线性关系不明显。结果表明拉伸强度与弯曲弹性模量之间（$R^2$＝0.31118）

以及波速与幅度之间（$R^2$＝0.33640）具有较强的线性相关性，其余的参数间线性相关性较弱，说明密实度的相关参数与材料的力学性能并没有明显的线性关系。

### 3. 小结

通过对秦俑陶质文物残片进行系统的力学性能比较与分析研究，对保护修复后的陶质文物力学稳定性有一定的指导作用，对以秦兵马俑为代表的大型陶器在对外展览包装中的受力分解提供了理论依据。

（1）秦俑试件之间强度差异较大，说明其取样的部位、厚薄与制作工艺的不同。陶片中不同部位拉伸强度的强弱关系为：壅颈＞底袍＞袍角＞铠甲＝内衬，在保护修复的过程中需要特别注意。

（2）陶质文物各部位的力学性能与其烧成温度、材料及制作工艺有关。

（3）拉伸强度与弯曲弹性模量具有一定的线性相关性。密实度相关参数（波速、幅度）与材料的力学参数相关性较弱，说明密实度并不能独自决定试件的力学性能，进一步的研究需要从微观分析来确定其材料组成。

## 三、结晶盐分析

在一号坑第三次考古发掘已修复的120多件文物中，发现了8件易碎陶俑，出土位置位于1号坑T23探方内。这类脆弱胎体易发生断裂和酥粉，加大了保护修复的难度。在定期清理过程中发现，这类易脆弱陶俑的断面表层不断生长白色晶体，并在简单清除后会再次长出，同时，这些白色晶体相对较多地附着在断面表层析出的另一类黑色物质表面（图4.15b和图4.15c）。这些新生成的白色晶体和黑色物质等未曾在以往的考古研究中发现。

图4.15 脆弱陶俑现状（a）及断裂面析出的白色（b）和黑色物质（c）

### 1. 样品选取

采集表面生长白色晶体和黑色物质的脆弱兵马俑残片，编号QY-1，该类脆弱陶俑呈深灰色、烧制中处于还原气氛。为了对比分析，选取相同俑坑内丧失使用功能并无法用于拼接的质地较好的灰色陶俑残片（编号为QY-2、QY-3）和红色陶俑残片（编号为QY-4、QY-5、QY-6），质地较好的陶俑残片没有物质析出。采用超景深显微镜观察不同类型陶质胎体内部形貌（图4.16）。

（a）QY-1　（b）QY-2　（c）QY-3
（d）QY-4　（e）QY-5　（f）QY-6

图4.16　陶胎内部照片

### 2. 分析方法及结果

采用X射线衍射光谱（XRD）、烧成温度、扫描电镜能谱（SEM-EDS）、孔径分布、傅里叶变换红外光谱（FT-IR）、拉曼光谱（RM）以及透射电镜等分析方法，对比脆弱陶俑与质地良好陶俑性能差异，分析以及推测引起脆弱陶俑产生白色晶体和黑色物质的成分和来源，为脆弱兵马俑残片的保护修复及原址展示的稳定性提供科学依据。

1）陶俑残片样品性能分析

利用德国Bruker公司生产M4 Tornad$^{Plus}$微区X射线荧光成像光谱仪（XRF）分析陶胎样品的元素组成。该仪器可以检测C（6）到Am（95）之间的所有元素，输出计数率高达550kcps。其捕获速度快，检测效率高。扫描速度为1.3mm/s，探测器的最大脉冲为275000cps。仪器电压设置为50kV，电流设置为599μA。

陶俑样品的元素组成结果见表4.17，样品QY-1中的元素组成见图4.17。

表4.17 陶质样品的主次量元素组成（wt%）

| 样品编号 | $Na_2O$ | MgO | $Al_2O_3$ | $SiO_2$ | $K_2O$ | CaO | $TiO_2$ | MnO | $Fe_2O_3$ |
|---|---|---|---|---|---|---|---|---|---|
| QY-1 | 0.96 | 2.66 | 19.56 | 58.33 | 4.44 | 1.82 | 0.91 | 0.18 | 10.32 |
| QY-2 | 1.11 | 2.15 | 17.43 | 60.97 | 4.34 | 2.12 | 0.95 | 0.17 | 10.35 |
| QY-3 | 1.08 | 2.09 | 17.67 | 61.73 | 4.82 | 1.64 | 0.91 | 0.16 | 9.52 |
| QY-4 | 1.40 | 1.82 | 16.34 | 63.25 | 4.30 | 1.95 | 0.92 | 0.16 | 9.42 |
| QY-5 | 1.26 | 2.15 | 17.96 | 60.92 | 4.49 | 1.79 | 0.93 | 0.17 | 10.02 |
| QY-6 | 1.46 | 1.97 | 17.01 | 62.85 | 4.57 | 2.19 | 0.94 | 0.16 | 8.58 |

采用Bruker D8 ADVANCE高分辨率XRD测试陶质样品的胎体组成结构。X射线发生器：Cu靶，功率3kW，陶瓷光管；扫描方式：θ-θ测角仪；探测器：LynxEye阵列探测器（角度分辨率0.037°，衍射强度达$10^8$cps），2θ测试范围为10°～80°。

样品XRD分析结果见图4.18。

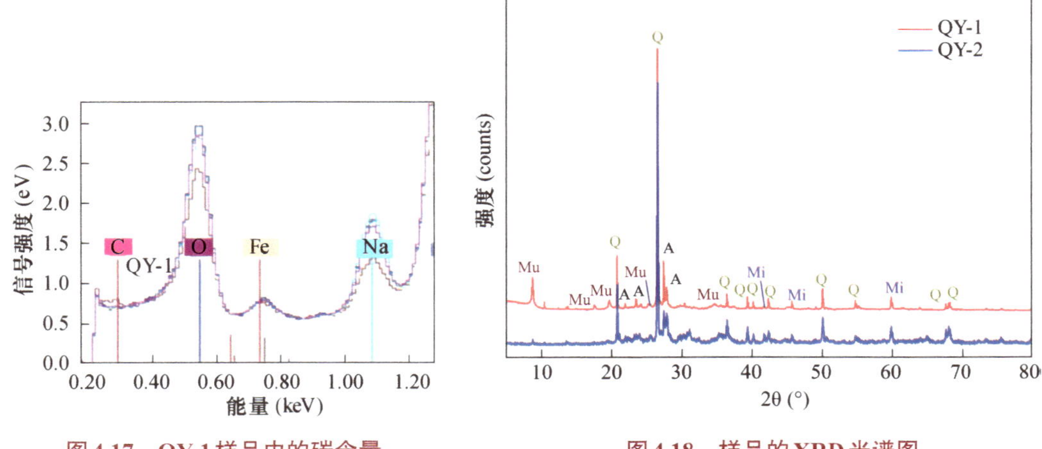


图4.17 QY-1样品中的碳含量　　图4.18 样品的XRD光谱图

采用美国TA DIL 806光学热膨胀仪测试不同陶质样品的烧成温度。仪器加热温度范围RT—1400℃，分辨率为50nm、0.1℃。利用阴影光的方法，通过测量CCD探测器上样品的阴影来测量样品的尺寸变化。根据国标《压汞法和气体吸附法测定固体材料孔径分布和孔隙度 第1部分：压汞法》(GB/T 21650.1—2008)，采用美国QuantachromePoremaster GT-60型自动压汞仪（MIP）测试不同陶质样品的孔径分布范围，工作低压范围1.5～350kPa，高压范围140～420MPa。

光学热膨胀仪测试陶质样品的烧成温度数据见图4.19，测试样品孔径结果见图4.20，

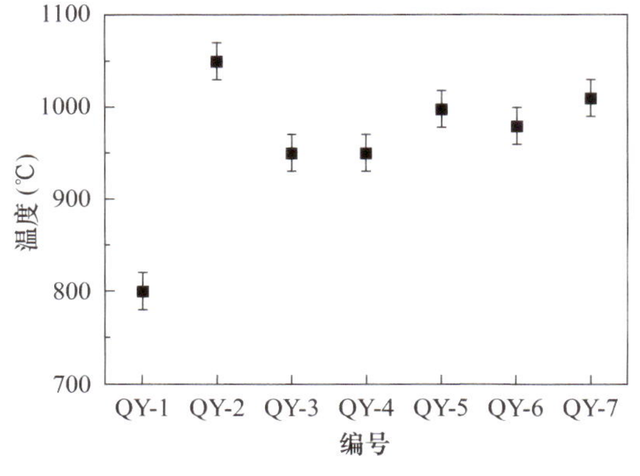


图4.19　样品烧成温度图（±20℃）

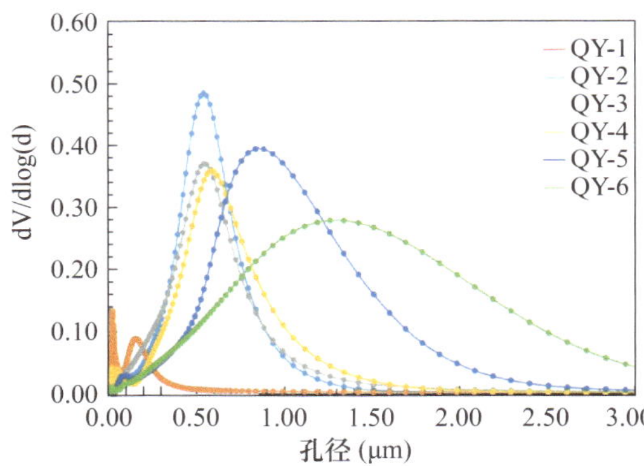


图4.20　样品的孔径分布曲线

样品物理性能数据见表4.18。

表4.18　陶质样品的孔隙率、渗透性和比表面积

| 样品编号 | 孔隙率（%） | 渗透性（nm） | 比表面积（$m^2/g$） |
|---|---|---|---|
| QY-1 | 23.56 | $7.2061e^{-4}$ | 15.6574 |
| QY-2 | 35.32 | $5.6327e^{-2}$ | 3.6214 |
| QY-3 | 30.97 | $2.2650e^{-2}$ | 4.5086 |
| QY-4 | 29.77 | $9.8372e^{-2}$ | 6.4477 |
| QY-5 | 32.59 | $6.066e^{-2}$ | 2.9949 |

2）脆弱陶俑表面析出物检测

A. 黑色物质分析

采用日本Keyeens公司生产的VHX-2000超景深显微镜，用于观察陶质样品的显微形貌。仪器具有5400万像素，与传统光学显微镜相比，可以实现20倍以上的大景深观察，可以聚焦凹凸大的样品表面，测试出样品表面的形貌变化。

黑色物质的显微形貌见图4.21。

（a）黑色较多区域

（b）黑色较少区域

图4.21　样品表面不均匀黑色物质

使用法国HORABA公司生产的XploRA ONE RM光谱仪测试脆弱陶质样品表面的黑色物质成分结构，选取532nm波长激光作为激发光源，物镜选取50倍，光谱检测范围设定为100～2000cm$^{-1}$，光谱分辨率为0.6cm$^{-1}$。利用美国Thermo Scientific Nicolet iS50 FT-IR光谱仪测试脆弱陶质样品的黑色物质成分，测试范围500～4000cm$^{-1}$，光谱分辨率优于0.09cm$^{-1}$，波数精度优于0.01cm$^{-1}$。

RM和FT-IR测试结果分别见图4.22、图4.23。

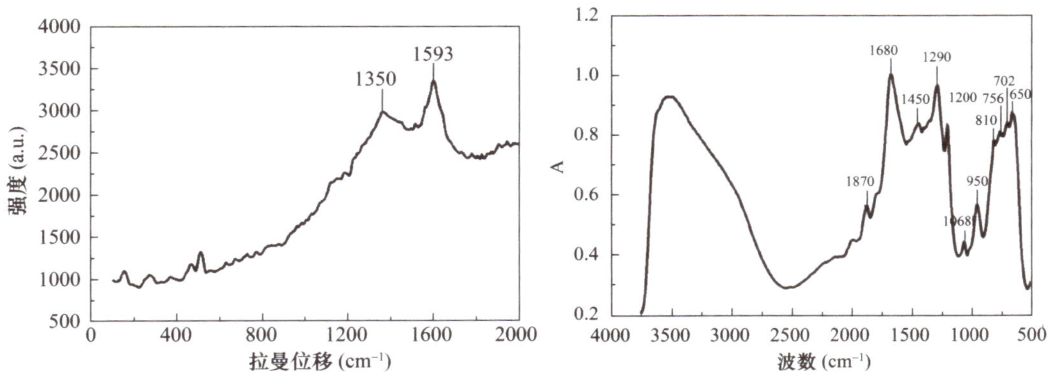


图4.22　黑色物质的RM光谱曲线图　　图4.23　黑色物质的FT-IR光谱曲线

采用日本JEOL公司JSM-6700F型扫描电子显微镜/能谱仪，将陶质样品抛光、离子溅射仪镀金后，利用SEM观察脆弱陶质样品的微观结构，同时利用EDS测定其相关成分。使用美国FEITecnai G2 F20场发射透射电子显微镜测试脆弱陶质样品表面黑色物质的微观形貌，研究其组成微结构。加速电压200kV，STEM（HAADF）分辨率0.19nm。

黑色物质的SEM图像见图4.25，黑色物质的透射电镜图像见图4.25，黑色物质的SEM-EDS的能谱结果见图4.26。

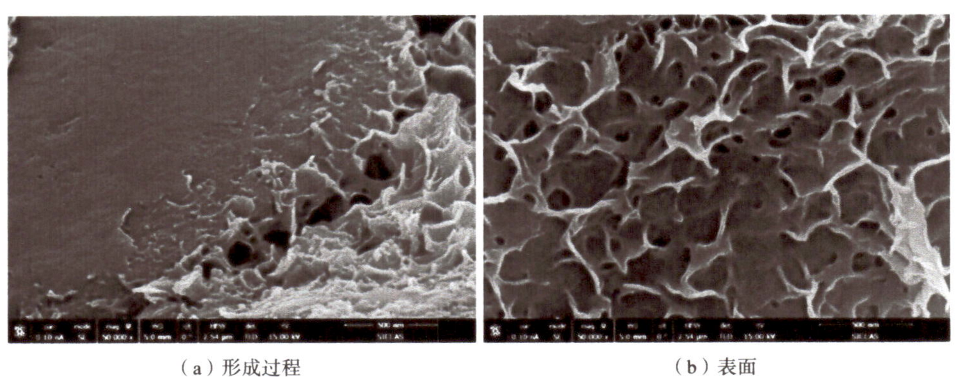

（a）形成过程　　（b）表面

图4.24　黑色物质的SEM图像

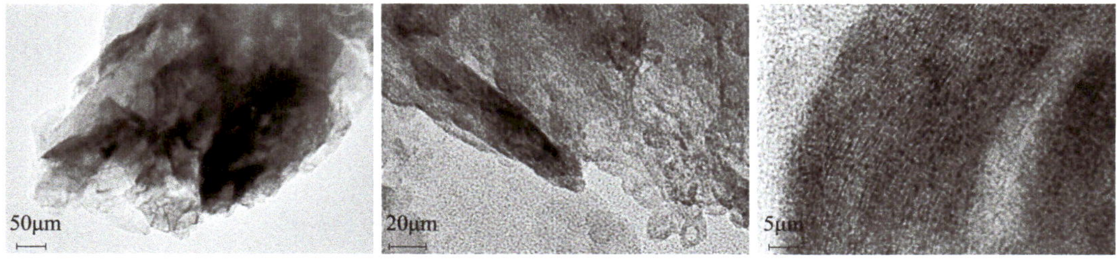


图4.25　不同区域黑色物质的透射电镜照片

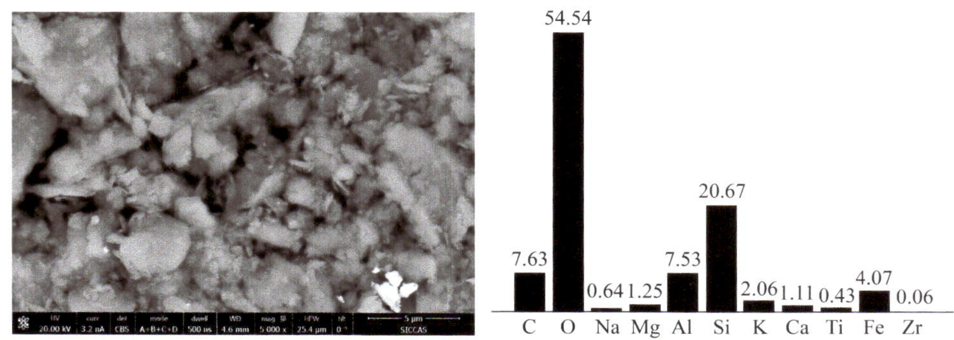


(a) 非黑色物质区域的样品表层

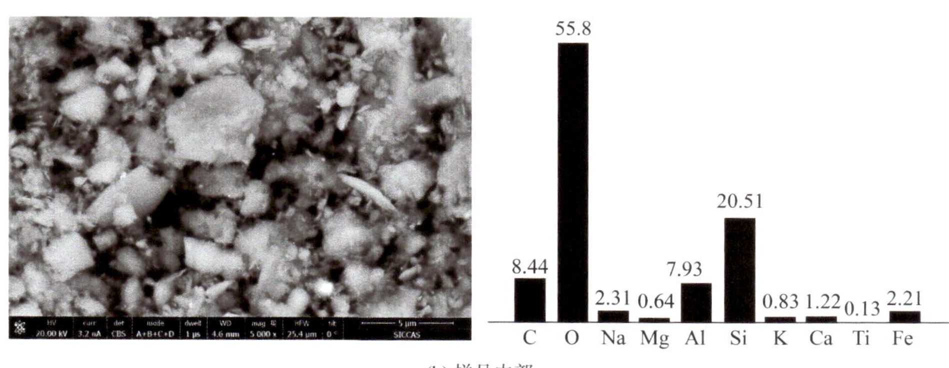


(b) 样品内部

图4.26　QY-1胎体内部的SEM-EDS

B. 白色物质分析

SEM-EDS和XRD对脆弱陶质样品QY-1析出的白色结晶体进行分析，结果见图4.27～图4.29。

C. 样品及土壤可溶盐分析

使用瑞士MetrohmMIC型离子色谱仪测试文物样品以及埋藏土壤浸泡后溶液中含有的可溶盐离子组成及浓度，阴离子色谱柱为METROSEP A SUPP 5-250，柱长250mm，柱径4mm，填料粒径5μm，淋洗液组成为3.2mmol/L $Na_2CO_3$和1.0mmol/L $NaHCO_3$，流速0.7mL/min；阳离子色谱柱填料粒径7μm，淋洗液为4mmol/L酒石酸和2mmol/L硝酸，流速为1mL/min，柱温控制为35℃。

图4.27 白色晶体形貌

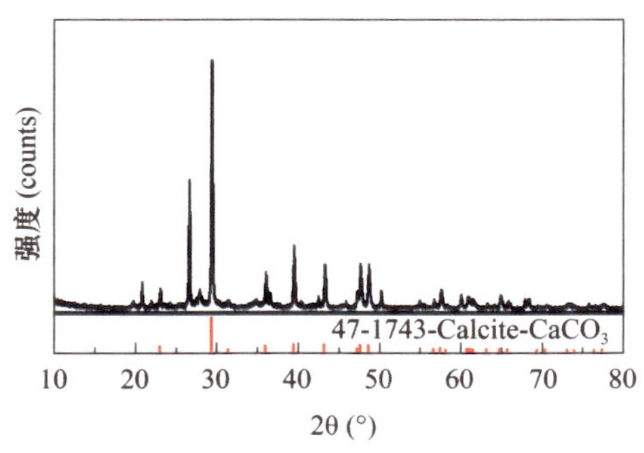


图4.28 白色晶体的XRD光谱图

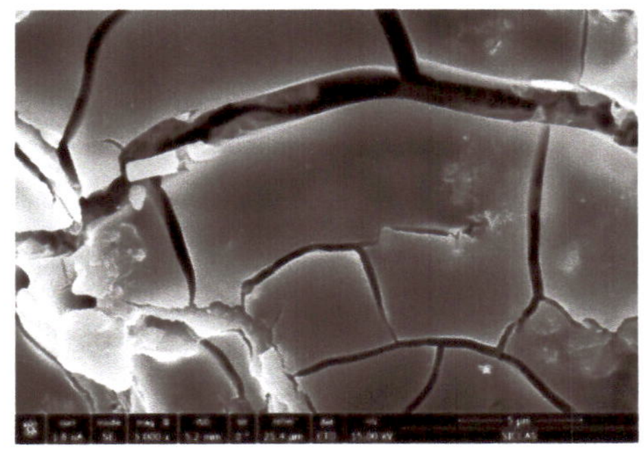

（a）开裂壳状结构

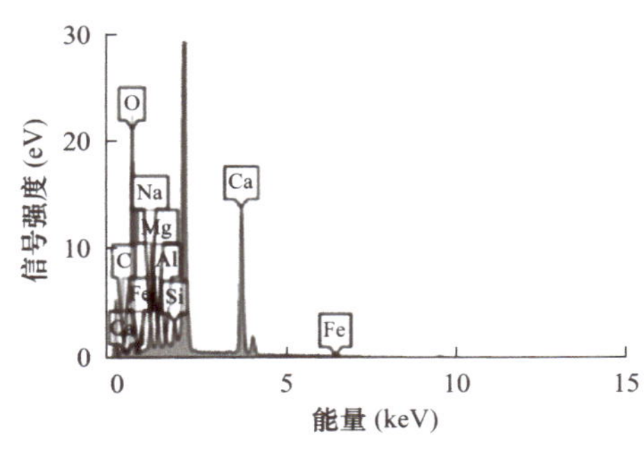


（b）能谱曲线

图4.29 白色晶体的SEM-EDS分析

样品溶液可溶盐分析结果见表4.19。

表4.19 样品浸泡溶液的可溶盐离子 （单位：mg/g）

| 样品编号 | $Na^{+}$ | $K^{+}$ | $Mg^{2+}$ | $Ca^{2+}$ | $Cl^{-}$ | $SO_4^{2-}$ | $NO_3^{-}$ |
|---|---|---|---|---|---|---|---|
| 土1 | — | 0.1246 | 0.0486 | 1.4602 | 0.0799 | 0.0903 | — |
| 土2 | — | 0.0594 | 0.0079 | 1.9320 | 0.0931 | 0.4546 | 0.3878 |
| 土3 | — | 0.0861 | 0.0265 | 1.1002 | 0.0298 | 0.2289 | — |
| QY-1 | 0.0633 | 0.0055 | 0.0090 | 0.0722 | 0.0398 | 0.1209 | 0.0274 |

D. 热重分析

使用德国Netzsch STA449C型热分析仪对陶质样品进行热重分析。测试条件控制氮气气氛，温度分布为25～1000℃，以10℃ /min加热。

为了判断$Ca^{2+}$含量较高的碱性溶液在文物内部的存储状态，采用热重分析对比（图4.30）。

### 3. 小结

通过对比出土脆弱陶质残片与保存状态较好样品的组成与晶相、烧成温度、孔径分布等，以及脆弱胎体所生长析出的白色晶体和黑色物质的综合分析，得出以下几点结论。

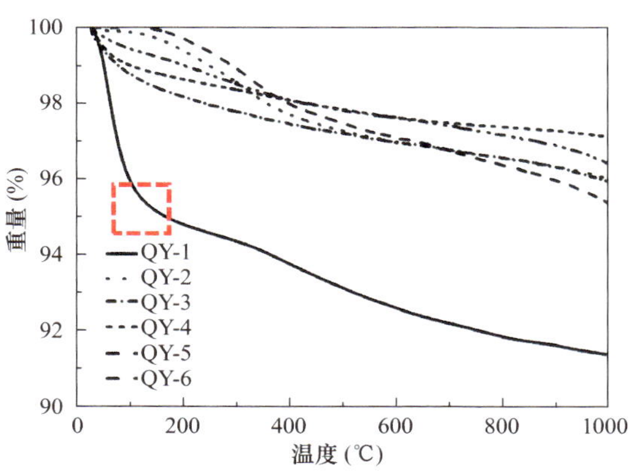


图4.30　样品的热重曲线对比

（1）相对于质地良好的陶俑残片样品，脆弱样品QY-1的烧成温度低，孔隙小且总孔比表面积较大，样品孔内存储含量较多的含$Ca^{2+}$碱性吸附溶液，胎体断裂后表层暴露在大气环境中极易发生化学反应而形成白色碳酸钙晶体。

（2）脆弱陶胎样品断面产生的黑色物质，分析主要由无定形碳和石墨化碳组成，石墨化碳具有稳定的三维结构和导电性能，在胎体Fe、Ti元素以及环境土壤碱性条件下保持较高的催化活性，石墨化碳会进一步形成而面积不断增加。

（3）黑色无定形碳或石墨化碳表面聚集较多的白色碳酸钙晶体，推测与其纳米级孔结构具有优异的$CO_2$吸附性有关，这种结构会进一步促进文物内部孔隙溶液与$CO_2$的结合，加速白色碳酸钙晶体的析出。

## 四、微生物分析

由于兵马俑一号坑处于开放状态，大量游客入园参观后，带来众多人体相关吸附颗粒物和病菌粒子，使大量微生物和各类粗细粒子随游客聚集在一号坑展厅，各种真菌，尤其是霉菌孢子，在适宜的环境条件下滋生后会大量繁殖，并产生有机酸、酶和各种色素①，影响遗址及文物安全。因此，真菌现状与病害隐患的研究，为秦兵马俑一号坑遗址微生物病害的预防性保护工作奠定基础。

自2009年9月，正式发掘T23后，由于坑内气温较高，日平均温度为28℃，最高时可达35℃，加之每次开挖前需给地表喷水以软化表层土壤，俑坑中此时总是弥漫着湿热的空气。所以，现场逐渐出现了霉菌生长的情况，个别已暴露的俑身、头部，隔梁墙壁等均发现霉菌，外观为霉菌初发期，肉眼可见的白色棉絮状菌丝，宛如霜一般。在T23探方G9过洞，北隔墙中部有约6平方米长霉菌区，G9过洞10号俑头后部有灰白色霉菌菌丝出现，G10过洞距西墙3米处暴露俑身断臂上也有白霜出现。G9过洞中部北隔墙壁发现的霉害，见图4.31、图4.32。

为了确定坑中出现霉斑的菌种所属类群，筛选有效合适的防霉剂，更科学、准确、有效地抑杀霉菌，采用微生物学实验技术，进行采样、培养、分离、纯化、鉴定和防霉剂药敏实验来确保选择有效的防霉剂和实施方法。

① 田金英、王春蕾：《霉菌对文物的影响初探》，《中国博物馆》1999年第1期；牛李莹：《汉阳陵地下博物苑封闭环境霉菌变化规律的初步探究》，西北大学硕士学位论文，2016年。

图4.31 霉的坑壁图

图4.32 霉的陶俑本体

### 1. 样品选取

本次采用点培养和载玻片培养联合观察鉴定法。用无菌采样棒轻轻蘸取不同发霉区域的霉菌菌丝表面，立即转接于含冷凝培养基的无菌培养皿内，置生物培养箱中，28℃培养4～7天。对秦俑一号坑T23G9、G10（2009年9～10月采样）、G11（2015年7月采样）的部分霉菌采样分析。

### 2. 分离、纯化

采用划线分离法将上述6支霉菌样分别接入6只培养皿中长出的霉菌菌落进行分离，将分离出的单个菌株分别接入最适生长并可进行某些特征观察的温度及培养基上，反复培养纯化，得到几种不同的纯种菌株，见图4.33。

图4.33 霉菌样

### 3. 霉菌分析鉴定

从一号坑霉菌菌丝采样，经微生物技术培养、分离、纯化、鉴定，采用PDA培养基对病害菌株单菌落进行点培养，并在400× 光学显微镜下进行镜检。

（1）点培养法：通常采用平板培养，在培养基中种植三个点菌落，经25～28℃培养7～14天后，观察其生长速度和菌落的颜色及形态，是否有分泌物等特征予以记录。

（2）载玻片培养法：取直径约8厘米的圆形滤纸一张，铺于一个直径9厘米的培养皿底部，并放入一U形玻璃棒于滤纸上，其上平放一洁净的载玻片，盖好培养皿后灭菌。取10毫升固体培养基，注入另一培养皿中，使其凝成薄层，用解剖刀无菌操作把琼脂切成1厘米见方的小块，并将此方块移植于载片中央，用接种针将孢子悬浮液接种在琼脂块的四侧，然后将已灭菌的盖玻片覆盖在琼脂上，并给滤纸上加注2～3毫升无菌的20%甘油，置于培养箱中25～28℃培养4、7、10、14天，分别在显微镜下观察不同生长期菌落的生长特征，结合点培养以鉴定不同的菌种类群。分别用上述方法将得到的几种菌株进行菌种鉴定。霉菌鉴定结果见表4.20。

表4.20　霉菌鉴定结果表

| 鉴定结果 / 采样位置 | 菌种菌名 |
|---|---|
| T23G9：1 # | 杂色曲霉、蜡叶芽枝霉 |
| T23G10：2 # | 焦曲霉 |
| T23G9：3 # | 白曲霉 |
| T23G10：3 # | 蜡叶芽枝霉、拟青霉 |
| T21G18：07号俑头 | 短密青霉、灰绿曲霉、聚多曲霉、内果青霉 |
| T23G11：24底袍边 | 短密青霉、黑青霉、桔青霉、顶孢头孢霉 |

菌株分离纯化后形态的显微照如图4.34所示。

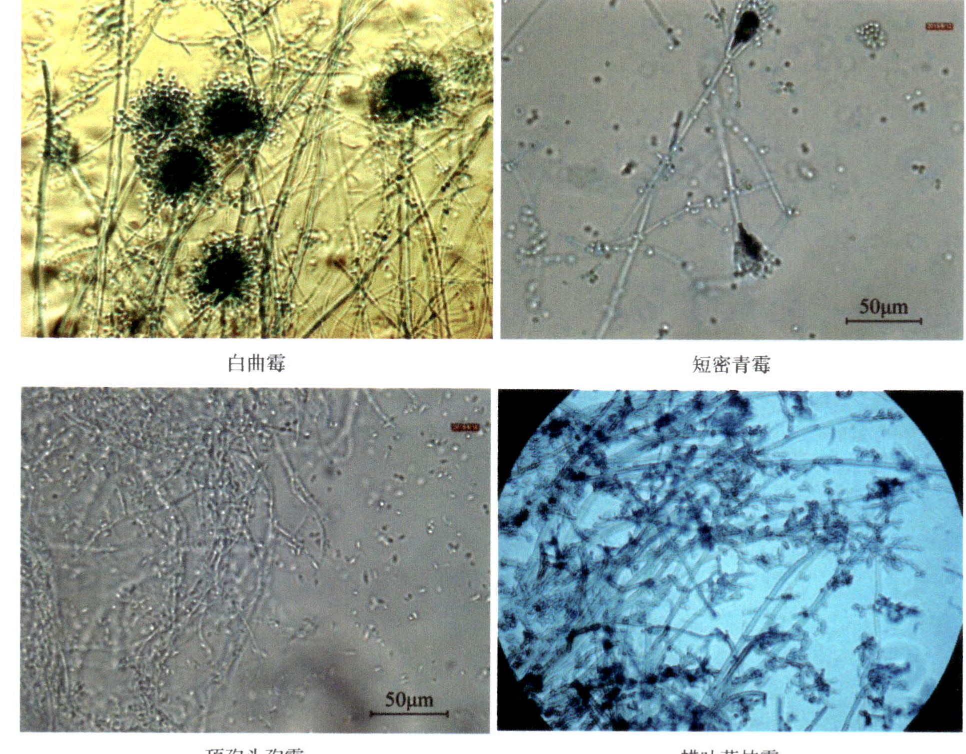


白曲霉　短密青霉　顶孢头孢霉　蜡叶芽枝霉

图4.34　菌株显微照

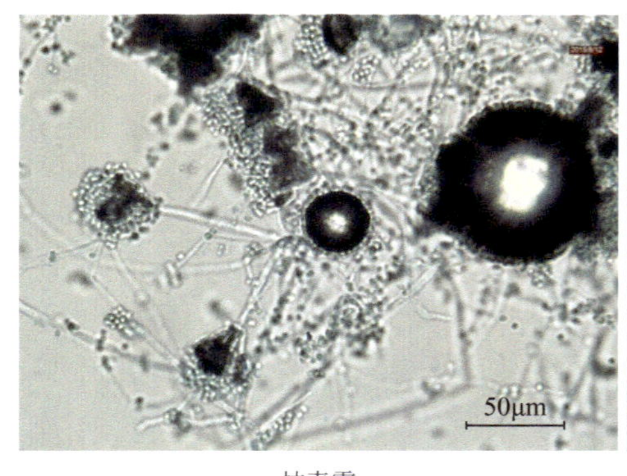


桔青霉

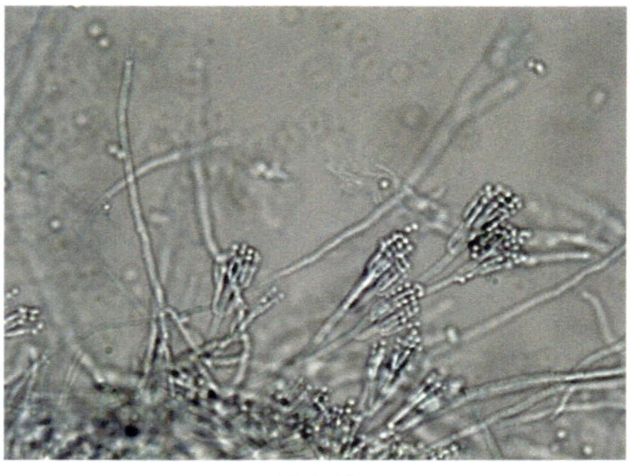

黑青霉

图4.34 （续）

#### 4. 小结

俑体表面落尘、坑道砖面浮土、隔梁表层浮土中存在大量霉菌。从霉菌菌种分析结果可以看出，上述霉菌都是本地土壤和植物中的常见菌，而杂色曲霉和蜡叶芽枝霉生长代谢时能分泌出粉、红、黑等色素沉淀在文物表面，易造成文物及遗址的外观污染。陶质彩绘文物保护修复不单要保护文物本体，也需要对一号坑环境进行检测、治理。

## 五、胶粘剂的选择与应用

由于秦俑埋藏时间久，个体差异大，又经过人为破坏和二次火烧，出土时残破严重，病害多，为了尽快恢复其功能和结构，研究和展示彩绘兵马俑的历史、艺术和科学价值及粘接技术便成为兵马俑修复的重要步骤之一，而为了更好更科学地保护修复，粘接材料的选择尤为重要。

通过前期对秦俑残片的理化性能（烧成温度、吸水率、体积密度和硬度）和力学性能分析检测，结合多年的秦兵马俑修复实践，筛选出适合于秦俑修复的胶粘剂，并应用于新出土秦俑的修复。

#### 1. 胶粘剂性能检测

1）筛选条件

在秦兵马俑修复中，通过多年的修复实践，对胶粘剂的综合性能研究并结合在秦俑修复中遇到的系统因素，胶粘剂筛选条件如下：①胶粘剂尽可能选择无毒无污染绿色环保，对陶质文物无腐蚀或侵蚀作用；②胶粘剂与残断面具有兼容性，即胶粘剂能与陶器粘接面建立大面积的（分子水平）紧密接触；③胶粘剂与残断面需要一定的环境固化条件；④胶粘剂固化后体积变化应在规定范围内；⑤胶粘剂应满足陶瓷修复的基本强度（固化后胶粘剂的化学稳定性）；⑥胶粘剂的理化性能（颜色密度及应力测试）良好及操作简单可行；⑦文物保护修复材料要具有良好的耐老化性。

2）筛选原则

胶粘剂的力学强度等于或略小于陶胎自身的力学强度；初步筛选出来的胶粘剂要进行对比粘接实验，测试胶粘剂与被粘接界面的应力；筛选出综合性能最佳的胶粘剂。

3）对筛选出的胶粘剂进行粘接试验及理化性能测试

依据胶粘剂选择的条件和原则，通过对大量的胶粘剂分类、查新和选择，筛选出相对符合秦俑修复的胶粘剂，并进行粘接试验及理化性能测试，胶粘剂试验见图4.35，胶粘剂模拟试验评估见表4.21。

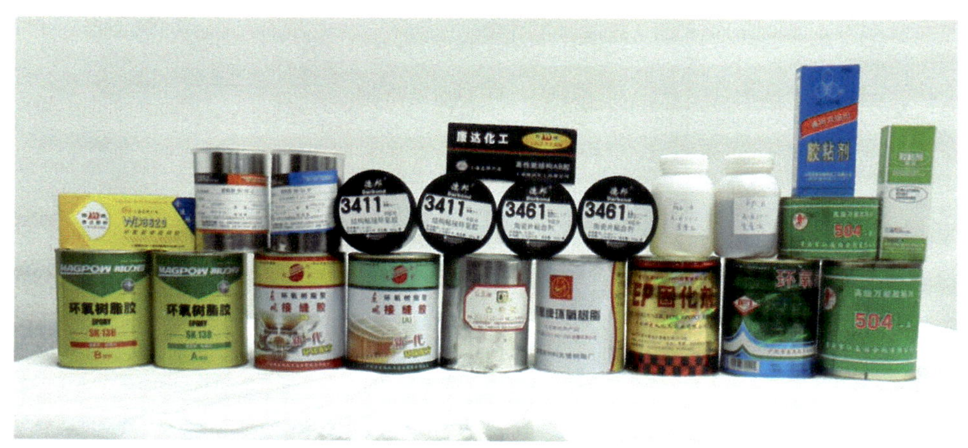


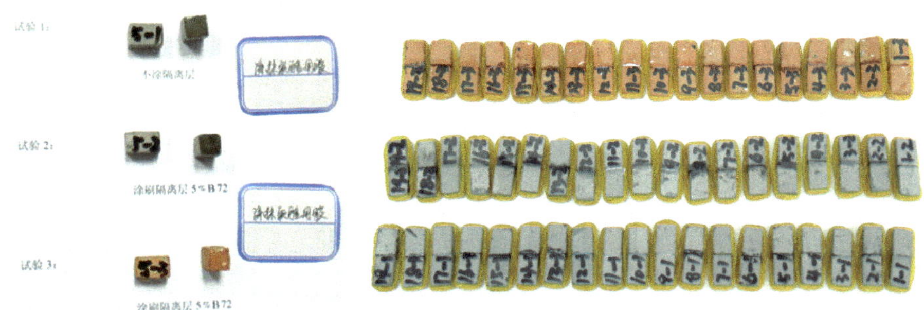


图4.35　胶粘剂筛选试验

表4.21　陶质文物胶粘剂模拟试验评估表

| 编号 | 胶粘剂-固化剂 | 涂B72 | 固化时间（小时） | 评估 | 粘接后性能 |
|---|---|---|---|---|---|
| 1-1 | 30%聚乙烯醇缩丁醛（Mowital）B30 | 否 | 24 | 优 | 稳定 |
| 1-2 | 25%Mowital B30 | 否 | 24 | 优 | 稳定 |
| 1-3 | 25%Mowital B30 | 否 | 24 | 优 | 稳定 |

续表

| 编号 | 胶粘剂-固化剂 | 涂B72 | 固化时间（小时） | 评估 | 粘接后性能 |
|---|---|---|---|---|---|
| 2-1 | 环氧E44 EP固化剂1：1 | 否 | 24 | 优 | 稳定 |
| 2-2 | 环氧E44 EP固化剂1：1 | 是 | 24 | 优 | 稳定 |
| 2-3 | 环氧E44 EP固化剂1：1 | 是 | 24 | 优 | 稳定 |
| 3-1 | DG-3S AB胶1：1 | 否 | 24 | 良 | 固化剂不稳定 |
| 3-2 | DG-3S AB胶1：1 | 是 | 24 | 良 | 固化剂不稳定 |
| 3-3 | DG-3S AB胶1：1 | 是 | 24 | 良 | 固化剂不稳定 |
| 4-1 | JC-311通用双组份1：1 | 否 | 24 | 差 | 固化剂不稳定 |
| 4-2 | JC-311通用双组份1：1 | 是 | 24 | 差 | 固化剂不稳定 |
| 4-3 | JC-311通用双组份1：1 | 是 | 24 | 差 | 固化剂不稳定 |
| 5-1 | Plus 1：1 | 否 | 24 | 优 | 稳定 |
| 5-2 | Plus 1：1 | 否 | 24 | 优 | 稳定 |
| 5-3 | Plus 1：1 | 否 | 24 | 优 | 稳定 |
| 6-1 | 凤凰环氧树脂（6101）<br>聚酰胺（650）1：1 | 否 | 24 | 优 | 稳定 |
| 6-2 | 凤凰环氧树脂（6101）<br>聚酰胺（650）1：1 | 是 | 24 | 优 | 稳定 |
| 6-3 | 凤凰环氧树脂（6101）<br>聚酰胺（650）1：1 | 是 | 24 | 优 | 稳定 |
| 7-1 | 神力玲SK-138 AB胶1：1 | 否 | 24 | 优 | 稳定 |
| 7-2 | 神力玲SK-138 AB胶1：1 | 是 | 24 | 优 | 稳定 |
| 7-3 | 神力玲SK-138 AB胶1：1 | 是 | 24 | 优 | 稳定 |
| 8-1 | 东风环氧树脂E44 EP固化剂1：1 | 否 | 24 | 优 | 稳定 |
| 8-2 | 东风环氧树脂E44 EP固化剂1：1 | 是 | 24 | 优 | 稳定 |
| 8-3 | 东风环氧树脂E44 EP固化剂1：1 | 是 | 24 | 优 | 稳定 |
| 9-1 | 东风环氧树脂接缝胶1：1 | 否 | 24 | 差 | 整体性能较差 |
| 9-2 | 东风环氧树脂接缝胶1：1 | 是 | 24 | 差 | 整体性能较差 |
| 9-3 | 东风环氧树脂接缝胶1：1 | 是 | 24 | 差 | 整体性能较差 |
| 10-1 | DG-3S甲乙组分1：1 | 否 | 24 | 差 | 固化剂不稳定 |
| 10-2 | DG-3S甲乙组分1：1 | 是 | 24 | 差 | 固化剂不稳定 |
| 10-3 | DG-3S甲乙组分1：1 | 是 | 24 | 差 | 固化剂不稳定 |
| 11-1 | 德邦3461陶瓷片粘合剂1：1 | 否 | 24 | 差 | 整体性能较差 |
| 11-2 | 德邦3461陶瓷片粘合剂1：1 | 是 | 24 | 差 | 整体性能较差 |
| 11-3 | 德邦3461陶瓷片粘合剂1：1 | 是 | 24 | 差 | 整体性能较差 |
| 12-1 | 德邦3411 1：1 | 否 | 24 | 良 | 固化剂不稳定 |
| 12-2 | 德邦3411 1：1 | 是 | 24 | 良 | 固化剂不稳定 |

续表

| 编号 | 胶粘剂-固化剂 | 涂B72 | 固化时间（小时） | 评估 | 粘接后性能 |
|---|---|---|---|---|---|
| 12-3 | 德邦3411 1∶1 | 是 | 24 | 良 | 固化剂不稳定 |
| 13-1 | 康达WD3620 1∶1 | 否 | 24 | 优 | 稳定 |
| 13-2 | 康达WD3620 1∶1 | 是 | 24 | 优 | 稳定 |
| 13-3 | 康达WD3620 1∶1 | 是 | 24 | 优 | 稳定 |
| 14-1 | 德Araldite法HARDENER HY991 7∶3 | 否 | 24 | 优 | 稳定 |
| 14-2 | 德Araldite法HARDENER HY991 7∶3 | 否 | 24 | 优 | 稳定 |
| 14-3 | 德Araldite法HARDENER HY991 7∶3 | 否 | 24 | 优 | 稳定 |
| 15-1 | 新一代环氧树脂1∶1 | 否 | 24 | 优 | 稳定 |
| 15-2 | 新一代环氧树脂1∶1 | 是 | 24 | 优 | 稳定 |
| 15-3 | 新一代环氧树脂1∶1 | 是 | 24 | 优 | 稳定 |
| 16-1 | 高级万能胶504 2∶1 | 否 | 24 | 良 | 固化剂不稳定 |
| 16-2 | 高级万能胶504 2∶1 | 是 | 24 | 良 | 固化剂不稳定 |
| 16-3 | 高级万能胶504 2∶1 | 是 | 24 | 良 | 固化剂不稳定 |
| 17-1 | 康达双组1∶1 | 否 | 24 | 良 | 固化过快 |
| 17-2 | 康达双组1∶1 | 是 | 24 | 良 | 固化过快 |
| 17-3 | 康达双组1∶1 | 是 | 24 | 良 | 固化过快 |
| 18-1 | 合众AAA 1∶1 | 否 | 24 | 优 | 稳定 |
| 18-2 | 合众AAA 1∶1 | 是 | 24 | 优 | 稳定 |
| 18-3 | 合众AAA 1∶1 | 是 | 24 | 优 | 稳定 |
| 19-1 | 安特固3-吨型速干环氧胶1∶1 | 否 | 24 | 差 | 固化过快 |
| 19-2 | 安特固3-吨型速干环氧胶1∶1 | 是 | 24 | 差 | 固化过快 |
| 19-3 | 安特固3-吨型速干环氧胶1∶1 | 是 | 24 | 差 | 固化过快 |

根据国标GB/T 4740—1999采用德国Instron-5592万能材料实验机测试样品的抗拉强度、剪切强度，分析结果见表4.22。

**表4.22　筛选的胶粘剂物理性能、强度测试结果对比**

| 类别 | 组份配方 | 基本特性 | 抗拉强度（MPa） | 剪切强度（MPa） |
|---|---|---|---|---|
| Mowital B30 H | 主体为乙烯醇缩丁醛，微量增塑剂 | 聚乙烯醇缩丁醛，耐水性、耐热性良好，但黏度较高，渗透性较好，粘接强度低，耐老化性不强，适宜粘接小件器物，低浓度作为可再处理层较好；30%～40%做胶粘剂，适合粘接承重量较轻的陶器 | 26.8 | 17.5 |
| Paraloid B72 | Paraloid B72溶剂：乙酸乙酯 | 聚甲基丙烯酸酯，热塑性聚合物，可逆，无色透明，黏度低，渗透性好，耐水性、耐热性强，粘接陶胎酥松的小件器物较好；但浓度较大时易泛光，形成薄膜 | 8.5 | — |

续表

| 类别 | 组份配方 | 基本特性 | 抗拉强度（MPa） | 剪切强度（MPa） |
|---|---|---|---|---|
| 凤凰（WSR6101） | AB组份 A：B=3：2 | 环氧树脂胶，与低分子650聚酰胺配比3：2，对多种材料具有良好的黏附性，应用广泛，固化反应无副反应发生，收缩率低，体积改变小，耐酸、碱、油等介质，抗霉菌力强，工艺简便；缺点是10℃以下固化不完全，耐湿热性能不强；适用于大型陶质彩绘文物的粘接 | 35.3 | ≥13 |
| 中蓝晨光 DG-3S | AB组份：1：1 | 环氧胶，低温固化，耐温−60～150℃，胶接工艺简单，使用方便、固化快、在−5～0℃情况下亦可固化；具有良好的耐介质性、耐油、耐水、耐酸碱；胶层韧性好；无溶剂、无毒害；对潮湿面、油面亦可粘接；适用于考古现场潮湿器物表面的修复粘接 | 32.6 | 19.61～25.49 |
| 东风 E-44 | AB组份：1：1 | 环氧树脂胶，属热固性树脂，具有良好的粘接力，耐化学腐蚀，耐热，机械强度高，具有优异的绝缘性，收缩率小，吸水性低 | 36.8 | ≥15 |
| 德邦 3461 | AB组份：1：1 | 增韧环氧树脂胶，与聚酰胺1：1配比黏度、不流淌；低温固化优势明显，固化后具有高强度，耐冲击、抗剥离，机械性能和电气绝缘性能优异；适用于补缺陶质文物 | 22.4 | ≥20 |
| Araldite AY 103-1 /HY 991 | AB组份 A：B=5：2 A：B=1：1 | 环氧胶，环保、透明，室温固化；耐久性、耐化学介质良好，耐温性良好，耐水及湿气极佳，抗冲击性强，固化后高剪切、高剥离强度，韧性好、弹性好，具有防水、耐气候、抗化学侵蚀和无腐蚀性等优点；适用于粘接胎质酥松的陶器 | 18.1<br>13.4 | —<br>17.9 |
| 康达新材 WD3620 | A：B=1：1 | 无溶剂、全透明、常温固化，固化速度快且环氧超强结构，固化后胶体无色透明；对多种材料具有较高的粘接强度，且有较好的抗腐蚀、耐水、耐油、耐老化性能；无味、无刺激性，使用安全、方便；其综合性能优；可在−40～120℃环境下使用 | 21.2 | ≥15.9 |
| AAA胶 | AB组份 A：B=1：1 | 环氧胶全透明，为最新开发的高科技新产品，其主要原材料均由国外进口，固化速度快，胶体透明无色，粘接对象广泛，性能超群，本品无毒、无味、无刺激性，使用方便安全，耐水、耐油、耐酸碱等，适合粘接小件器物 | 26.4 | ≥10 |
| UHU Plus | pies endfest 300 A：B=1：1 | 优质高性能的环氧胶粘剂，常温下固化，固化时间和粘接后的强度取决于环境温度；耐水分、油、溶剂、酸和碱，抗震、抗老化及抗潮湿等，适合粘接陶瓷器物 | 18.6 | ≥8 |
| 东风 新1代 | AB组份 A：B=5：4 | 东风新一代环氧胶，是一种优良的高分子合成材料，与EP固化剂固化后形成网状结构，具有良好的粘接能力，耐化学腐蚀性、耐热性、韧性好；具有较高的机械强度和优异的电绝缘性能；无臭、无毒、常温固化；具有收缩率小、吸水性能低等特性 | 29.5 | ≥10.8 |

从表4.22筛选的胶粘剂试验及物理性能测试结果分析，环氧树脂类胶粘剂的抗拉强度：东风E-44（36.8MPa）、凤凰WSR6101（35.3MPa）、中蓝晨光DG-3S（32.6MPa）在秦俑样品的抗拉强度范围之内（26.6～76.3MPa）；而聚乙烯醇缩丁醛Mowital B30 H、东风新一代环氧胶、AAA胶、Araldite AY 103-1/HY 991、UHU plus等抗拉强度也在秦俑抗拉强度的最低范围之内；丙烯酸类Paraloid B72抗拉强度很低。

### 2. 秦俑修复筛选的六种胶粘剂耐老化性能测试

适用于秦俑修复的6种胶粘剂见表4.23。对6种胶的耐老化力学性能进行测试，测试结果见表4.24、图4.36。

表4.23　秦俑修复常用的6种胶粘剂

| 种类 | 产地 | 状态 |
|---|---|---|
| Hexion | 美国瀚森 | AB组份，A组份透明液体，B组份淡蓝色液体 |
| Araldite2020 | 美国亨斯迈 | AB组份，A组份白色透明胶体，B组份淡紫色 |
| UHU Plus | 德国UHU | AB组份，A组份白色透明胶体，B组份微黄色胶体 |
| Phoenix epoxy | 江苏无锡 | AB组份，A组份白色透明胶体，B组份淡黄色胶体 |
| PY AAA | 江西宜春 | AB组份都是无色透明液体 |
| HZ AAA | 浙江黄岩 | AB组份都是无色透明液体 |

表4.24　胶粘剂耐老化测试过程及结果

| 耐老化测试 | 仪器 | 方法 | 结果 |
|---|---|---|---|
| 耐紫外线性能 | 紫外灯ZF-2（上海安亭） | 固化24h的胶条，<br>照射波长365nm，高度为10cm，实验周期30d | a |
| 耐高温性 | 电热鼓风干燥箱101-0AB<br>（天津市泰斯特仪器有限公司） | 固化24h的胶条，<br>烘箱温度50℃，实验周期30d | b |
| 耐低温性 | 标准恒温恒湿养护箱YH-40B<br>（河北献县隆辉试验仪器厂）<br>冰柜DW-FL90<br>（广州沪瑞明仪器有限公司） | 固化24h的胶条，<br>测试环境低温为－20℃，实验周期24h | c |
| 耐冻融性能 | 冻融试验箱 | 固化24h的胶条，高温20℃，低温－15℃，<br>周期3h，实验周期冷热循环30d | d |

### 3. 胶粘剂的应用

2011年以来，共计测试、筛选、使用了7种胶粘剂进行了50余件陶俑的粘接修复工作。这7种胶粘剂的综合性能见表4.25。

### 4. 小结

根据文物保护修复的原则，对秦俑残片进行理化性能和强度测试，按照“粘接剂

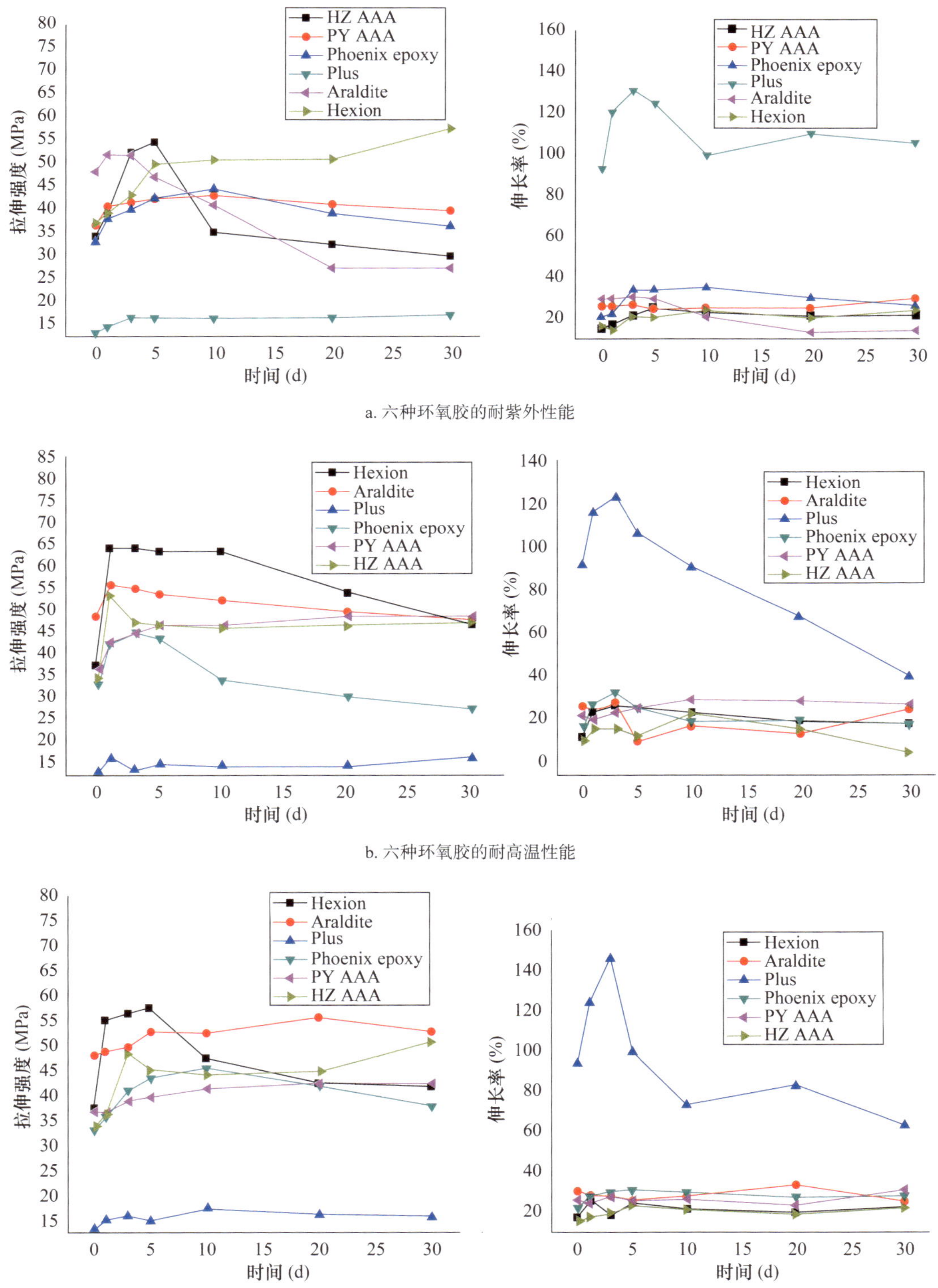


a. 六种环氧胶的耐紫外性能

b. 六种环氧胶的耐高温性能

c. 六种环氧胶的耐低温性

**图 4.36　胶粘剂的耐老化测试结果**

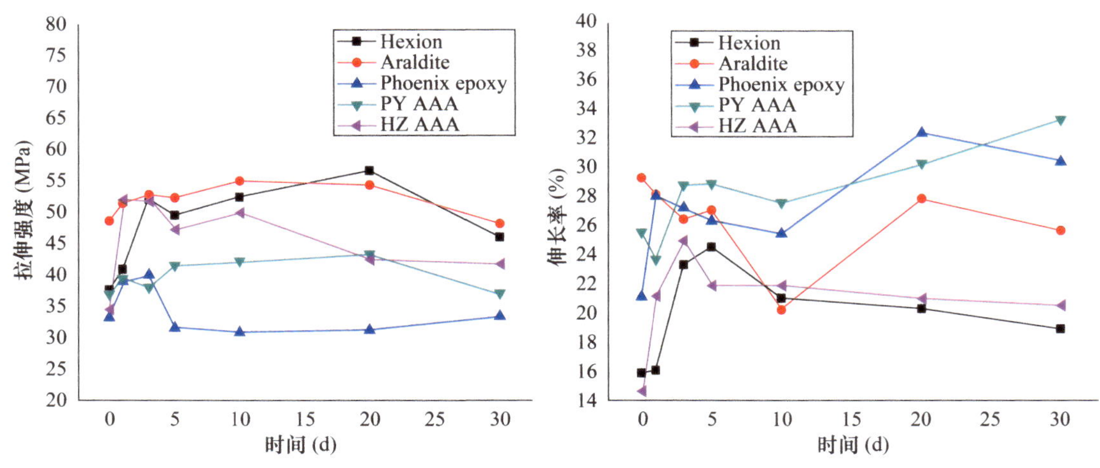


d. 五种环氧胶的耐冻融性能

图4.36 （续）

表4.25 秦俑修复胶粘剂综合性能评估

| 编号 | 胶粘剂—固化剂 | | 粘接强度 | 流动性 | 收缩性 | 化学性是否稳定 | 粘接环境（温湿度） | 固化时间（h） | 粘接数量 | 综合性能评估 |
|---|---|---|---|---|---|---|---|---|---|---|
| 01 | 聚乙烯醇缩丁醛 Mowital B30 | 无水乙醇 30%～35% | 中 | 好 | 低 | 稳定 | 温度18～36℃；湿度50%～70% | 6 | 2（与凤凰环氧胶配合使用） | 适合粘接小残片 |
| 02 | 合众牌AAA胶（1∶1） | | 中 | 较好 | 低 | 稳定 | 同上 | 6 | 局部 | 适合小器物的粘接 |
| 03 | 凤凰–环氧树脂胶 E-44 | | 高 | 较差 | 低 | 稳定 | 同上 | 12 | 46 | 适合粘接承重力大器物 |
| 04 | Paraloid B72 30%～40% | | 小 | 好 | 低 | 稳定 | 同上 | 1 | 甲丁、甲片 | 适合粘接小残片 |
| 05 | UHU Plus 1∶1 | | 中 | 较好 | 低 | 稳定 | 同上 | 6 | 局部 | 适合粘接小件器物 |
| 06 | 神力玲 SK-138 AB胶 1∶1 | | 中 | 较差 | 低 | 稳定 | 同上 | 12 | 1局部 | 适合粘接承重较小的器物 |
| 07 | Araldite AY 103-1 /HY 991 | | 中 | 好 | 低 | 稳定 | 同上 | 12 | 2（与凤凰环氧胶配合使用） | 适合粘接陶胎酥松的残片 |

抗拉强度应略小于或接近陶胎的抗拉强度”原则，参照实验室老化性能测试，筛选了6种胶粘剂，根据测试结果可应用于秦俑修复。

（1）凤凰WSR 6101（环氧树脂胶）/固化剂为低分子650/组、中蓝晨光DG-3S（环氧树脂胶）/A、B组，主要粘接秦俑主体残断部位，如踏板、腿、底袍、体腔、胳膊等承重力大的部位。

（2）UHU Plus HZ（PY）AAA胶，主要用于承重较小的小块残断面的粘接，如手部、头部、颈等部位。

（3）Hexion、Araldite2020，主要用于甲带、甲片、甲丁、内衬等部位。

（4）对于环氧胶粘剂，采用不同的固化剂，胶粘剂的抗拉强度也不同，其中加入的复合固化剂，表现更为突出，所以耐老化性能也不同。根据不同固化剂对胶粘剂初始强度的变化，可采用复合固化剂的配方，既可提高胶粘剂本身强度，又可提高耐老化性能。

# 第五章　保 护 修 复

## 一、保护修复理念

根据《中华人民共和国文物保护法》，按照国际文物保护界对藏品保护修复的基本原则，所有的工作程序、保护修复技术方法，必须遵守不改变文物原貌，全面地保持文物的真实性，保存文化遗产的历史价值、艺术价值、科学价值和社会价值以及其有形特征，综合多领域、多学科的支撑，确保文物安全，延长文物寿命，活化利用和传承文化遗产价值，以不影响后续再次保护修复为前提。

## 二、保护修复原则

（1）真实性原则。保持文物原貌，不改变文物原状原则。即保持原来的功能、形状、艺术特色，保存原来的结构、制作材料。

（2）最少干预原则。尽可能采取预防性保护措施，针对文物不同病害进行相应的保护处理，在病害处理过程中尽量减少对文物本身材质和形状的干预。

（3）可再处理性原则。保护处理材料使用后具有可再处理性，以备将来科技发展有更新更好的新材料加以替换。

（4）修复材料兼容性原则。用于保护处理的材料，经过反复地实验对比证明与本体材料相兼容，不应出现“保护修复性”损害，修复后文物不留隐患；修复所用的材料，要既能消除影响文物寿命病害，又能防止或延缓病害的发生。

（5）可辨识性原则。补全部位所采用的材料与工艺最好与原材料、原工艺的性能及成分相同或相近，容易识别，让观众既能看出哪些地方是原始保留部分，哪些地方是补全部分，即“远看一致、近观有别”。

（6）安全稳定性原则。对于保护修复所使用的材料性质和保护方法、技术手段、保护效果应具有长期的安全稳定性。

（7）可操作性原则。用于文物保护修复的一切材料尽可能选择价格合理，制作工艺简单，环保无污染，易于治理，保护方法简单可操作。

（8）建立保护修复档案。保护修复的每一件文物都必须建立档案，一件文物一份档案，保护修复档案是文物的身份证，从文物进入修复室开始直到修复完成的所有资料，及时建档，以备后续文物的健康评估和再修复。

根据以上原则，在全面观察分析的基础上，遵照“保护现状、修复原状、消除隐患、延长寿命”的原则，保持陶俑、陶马原有的艺术风格、历史信息和科学价值，减少人为干预，尊重科学，运用现代科技手段和传统修复方法有效地保护文物。

## 三、保护修复目标、依据

### 1. 目标

（1）科学保护修复120件组兵马俑，最大限度地延长文物的寿命。

（2）在充分保持兵马俑的历史、艺术、科学价值的前提下，对出土陶俑、陶马进行科学保护修复，以满足陈列展示、研究和对外展览需要。

（3）优化大型陶质文物保护修复技术和工艺。

（4）推广大型陶质文物保护修复技术成果，培养保护修复人才。

### 2. 依据

《中华人民共和国文物保护法》（2002年10月28日）；

《中华人民共和国文物保护实施条例》（2003年7月1日）；

《中国文物古迹保护准则》（2000年10月）；

《陶质彩绘文物病害与图示》（WW/T 0021—2010）；

《陶质彩绘文物保护修复方案编写规范》（WW/T 0022—2010）；

《陶质彩绘文物保护修复档案记录规范》（WW/T 0023—2010）；

《可移动文物病害评估技术规程·陶质文物》（WW/T 0056—2014）；

《陶质文物彩绘保护修复技术要求》（GB/T 30239—2013）。

## 四、保护修复技术路线

修复兵马俑时，根据现场出土的陶俑陶马残片的实际情况，设计制定了如图5.1的技术路线，尽可能做到资料齐全、技术合理、方法得当、档案详细，每一个环节一丝不苟，每一个步骤有据可寻。

## 五、现场保护

彩绘陶器在地下埋藏了漫长的岁月，长期受地下水侵蚀，完全呈水饱和状态。发掘出土后一旦环境变化，水分的挥发就会使彩绘层收缩、剥落、卷曲，大多数出土的彩绘类文物主要面对的问题是保持文物含水率和增加陶胎表面彩绘附着力。抓住文物

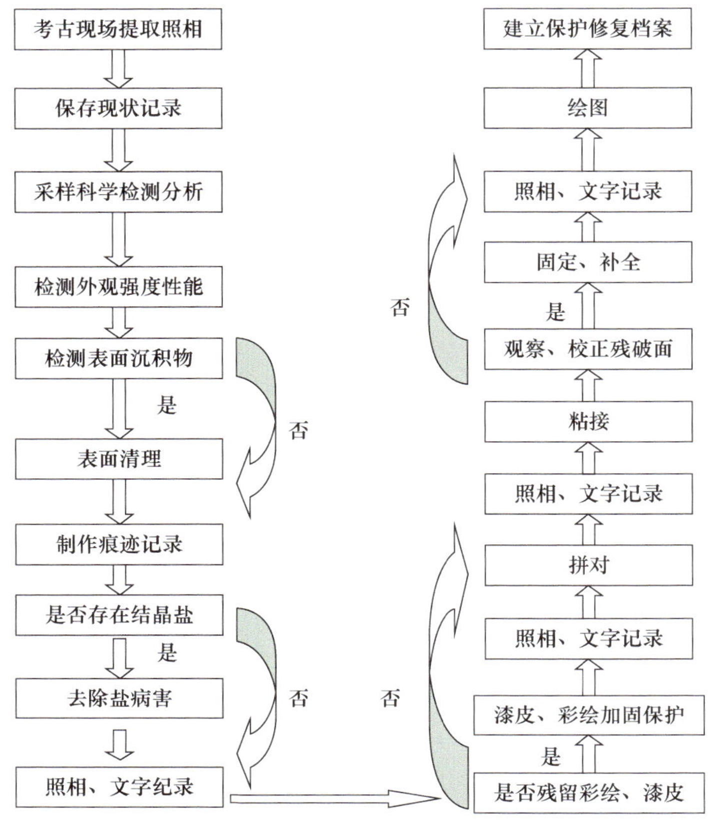


图 5.1　保护修复技术路线图

出土时仍然维持原有的结合状态这一重要时机，在表面颜料未出现完全失水而产生起翘、松动、脱落等情形时，清理出图案纹饰，并通过相应的实际保护措施确保一定的时间段内文物彩绘保持在稳定状态，初步完成从埋藏环境到保存环境的过渡，避免文物出土后在提取、运输、存放等各个环节中带来损失。

通过加固措施重新使颜料与陶体形成稳定的结合。

### 1. 现场保护的目的

抑制因环境的急剧变化而引起的文物病害发生：因出土后平衡被打破，加之自身病害的存在，很容易引起秦兵马俑陶质彩绘出现漆皮、彩绘的龟裂、起翘、卷曲、脱落。

### 2. 现场保护的必要性与重要性

彩绘秦俑发掘出土后，在自然条件下器物表面的彩绘很容易遭受损害。文物从埋藏到出土，环境骤变伴随水分散失，温湿度急剧变化，有害气体、微生物侵蚀，氧化作用等各种反应的进行，使出土文物极不适应，因此加速损毁。现场保护针对劣化初始阶段这一特定时间内，通过采取相应技术方法，如区域性环境控制、临时性现场加固等措施，抑制劣化速率，弱化环境变化的影响，起到及时控制文物劣变的必要作用。

文物刚出土时的基本状况，实际上最接近出土前埋藏中的状态，这时候对出土文物进行保护无疑时机最佳，适时的保护维持了文物原有的形貌，为后续工作打下重要基础。

### 3. 现场保护的几个关键环节

1）表面覆盖土的恰当清理

正确的文物提取方式和必要的加固措施，是做好现场保护的关键步骤。彩绘秦俑残片出土时，表面较厚的覆盖土直接影响到文物外观，必须彻底清除掉。清理的关键是掌握合适的出土含水率，过干过湿都不利于表面覆盖层的清理。清理首先剔除表层大量的覆盖土，其次是仔细将彩绘层表面的泥土清理干净，显露出图案及纹饰，采取适当的加固措施，以机械方法为主，具体操作因出土环境的不同而变化。

2）彩绘秦俑残片清理

由于现场清理的对象是脆弱的颜料层，这就决定了该项工作必须耐心细致。无论哪一种类型的彩绘秦俑残片，介于陶体和覆盖层之间的颜料层，当胶结物质失效后会形成一个自然分离面，因而在清理操作时，应掌握适当的角度，手法以剔与挑结合使用，切忌推压刮削，以免将潮湿的泥土压实在颜料层上，为进一步的清理带来麻烦。出土时湿度较大，表面覆盖层为泥糊状，这时不要急于清除，等大量水分散失后降至半干状态时，土壤黏附力降低后使用竹签等工具剥离覆盖层。一些呈块状黏土脱落的情况，应及时配合加固措施。彩绘出土时湿度较小，表面呈酥粉化，可滴加去离子水和30%聚乙二醇、甘油等保湿材料混合后维持湿度仔细清除（图5.2）。粉砂质黏土形成的表面覆盖物，不如一般性黏土黏附性强，容易剔除。以漆料打底的彩绘清理，首先需保持较高的湿度避免漆料收缩卷曲引起颜料脱落，它的清理必须配合保湿材料、加固材料同时进行，需要相对较长的操作过程，保证漆料的平稳脱水干燥。

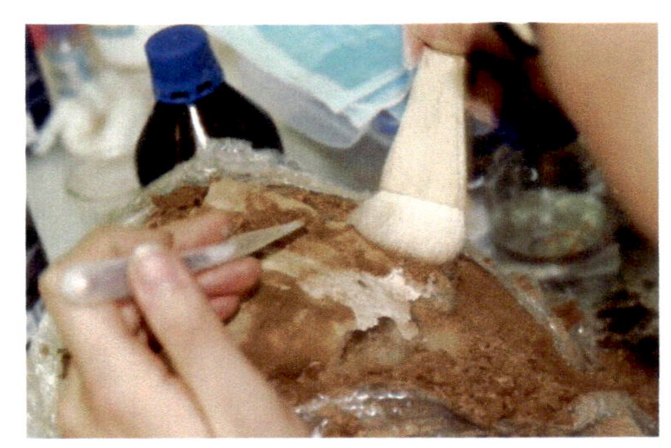

图5.2　脆弱彩绘考古现场清理加固

3）彩绘秦俑残片或彩绘遗迹加固

彩绘秦俑残片清理过程中常会遇到色彩层起翘、松动、脱落的情形，一般是边清理边加固，防止清理过程中人为产生颜料的损伤。对于新出土彩绘陶俑及生漆遗迹的保护以保湿为主，采用聚乙二醇200溶液逐步递增的方法对漆皮及其彩绘保湿，并用分散型良好的加固剂进行渗透加固。针对彩绘现状，用雾化效果良好的喷壶保证陶器彩绘及漆皮能最大限度地吸收溶液，或用医用注射器滴涂或注射渗入彩绘层加固（图5.3）。用塑

图 5.3　出土彩绘遗迹漆皮保湿处理

料薄膜和保鲜膜覆盖在已保护的彩绘陶片和遗迹上，避免已清理干净的彩绘上面落入灰尘。

### 4. 技术路线

1）现场信息记录

包括影像、文字记录相关信息，留取现场原始资料。

2）表面污染物清理

在现场初步清理文物表面的泥土等杂物。

3）表面的稳定性处理（固色）

维持文物颜色、湿度。

4）合理适当的表面加固（固型）

增加整体的稳定性。

5）文物提取

完成从发掘现场到实验室的过渡。

6）包装运输

保障脆弱质文物的安全。

### 5. 保护方法及步骤

1）提取前的准备工作

提取前详细记录原始信息，使用拍照、绘图、信息描述、档案记录等措施。拍整体照片时，在文物旁放置比例尺，拍照还要细化至各细节、局部，多拍照片，尽可能让影像资料更全面，并在坐标纸上绘制文物线图。信息描述要尽可能详细，包括出土遗迹的尺寸、坐标、地理位置、材质判断、彩绘信息、病害情况、初步保护建议等，后期再补充填写档案，作为遗迹的“身份证”，保留存档（图 5.4）。

图 5.4　提取信息记录

2）采集样品

加固、提取遗迹前，采集原始样品，采集的样品要全面，包括泥土、污染物、彩绘颜料、遗迹本身及其他残留物，并贴上标签，填写文物编号、取样部位、样品信息及取样时间。

3）表面及浮尘、浮土、污染物的清理

用毛刷、竹片或手术刀等工具，初步清理露出遗迹、遗物大致轮廓，珍贵遗迹小

图5.5　出土现场彩绘表面泥土清理

心仔细清理，确定遗迹边缘，并使整个遗迹置于土台基上（图5.5）。

4）表面的稳定性处理（固色）

对于新出土彩绘陶俑及生漆遗迹的保护以保湿为主，采用聚乙二醇（PEG）200溶液逐步递增的方法对漆皮及其彩绘保湿，并用分散型良好的加固剂进行渗透加固。

第一步，在处理彩绘前采样，若脱落的土块上附着彩绘则收集土块，若没有则用离心管在陶俑本体上采集少量彩绘。

第二步，彩绘遗迹表面喷去离子水（雾状，勿造成流淌）。

第三步，用脱脂棉敷30%PEG，观察吸收状况逐级提高PEG浓度（60%、80%），见图5.6。当彩绘出现严重脱落时，用低浓度水溶性加固剂加固（SF016、MC76），不可同时使用PEG和B72。

第四步，待彩绘状况稳定后撤去脱脂棉，仅覆盖保鲜膜（防止污染、保湿），见图5.7。

图5.6　脱脂棉敷PEG

图5.7　覆盖保鲜膜防止污染、保湿

5）合理适当的表面加固（固型）

薄荷醇常温下具有挥发性，凝固时具有范德华力，在室温状态下可自行去除，符合文物形貌原状处理、最小干预、可再处理等文物保护修复原则，是本次考古发掘现场使用的新型临时固型材料。

第一步，针对材质疏松、脆弱、严重糟朽的遗迹，采取渗透加固的方法，少量多次滴渗于遗迹表面。

第二步，用棉制纱布平铺于遗迹表面，整体包裹，脆弱部位在外围用捆扎带捆绑。

第三步，用加热器将薄荷醇水浴加热，直至完全融化，加热熔融过程薄荷醇易挥发，操作时戴上口罩及防护眼镜，再用毛刷蘸取融化的薄荷醇溶液刷在遗迹表面的纱布里，注意裂缝的部位多涂刷。涂刷应尽量快且表面均匀（具体见第九章案例4）。

6）提取

采用薄荷醇提取彩绘遗迹流程如图5.8所示。

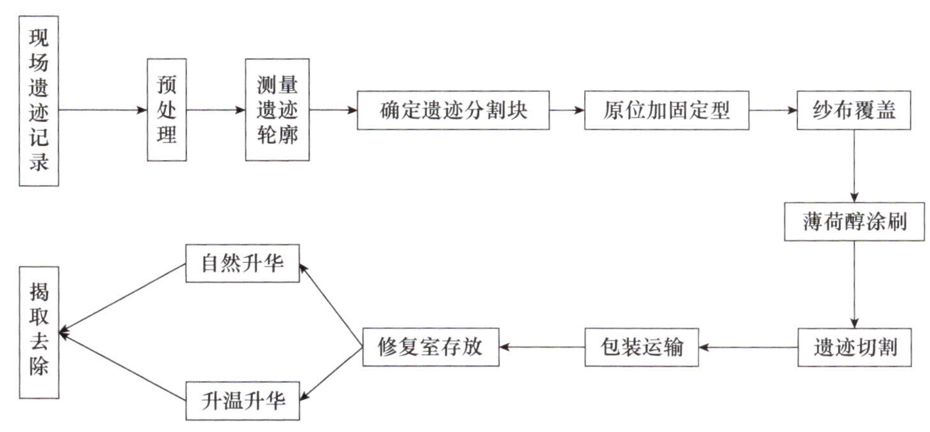


图5.8　薄荷醇加固法提取彩绘遗迹流程示意图

第一步，勘查确定遗迹提取范围及是否分割提取。体型较小、形状规则的遗迹、遗物可整体提取。陶俑残片提取前适当保留表面覆盖土，形状不规则的遗迹，沿着遗迹裂隙处分块提取，分割时预加固，避免新的损坏。

第二步，提取遗迹。加固后切割遗迹，将遗迹提离地面，在底部插入金属板，用保鲜膜、脱脂棉将遗迹连同托板整体打包，放入板车内，转移至现场修复区或实验室（图5.9、图5.10）。

图5.9　打包提取

图5.10　提取完成的38号俑腿部和左肩臂遗迹

7）存放

提取后的文物、遗迹放至室内通风处，薄荷醇升华后实施保护修复处理。

## 六、修复技术

### 1. 提取照相

考古发掘新出土的兵马俑保护修复时，按照《馆藏文物出入库规范》（WW/T 0018—2008）等相关操作流程详细填写工作文档，办理陶俑、陶马提取交接手续（图5.11）方可提取。

**T23G10：37 号残破陶俑交接清单**

2012-23 号

|  |  |
| --- | --- |
| 名　　称： | 铠甲俑 |
| 出土编号： | T23G10：37 |
| 年　　代： | 秦代 |
| 质　　地： | 陶质 |
| 残片数量： | 32 块 |
| 出土位置（坐标）： | T23G10：37 |
| 出土时间： | |
| 表面残存彩绘： | □是√　□否 |
| 记 录 人（考古）： | |
| 尺寸（厘米）：（每个残片），附表 | |
| 长　　度： | cm |
| 宽　　度： | cm |
| 高度（厚度）： | cm |

残破图：

位置图：

**出土现状描述**

有头，可见陶俑残片 32 块。此俑位于G10 中段，下压 78 号俑，38 号俑南，35 号俑北。共30块.

| 发掘方签字 | | 接收方签字 | |
| --- | --- | --- | --- |
| 主管领导 | | 主管领导 | |
| 一号坑考古负责人 | | 部门领导 | |
| 经手人 | 5.19/2012 | 经手人 | |

开始登记时间：2012-5-17　　接收时间：2012-05-19

图5.11 陶俑修复（交接）提取清单

## 一号坑（T23G11∶16）陶俑残片提取清单

2023-01

| 名　　称： | 军吏俑 |
|---|---|
| 出土地点： | 一号坑 |
| 出土编号： | T23G11：16 |
| 年　　代： | 秦代 |
| 质　　地： | 陶质 |
| 残片数量： | 残 35 片 |
| 出土位置（坐标）：位于 G11 西段，东临 G11:44 俑倒塌现状，西临 G11:39 俑，北临 G11 北壁 | |
| 出土时间： | 2014 年 12 月 1 日 |
| 表面残存彩绘： | □是　□否 |
| 记 录 人（考古）： | 孙双贤 |
| 长　　度： | cm |
| 宽　　度： | cm |
| 高度（厚度）： | cm |
| 出土现状描述 | |
| 该俑残 35 片，残头，有双手，有双足，有踏板。 | |

| 考古发掘方签字 | | 修复保护方签字 | |
|---|---|---|---|
| 主管领导 | 郭向东 11/3 | 主管领导 | 周萍 |
| 考古部负责人 | 邵文斌 2023.8.16 | 保护部负责人 | 兰德省 |
| 一号坑考古队队长 | 申茂盛 | 一号坑修复组 | 兰德省 |
| 经手人： | 肖卫国 孙双贤 2023.8.21 | 经手人： | 兰德省 赵 |

开始登记时间：　　　　提取时间：8.21/2023

图 5.11 （续）

提取时考古部与保护部专业人员现场进行试拼、照相，记录残片数量和残缺的部位、尺寸、彩绘残留等，检查是否有头和踏板、双腿和底袍，拼对后能否站立，残片数量是否可达80%以上，如果符合提取条件，现场提取，如果不符合提取条件，请考古部门继续试拼并寻找残片（图 5.12）。

图5.12 考古现场陶俑及陶马残片初步试拼图

发掘出土的秦俑残片密度大、数量多、相互叠压、错落混杂，有的被遗迹覆盖，有的无头倾倒、有的相互依偎、有的残体仰面、有些陶俑身体部位的某些残片被丢弃在另一探方，这些均需要考古人员仔细清理试拼、核验。对彩绘陶片先用保鲜膜包装好后放入软垫上单独提取，其余的残片按部位一一放入整理箱，残片之间用软垫隔离，预防碰撞，一同提取到保护修复现场或彩绘文物修复实验室。

提取的每一件陶俑残片，对照考古资料（表5.1），按照人体部位将每一个残片摆放好，进行整体拍照及个体拍照。

陶马的提取与陶俑提取方法及相关资料记录类同，但残片的数量更多。

表5.1 G8：35提取时考古资料①

<table>
<tr><td>编号</td><td>G8：35</td><td>发掘者</td><td>张亚莉、和晓花</td><td>提取日期</td><td>2015年11月10日</td></tr>
<tr><td colspan="3">相对位置</td><td colspan="3">现状照片</td></tr>
<tr><td colspan="3">位于G8中段倒塌位置，南临G8南隔梁，头部北临G8：33俑踏板，下部北临G8：51、61俑，下压G8：78俑脚踏板</td><td colspan="3"></td></tr>
</table>

① 表5.1 G8：35考古信息资料由一号坑考古队队长申茂盛研究员提供。

续表

<table>
<tr><td>编号</td><td>G8：35</td><td>发掘者</td><td>张亚莉、和晓花</td><td>提取日期</td><td>2015年11月10日</td></tr>
<tr><td colspan="3">描述</td><td colspan="3">位置图</td></tr>
<tr><td colspan="3">此俑为G8第1列8排俑，呈西—东卧倒；故较完整，袍存苹果绿彩绘；陶色灰，自上而下提取共计陶片44块</td><td colspan="3"></td></tr>
</table>

<table>
<tr><td rowspan="2">编号</td><td rowspan="2">部位</td><td colspan="3">尺寸（cm）</td><td rowspan="2">重量（kg）</td><td rowspan="2">描述</td></tr>
<tr><td>长</td><td>宽</td><td>厚</td></tr>
<tr><td>1</td><td>头</td><td>27</td><td>13.5</td><td></td><td>9.40</td><td>通长27cm，颅长23.5cm，面长21.5cm，面宽13.5cm，面部见褐色漆皮，上覆大量粉色彩绘，三庭：6、7.5、7cm，五眼：6.5、4.5、5、4、7cm，眉脊高凸细长，弧长6cm，眼的最宽处前端宽1.2cm，右上眼睑长5.5cm，下眼睑长4cm，左上眼睑长5cm，下眼睑长4cm，鹰钩鼻，两鼻翼宽3.3cm，鼻高1.5cm，首端宽1.3cm，八字胡须边外翻，髭篦栉刻划，髭长3.5cm，上下唇厚比1：1，唇裂长7.5cm，柳叶形雕刻，长1.3cm，颌转角浑圆，双耳贴于头，雕刻而成耳廓内见大量粉色彩绘，耳长8cm，耳垂长1.5cm，厚0.5cm，头中分无发丝，8股发髻反折于顶，正十字交叉发绳，双股合成纹路，正方形发卡边长3.5cm，颈长6.5cm，颈周长40cm，颈厚3cm，直径7.5cm，空心颈</td></tr>
<tr><td>2</td><td>腹甲</td><td>30</td><td>21</td><td>6</td><td>3.50</td><td>甲片3排3列，9条朱红色甲带，甲钉8枚，内壁有手指摁痕</td></tr>
<tr><td>3</td><td>袍、右腿</td><td></td><td></td><td></td><td></td><td>通长79cm，裈长57cm，袍底厚7cm，袍角厚2cm，袍表面有弧度，见褐色漆皮，上覆大量淡绿色彩绘，内壁可见手指抹痕，裈长19cm，周长72cm</td></tr>
<tr><td>4</td><td>袍、左腿</td><td></td><td></td><td></td><td></td><td>通长75cm，袍长43cm，袍表面有弧度，内壁有手指抹痕</td></tr>
<tr><td>5</td><td>背甲</td><td>25.5</td><td>10</td><td>3</td><td>1.25</td><td>2排2列甲片，两条朱红色甲带，甲钉1枚，内壁有手指摁痕，二次覆泥</td></tr>
<tr><td>6</td><td>背甲</td><td>9.5</td><td>8</td><td>2.5</td><td>0.15</td><td>1条朱红色甲带，甲钉1枚</td></tr>
</table>

续表

| 编号 | 部位 | 尺寸（cm） | | | 重量（kg） | 描述 |
|---|---|---|---|---|---|---|
| | | 长 | 宽 | 厚 | | |
| 7 | 背甲 | 27 | 11 | 3.5 | 0.80 | 1条朱红色甲带，2排2列甲片，二次覆泥 |
| 8 | 袍角 | 23 | 11 | 4 | 1.00 | 袍表面褐色漆皮，内侧有手指摁痕 |
| 9 | 壅颈 | 18 | 6.5 | 2.5 | 0.60 | 壅颈表面褶皱，内壁见大量焊泥 |
| 10 | 腹甲 | 21 | 10.5 | 4 | 1.05 | 3排1列甲片，3条朱红色甲带，内壁有手指摁痕、麻点纹 |
| 11 | 腹甲 | 23.5 | 14.6 | 5 | 1.60 | 3排2列甲片，1枚甲钉，内壁有手指摁痕、抹痕 |
| 12 | 腹甲 | 36.5 | 10.5 | 3 | 1.15 | 4片甲片，1条朱红色甲带，甲钉1枚，内壁有手指摁痕 |
| 13 | 腹甲 | 38 | 18 | 3.5 | 2.85 | 4排2列甲片，1条朱红色甲带，甲钉1枚，腋下可见绳纹，内壁有手指摁痕 |
| 14 | 腹甲 | 33.5 | 20 | 5 | 2.50 | 3排2列甲片，甲带1条，甲钉2枚，内囊见绳纹 |
| 15 | 腹甲 | 35 | 23 | 2.5 | 3.20 | 3排2列甲片，甲钉4枚，腋下见绳纹，内壁有手指抹痕 |
| 16 | 腹甲、侧甲 | 34 | 20 | 8 | 3.30 | 腹甲3排2列甲片，侧甲2排甲片，甲钉1枚，腋下见绳纹，内壁有手指摁痕二次覆泥 |
| 17 | 腰甲 | 27 | 23 | 6 | 3.70 | 腰甲2排6列甲片，8条朱红色甲带，甲钉7枚，内壁有手指摁痕 |
| 18 | 背甲、左肩甲 | 37 | 17.5 | | 2.25 | 肩甲2片甲片，甲钉2枚，肩甲厚2.5cm，背甲甲片4片，甲钉1枚，背甲厚3cm，内壁有手指摁痕，二次覆泥 |
| 19 | 腰甲 | 27.5 | 25 | 6.5 | 3.95 | 3排4列甲片，甲带9条，甲钉14枚，内壁有手指摁痕麻点纹 |
| 20 | 壅颈 | 19.5 | 6.5 | 3.5 | 0.50 | 表面褶皱，内圈有焊泥 |
| 21 | 左手 | | | | 1.10 | 4指并拢，宽分别1.5、2、1.5、3.5cm，无名指残长9.5cm，小拇指残长5cm，大拇指根残断，手长21.5cm，掌宽9.5cm，食指长8.5cm，中指长9.5cm，手背见大量褐色漆皮 |
| 22 | 袖 | 9.5 | 10.5 | 2.5 | 6.45 | 袖口表面褶皱，少量焊泥，二次覆泥 |
| 23 | 袖 | 14.5 | 14.5 | 4 | 1.40 | 袖缘褶皱，少量淡绿色彩绘，内壁有手指抹痕 |
| 24 | 袖 | 17 | 12 | 3.5 | 6.75 | 表面见淡绿色彩绘，内壁有手指摁痕 |
| 25 | 披膊 | 13.5 | 14 | 1.5 | 0.40 | 2排3列甲片，2排朱红色甲带，甲钉4枚 |
| 26 | 披膊 | 24.5 | 13 | 3 | 1.25 | 内囊见绳纹，手指摁痕 |
| 27 | 披膊 | 29 | 16 | 3.5 | 2.90 | 4排2列甲片，5条朱红色甲带，甲钉1枚，内囊见绳纹，袖表面褶皱，少量淡绿色彩绘，内壁有手指摁痕、抹痕 |

续表

| 编号 | 部位 | 尺寸（cm） | | | 重量（kg） | 描述 |
|---|---|---|---|---|---|---|
| | | 长 | 宽 | 厚 | | |
| 28 | 右手 | 17 | | | 1.25 | 手腕周长22cm，手五指自根断开，手腕见褐色漆皮，朱红色彩绘 |
| 29 | 袖 | 20.5 | 13 | 3.5 | 1.10 | 表面褶皱，见淡绿色彩绘、刀削痕，宽1.5cm，内壁有手指摁痕 |
| 30 | 袖 | 12.5 | 13 | 3.5 | 0.35 | 表面见淡绿色彩绘，内壁有手指摁痕 |
| 31 | 袖 | 22 | 10.5 | 2 | 0.80 | 表面褶皱，有少量淡绿色彩绘，内囊见绳纹 |
| 32 | 右手 | 7.5 | 9 | 2 | 0.25 | 手背大量淡绿色彩绘 |
| 33 | 右拇指 | 8 | | | 0.05 | 周长8cm，径宽2.5cm，拇指上见大量朱红色彩绘 |
| 34 | 右四指 | 5 | 7.5 | 2 | 0.10 | 手心有大量淡红色彩绘 |
| 35 | 袍 | 13 | 8.5 | 2.5 | 0.30 | 袍表面有弧度，上覆淡绿色彩绘，内壁手指摁痕 |
| 36 | 袖 | 9.5 | 12 | 2.5 | 0.40 | 表面有少量淡绿色彩绘，内壁有手指抹痕 |
| 37 | 袖 | 10.5 | 11 | 2 | 0.35 | 表面有少量淡绿色彩绘，内壁有手指摁痕 |
| 38 | 袖口 | 10 | 10 | 3 | 0.50 | 袖缘褶皱，零星褐色漆皮，淡绿色，淡紫色彩绘 |
| 39 | 袖口 | 25 | 13 | 4 | 1.75 | 袖缘褶皱，上覆淡绿色、淡紫色彩绘，内壁焊泥 |
| 40 | 披膊、臂 | 27 | 17.5 | 5 | 2.60 | 披膊厚3.5cm，3排3列甲片，7条朱红色甲带，甲钉5枚，袖表面褶皱，内壁有手指摁痕，二次覆泥 |
| 41 | 右履 | 30 | | | 5.40 | 方口齐头，足面大量淡红色彩绘，花结綦带粘贴而成，綦带宽0.5cm、面长9cm、面宽12cm、前帮高4cm、后帮高6.5cm，足底有大量焊泥 |
| 42 | 左履 | 29 | 12 | | 5.95 | 方口齐头，足面大量淡红色彩绘，花结綦带粘贴而成，綦带宽1cm、前帮高3.5cm、后帮高6.5cm，足底有大量焊泥 |
| 43 | 披膊、臂 | | | | 5.45 | 通长40cm，披膊厚5cm，3排2列甲片，甲带5条，甲钉6枚，臂厚3.5cm，袖表面大量淡绿色彩绘二次覆泥 |
| 44 | 踏板 | 32 | 36.5 | 1 | 8.50 | 踏板残成两片，经试拼结构完整，呈方形 |
| 审核人：申茂盛 | | | | | | |

## 2. 保存现状记录

保存现状记录即考古出土时的拼对记录和提取时残片的外观记录。将考古现场提取的兵马俑残片按照人或马的形状摆放好，拍照完成后（图5.13），对每一个残片分别记录，包括整体现状及缺失的部位、残片数量、形状、大小、彩绘颜色、部位、厚度、胎体颜色和彩绘病害等。现状记录方式有文字记录、影像记录和数字化记录等。有条件的情况下可借助显微镜观察，使记录更详细。记录过程中，对彩绘及陶体病害（硬结物、结晶盐、酥粉）、微生物病害等一一采样记录，并及时送检。

图5.13　修复前残片照片

### 3. 清理

清理（清洗）是对秦俑再认识的过程。兵马俑残片的清理工作在修复现场和修复实验室同时进行，它是实验室科技考古的开始，对初始发掘出来的彩绘残片进行精细化地清理，了解病害的面积与残破程度，进一步解读彩绘施彩工艺、分析彩绘损坏及脱落、陶胎损坏及断裂的原因。

（1）清理原则：最小干预性（少清除多保留）。

（2）清理对象：陶俑、陶马表面的一切病害，如泥土附着物、硬结物、结晶盐、其他附着物、植物病害、动物病害、微生物病害，等等。

（3）清理工具（物理）：竹签、棉签、软毛刷、小钢针、手术刀、微型钻、电动牙刷、口腔科医用51件套工具、蒸气清洗机、激光清洗机、放大镜灯，等等。

（4）清理试剂（化学）：去离子水、乙醇、乙酸乙酯、丙酮、六偏磷酸钠水溶液、酶制剂、氨水、双氧水、15%～20%的柠檬酸、EDTA二钠盐，等等。

（5）清理方法：以物理方法为主，辅助化学方法。物理方法在显微镜和放大镜下人工进行，是秦俑清理常用的方法。清理前必须了解陶质彩绘病害的原因和机理，观察和分析病害在陶胎上或彩绘上的物质组成、结构以及分布状况等，之后再做局部试验，方可进行清理。

（6）清理实验块：秦俑残片比较多，清理工作是集体作业，每一个人清理“度”的把握是不一样的，有的出手重，有的出手轻，这就需要有一个标准——清理实验块，在彩绘秦俑残片不引人注目的部位做清理实验块，面积大小以2cm×2cm为宜，以实验块清理效果为基准进行全面清理。对于整件陶俑先将其划分为若干区域（井田式），以清理实验块为标准，依次清理其余的区域，清理后的残片拼对后整体效果是协调统一的（图5.14）。

（7）泥土附着物病害清理：泥土附着物是秦俑残片最多的病害之一，占整件秦俑病害的3/5。对于泥土附着物的清理，首先用去离子水或去离子水加乙醇（1∶1=2A）疏松泥土，在泥土半湿润状况下用竹签或手术刀逐层清理；也可采用竹签将泥土附着层轻轻扎至松散成粉末状再用棉签蘸去离子水粘除或用小毛刷刷除。对于残留在彩绘上的泥土附着物：其一，彩绘与泥土层的粘接力大于陶胎粘接力时，应先加固回贴彩

图5.14 清理实验块

绘层，再进行清理，清理时建议在放大镜灯下或可移动式显微镜下操作，先用棉签蘸水或乙醇点滴或涂刷在泥土附着层上，使其软化，再用手术刀或竹签慢慢地逐层将泥土附着层从彩绘表面剥离，最后用半湿润的棉签将彩绘层上的残留泥土物粘除干净；其二，彩绘与泥土层的粘接力小于陶胎粘接力时，边加固边清理，用竹签或手术刀轻轻地逐层清理，最后用半湿润的棉签将彩绘层上的残留泥土物粘除干净（图5.15）。

对于有漆底层的泥土附着物或其他附着物（炭黑、金属锈蚀物、纸质附着物等）清理，先保湿并舒展漆底层再加固，反复操作2～3天，等漆底层稳定后再用竹签或手术刀逐层清理；对于金属锈蚀物清理时要甄别金属附着物是否对漆底层造成破坏、科学认识生漆与金属锈蚀物的结构组成，评判可否清理，若对生漆底层没有发生变化和影响，建议不要清理，保留原始的信息（图5.16）。

图5.15 泥土附着物清理

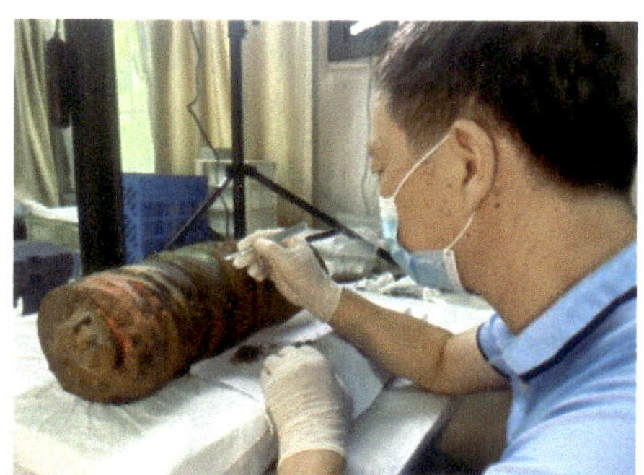

图5.16 彩绘层上病害清理

（8）硬结物病害的清理，硬结物是秦俑埋藏环境中的钙、铁、镁等阳离子与碳酸根离子（$CO_3^{2-}$）、硫酸根离子（$SO_4^{2-}$）、氢氧根离子（$OH^-$）及硅酸根离子（$SiO_4^{2-}$）等反应而生成一种难溶的盐类物质，在文物表面或内侧、残断面上形成一种坚硬的沉积层附着在陶体表面，影响秦俑残片的外观形貌和内部胎体痕迹信息的提取，清理时以物理方法为主辅助化学方法，可采用去离子水＋乙醇＋丙酮（1∶1∶1＝3A）湿敷软化清洗法或六偏磷酸钠的水溶液或乙二胺四乙酸二钠盐（EDTA）进行浸敷络合反应使硬结物软化，再使用手术刀或钢针、微型钻、蒸气清洗机进行清理，清理完成后一定要用去离子水或蒸馏水清洗干净。

（9）其他附着物、植物、动物病害的清理：根据陶片的实际情况，先分析病害物质成分，再采取相应清理方法。对于炭迹、金属锈蚀物、纸质附着物等病害直接用手术刀或竹签、钢针清理；对于植物的根茎、动物的粪便等病害用2A或3A进行湿敷软化清洗法去除。

（10）盐害清理：盐害是秦俑胎体危害最大的一类病害，分为可溶盐和结晶盐两类。可溶盐主要富集在残片的表面或内部，在文物上反复结晶而导致陶胎酥粉或彩绘层空鼓脱落。秦俑的盐害大部分富集在踏板、腿部、底袍等部位，占出土陶俑的8%。可溶盐病害清理采用纸浆贴敷法，将吸水性好的纸张（如滤纸或麻纸、抽纸、厨房专用纸等）浸泡在蒸馏水中，加热搅拌成纸浆，将制好的纸浆贴敷在无彩绘的陶胎表面或残断面处，利用毛细吸附原理，将文物中的可溶性盐吸附到纸浆上，每天反复更换新鲜的湿纸或（纸浆），直到电导率显示的读数稳定，脱盐即可结束（表5.2）。一号坑第三次考古发掘发现了8件脆弱陶俑，这类陶俑胎体易发生酥粉和断裂，经分析研究发现，其断面表层不断生长白色结晶盐（具体分析见第四章结晶盐分析结果）。清理方式为，对于彩绘表面有结晶盐时，用棉签蘸去离子水或热水滚涂去除，残断面和无彩绘陶片，先用手术刀剔除，或用热水浸敷法、浸泡法去除。

表5.2 纸浆贴敷脱盐记录表

<table>
<tr><td colspan="2">文物名称</td><td colspan="2">铠甲武士俑-左足踝</td><td colspan="2">文物编号</td><td colspan="2">T23G10：61</td></tr>
<tr><td colspan="2">除盐时间</td><td colspan="2">2022.08.01—2022.09.02</td><td colspan="2">除盐工艺</td><td colspan="2">高吸水率纸巾贴敷</td></tr>
<tr><td colspan="8">高吸水率纸巾在未使用前多次电导率仪测定平均离子浓度为24mg/L，以下数据均为意大利哈纳H198129水质多参数测试笔Ph/EC电导率TDS温度测定仪实际测量显示的数据，单位为mg/L，测量温度在0～60℃，取用贴敷文物近表面纸巾溶解于150mL去离子水中测定<br>每天换取吸附材料两次，平均间隔4～8小时</td></tr>
<tr><td>第1次</td><td>第2次</td><td>第3次</td><td>第4次</td><td>第5次</td><td>第6次</td><td>第7次</td><td>第8次</td></tr>
<tr><td>43</td><td>87</td><td>90</td><td>56</td><td>66</td><td>59</td><td>71</td><td>65</td></tr>
<tr><td>第9次</td><td>第10次</td><td>第11次</td><td>第12次</td><td>第13次</td><td>第14次</td><td>第15次</td><td>第16次</td></tr>
<tr><td>69</td><td>92</td><td>83</td><td>79</td><td>52</td><td>50</td><td>49</td><td>55</td></tr>
<tr><td>第17次</td><td>第18次</td><td>第19次</td><td>第20次</td><td>第21次</td><td>第22次</td><td>第23次</td><td>第24次</td></tr>
<tr><td>50</td><td>65</td><td>64</td><td>68</td><td>59</td><td>35</td><td>36</td><td>39</td></tr>
<tr><td>第25次</td><td>第26次</td><td>第27次</td><td>第28次</td><td>第29次</td><td>第30次</td><td>第31次</td><td>第32次</td></tr>
<tr><td>36</td><td>36</td><td>42</td><td>67</td><td>59</td><td>67</td><td>56</td><td>51</td></tr>
<tr><td>第33次</td><td>第34次</td><td>第35次</td><td>第36次</td><td>第37次</td><td>第38次</td><td>第39次</td><td>第40次</td></tr>
<tr><td>42</td><td>63</td><td>57</td><td>57</td><td>43</td><td>36</td><td>33</td><td>43</td></tr>
<tr><td>第41次</td><td>第42次</td><td>第43次</td><td>第44次</td><td>第45次</td><td>第46次</td><td>第47次</td><td></td></tr>
<tr><td>57</td><td>61</td><td>49</td><td>41</td><td>36</td><td>36</td><td>30</td><td></td></tr>
</table>

续表

脱盐趋势图

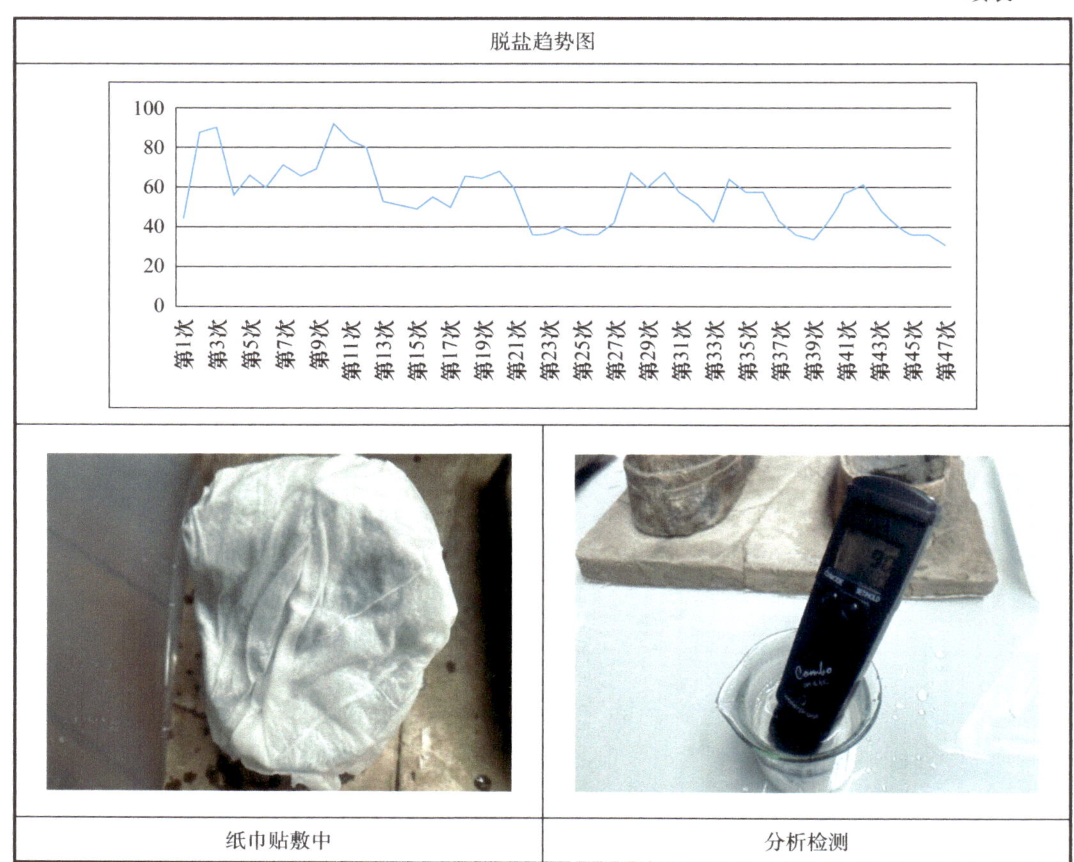


纸巾贴敷中　　分析检测

（11）微生物病害清理：微生物病害最容易出现在潮湿的环境下有彩绘的陶片和土壤中，在有霉菌菌丝或霉斑出现的位置，先进行采样及鉴定霉菌的种类，然后筛选适合的灭菌剂进行喷洒杀菌。

防霉剂的筛选：秦俑一号坑每天观众流量很大，同时发掘现场有工作人员进行工作，所以筛选防霉剂在满足一般文物防霉剂的同时，还应无挥发刺激气味。因此，所用防霉剂及其溶剂必须满足下列要求：广谱、高效、长效、低毒、无刺激性，无挥发性，不影响文物、遗迹的质地和外观，不会对环境造成污染。为加强抑菌的长久性，实施时选用效果最优、毒副作用最小的浓度为3500ppm的LAG002水溶液，为防霉保护剂。

防霉保护实施方法：先清理陶胎或彩绘表面上覆盖的菌丝或附着物，再用小喷壶对长霉的部位进行喷洒，或用细毛笔蘸防霉剂进行点涂。对彩绘陶片上的霉菌，用医用棉签蘸防霉剂进行清理。

霉斑的清洗：一般用去离子水清洗。对于难溶性霉斑用棉签蘸取酶制剂浸润，然后用去离子水清洗霉斑及酶制剂。对顽固性霉斑，使用氨水：乙醇（30：70）的试剂清洗[①]，方法同上（图5.17）。

图5.17　残片上的霉菌

（12）清理效果评估：秦俑陶片多，由多人清理，由于个体的差异，清理手法轻重不一，清理的“度”的把握不一，需要有统一的清理“实验块”为标准进行对照评估，达到统一协调。

（13）清理后照相记录：清理完全部残片后，整体照相（图5.18）；整体记录残片信息，彩绘残留情况、制作痕迹（表界面、内壁、残断面）、陶文、刻划痕迹、工具痕迹或数字等用照片和拓片的方式记录，详见表5.3。

图5.18　清理后整体照片

① 秦始皇帝陵博物院防霉实验室严淑梅副研究员、罗强馆员分析检测。

表5.3 T23G8：81/88/92陶片保护修复记录

| 名称 | 铠甲武士俑 |
| --- | --- |
| 出土编号 | T23G8：81/88/92 |
| 陶片编号 | 01 |
| 领取时间 | 2020.5.26 |
| 归还时间 | 2020.5.29 |
| 表面遗存彩绘 | 褐色漆皮，粉色 |
| 尺寸（cm） | 高30、宽20.5、厚3 |
| 重量（kg） | 7.675 |
| 保存现状 | 该俑头头把及左耳稍有残缺，面部可见粉色彩绘及褐色漆皮，耳后有植物损害，鼻头可见裂纹，头把处疑似核膜裂缝，眉脊高突，眼仁微凸，八字胡，六股发髻，发绳缺失 |
| 病害 | 起翘，植物损害，裂缝，残缺，泥土附着物 |
| 修复记录 | 1.领取陶片，现状记录；<br>2.清理表面，用竹签棉蘸去离子水来回滚动吸尘，干净即可；<br>3.加固彩绘，用5%SF016点涂加固彩绘表面；<br>4.清理头把，用蒸汽清洗机清理，干净即可；<br>5.完成清理，归还陶片 |
| 修复自评估意见 | 良好 |
| 填卡人：任雯雯 | 填卡时间：2020年5月29日 |
| 验收意见：合格 | 验收人：兰德省<br>2020年6月3日 |

## 4. 加固

兵马俑残片的加固有两种，彩绘层加固和陶胎本体加固。

（1）彩绘层加固：彩绘层是秦俑最脆弱的部分，出土后因环境的变化容易出现起翘、空鼓、龟裂、脱落、变色等病害，需要及时地现场应急保护处理和提取修复保护处理，目的是提高彩绘层的内聚力和黏附力。秦俑彩绘加固有三种方法。

第一种丙烯酸树脂（Paraloid B72）的丙酮溶液或乙酸乙酯溶液梯度式加固法，对彩绘层和陶胎本体加固最有效果，是秦俑彩绘保护常用的方法之一，既方便也好操作，但有一定的气味，要求在通风条件好的现场或实验室通风橱下进行。

第二种聚乙二醇（PEG）200与聚氨酯乳液（PU或替代品AC33/SF016等）联合保护加固法，是秦俑彩绘保护常用的加固方法之一，既方便也好操作，效果良好。

第三种用单体渗透、电子束辐照加固法，这种方法要求环境条件高，只能在实验室里操作，主要针对有漆底层的彩绘文物，不方便修复现场的彩绘残片加固，不常用。

（2）常用的彩绘加固操作方法有以下4种。

点涂法：对局部酥粉或颜料层较厚、漆底层起翘的彩绘层的保护处理，选用较软的小毛笔蘸去离子水点湿彩绘，待水逐渐吸干时，从残存彩绘边缘、漆层边缘点涂保护剂，至保护剂不再渗入时，再点涂彩绘层表面，利用毛细作用使保护剂渗入到彩绘层而起到加固作用，适用于俑头的面部、眼部、嘴唇、耳部、胡须、发带、连甲带、腰带、手、腿等残留彩绘的细节。

针管注射法：对局部面积小的有漆底层的彩绘层空鼓、龟裂病害的处理方法。先对漆底层或彩绘层润湿，再用针管在龟裂或空鼓的彩绘层下面注射保护剂加固，使其慢慢地舒展固型，用软拓包缓缓地压平。溢出的保护剂用棉签及时吸取干净（图5.19）。

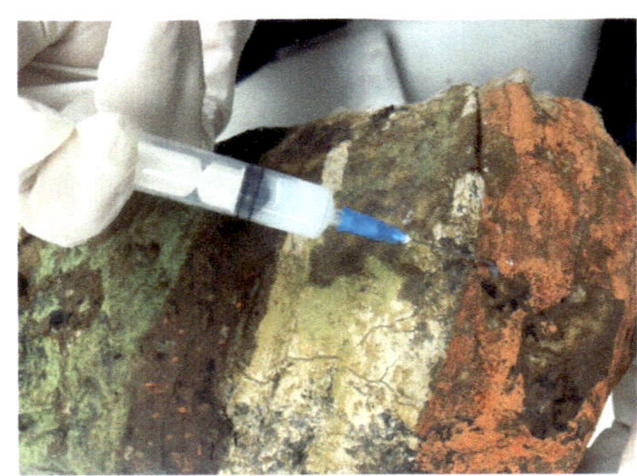
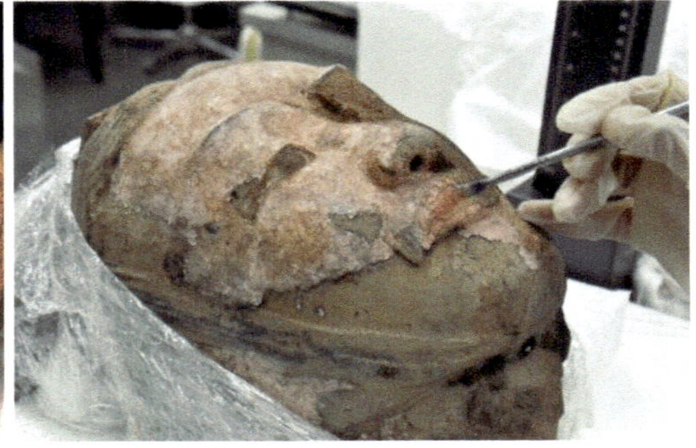

图5.19　彩绘加固（针管注射法、点涂法）

浸敷法：对面积较大且保存状况较差的彩绘的保护处理。根据彩绘起翘及脱落的不同程度，先使彩绘层处于较潮湿的状态，再使用脱脂棉浸渍保护剂润敷进行梯度处理。联合保护剂配比浓度及处理时间建议如下：

30%PEG200＋2.5%PU（或AC33/SF016）＋67.5%去离子水，2～3天；

60%PEG200＋40%去离子水，2～3天；

80%PEG200＋20%去离子水，2～3天。

聚乙二醇具有保湿和增塑的双重作用，用来处理兵马俑后可使彩绘层慢慢地干燥，使彩绘底层在干燥期间能够尽量保持原来的外观和原始尺寸。在加固性能上，聚氨酯乳液固化后具有较高的黏性，在−240～92℃温度范围内具有很强的抗剪和抗拉强度。操作时，避免加固剂过量，防止在彩绘表面形成加固剂薄膜而产生眩光。

喷涂法：用于较大面积且保存状况较好的秦俑残片的漆底层或彩绘层保护处理。选用雾化效果好的小型喷雾壶，喷距、用力、喷量适当为宜，使加固剂均匀散落在彩绘层表面，形成均匀的保护膜。不需要进行加固的区域可用塑料薄膜覆盖，避免加固剂落于其表面。

（3）陶胎本体加固法：增强胎体陶质界面的物理性能，减少相互碰撞的摩擦系数。

其一，对陶片的残断面采用递进式梯度加固法，方法用3%～5%～10%的丙烯酸树脂（Paraloid B72）的丙酮溶液或乙酸乙酯溶液进行渗透加固（图5.20）。

图5.20 递进式梯度加固陶胎

其二，对清理后的残断面、踏板、足部及其他部位的胎体有酥松、裂缝、裂隙的部位用3%～10%的丙烯酸树脂（Paraloid B72）丙酮溶液或乙酸乙酯溶液进行点滴法注射加固，直到渗透陶体内部为止。

（4）加固效果的评估：加固后的彩绘残片现场存放30天后，漆皮没有卷曲、空鼓、龟裂、起翘现象，彩绘层与陶胎结合紧密，彩绘稳定，彩绘颜色变化很小，整体保护效果良好，证明保护方法有效。

### 5. 回贴

秦俑出土时，有些彩绘与陶胎的黏结力小于彩绘与泥土的黏结力，彩绘被泥土所带缀与陶胎表面出现了一些空间，秦俑彩绘容易与彩绘表面覆土粘连，土块失水时，彩绘局部随覆土从陶胎上脱离。需要对脱落的彩绘土块和错位的彩绘及漆皮残片进行原位回贴，首先，需要判断回贴目标的脱落部位，确定好回贴位置后，调整其在文物上的角度，使得彩绘土块与陶胎紧密贴合。

（1）漆皮回贴方式为，先用软毛笔蘸取去离子水使漆皮回软，待皱缩、卷曲的漆皮舒展后软毛笔蘸取少量联合加固剂（30%PEG200＋3%AC33＋67%去离子水），沿着漆皮的边缘部位加固，待其半湿润时，用包有脱脂棉的保鲜膜小拓包垂直于陶胎表面施加压力，回贴后需反复多次加固。

（2）彩绘土块回贴方式为，将彩绘连同泥土一起回贴于陶胎表面。先用去离子水浸湿彩绘与陶胎之间的粘接面，用滴管或注射器吸取低浓度的加固剂，沿粘接面的缝隙部位注入，一日两次，一次3遍，加固剂的浓度由低到高（3%、5%、10%），重复以上操作，待完全加固后，借助放大镜，使用手术刀逐层清理掉彩绘表面的泥土附着物，清理后对彩绘正面进行加固（图5.21）。

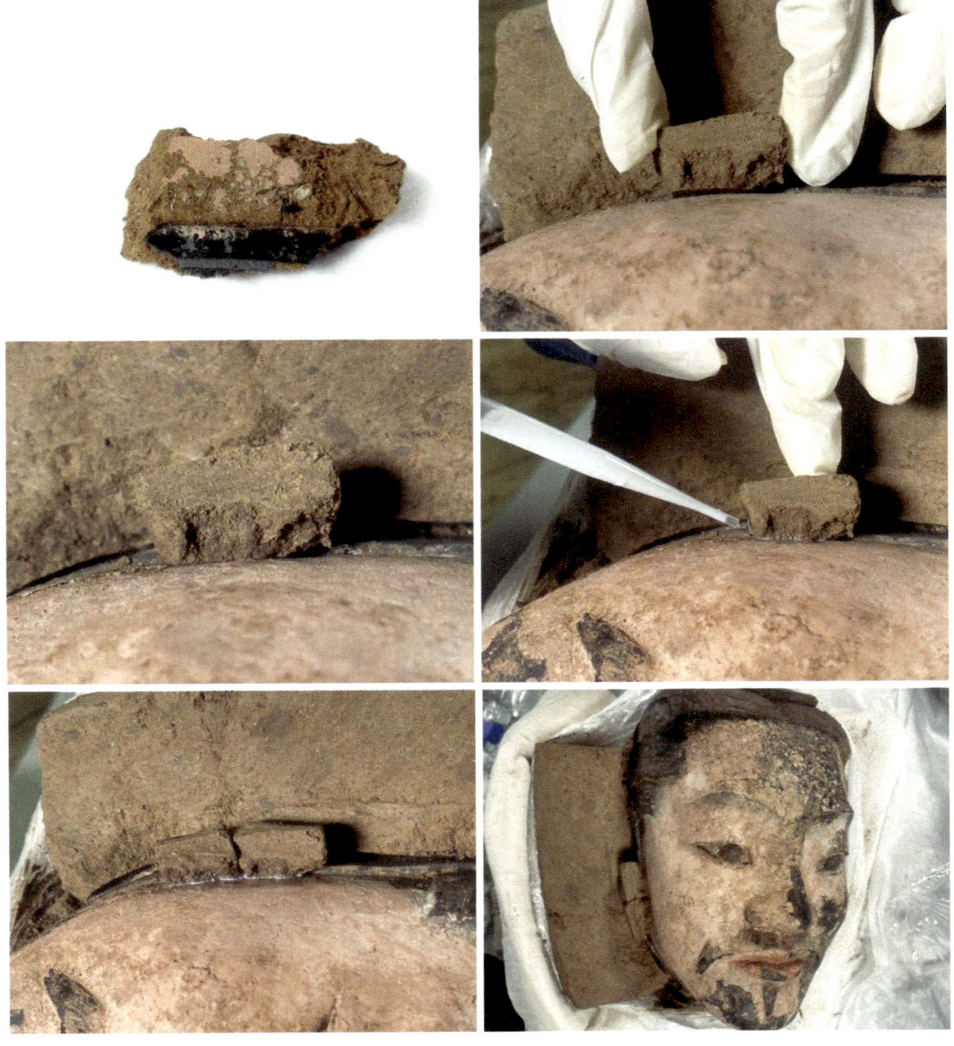

图5.21 彩绘回贴

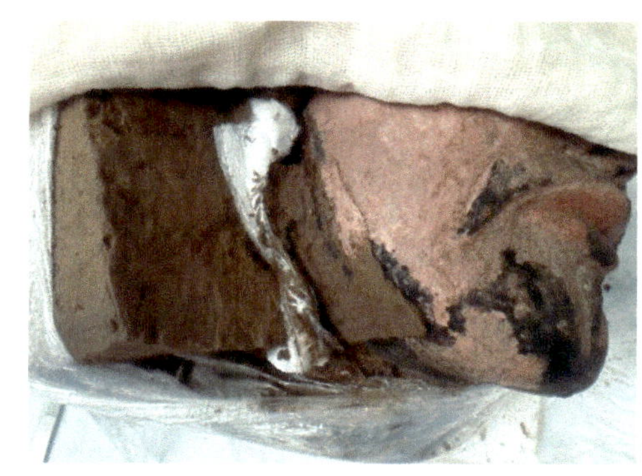

图5.21 （续）

（3）彩绘遗迹回贴的方式为，使用丝网加固彩绘整体提取后回贴至陶俑原始位置。第一步，对彩绘土块彩绘部位用5%AC33点涂加固，待彩绘稳定后，表面贴丝网，用软毛笔按压丝网表面整体加固。第二步，对遗迹周围土块加固，先用低浓度5%B72，再用高浓度20%B72，为避免土块受力强度不均出现开裂、塌陷，用泡沫垫、脱脂棉支撑。第三步，间隔4小时左右，彩绘土块贴第二层纱布丝网确保与土块不分离，清理彩绘土块周围多余泥土附着物，将彩绘遗迹提取回实验室。第四步，去除彩绘第二层纱布，通过观察接缝部位，确定回贴的坐标基点，用铅笔标记，拍照记录，其后在通风橱内用软毛笔蘸取乙酸乙酯原液，溶胀固化的AC33溶液，揭取掉彩绘上面的第二层纱布。第五步，彩绘遗迹回贴，回贴前，陶俑回贴部位用5%Paraloid B72封护，彩绘土块和陶胎上刷一层粘接剂（15%B72）；根据坐标基点将彩绘土块回贴到陶胎上；粘接剂未固化前，用绷带将彩绘土块与陶俑整体固定，避免受力不一导致彩绘土块从陶俑上滑下。第六步，回贴彩绘上层覆土减薄。最后，彩绘层覆土加固，用注射器吸取3%AC33溶液，从缝隙处加固彩绘，彩绘层覆土清理，边清理、边加固（图5.22）。

### 6. 拼对

拼对残破陶俑陶马陶片，确定其能否站立，能否恢复兵马俑的功能和结构。对缺失部位和数量都要记录清楚。拼对时按照人体的结构，自下而上的顺序进行，依据“取大优先，兼顾直观，小片相连，整体拼全”的原则，将相邻或相近的残片按部位、大小、形状、残断面、厚薄、颜色、花纹等确认互配，编号记录。缺失部位在残破图上标明，及时与考古队联系，进入现场继续寻找残片（图5.23）。

拼对之后，对残断面再次清理，用2A溶液清洗残断面，等待干燥后在其表面进行梯度式点涂或刷涂3%～5%～10%的B72乙酸乙酯溶液加固断面，提高粘接面与胎体内部的内聚强度。其目的是形成一层隔离层，因材料老化需要替换新的材料时方便后续修复的“可再处理性”。

丝网加固彩绘遗迹

确定回贴坐标基点

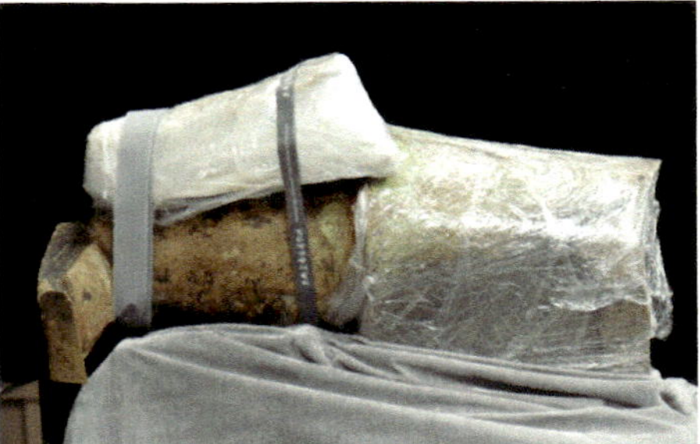

彩绘回贴后固定

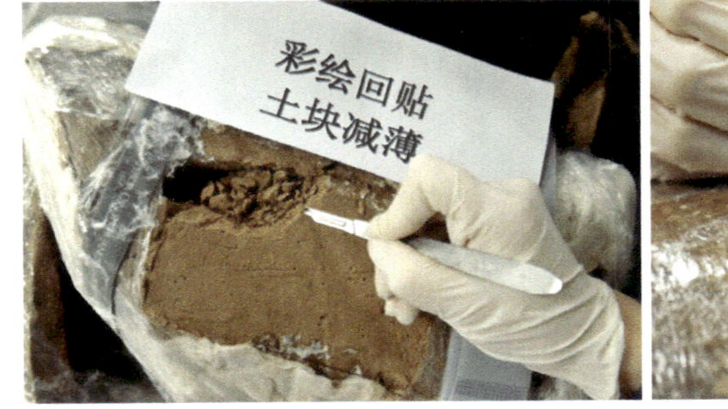

彩绘回贴土块减薄

回贴前

回贴后

图 5.22 彩绘遗迹回贴

图5.23　拼对

### 7. 粘接

粘接是修复工作最重要的步骤之一，粘接的质量直接影响陶俑的整体稳定性。

粘接工作的准备和胶粘剂的选择。

粘接顺序：陶俑的粘接按照自下而上的顺序，即踏板→足履→腿部→底袍→身体→双臂→头部顺序粘接；陶马粘接从胸部→前臂→肩膀→腰部→大腿→臀部→背部→鬃毛→脖颈→头部→四肢等。

残断面涂胶：用环氧树脂［凤凰（WSR6101），江苏南通星辰合成材料有限公司，1kg］＋聚酰胺（凤凰，650，蓝星化工无锡树脂厂精细化工研究所）按3∶2的比例配制。

粘接方法。陶俑，首先用保鲜膜将陶胎残片包裹好，露出残断面，拼对吻合后在残断面上涂胶，用竹签、竹片或韧性好的钢刀将调制好的胶粘剂涂抹在残片内侧三分之二处，均匀，适量、晾置2分钟后，等待粘接。粘接时，将配对好的残片残端面对齐、挤压，涂抹的胶要适宜，防止挤压时粘接剂溢出造成表面污染。粘接一层后用捆扎带固定，在新粘接的部位之上再拼接一层整体固定，防止错位（图5.24）。

陶马的粘接先从马的臀部开始到躯干（腔体，内侧与文物接触面贴布二层预加固，之后用铝合金条固定支撑），躯干粘接固定后，放在支架上旋转180°，调试粘接马腿

图5.24 粘接

（四腿朝上），之后再旋转180°固定马腿（四腿朝下），最后粘接马头、固定后整体修整。每一个阶段拼对施胶后，用专用的工具和捆扎带固定。具体实施见本书第九章案例3秦代大型陶马的保护修复。

### 8. 补全

秦俑的补全工作具有特殊性，根据残缺程度和考古发掘工作的进度而定，是配合第三次考古发掘而进行的“现场考古、应急保护、现场修复、现场开放、现场展示”的现代大型遗址博物馆考古保护新模式；在一定的方位内没有发掘完成的情况下是不能补全的；待区域发掘完成后，在确定残片已缺失时，但又出于对文物陈列展示及科学研究的特殊需要，在有依据的前提下，按照文物的等级上报补配申请，批准后方可对部分秦俑的局部区域进行适当的补全。

补全的标准：①陈列补全，主要依据展览的要求是否需补全；②修复补全，对于影响秦俑稳定性的部分进行补全，而其余残缺的部分暂时不进行补全（对于没有参考依据的兵马俑雕塑不赞成对其进行完全补全，因为现在已无法知晓其原始形状）。

补配的材料，补配部位其机械强度应与原器物的胎体强度大体相当，补配材料常温下便于成形，经过一定时间，能完全凝固或固化而不变形。对于秦俑的补全材料主要采用环氧树脂、陶粉、细河沙、玻璃微珠、医用石膏等，不同的部位采用不同的材料。断面较小的部位，我们用蜡片固定在残缺面内侧（或内侧贴布固定），在残缺面外侧用雕塑泥做出围界，以便控制补缺材料的流动范围。针对残缺面较大的部位，用雕塑工具塑形后，将环氧树脂＋陶粉＋细河沙＋玻璃微珠调制的混合物倒入模具中，完全固化后打磨修整。修整成形后，用3%的B72乙酸乙酯溶液对断面进行涂刷作为可再处理层，然后将补缺部位与陶俑主体进行粘接。根据需要，补配材料可依据器物胎体色质加入适量颜料，以使补配部位同原器物胎体色质相近。补配部位在补配材料凝固或固化后，需要打磨平整，与原陶体的本色一致。

从静态和美学上考虑，每件兵马俑都有其自身的特点和艺术价值。补全材料必须具有可再处理性、可识别性和兼容性。外观协调但有所不同，达到“远看一致，近观有别”的效果（图5.25）。

### 9. 绘图

秦俑绘图是一项重要而细致的工作，作为保护修复档案的一部分，主要以兵马俑实体为主，用铅笔等制图工具在专用的纸上绘制线条，根据线条的不同宽度与形式表达不同的绘制内容[①]。绘图时要准确地认识和理解表面上的所有信息，再按照陶俑的个体以1∶5的比例进行手工绘制（图5.26）。

① 马红藻：《考古绘图》，北京大学出版社，1993年。

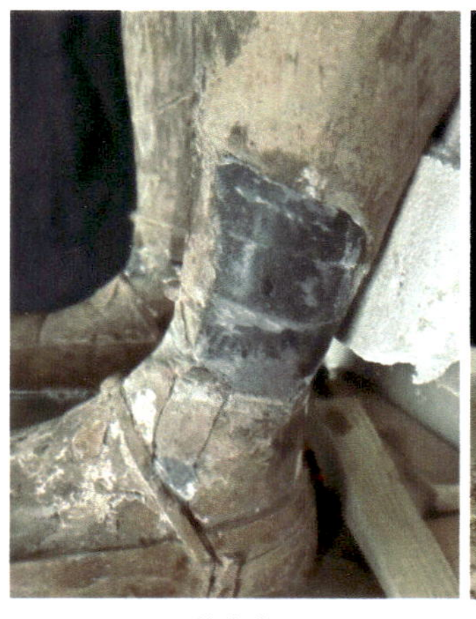
补全中

补全后

图 5.25 补全

图 5.26 秦俑绘图工作照

秦兵马俑绘图包括修复前残片的现状图、彩绘纹饰图、制作痕迹图、修复后的线图和病害图。线图要准确、真实地绘制秦俑的大小、尺寸、形状、纹饰、残缺状况等，直观地表达文物的外在信息，准确地反映残片各部位间相连关系；病害图要仔细地记录残片的病害类型、位置和范围。

线图和病害图需绘制四个面：即正视、左视、右视、背视。

绘图工具通常有：铅笔、直尺、三角尺、圆规、绘图板、比例尺、曲线板、量角器、卡尺与卡钳、卷尺、橡皮、刀片、裁纸刀、图钉、纸胶带、双面胶带、自制绘图纸、三维绘图仪、自动绘图桌等。

线图：多方位、多角度客观描绘秦俑的大小、尺寸、形状、残缺状况；病害图：依据国家文物保护行业标准WW/T 0021—2010描绘秦俑残片上的各种病害、彩绘保存状况、特殊纹饰、残损程度。

绘图要求：线条，根据线条的不同宽度与形式表达不同的绘制内容；文字说明，在每张图纸的右下方填写信息框，内容包括项目名称、器物名称、器物编号、绘图人、图纸编号、绘图时间等，文字书写简化汉字，要求字体工整、笔画清楚、间隔均匀、排列整齐；标注比例尺，在图纸的右下方。

### 10. 建立保护修复档案

依据文物的唯一性、不可再生性特点，修复的每一件文物，都有一套完整的档案。从提取文物开始，在修复前、修复中、修复后三个阶段全程影像及文字、绘图记录（修复方法、修复步骤、修复材料和修复工具），将文物本体信息和实施保护修复所使用的各类方法、材料以及检测分析数据、结果、评估记录、照片、影像资料等，都要一一记录在案。形式有文字、图表、照片、拓片、影像、电子文件等。具体保护修复档案格式按《陶质彩绘文物保护修复档案记录规范》（WW/T 0023—2010）等文物保护行业标准填写。

### 11. 留观

保护修复完成后，对修复的彩绘兵马俑留观1～3个月，留观期间需要对修复后效果进行评估，目的是观察彩绘保护后的稳定性和环境的适应性，观察彩绘层是否稳定、褪色、龟裂、起翘，粘接部位是否结合紧密，主要承重部位较大陶片在保护修复前后拍摄X射线影像，看是否有新增裂纹。温湿度变化对彩绘兵马俑的影响大小等需要详细记录，并对留观期间所产生新的病害进一步保护处理（图5.27）。

图5.27　修复后兵马俑留观

## 12. 归还（归位）

在经过3个月以上观察，确保彩绘、粘接面无变化的基础上，经过修复专家小组评估后，填写文物保护修复归还移交清单（图5.28），由保护修复部移交考古工作部，由考古工作部归还藏品管理部，建立藏品登记账，最后将支架（陶俑足踏板防潮支架、陶俑支架、陶马支架）与陶俑一同放入原出土位置，进行陈列展示（图5.29）。

**一号坑出土陶质彩绘文物（已修复）移交清单**

2020-07 号

| 文物名称 | 铠甲武士俑 | 出土编号 | T23G11:38 | 总登记号 | |
|---|---|---|---|---|---|
| 时代 | 秦 | 质地 | 陶 | 数量 | 1 件 |
| 出土时间 | 2015 重量 | | 150kg | 尺寸(通高) | 180cm |
| 该俑修复后，已站立，有头，双手完整，背甲下旅可见一处缺失；面部有白色和粉色彩绘，裤管可见少许红色彩绘。表面可见零星剥落和粘接痕迹，具体情况见图片。 | | | | | |
| 接收方签字 | | | | 移交方签字 | |
| 考古部主管领导 | [illegible] | 藏品部主管领导 | | 保护部主管领导 | [illegible] |
| 考古部负责人 | [illegible] 2020.9.10 | 藏品管理部负责人 | | 文物保护部负责人 | [illegible] |
| 一号坑考古队负责人 | [illegible] 2020.9.8 | | | | |
| 接收人 | [illegible] 2020.9.[illegible] | 接收人 | | 移交人 | [illegible] |
| 接收时间 | 2020.9.16 | 接收时间 | | 移交时间 | 9.8/2020 |

2020-08-20

**秦陵博物院一号坑新出土陶质彩绘文物（已修复）移交清单**

2019-03 号

| 文物名称 | 铠甲武士俑 | 出土编号 | G8:12 / 94 | 总登记号 | |
|---|---|---|---|---|---|
| 时代 | 秦 | 质地 | 陶 | 数量 | 1 件 |
| 出土时间 | 2015 重量 | | 156kg | 尺寸(通高) | 高 178cm、宽 56cm |
| 该俑保护修复完成，已站立。有头，前甲上旅及右臂内侧有缺失，缺失面积较大，左手完整，右手五指均缺失，背部铠甲可见2处缺失；表面可见多处粘接痕及剥落，见图片。 | | | | | |
| 接收方签字 | | | | 移交方签字 | |
| 考古部主管领导 | [illegible] | 藏品部主管领导 | | 保护部主管领导 | [illegible] |
| 考古部负责人 | [illegible] | 藏品管理部负责人 | | 文物保护部负责人 | [illegible] |
| 一号坑考古队负责人 | [illegible] 2019.7.[illegible] | | | | |
| 接收人 | [illegible] 2019.8.2[illegible] | 接收人 | | 移交人 | [illegible] |
| 接收时间 | | 接收时间 | | 移交时间 | |

图 5.28　文物移交清单

图 5.29　归还

## 七、彩绘保护效果的稳定性评价

彩绘保护是秦兵马俑保护修复的重点，如何将保护修复后的彩绘陶俑长期保存下去，彩绘保护修复效果的稳定性评价成为秦俑彩绘保护研究的一个新方向。

非接触在线测量技术是通过测量得到文物量化后的颜色数据，采用非接触在线分光测色系统对保护修复处理后的秦兵马俑彩绘的表面颜色进行连续监测，记录颜色数据，根据监测数据的变化情况评价秦兵马俑彩绘的修复保护效果的稳定性，同时，参考环境因素的检测数据验证和侦测秦兵马俑彩绘保存环境的可靠性，为优化修复方案和改善保存环境提供科学依据。

每隔一定时间对陶俑表面颜色进行测量，以CIE-L*a*b*灯形式记录并且保存，并与以前的数据进行比较，以统计的形式做颜色变化曲线，以监测颜色的变化程度和变化趋势，了解颜色亮度、红绿、黄蓝色彩指标所受环境的影响规律，原位、无损地监测经过保护处理的兵马俑彩绘修复部位。

### 1. 加固剂前后彩绘表面色度检测

使用VS410（WB）非接触在线颜色测量系统。首先选取两处出土时彩绘层保存状况较好、颜色较为鲜亮的固定点位，进行为期一周的颜料色彩变化情况监测，监测实验在一号坑内进行，根据常年测定研究，为避免生漆层失水引起彩绘脱落，监测过程中，每三日使用离子水喷涂表面，待水分吸收后，再喷涂一遍，保持文物表面处于湿润状态。

所选取的两处，在保护修复过程中进行检测分析，在使用加固剂加固前后对同一点位进行彩绘表面色度检测，并计算颜色改变程度。实验使用CM-2600D分光光度计进行检测分析。通过实验结果对彩绘层稳定性进行评估，分析修复现场环境、展厅环境下色彩的变化情况及影响因素（图5.30）。

图5.30 颜色监测位置

## 2. 非接触在线检测结果

使用VS410（WB）非接触在线连续分光测试系统对采集点监测，17-4左脚中段监测时间段为4月2日至4月8日；17-5右脚监测时间为4月21日至4月27日。监测时段内，每150秒记录一次数据，结果如图5.31所示。L值表示颜色的亮度，L值越高代表

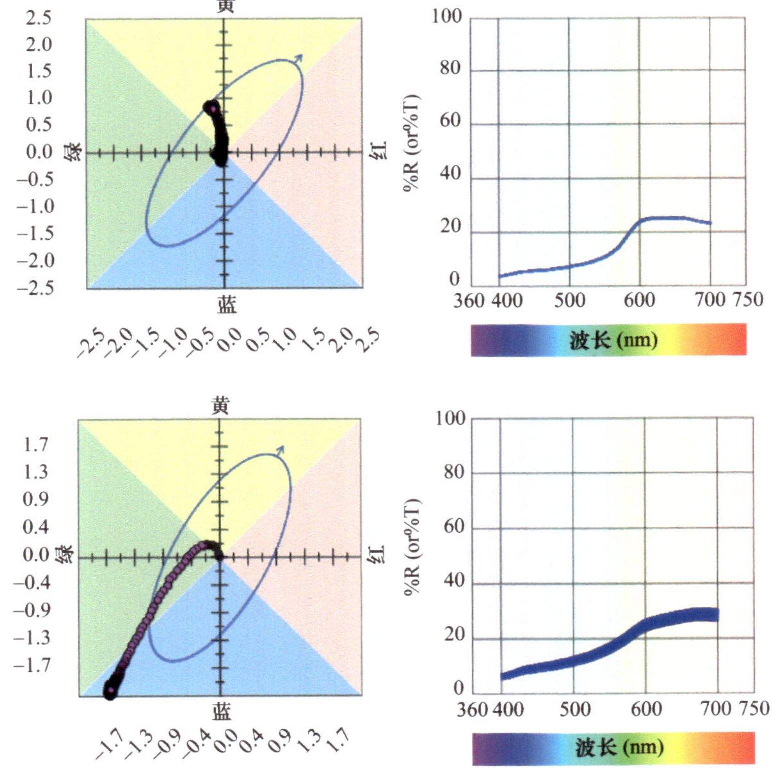


图5.31 色彩变化趋势图

物质的亮度越高，L值越低则表示颜色越暗。b值是描述色彩的指标，b>0颜色偏黄，b<0颜色偏向蓝色。a值代表红绿，a>0颜色偏红，a<0物质颜色为绿色。采用色差公式来表征彩绘颜色的改变程度，由于文物提取后环境发生改变，随着时间的推移，文物表面水分流失，短时间内文物湿度变化导致彩绘颜色发生较大变化，在不考虑明度的情况下，时间越长，颜料色彩变化越明显，监测结果显示双脚色彩饱和度均明显降低，左脚色彩偏向蓝绿色变化，左脚则更偏向黄色变化，左脚的监测时间更接近文物提取时间，其色彩变化幅度略小于右脚。

提取及保护修复工作集中在4月至7月进行，一号坑气温逐渐升高，水分蒸发较快，故在后续保护修复过程中需要注意彩绘层保湿工作。

### 3. 彩绘加固回贴后色彩变化

清理出土的彩绘使用联合加固剂（30%PEG200＋3%SF016＋67%去离子水）保湿加固。对于已清理暴露的彩绘，使用扇形纤维毛笔蘸取浓度为5%的AC33溶液，用点涂的方式轻轻涂刷至彩绘表面，再使用加固剂加固彩绘，待颜料层和加固剂均完全干燥后，使用分光光度计再次测定彩绘色度，并计算色差，具体如表5.4所示。

表5.4　彩绘加固前后颜色特征变化

| 采样点 | 加固保护前 | | | 加固保护后 | | | 色差值 |
|---|---|---|---|---|---|---|---|
| | L | a | b | L | a | b | ΔE |
| 17-3 | 34.02 | 10.56 | 12.61 | 33.12 | 13.61 | 18.02 | 6.27 |
| 17-6 | 22.21 | 10.53 | 13.37 | 26.22 | 10.17 | 13.97 | 4.07 |

在行业内，加固材料对文物外观改变以ΔE越小，效果越佳。当色差值ΔE<0.5时，表示物质颜色变化不明显，可认为文物外观没有发生改变。ΔE在0.5～1.5之间表示颜色“轻微”改变，在1.5～3.0之间表示“能感觉到”，在3.0～6.0之间表示有“明显”差别。

检测结果显示，彩绘加固前后色差值变化相对较为明显，17-6主要由于L值变化导致的，17-3则明显向黄色偏移。实验结果与前期使用VS410（WB）非接触在线连续分光测试系统对两点监测得出结论基本一致。亮度的变化除了与加固剂表面成膜有关外，与两次测量时间相隔较长，彩绘层水分变化较大亦有不可分割的关系。实验结果与肉眼观察到的彩绘颜色明显“变浅”相吻合。

# 第六章　修复后兵马俑保存环境建议及预防性保护

可能造成文物破坏的因素被大致分为两类：文物材质的内在属性和文物保存环境的外在条件①。造成文物破坏的内在原因是文物独特的材质及制作方法引起的化学物质之间的不相容性②；造成文物破坏的外在环境因素包括温度、相对湿度、腐蚀性气体、颗粒污染物等的影响，以及各环境因子的协同效应等。

## 一、秦俑的材质构成

由于陶质文物都由黏土烧制而成，黏土实质上是由石英、长石及金属矿物按不同比例组成的，它具有可塑性，烧成后呈现一定固结性及微细的粒度，且具有一定的机械强度和耐水性，因此，纯陶质胎体在一般情况下相对比较稳定，有良好的耐候性。但陶器一般在700～1000℃烧成温度之间，黏土中的有机质被氧化，生成二氧化碳气体逸出。另外，因黏土中各成分的耐热缩变性能不同，烧成后的器物孔隙度略大，一般在15%～35%，结构不致密，吸水性强。

秦兵马俑作为典型的陶质文物，它的烧成温度在755～990℃，平均烧成温度914℃，吸水率13.23%～26.07%，平均值约16.86%。其烧成温度和吸水率与一般陶质文物相当。但由于秦俑不单由陶质构成，其中大部分带有彩绘，还含有生漆底层。秦俑的材质构成决定了其内在的属性。因构成秦俑的不同材质间的不相容性及对环境变化的响应不同，也易导致其彩绘、漆皮起翘、脱落，并且，由于陶胎本身结构不致密，吸水性强，在持续的环境剧烈波动下，也可能引起陶体酥粉等，产生病害，而最终导致陶俑的损坏。

---

① Thomson G. Air Pollution - A Review for Conservation Chemists. Studies in Conservation, 1965, 10: 147-167; Baer N, Banks P. Indoor Air Pollution: Effects on Cultural and Historical Materials. The International Journal of Museum Management and Curatorship, 1985, 4: 9-20.

② Tétreault J. Airborne Pollutants in Museums, Galleries, and Archives: Risk Assessment, Control Strategies, and Preservation Management. Ottawa: Canadian Conservation Institute, 2003.

## 二、影响秦俑保存的关键环境因素

国内外的大量研究表明，文物的劣化损毁的外在原因主要是源于不适宜的环境因素诱发所致。与文物本身具有直接而密切关系的环境因素包含温湿度、气态污染物、光辐射、霉菌和虫害等。其中，环境湿度波动和气态污染物的影响，对博物馆珍贵文物的损害作用最为显著，其中环境温湿度波动的损害作用是最为普遍的因素之一[①]。湿度参与某些反应，能够加速侵蚀化学反应的速度，湿度的波动还会导致物理形变。此外，湿度还促进微生物的生长，间接造成对文物的生物腐蚀。温度与化学反应速度密切相关，温度升高会加速氧化和腐蚀作用。各种文物材质的膨胀系数不同，温度的频繁波动会造成崩裂等损害。对于中国北方地区来讲，气态污染物中颗粒态污染物的影响较为显著。当空气中的湿度较大时，这些颗粒物会吸附有害气体和水分而向下降落。尤其是细颗粒（$PM_{2.5}$）中含有很多酸性物、盐类、微生物和各种菌类等，有较强的化学活性，当它们降落在陶器上，一方面会对陶质文物造成物理磨蚀；另一方面，由于它本身含有的腐蚀性成分也会对陶质文物造成进一步的损害，尤其是彩绘陶，能使其彩绘褪色、脱落、整体强度下降等，引起一连串的破坏。

秦俑自发掘出土以来，主要面对的环境影响来自所处空间的大气环镜，属于外在环境。秦俑地处西安市临潼区，所处环境为典型的北方地区，环境温湿度波动较大，大气颗粒物浓度较南方地区高。所以，最为直接密切的环境因子要数微气候中的温湿度和气态污染物中的大气颗粒物。

## 三、秦俑的保存环境类型及状况

秦始皇兵马俑博物馆作为典型的遗址博物馆，根据文物的保存环境和外界介质水、土、气交换方式的不同，馆内陶俑的保存环境主要分为三类——遗址区、文物库房、文物陈列楼展柜。陈列楼文物通常陈列于陈列厅展柜内，而遗址区和库房的文物一般不加展柜直接陈列或存放。秦俑的存放环境除遗址区以外，少部分修复好的陶俑长期存放在陶器库房，还有极少数已修复的典型陶俑则会在陈列楼展柜中展出。秦兵马俑一号坑则是所有遗址区中面积最大、展出陶俑最多的场所。

下面就以一号坑、陶器库房和陈列楼展柜，三种保存环境的温湿度情况和大气颗粒物两类典型环境因子状况来介绍和讨论秦俑的保存环境和保存应对措施。

---

① Camuffo D. Microclimate for Cultural Heritage. Amsterdam: Elsevier, 1998; Camuffo D, Pagan E, Bernardi A, et al. The Impact of Heating, Lighting and People in Reusing Historical Buildings: Acase Study. Journal of Cultural Heritage, 2004, 5(4) : 409-416.

## （一）一号坑保存环境

### 1. 温湿度

图6.1是一号坑2013年夏、冬季，室内外的温湿度变化曲线，反映了一号坑同一年内温湿度变化趋势，可以看出2013年夏、冬季室内外的温度和相对湿度的日变化和季节差异。一号坑夏、冬季室内温湿度均随室外温湿度的波动而变化，而温湿度的夏、冬季节间的变化幅度达到23.4℃和19.0%。说明一号坑保护大厅这种开放的保存环境中温湿度波动较大，随室外环境的变化而变化。

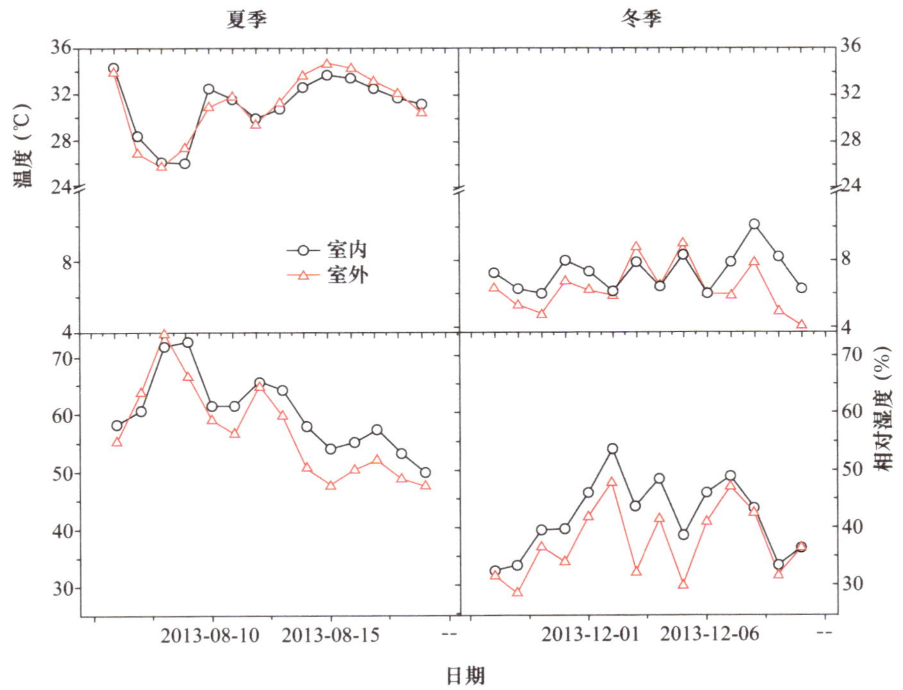


图6.1　2013年兵马俑博物馆夏、冬季一号坑及室内外温度、相对湿度的日变化

表6.1列出1989年至2013年，25年中数次采样监测中的微气候条件记录，可以看出，过去20多年中，一号坑的冬季室内温度平均值在（2.3±1.8）～（7.3±1.9）℃之间，相对湿度在（40.9±3.3）%～（67.0±10.8）%，夏季室内温度平均值介于（23.8±2.8）～（32.2±5.7）℃，相对湿度在（45.2±1.9）%～（72.0±11.8）%。二十多年中一号坑冬季的室内温度上升了2.6℃，夏季则上升了6.9℃，与西安市环境大气的温度变化趋势一致[①]，总体有所上升。从1989年至2013年，冬季室内相对湿度下降了

① 金丽娜、王建鹏、张弘：《近40a来西安市区与郊县气温变化特征对比》，《干旱气象》2013年第31卷第4期，第720～725页。

26.1%，夏季则下降了12.1%，随着发掘开放时间的推移，遗址区相对湿度逐渐变小。历次采样期间，室内温度在冬季的波动范围介于5.3～18.2℃，夏季则介于9.0～17.7℃。室内温度的夏、冬季季节差异显著，平均差值达到23.4℃。室内相对湿度的波动在冬季平均达到35.2%，夏季则为25.3%，季节变化介于27.9%到58.5%，平均值达到43.5%。进一步说明一号坑这种开放的文物保存环境，与室外大气环境变化趋于一致，室内的温湿度条件在季节内、季节间的波动相对较大。

表6.1 1989～2013年各次采样中室内外夏、冬季温度及相对湿度记录

| | *T*（℃） | | | RH（%） | | |
|---|---|---|---|---|---|---|
| | Avg.±S.D. | 最大 | 最小 | Avg.±S.D. | 最大 | 最小 |
| 冬季 | | | | | | |
| 2013.11～2013.12 | 7.3±1.9 | 13.2 | 2.8 | 40.9±3.3 | 57.6 | 20.0 |
| 2006.12 | 4.9±5.5 | 16.3 | −1.9 | 53.5±18.1 | 68.4 | 22.8 |
| 2005.01 | 2.3±1.8 | 5.3 | 0 | 64.0±7.8 | 78.0 | 48.0 |
| 1989.12 | 4.7±3.1 | 6.6 | −2.0 | 67.0±10.8 | 80.1 | 52.6 |
| 夏季 | | | | | | |
| 2013.08 | 30.7±2.2 | 37.5 | 23.2 | 59.9±3.2 | 78.5 | 43.0 |
| 2006.08 | 32.2±5.7 | 40.3 | 22.6 | 45.2±1.9 | 51.3 | 40.2 |
| 2004.08 | 26.2±3.5 | 32.4 | 21.9 | 70.8±7.3 | 80.0 | 56.0 |
| 1989.08 | 23.8±2.8 | 31.2 | 22.2 | 72.0±11.8 | 84.5 | 53.9 |

### 2. $PM_{2.5}$质量浓度的历史演变

图6.2显示了2013年夏、冬季秦俑馆一号坑室内（Indoor）外（Outdoor）$PM_{2.5}$的质量浓度及其比值（I/O），及采样期间的日内游客数量。一号坑室内外$PM_{2.5}$的质量浓度平均值分别是，冬季为（87.2±34.5）μg/m$^3$和（124.9±35.2）μg/m$^3$，夏季为（89.2±31.8）μg/m$^3$、（114.8±56.7）μg/m$^3$。其中，夏季$PM_{2.5}$质量浓度I/O比值的变化范围介于0.82～1.45，平均值为1.07，冬季$PM_{2.5}$质量浓度I/O比值的变化范围介于0.89～1.59，平均值为1.05。2013年夏、冬季采样期间，一号坑发掘区和后修复区内新发掘出土文物的保护和修复工作还在持续，因此，尽管$PM_{2.5}$质量浓度与游客数量之间没有明显的相关性，但大部分的I/O比值均大于1，表明除游客外，一号坑现场的文物发掘、修复和清理活动也成为室内大气颗粒物的一个来源。

在重度污染下，博物馆一号坑的建筑封闭性和过滤性能不足，阻挡高浓度气溶胶进入馆内的作用较为欠缺。

将历次监测的$PM_{2.5}$质量浓度纵向对比（表6.2），2010～2011年度室内外夏、冬季

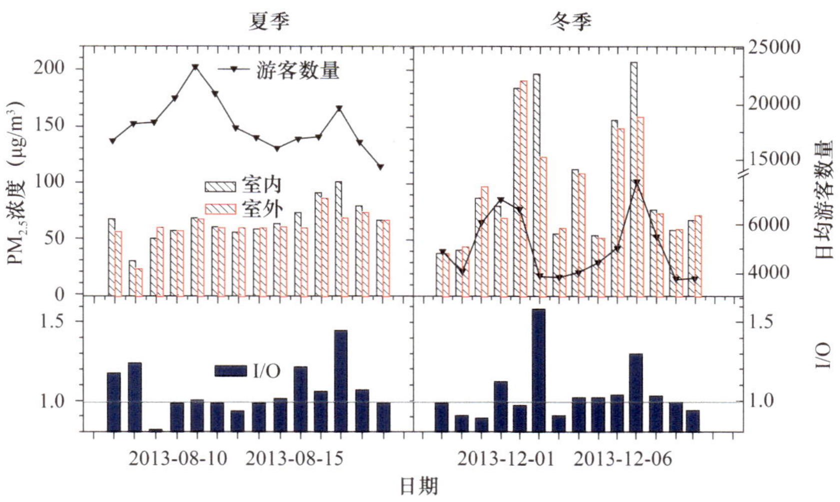


图 6.2　2013 年采样期间兵马俑博物馆一号坑及室内外 $PM_{2.5}$ 质量浓度及其比值

年均值较 2006～2007 监测年度室内冬季降低了 40.9μg/$m^3$，夏季降低了 5.1μg/$m^3$。室外冬、夏季分别降低了 51.9μg/$m^3$ 和 4.5μg/$m^3$；与 2004～2005 年度相比，夏季降低了 19.2μg/$m^3$，冬季降低了 155.1μg/$m^3$。

表 6.2　$PM_{2.5}$ 质量浓度与历史数据对比

| | 一号坑 | | | 室外 | |
|---|---|---|---|---|---|
| | $PM_{2.5}$（$N$=60） | | | $PM_{2.5}$（$N$=60） | |
| | 2010～2011 | 2006～2007 | 2004～2005 | 2010～2011 | 2006～2007 |
| | Avg±S.D. | Avg±S.D. | Avg±S.D. | Avg±S.D. | Avg±S.D. |
| 冬季（μg/$m^3$） | 87.2±34.5 | 128.1±68.5 | 242.3±189.0 | 124.9±35.2 | 176.8±91.6 |
| 夏季（μg/$m^3$） | 89.2±31.8 | 94.3±33.1 | 108.4±30.3 | 114.8±56.7 | 119.3±42.4 |

对比结果表明，俑坑内外 $PM_{2.5}$ 质量浓度从 2004～2011 年，已有监测记录的时段来看，$PM_{2.5}$ 的质量浓度随时间的推移，表现出持续降低的趋势，这也与西安市 $PM_{2.5}$ 的质量浓度的逐年降低趋势相一致。尽管与早期相比较，颗粒污染物的浓度降幅较大，但依旧处于较高水平。

### 3. 室内外质量浓度相关性分析

图 6.3 是一号坑和室外 $PM_{2.5}$ 质量浓度的相关性分析。由图可知，两者 $PM_{2.5}$ 的相关性（$R$=0.71）暗示室内细颗粒物主要来自于室外的贡献，受室外影响控制。此外，还有可能受室内二次气溶胶和游客的影响。

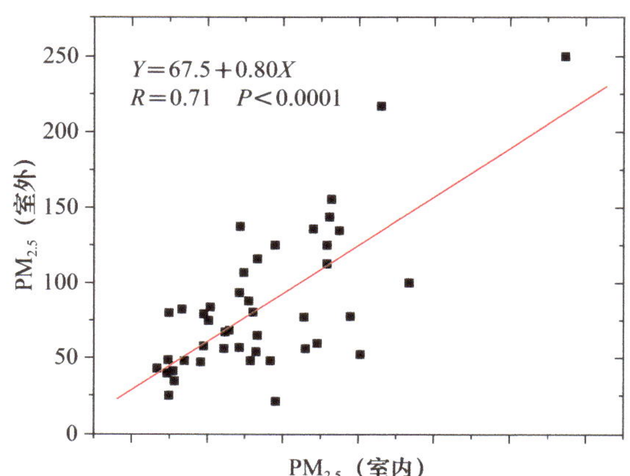


图6.3 兵马俑博物馆一号坑与室外$PM_{2.5}$质量浓度相关性分析

**4. 小结**

通过对1989～2013年间秦俑馆一号坑历次温湿度及室内颗粒物的采集、监测和分析结果显示，博物馆温湿度波动较大，博物馆颗粒物浓度较高，受室外大气环境温湿度及颗粒污染物控制影响巨大。室内活动对气溶胶质量浓度也有一定影响。室内长期大幅度的微气候波动和高浓度的颗粒污染物可能会对文物造成不利的影响，需要采取相应的措施来减缓这种影响。

## （二）库房环境

### 1. 温湿度

1）温湿度概况

表6.3显示，整个冬季采样期博物馆室外最高温度（19.7℃）比库内最高温度（16.4℃）高出3.3℃，室外最低温度（－7.2℃）比库内最低温度（0℃）低7.2℃，室外平均温度（4.3℃）比库内（6.3℃）低2℃。室外相对湿度最大值（96%）大于库内最大相对湿度（88%），而最低湿度是室外。室外平均湿度（44.07%）比库内平均湿度（64.4%）低20.33%。

表6.3 室内外温湿度

| 时间 | 地点 | 温度（℃） | | | 湿度（%） | | |
|---|---|---|---|---|---|---|---|
| | | 最大 | 最小 | 平均 | 最大 | 最小 | 平均 |
| 冬季 | 陶器库 | 16.4 | 0 | 6.3 | 88 | 28.57 | 64.4 |
| | 室外 | 19.7 | －7.2 | 4.3 | 96 | 16 | 44.07 |
| 夏季 | 陶器库 | 29.8 | 20.3 | 26.4 | 86.4 | 45.8 | 66.8 |
| | 室外 | 40.06 | 18.4 | 28.2 | 98 | 27 | 61.2 |

整个夏季采样期室外最高温度比库内最高温度高出10.3℃，最低温度比室内最低温度低1.9℃，室外平均温度为28.2℃，比库内平均温度（26.4℃）高1.8℃。室外最大相对湿度比库内最高相对湿度高11.6%，最小湿度比库内低18.8%，室外平均湿度比库内低5.6%。

可见库房与室外温湿度关系是，冬季库内温度较室外高，平均温度高2℃。平均湿度库房较室外高20.33%。而夏季库内温度低于室外，平均温度低1.8℃。平均湿度库内比室外高5.6%。冬季和夏季内外温差均很小，仅有2℃，冬季湿度差较大，夏季湿度差较小。库内温度冬夏季差异较大，而湿度冬夏季变化不明显，表明库内恒湿效应较好，需要添加有利于文物保存的温度缓冲措施，或进行库房建筑改造来增加恒温效果。

从图6.4可以看出库内日均温度在同一季节变化不大，这说明库内在同一季节内的恒温效果略好。库内温度紧随室外温度的变化而变化，变化趋势基本一致，同时库内湿度也存在明显的季节变化且与室外有相似的变化趋势。陶器库内的微环境也受到室外环境的影响。夏季库内温湿度日间波幅较小，恒温恒湿效应较好。值得注意的是冬季库内温湿度日间波幅很大。

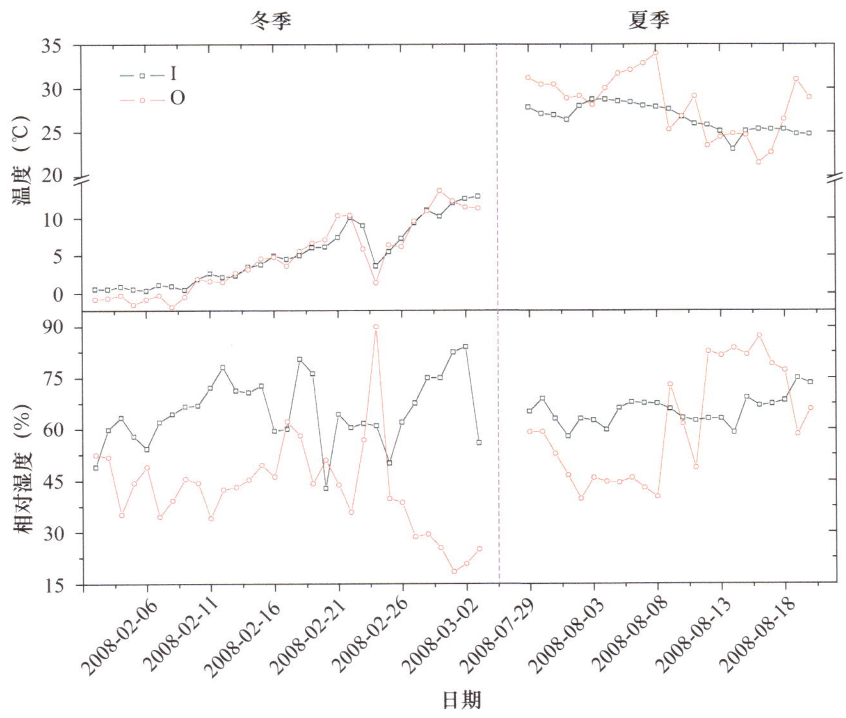


图6.4　温湿度日变化

2）日较差变化

整个冬季采样期博物馆室外温度平均日较差为9.2℃，变化范围从0.9℃～14.3℃，库内温度日较差平均为5.2℃，变化范围为0.9～10.6℃。室外日较差平均比室内高4℃，为库内的1.78倍。室外相对湿度日较差平均为28.8%，比库内平均日较差21.37%高7.43%（图6.5）。

整个夏季采样期室外温度平均日较差为10.58℃，最大为16.7℃，库内温度日较差平均为2.24℃，最大为5.2℃，室外温度日较差平均为库内的4.72倍。室外湿度日较差平均为37.8%，变化范围为14%～60%；库内相对湿度日较差平均为11.48%，变化范围为2.6%～29.9%，室外相对湿度日较差平均为库内的3.29倍。

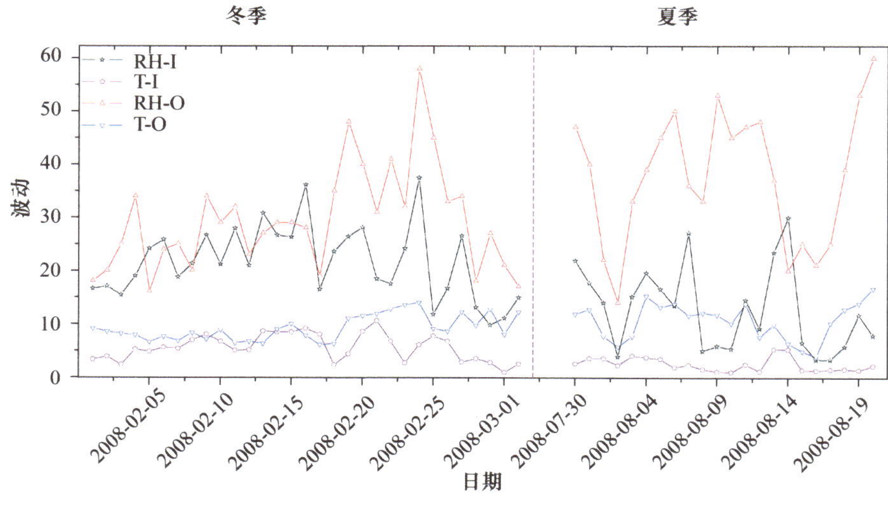


图6.5 温湿度日较差变化

库内温度日较差冬季5.2℃是夏季2.24℃的2.32倍。库内湿度日较差冬季21.37%为夏季11.48%的1.86倍，冬季温湿度的日内波动较夏季剧烈。冬季更需要加强室内恒温恒湿控制。

### 2. $PM_{2.5}$质量浓度

1）$PM_{2.5}$质量浓度水平

表6.4给出了兵马俑博物馆陶器库房和室外冬季和夏季（2009.01.30～2009.03.02，2009.07.28～2009.08.22）$PM_{2.5}$质量浓度均值。

表6.4 室外与库内的$PM_{2.5}$质量浓度 （单位：μg/m³）

| | 陶器库 | 室外 | 一号坑 | 二号坑 | 06室外 |
|---|---|---|---|---|---|
| 冬季 | 76.09 | 153.9 | 120.9 | 123.9 | 217.8 |
| 夏季 | 62.78 | 113.36 | 94.3 | 89.4 | 119.3 |

冬季采样期间兵马俑陶器库中的$PM_{2.5}$的质量浓度平均为76.09μg/m³，变化范围在21.4～196.0μg/m³之间；室外$PM_{2.5}$的平均质量浓度为153.87μg/m³，变化范围在44.2～325.71μg/m³之间。室外$PM_{2.5}$质量浓度明显大于室内，室外平均是室内的2.02倍。且室内污染物浓度有随室外污染物浓度的变化而变化的趋势（图6.6），说明室内颗粒物受室外影响。2006年同期（2月）测得一号坑、二号坑及室外的$PM_{2.5}$质量浓度分别为120.9μg/m³、123.9μg/m³和217.8μg/m³，高于本次观测的室内外颗粒物浓度值。

夏季整个采样期间兵马俑陶器库中的$PM_{2.5}$的质量浓度平均为62.78μg/m³，变化范围在31.33～108.02μg/m³之间；室外$PM_{2.5}$的平均质量浓度为113.36μg/m³，变化范围在35.59～205.91μg/m³之间。室外$PM_{2.5}$质量浓度明显大于库内，室外平均是库内的1.81

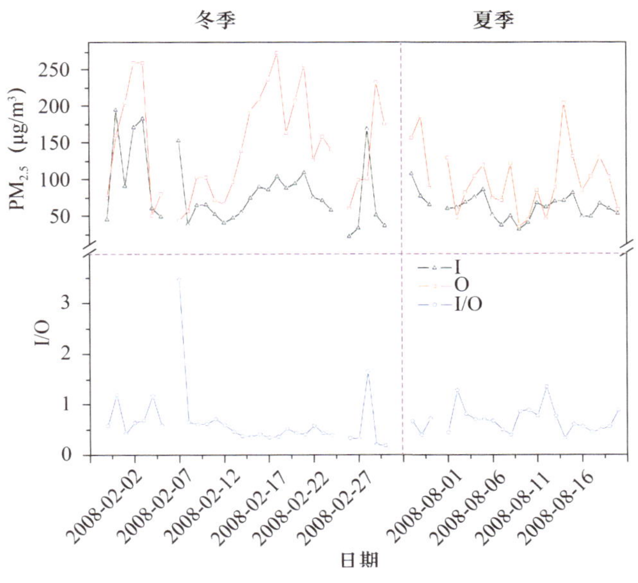


图 6.6　$PM_{2.5}$质量浓度日变化及室内外比值

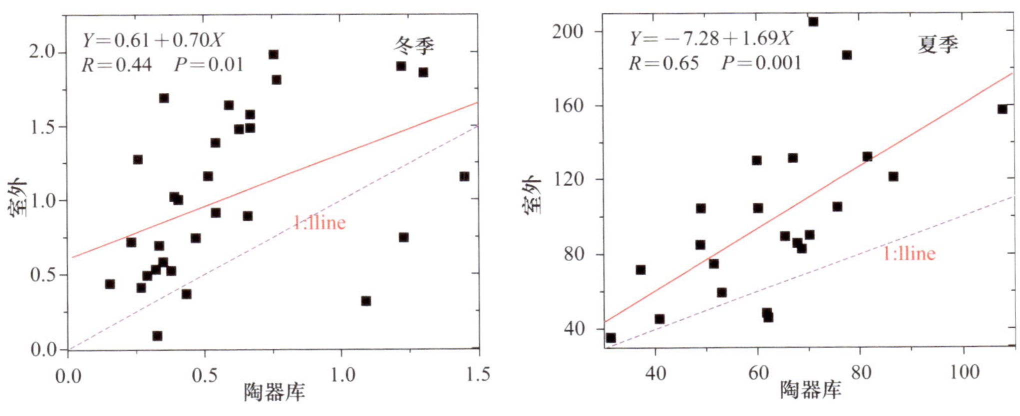


图 6.7　陶器库和室外$PM_{2.5}$质量浓度的相关性曲线

倍。2006年同期（8月）测得$PM_{2.5}$质量浓度一号坑94.3μg/m³，二号坑89.4μg/m³，室外119.3μg/m³，室外分别是一号坑、二号坑的1.27和1.33倍。

分析陶器库冬、夏季颗粒物浓度水平发现，与2006年同期测得的室外与一、二号坑的$PM_{2.5}$的比值相比，室外与库内的$PM_{2.5}$质量浓度比值均大于室外与一、二号坑的$PM_{2.5}$质量浓度比值。表明陶器库与一、二号坑相比，有更强的密闭性，但由于库内人为活动较少，颗粒物主要来源于室外渗透，主要受室外源控制，作为库房其密封性有待提升。

2）$PM_{2.5}$质量浓度时间变化序列

无论冬季还是夏季室外$PM_{2.5}$质量浓度总趋势是室外高于库内，而且库内$PM_{2.5}$质量浓度总是随着室外$PM_{2.5}$质量浓度的变化而变化，变化趋势基本相同，表明库内$PM_{2.5}$质量浓度受室外的控制。

3）$PM_{2.5}$室内外质量浓度比较

博物馆室内外空气污染物的比值（I/O）是了解室内污染物来源和评估博物馆室内空气质量（Indor air quality，IAQ）的一个重要指标。如果室内（Indoor）与室外（Outdoor）之比大于1，即I/O>1，则表明存在室内来源的贡献，若两者之比小于1，则表明存在污染物的沉降或者化学转化。$PM_{2.5}$质量浓度在整个冬季采样期除1月31日、2月4日、2月7日、2月25日、2月28日I/O>1外，其他时间普遍小于1，I/O平均为0.78，夏季除8月2日、8月12日外，其他时间也均小于1，I/O平均为0.72。冬季I/O平均值略高于夏季。进一步证明库内$PM_{2.5}$质量浓度受室外$PM_{2.5}$质量浓度变化的控制。

4）室内外$PM_{2.5}$质量浓度相关性分析

图6.7是冬季和夏季陶器库和室外$PM_{2.5}$质量浓度的相关性分析。由图可知，两者$PM_{2.5}$的相关性（冬季$R=0.44$，夏季$R=0.65$），暗示陶器库细颗粒物不仅来自于室外的贡献，还受到库内来源（二次气溶胶和库内人为活动）的影响。其相关性明显弱于董俊刚[1]等测得的一号坑、二号坑$PM_{2.5}$与室外$PM_{2.5}$的相关性，表明库房的封闭状态要好于一号坑和二号坑，受室外影响相对小一些。

5）与其他博物馆环境及相关标准比较

兵马俑博物馆室内外环境中气溶胶质量浓度与现有的一些标准（如国标或EPA标准）和其他博物馆的监测结果进行比较。室内环境的对比采用《室内空气质量标准》（GB/T 18883—2002）和美国环保局（EPA）1997年空气质量标准，结果见表6.5。

表6.5 兵马俑博物馆气溶胶颗粒物质量浓度与相关环境标准及其他博物馆的比较[2]

| 博物馆环境监测或室内环境标准 | 时间 | 平均浓度（μg/m³） | |
|---|---|---|---|
| | | $PM_{2.5}$ | TSP |
| 兵马俑博物馆（西安） | 2009.01～2009.08 | 67.44（陶器库） | |
| | 2010.12～2011.12 | 88.5±53.8（一号坑） | |
| | 2006.04～2007.04 | 118.2±73.1（一号坑） | 232.2±136.8(一号坑) |
| | | 112±64.4（二号坑） | 188.9±107.9(一号坑) |
| | 2004.08～2005.01 | 175.4 | 242.5 |
| | 1993.05～1994.01 | — | 430 |

① 董俊刚：《兵马俑博物馆室内气溶胶理化特征与来源解析》，中国科学院地球环境研究所博士学位论文，2008年。

② 李华：《秦俑遗址坑大气污染物理化解析及其文物劣化影响研究》，中国科学院地球环境研究所博士学位论文，2015年。

续表

| 博物馆环境监测或室内环境标准 | 时间 | 平均浓度（μg/$m^3$） | |
|---|---|---|---|
| | | $PM_{2.5}$ | TSP |
| USEPA标准<br>（USEPA，2007） | | 35（日均值）<br>15（年均值） | |
| 国家二级空气质量标准（GB 3095—1996） | | | 150 |
| 图书馆、博物馆、美术馆、展览馆卫生标准（GB 9669—1996） | | 日均值 | 150（$PM_{10}$） |
| 室内空气质量（GB/T 18883—2002） | | 日均值 | 150（$PM_{10}$） |
| 塞萨洛尼基考古博物馆（希腊） | 1999.04～1999.06 | 40.5 | — |
| 比利时皇家美术博物馆 | 1999.02 | 2～5 | — |
| | | — | — |
| 保罗·盖蒂博物馆（美国） | | 15 | 49 |
| | | 21 | 48 |
| 塞普尔韦达故居博物馆（美国） | | 30 | 116 |
| | | 62 | 132 |
| 阿西努教堂（塞浦路斯） | | 16.9 | 34.2 |

兵马俑博物馆一号坑依然存在着较高浓度的$PM_{2.5}$气溶胶颗粒物污染，其浓度是多数博物馆大气环境标准或规范推荐值的2～3倍，是国外博物馆监测值的2～4倍，多数甚至超过150μg/$m^3$的环境大气国家二级空气质量标准（GB 3095—1996）。较高浓度的气溶胶颗粒物$PM_{2.5}$沉降后，不但会脏污文物表面、遮盖兵马俑的美学细节，而且容易造成馆内文物遭受物理风化和化学腐蚀。

### 3. 小结

通过对库内微气候特征与室外气象状况的监测和分析，可以看出，库内的温湿度在一定程度上仍然受室外环境和库内人为活动的影响，呈现出温度的夏高、冬低的变化趋势。就两个季节比较而言，夏季陶器库内的微环境稳定性更高，冬季库内的温度和湿度的波动都较夏季剧烈，所以更需要加强冬季库房的温湿度控制。

博物馆陶器库颗粒物（$PM_{2.5}$）的平均质量浓度较高，夏冬两季$PM_{2.5}$库房内外质量浓度的I/O比值接近1，表明陶器库作为文物库房对于阻挡室外颗粒物向室内的渗透作用不显著，库内受室外控制明显。

## （三）三类展陈环境的比较

除遗址区、陶器库房外，陈列楼展柜作为陶俑临时展陈环境也是一类必要的存放环境，但由于展柜内部空间较小，用于颗粒污染物采集的主动采样设备由于振动较大，可能会影响观众的参观并对文物产生影响。所以仅选取无动力温湿度监测设备（Testo175 H1）对陈列厅二楼真彩展展厅及绿脸俑展柜进行监测，并同时（于2014年9月30日至2014年10月30日期间）使用相同设备（Testo175 H1）对陶器库房、一号坑遗址区和室外进行同步监测，以比较不同陶俑保存环境的环境稳定性。同步放置于上述四个区域及室外背景区5个区域中，以10分钟为间隔，进行温湿度数据采集。监测仪检测前送往陕西省大气探测中心进行温湿度仪校准，确保仪器准确，误差在允许误差范围内（相对湿度 ±2.5%，温度 ±0.5℃）。

### 1. 不同保存空间环境的平均温湿度日变化趋势对比

对以上五个区域的温湿度进行监测对比，结果显示（表6.6），温度波幅室外最为剧烈，其次为一号坑，第三是陈列厅，第四是陈列厅展柜，陶器库最小；相对湿度波幅同样为室外最大，其次为一号坑，第三是陈列厅，不同的是第四为陶器库，陈列厅展柜最小。

表6.6　各监测点温湿度的平均值及变化范围

| 监测点位置 | 温度平均值 | 温度波动范围 | 湿度平均值 | 湿度波动范围 |
|---|---|---|---|---|
| 陶器库 | 20.7℃ | 18.9～22.3℃ | 62.9% | 64.2%～71.4% |
| 一号坑 | 17.2℃ | 12.4～21.3℃ | 70.3% | 57.3%～86.5% |
| 陈列厅展柜 | 22.6℃ | 20.3～24.6℃ | 63.2% | 59.1%～66.5% |
| 陈列厅 | 23.4℃ | 20.9～25.8℃ | 58.8% | 45.5%～65.8% |
| 室外 | 17.4℃ | 11.4～21.9℃ | 67.8% | 55%～87% |

平均温度，一号坑17.2℃＜室外17.4℃＜陶器库20.7℃＜陈列厅展柜22.6℃＜陈列厅23.4℃。平均湿度，一号坑70.3%＞室外67.8%＞陈列厅展柜63.2%＞陶器库62.9%＞陈列厅58.8%。图6.8可观察到监测期间五个区域的温度及相对湿度有相似的变化趋势，表明一定程度上均受博物馆室外环境的影响，展现出趋于相似的变化趋势。相对而言，温湿度的变化趋势一号坑与室外更为接近，呈现大幅波动，展柜温湿度随展厅温湿度的变化而变化，而陶器库房和展柜的变化趋势均较为平稳。不同区域受室外环境影响强弱不一。

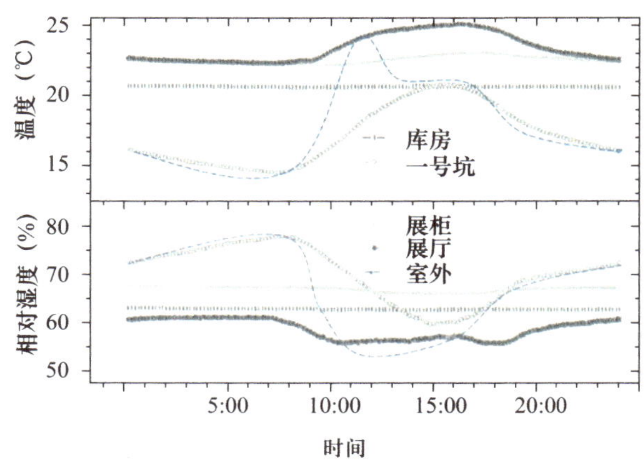

图6.8　监测期间陶器库、一号坑、陈列厅展柜内、陈列厅及室外温湿度日内变化

### 2. 不同保存空间环境的日内温湿度变化情况对比

从各监测点温湿度的日内变化趋势和日变化趋势（图6.8、图6.9）来看，依然表现出室内各点的温湿度随室外的变化而变化的趋势，只是由于环境的封闭程度不一，表现出一定的滞后性变化。例如，室外温度的最高值和湿度的最低值出现在中午12点至13点前后，一号坑的温度最高值和湿度最低值出现在15至16点左右，晚于室外2～3小时左右，而陈列厅的的温度最高值和湿度最低值大约出现在16至17点左右，较一号坑晚约1小时。陶器库房和展柜长期处于关闭状态，温湿度变化很平稳，温湿度极值出现时间也在17点左右。可见空间的密闭程度对温湿度的恒定性起着关键的作用，密闭程度越高的空间，环境温湿度更趋于恒定。

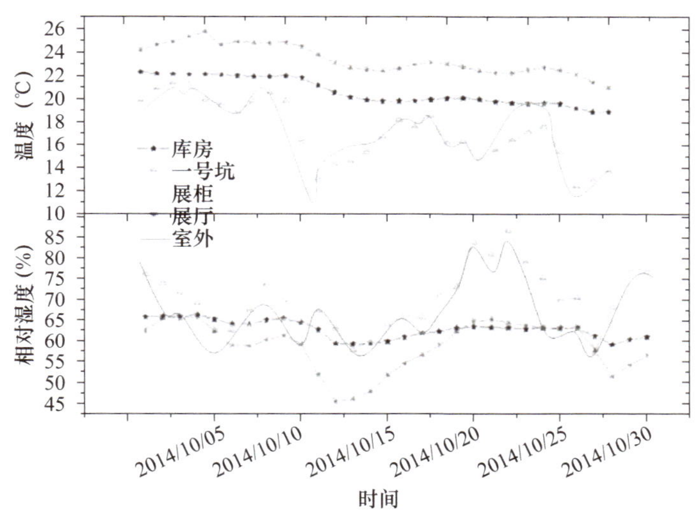


图6.9　监测期间陶器库、一号坑、陈列厅展柜内、陈列厅及室外温湿度日变化趋势

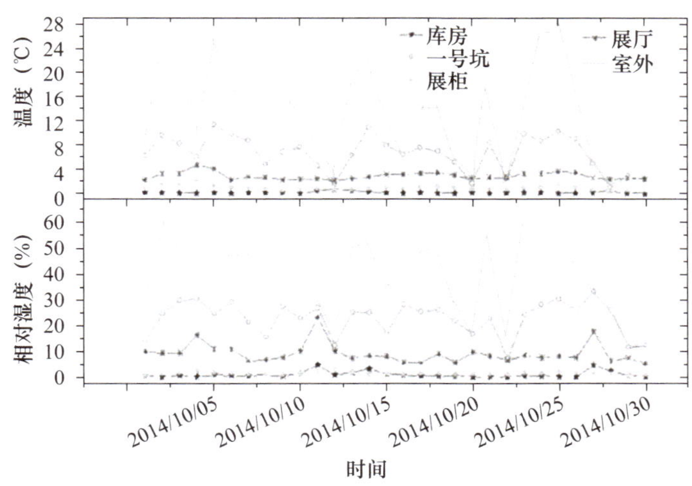


图6.10　监测期间陶器库、一号坑、陈列厅展柜内、陈列厅及室外温湿度日波幅变化

### 3. 不同保存空间环境的温湿度日较差对比

温湿度日较差的大小是衡量文物保存环境优劣的一个关键因素。对各监测点的温湿度日较差变化（图6.10）的分析发现，各监测点的温度日较差依次为：室外12.2℃＞一号坑6.7℃＞陈列厅2.9℃＞陈列厅展柜1.0℃＞陶器库0.2℃。湿度日较差依次为，室外38.2%＞一号坑23.0%＞陈列厅9.1%＞陈列厅展柜1.8%＞陶器库1.3%。其中陶器库和陈列厅展柜内的温湿度日较差较小，陶器库最小；除去室外环境，一号坑温湿度日较差最大，温度日变化大于4℃，湿度日变化大于6%（1967年国际博览会和1970年国际展览会出借协议中规定文物保存环境24小时内的微气候变化控制在相对湿度变化≤6%，温度变化≤4℃），陈列厅温湿度日变化介于陈列厅展柜和一号坑之间，温度日较差2.9℃，小于4℃，湿度日较差大于6%，也不是理想的文物保存环境，不适合环境敏感类文物的长期保存。一号坑的温湿度环境变化最为剧烈，趋于与室外接近。陈列厅作为开放的环境，与一号坑相比较，温湿度变化要缓和许多，温度日较差为一号坑的0.43倍，湿度日较差为一号坑的0.40倍，但作为文物保存环境来讲，湿度波动依然偏大。陈列厅展柜和陶器库的温度、湿度日较差与陈列厅相比，温度日较差约为陈列厅的0.07～0.34倍，湿度日较差约为0.14～0.20倍。相比较而言，库房和陈列厅展柜环境基本满足上述环境标准及推荐值，较为适合文物的保存和展览。

### 4. 文物保存环境温湿度推荐标准

本小节给出不同博物馆环境标准的推荐值及全世界各著名博物馆各自的温湿度要求，见表6.7。

表6.7 博物馆环境标准的推荐值及世界著名博物馆的温湿度要求[①]

| | | 温度（℃） | 相对湿度（%） |
|---|---|---|---|
| 兵马俑博物馆 | 一号坑 | −5.5～42.0（$\Delta T_{avg}$=10.8） | 10.2～87.1（$\Delta RH_{avg}$=8.6） |
| | 二号坑 | 5.1～28.2（$\Delta T_{avg}$=1.2） | 11.4～94.9（$\Delta RH_{avg}$=10.6） |
| | 陶器库 | 0.9～10.6（$\Delta T_{avg}$=5.2） | 28.6～88（$\Delta RH_{avg}$=21.4） |
| | | 20.3～29.8（$\Delta T_{avg}$=2.24） | 45.8～86.4（$\Delta RH_{avg}$=11.48） |
| 博物馆室内 | 环境标准 | 15～25（ΔT=2～5） | 45～60（ΔRH=3～5） |
| | | 15～25 | 60～70 |
| | | 20 | 40～45 |
| | | 20～25 | 40～70（有机物） |
| | | | ＜45（金属） |
| | | 20～23 | 39～45 |
| | | 20～25 | 40～45 |
| | | 10～24 | 50～60 |

① 李华：《秦俑遗址坑大气污染物理化解析及其文物劣化影响研究》，中国科学院地球环境研究所博士学位论文，2015年。

续表

| | | 温度（℃） | 相对湿度（%） |
|---|---|---|---|
| 室内空气 | 质量标准 | 22～28（夏季） | 40～80（夏季） |
| | | 16～24（冬季） | 30～60（冬季） |
| | | 18～22 | |
| | | 20～25 | 40～70 |

## 四、结论与保存环境建议

### （一）结论

通过对兵马俑一号坑、陶器库和陈列厅展柜几种陶俑保存环境的对比分析，得出主要结论如下。

#### 1. 微气候环境

通过对一号坑、陶器库、陈列厅展柜几类陶俑保存环境中的温湿度条件的稳定性的分析发现一号坑遗址区的环境温湿度变化最为剧烈，而陈列厅展柜和陶器库的温湿度条件较为适合文物的存放。对于保持文物环境温湿度的相对恒定有较为明显的作用。相对而言，相对湿度的变化幅度更为剧烈，需要引起足够的重视。室内的温湿度在一定程度上仍然受室外和人为活动的影响，温度呈现出夏高、冬低的变化趋势。就两个季节比较而言，夏季的微环境稳定性更高，冬季的温度和湿度的波动都较夏季剧烈，所以更需要加强冬季的温湿度控制和增加缓冲温湿度波动的措施。

#### 2. 颗粒态污染物

对一号坑和陶器库的大气颗粒物（$PM_{2.5}$）的分析对比表明，室内$PM_{2.5}$主要受室外影响，室外污染物的渗入明显。陶器库房由于相对封闭，与一号坑相比，颗粒物的浓度远低于一号坑，且这些颗粒物在博物馆内存在消耗机制，而高湿度的影响，会导致这种影响的加剧——导致这些粒子吸湿半径增大进而沉降在文物表面，对库内的文物产生有害影响（提供了酸性的化学反应微环境）。

### （二）保存环境建议

为防止和减缓文物的进一步污损，我们提出如下三点控制措施，为更好地保护文物提供环境控制建议。应在博物馆建筑物结构改造的基础上，一方面增加博物馆温湿度稳定措施，另一方面增加有效的通风和过滤系统、改善地面铺设、改进清洁方式，以减小室内活动时气溶胶污染物对文物的潜在威胁。

### 1. 加强保存环境的温湿度稳定措施

由于库房内陶质彩绘类文物本身特殊的结构，对温湿度要求严格，保持库房温湿度一等程度的恒定，需要在窗户上悬挂厚窗帘，库房门上加装恒温材料，气候变化剧烈的冬季适当地采用温湿度调节装置，对室内微气候进行控制。条件成熟时，可直接进行建筑物改造或重建，还可使用保温墙和双层玻璃。

### 2. 抑制颗粒污染物室内渗入

为防止室外空气污染物的渗入，在展厅内加装颗粒物过滤去除装置，应尽量减少库房门的开关，在有裂隙处加装密封装置，展柜做好密封处理，以达到净化空气、减少颗粒物渗入的目的，减轻对文物的影响，从而抑制陶体风化和彩绘污损。

### 3. 增加缓冲措施

对库房小件陶片使用囊匣包装，大型陶器和整件俑使用防尘罩遮盖。对遗址区和陈列厅出入口加装风帘。

采用过滤清除颗粒物的方法以减少气溶胶及降尘的危害；具体应加强建筑物的密闭性，搭建颗粒物、有害气体的被动缓解沉降过滤通道，并加装主动机械通风系统，减少室外建筑扬尘、土壤尘、工业尘和机动车排放颗粒物的输入。

应尽可能地减少游客对兵马俑文物的影响。适当控制游客数量，以减少室内降尘的再悬浮，减小室内外空气交换率，减少颗粒的室外输入。

鉴于腐蚀风化过程中气态和颗粒污染物与环境因素的协同效应，应有效控制室内的微气候，避免文物在频繁温湿度波动和极端环境条件下的物理和化学风化。

# 第七章　数字化技术在秦兵马俑保护修复中的应用

## 一、利用三维扫描技术对兵马俑进行数字化修复探索

针对秦兵马俑出土碎片在传统人工修复过程中分类过程复杂、拼接过程中的频繁比对易造成文物碎片的二次损伤等问题，将传统文物修复方法与现有科学技术相结合，通过三维激光扫描仪及高分辨率相机获取的兵马俑碎片三维点云和纹理影像数据对兵马俑碎片进行数字化修复，以实现高效、简便、无损地为兵马俑实际修复工作提供科学参考。

### （一）技术路线

结合三维激光扫描技术的特点与优势，首先对兵马俑碎片进行三维点云信息与二维纹理信息采集，然后对原始点云数据进行去噪、拼接、简化等预处理，再对得到的点云模型进行三维建模以及纹理映射。在此基础上，结合对兵马俑的先验认知，通过对兵马俑真三维彩色模型的二维以及三维特征进行提取，采用层次语义网对兵马俑碎片进行部位归属分类。以出土兵马俑中步兵俑碎片为例，将碎片按人体结构及衣着服饰分为头、手臂、躯干上半身（铠甲部分）、躯干下半身（裙摆部分）、腿足及踏板。在碎片层次化分类的基础上，通过对兵马俑碎片破损面以及破损面凹凸区域的提取，结合部位约束和几何约束条件对碎片进行匹配并完成碎片的整体拼接，最终实现兵马俑碎片的虚拟复原，技术路线如图7.1所示。

### （二）兵马俑碎片数据采集与处理

#### 1. 三维激光扫描技术

三维激光扫描技术（3D Laser Scanning Technology）在20世纪90年代末期由美国率先应用到了三维测量领域，作为一种新兴的全自动化高精度立体扫描的实景复制技术，是测绘领域继GPS技术后的又一次技术革命①。三维激光扫描技术可以无接触性高

---

①　罗德安、朱光、陆立等:《基于3维激光影像扫描技术的整体变形监测》,《测绘通报》2005年第7期，第40～42页。

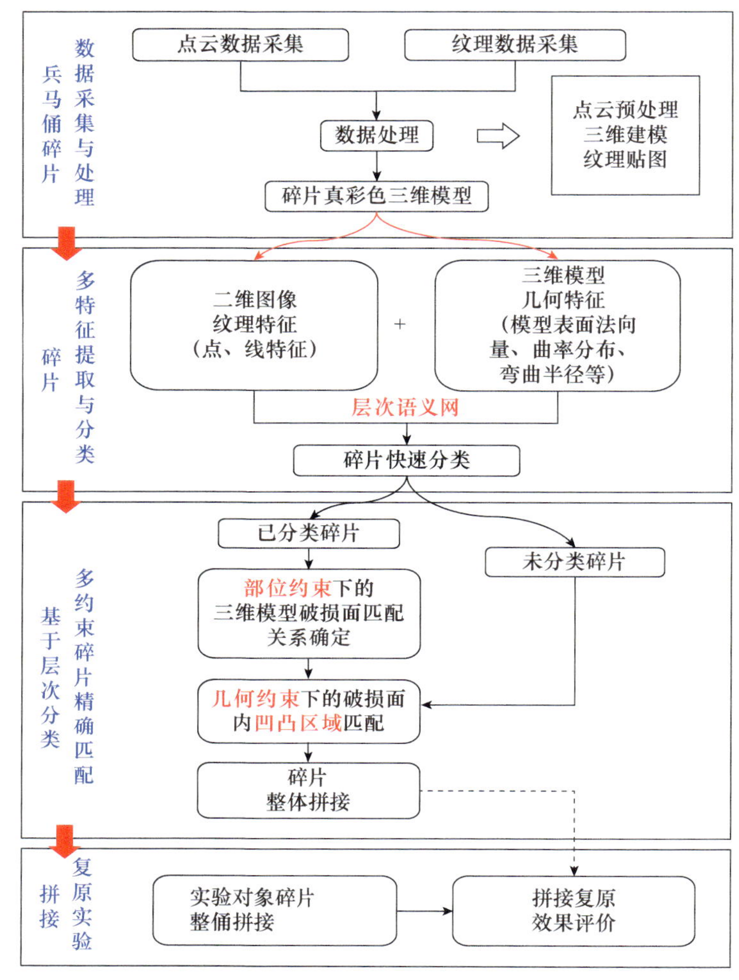

图 7.1　研究技术路线

效地采集被测物体表面大量三维点的空间坐标，并基于得到的数据建立被测物体的三维模型，该技术已经成为获取物体表面空间数据的重要手段。随着三维激光扫描设备在扫描速度、扫描范围、数据精度、抗干扰性等多项性能方面的不断提高，三维激光扫描技术的应用领域也越发广泛。目前针对三维激光扫描获得的点云数据出现了许多三维逆向建模系统与商业软件，例如Geomagic、Imageware、Cloudcompare、Polyworks等。

### 2. 三维激光扫描工作流程

三维激光扫描技术路线主要包括三个部分，分别是方案设计、三维数据采集与处理、三维模型建立与应用，详细内容如图7.2所示。

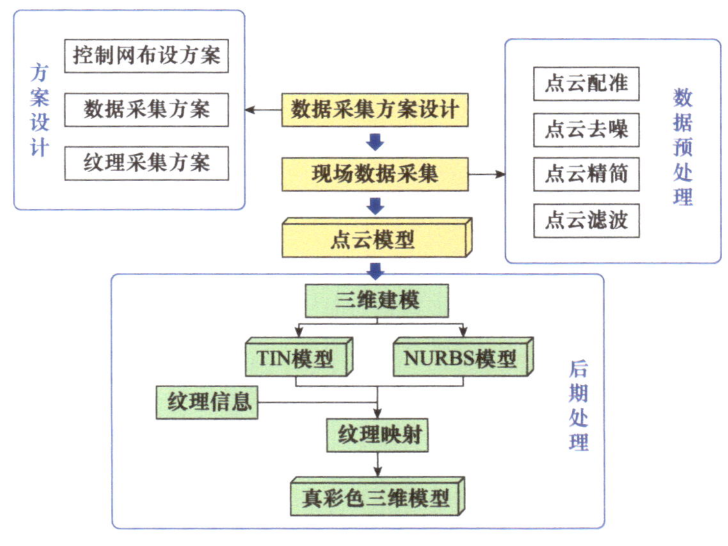


图 7.2　三维激光扫描工作流程

## （三）兵马俑碎片多特征提取和分类

如图 7.3 所示，兵马俑不同部位具有不同的纹理和几何特征；因此在匹配前，可对兵马俑大体分类，将相同部位的碎片进行分类归属，以提升匹配的效率和准确性；基

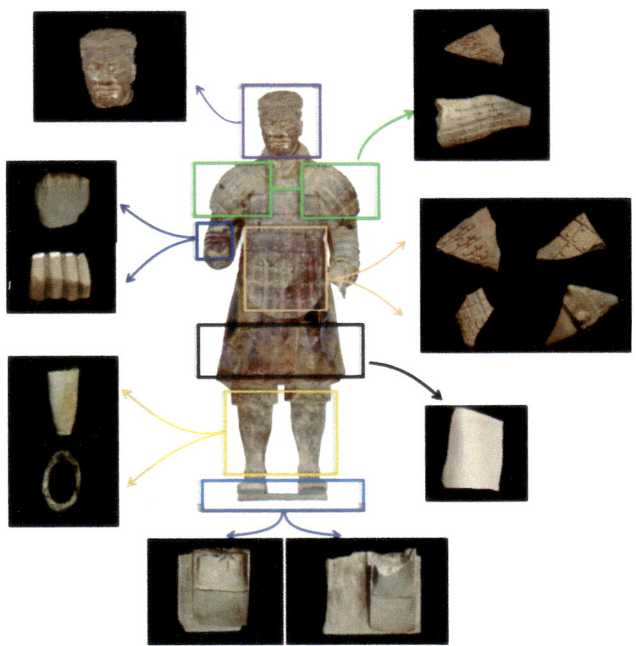

图 7.3　兵马俑各部位特征示意图

于此，本章将重点研究兵马俑碎片的多特征提取（包含纹理特征和几何特征），并采用层次语义网对兵马俑碎片进行分类，为后续碎片匹配做准备。

### 1. 碎片纹理特征提取

图像特征一般包含颜色特征、纹理特征和形状特征等。颜色特征主要是依靠图像全局区域中所有的像素点来提供图像信息。纹理特征是根据图像中局部区域的特征点计算并提取特征描述子，将其作为局部区域的性质对图像进行表示。形状特征则通过图像中物体的边缘轮廓或全局形状提取来对图像信息进行表示。纹理特征作为统计特征，不仅对图像的旋转、缩放具有鲁棒性，同时对噪声干扰也有着较强的抗性。形状特征能够有效对目标区域进行提取。本书中所涉及的碎片纹理特征不同于一般的图像特征概念，而是更宏观地将二维图像纹理特征与形状特征统称为纹理特征，并以此对兵马俑碎片进行特征提取来辅助其整体拼接。

兵马俑不同部位的线提取结果如图 7.4 所示。

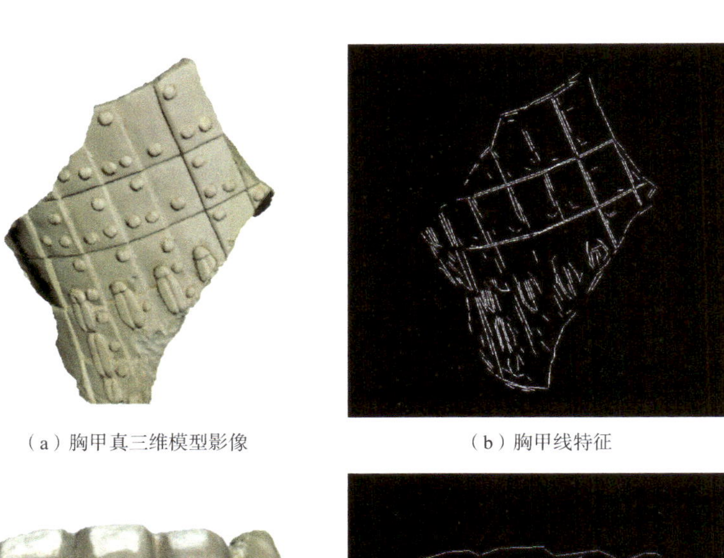

（a）胸甲真三维模型影像　（b）胸甲线特征

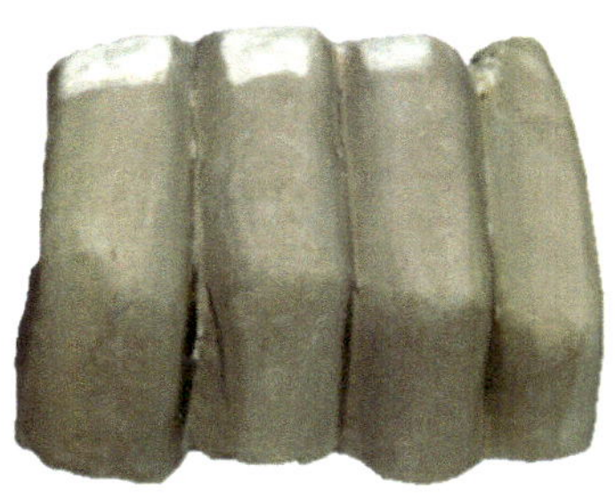

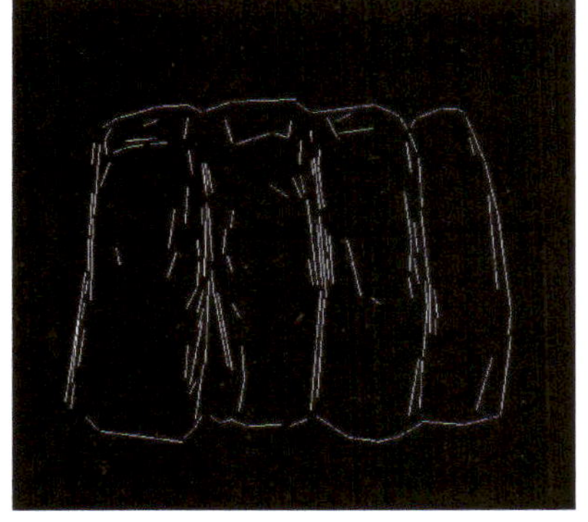

（c）手指真三维模型影像　（d）手指线特征

图 7.4　兵马俑不同部位线提取结果

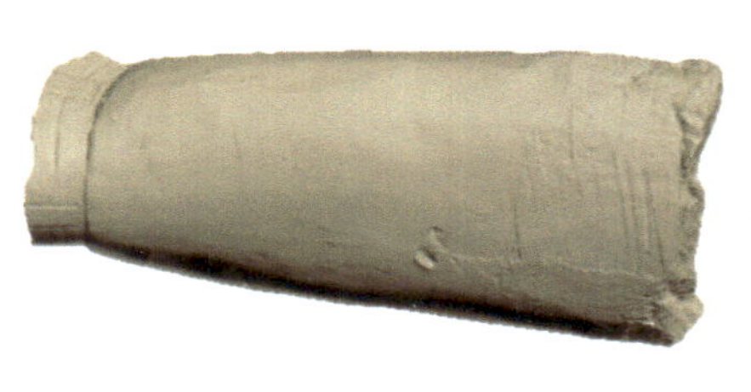

（e）腿部真三维模型影像

（f）腿部线特征

（g）足部与踏板真三维模型影像

（h）足部与踏板线特征

（i）头部真三维模型影像

（j）头部线特征

图 7.4 （续）

从图 7.4 中可以看出，对于兵马俑甲片而言，其生成的线特征较为规整，线的排列也基本遵循平行和垂直关系；手部的线段排列遵循平行关系；下肢、裙摆等部位基本线特征很少；头部的线特征较多，且各个方向均有。

### 2. 基于层次语义网的兵马俑碎片分类

尽管兵马俑素有千人千面之说，但从兵马俑整俑分析结果总体来看，同一类兵俑具有相类似的姿势、服饰和头冠（图 7.5）。鉴于此，为便于兵马俑碎片的虚拟拼接，可先确定出出土碎片的归属结构，按照人体结构及衣着服饰将其分为五类，分别为头、手臂、躯干上半身（铠甲部分）、躯干下半身（裙摆部分）、腿足及踏板。

经过多次试验，提出了一种基于层次语义网的兵马俑碎片分类方法，该分类方法

（a）兵马俑A

（b）兵马俑B

图7.5　兵马俑整体形态

认为兵马俑碎片可以分为具有明显特征的大碎片和没有明显特征的小碎片。首先通过大碎片的拼接，基本可以复原兵马俑的大体形态，然后以此恢复兵马俑的完整形态。本次所提层次语义网的兵马俑碎片分类如图7.6所示。

该方法主要分为以下几个步骤：

（1）首先根据体积将兵马俑碎片分为没有明显特征的小碎片和其他碎片。其他碎片一般会含有兵马俑的特定部位特征。

（2）采用SIFT算子和线提取算子提取兵马俑的点线特征。将兵马俑碎片分为纹理丰富碎片和纹理匮乏碎片。其中，可按碎片单位表面点的数量和线的长度为准则，定义纹理是否丰富。

（3）对于纹理丰富碎片，如果线特征排列基本平行，可将该碎片归类为手部碎片；如果所提线段排列同时存在平行和垂直关系，该类碎片可归类为胸甲碎片和臂膀；将未归类碎片归类为其他碎片。

（4）提取已归类为胸甲和臂膀的碎片的截面弯曲半径，如果该半径小于$R$，则该碎片被分类为臂膀碎片，否则该碎片为胸甲碎片。

（5）提取纹理匮乏碎片的法向量，如果碎片的法向量分布集中，则该碎片被归类为裙摆碎片；否则，该碎片被归类为其他碎片。

（6）对于其他碎片，可根据曲率将其分为腿部碎片和头部碎片。通过比较某部位曲率大的点数量与该部位总点数的比值，确定碎片对应的部位。一般而言，头部碎片该比值较大，腿部碎片该比值较小。

（7）足与踏板碎片依靠线特征与法向量分布等特征无法较好将其区分出来，因而采用碎片表面平整度来对其进行分类（图7.7）。

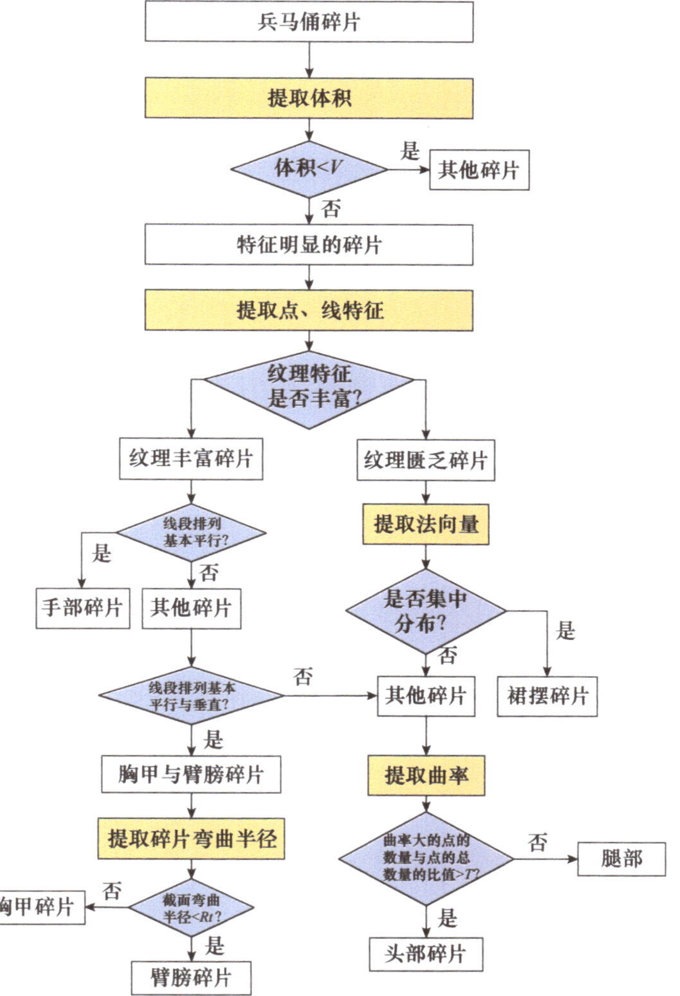


图 7.6　基于所提的层次语义网碎片分类

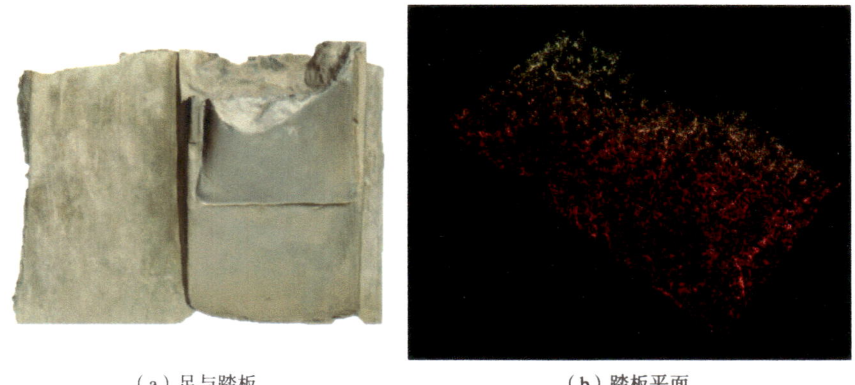

（a）足与踏板　　（b）踏板平面

图 7.7　足与踏板的显著特征

需要注意的是，为了能达到不同的人俑碎片都有最好的分类效果，各参数阈值的设定不是唯一的，是需要按碎片情况多次实验调整设置的。

## （四）兵马俑碎片虚拟拼接实验

### 1. 实验背景

为了能让兵马俑重新站立起来，保护修复工作者往往要仔细清理，记录、绘图、照相，然后在陶片中认真寻找，根据陶片的形状、厚度、纹路、色彩顺着茬口仔细地比对并逐步粘拼，这样的修复工作不仅耗时费力，而且容易对极其珍贵的兵马俑碎片造成二次损害。随着时代的发展，科技的进步，秦始皇兵马俑博物馆的文物保护工作逐步进入了系统化、科技化的阶段。为减少对文物产生二次损害且更科学地完成文物碎片的整理、拼接及修复，秦始皇兵马俑博物馆开展了破碎陶俑、陶马的三维信息留取、虚拟复原和展示等工作的研究和实践。本章节即为在此实验背景下，针对兵马俑出土陶片展开的虚拟拼接复原研究实验（图7.8）。

（a）一号坑概貌　　（b）修复人员工作照

图7.8　兵马俑一号坑概貌及工作人员修复兵马俑工作照

### 2. 实验数据采集

本实验数据来源为三维激光扫描仪获取的碎片点云数据和高分辨率摄影设备获取的碎片纹理数据以及Geomagic Studio 2013、Mudbox 2015软件处理过的高精度碎片真彩色三维模型。其中外业数据采集流程如图7.9所示。

实验在数据采集过程中，使用FARO的工业级高精度关节臂三坐标扫描仪（图7.10a）来对人俑碎片进行扫描以获取碎片的点云数据，该扫描仪单点精度0.045mm，采样密度为0.1mm；使用Nikon D810数码相机（图7.10a）来对碎片进行近距离全方位拍摄，本次实验中光圈参数f7.1，快门参数1/60s。图7.10b为外业数据采集现场工作照片。

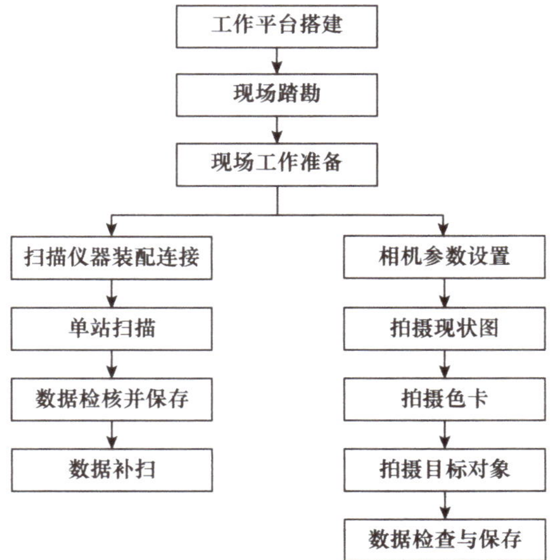


图 7.9　数据采集流程图

（a）实验仪器　（b）外业数据采集

图 7.10　实验仪器与数据采集

实验对象为一号坑内编号 T23G11：33 号人俑碎片，通过数据采集共获取原始点云数据 16G，纹理照片 12682 张，共构建 48 块高精度真彩色碎片三维模型。

### 3. 兵马俑碎片虚拟拼接流程与实验

1）兵马俑碎片虚拟拼接流程

通过对兵马俑碎片拼接关键技术的研究，本实验提出一套适用于兵马俑碎片的拼接复原流程，即首先对兵马俑碎片进行数据采集，构建碎片真彩色三维模型作为数据基础。其次，对碎片三维模型进行二维和三维的特征提取，最后对特征选取、组合并结合层次语义网对碎片进行快速分类。在对碎片进行分类归属后，对碎片三维模型进行边界特征提取并生成边界线，随后完成曲面分割与识别。借助于破损面内的凹凸区域特征结合碎片层次化分类后的部位约束将碎片破损面匹配关系确定，然后利用凹凸区域之间的几何约束完成碎片的精确匹配。最终完成整俑拼接复原。

2）拼接实验

对T23G11：33号秦俑的48块碎片采用了本书所提出的融合多特征的兵马俑碎片拼接流程与技术进行实验。拼接流程顺序如下。

（1）在对兵马俑碎片实验数据采集及内业处理后，首先对兵马俑碎片真彩色三维模型截图后获取的二维图像进行一致化处理，然后对其进行二维纹理特征提取；同时，对兵马俑三维模型进行几何特征提取。提取特征效果如图7.11所示。

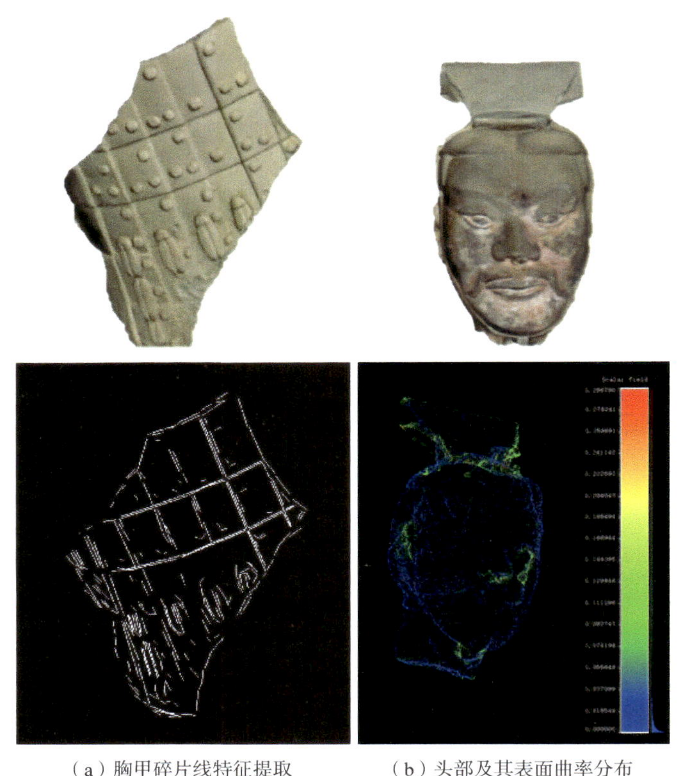

（a）胸甲碎片线特征提取　　（b）头部及其表面曲率分布

图7.11　兵马俑碎片特征提取效果图

（2）提取出碎片的多种特征后，将特征与兵马俑的先验知识相结合，按照人体结构及衣着服饰采用层次语义网对碎片进行有效归属分类。

（3）在将T23G11：33号人俑的48块碎片均分类后（包含未分类碎片，因未分类碎片也经过了分类识别操作），对碎片进行边界特征点提取及边界线的生成。图7.12为足与踏板部位的特征点和边界线，以及裙甲处的特征点和边界线。

（4）通过生成的边界线及广度优先搜索算法以及所构建的粗糙评价值和表面积等参数，对碎片的破损面进行分割提取并识别，如图7.13所示。

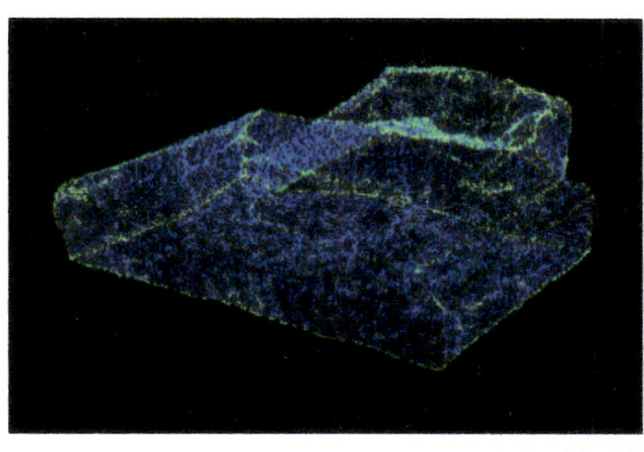

（a）足与踏板部位特征点

（b）获取部分边界线

图7.12　部分模型特征点及利用边界特征点所生成的边界线

（a）碎片A

（b）碎片B

图7.13　部分模型的破损面的分割与识别结果

（5）破损面提取出来后，结合面内顶点体积积分不变量所构建的特征描述符和最小二乘平差拟合曲面提取生成凹凸特征区域，如图7.14所示。

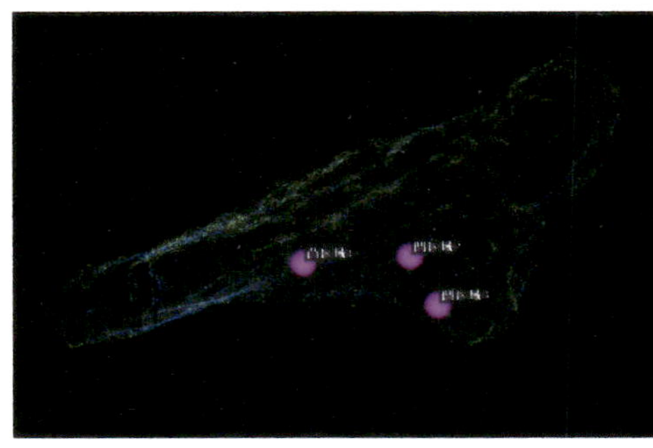
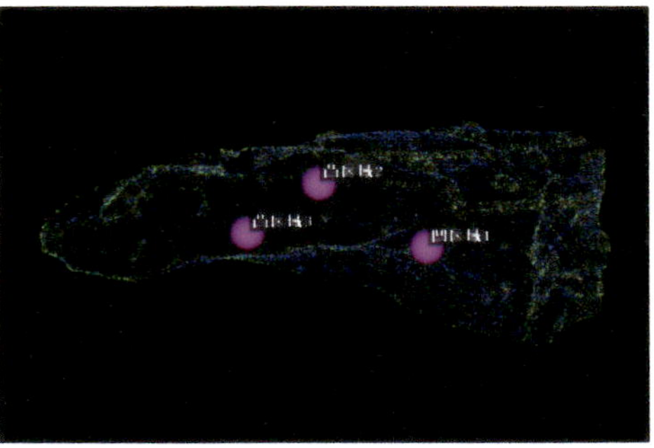

图7.14　不同破损面内所提取的相似凹凸区域

（6）结合部位约束以及凹凸区域拓扑几何约束，完成凹凸区域空间位置的精确匹配，并最终采用ICP进行精确对齐，尽量减小碎片之间的缝隙（图7.15）。

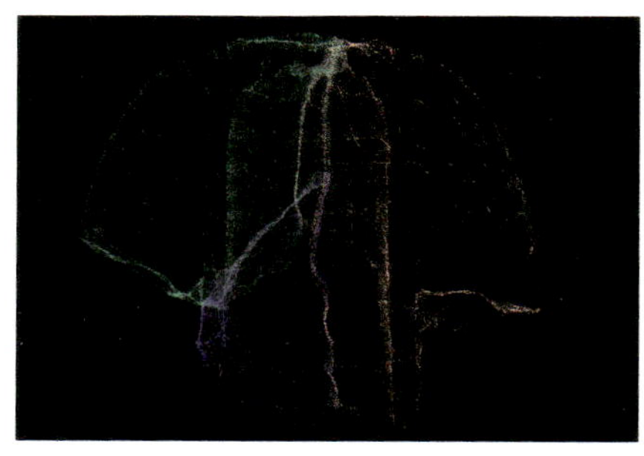
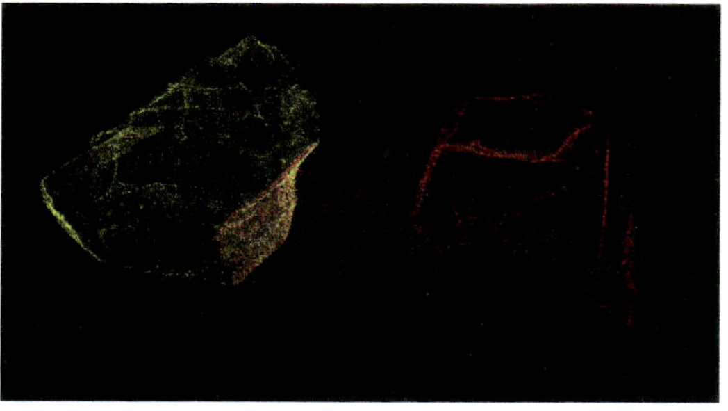

图7.15 匹配并精确对齐后的部分碎片

图7.16 兵马俑碎片拼接效果

（7）最终整俑的拼接效果如图7.16所示。图中俑体外碎片因有形状破损，因此按本书提出方法未找到确切拼接位置的碎片。最后经过查看模型，仔细比对，咨询专家后确定为右手肘部碎片。

## （五）小结

将文物通过三维扫描形成相应的“数字档案”，是文物保护研究方向的新热点。本研究在前人的研究基础上提出了一套针对兵马俑碎片的虚拟拼接修复流程并对其进行验证。该方法对文物保护修复具有以下优势。

（1）高效性。通过三维扫描形成的残片数字模型，结合一定的算法，可充分利用计算机强大的算力进行快速拼接，还原兵马俑本身的面貌。相比于传统方法，可大幅减少拼接时间。

（2）无损性。由于拼接操作基于数字模型，因而整个过程无需对残片实物进行任何接触，从而实现拼接过程中对残片无二次伤害，即这种方法具有无损性。

（3）精确性。由于三维扫描具有较高的数据精度，因此可将残片的尺寸和形状特征进行精确记录，从而在虚拟拼接过程中使残片特征对比更为精准，减少拼接误差，这对于兵马俑的实物拼接有很好的指导意义。

除此之外，本书所提出的兵马俑碎片拼接修复方法与流程，相比于传统的修复流程，更能体现一定的科学性，即通过三维扫描方式的秦俑碎片还原，还可进一步为其后续的保护提供科学指导和数据支撑。

## 二、修复后秦俑原址展示安全稳定性预防性保护研究

兵马俑是世界文化遗产，保护修复弥足珍贵。本项目采用三维激光扫描、X射线光谱分析和有限元模拟等方法，对兵马俑展开了数字化拼接、材料性能研究、静力与动力分析以及保护加固等研究。该研究为兵马俑的拼接与保护工作奠定了坚实的理论基础，为保护中国珍贵文化遗产、传承历史文明做出重要的贡献。

### （一）秦俑材料及粘接剂性能分析

#### 1. 材性试验

材性试验是确定材料力学性能的直接途径。本项目的秦俑材性试验已完成陶体材料试验和粘接剂性能试验。

#### 2. 试件制作

由于秦俑具有不可再生性，故选取不同部位的小残片作为样品，其均为秦俑修复阶段无法进行粘接拼合的残片。残片样本部位如图7.17所示，各试件编号及其受荷面具体尺寸如表7.1所示。

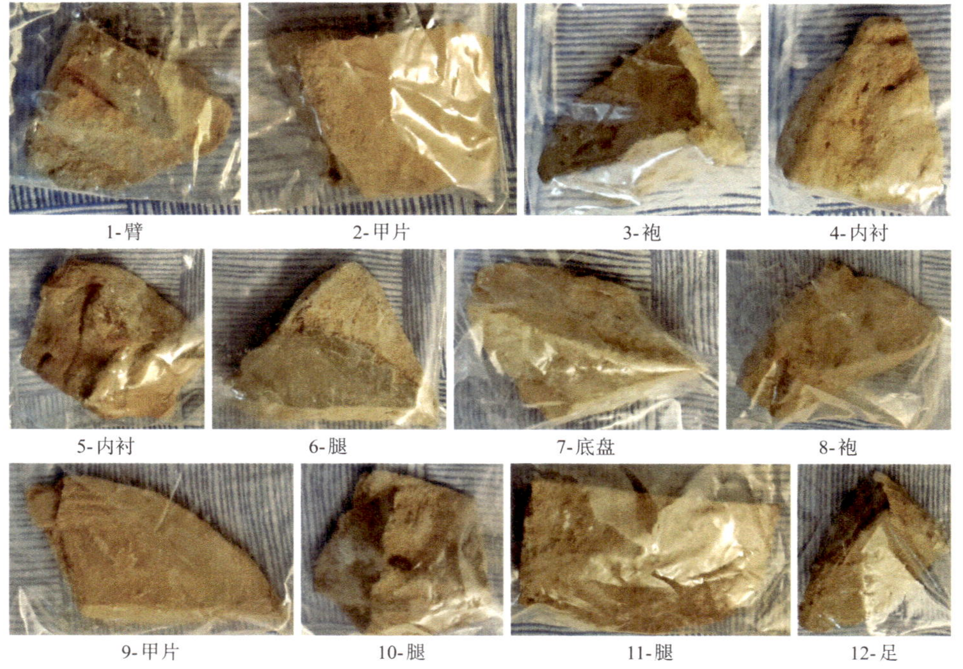


图7.17　秦俑残片样本

表 7.1 试件编号及受荷面尺寸 （单位：mm）

| 编号 | 测试项目 | 部位 | 尺寸 | 编号 | 测试项目 | 部位 | 尺寸 |
|---|---|---|---|---|---|---|---|
| 1-1 | 抗压 | 臂 | 11.00×10.24 | 7-1 | 抗压 | 底盘 | 11.15×11.17 |
| 1-2 | 抗压 | 臂 | 10.92×10.63 | 7-2 | 抗压 | 底盘 | 11.04×11.06 |
| 1-3 | 抗折 | 臂 | 5.30×5.43 | 7-3 | 抗折 | 底盘 | 5.35×5.11 |
| 1-4 | 抗折 | 臂 | 5.33×5.55 | 7-4 | 抗折 | 底盘 | 5.33×4.90 |
| 1-5 | 粘接抗折 | 臂 | 5.26×5.27 | 7-5 | 粘接抗折 | 底盘 | 5.00×4.84 |
| 2-1 | 抗压 | 甲片 | 10.84×10.93 | 8-1 | 抗压 | 袍 | 11.06×10.79 |
| 2-2 | 抗压 | 甲片 | 10.59×11.07 | 8-2 | 抗压 | 袍 | 11.08×10.74 |
| 2-3 | 抗折 | 甲片 | 5.22×5.18 | 8-3 | 抗折 | 袍 | 5.97×5.52 |
| 2-4 | 抗折 | 甲片 | 5.26×5.50 | 8-4 | 抗折 | 袍 | 5.65×5.54 |
| 2-5 | 粘接抗折 | 甲片 | 4.97×4.95 | 8-5 | 粘接抗折 | 袍 | 5.44×5.26 |
| 3-1 | 抗压 | 袍 | 10.91×11.16 | 9-1 | 抗压 | 甲片 | 9.64×9.80 |
| 3-2 | 抗压 | 袍 | 10.96×10.92 | 9-2 | 抗压 | 甲片 | 9.44×9.70 |
| 3-3 | 抗折 | 袍 | 5.65×5.44 | 9-3 | 抗折 | 甲片 | 4.42×4.50 |
| 3-4 | 抗折 | 袍 | 5.83×5.47 | 9-4 | 抗折 | 甲片 | 4.58×4.31 |
| 3-5 | 粘接抗折 | 袍 | 5.64×5.34 | 9-5 | 粘接抗折 | 甲片 | 4.32×4.21 |
| 4-1 | 抗压 | 内衬 | 10.08×10.05 | 10-1 | 抗压 | 腿 | 9.94×9.78 |
| 4-2 | 抗压 | 内衬 | 8.23×7.96 | 10-2 | 抗压 | 腿 | 10.11×9.48 |
| 4-3 | 抗折 | 内衬 | 5.35×5.25 | 10-3 | 抗折 | 腿 | 4.89×5.10 |
| 4-4 | 抗折 | 内衬 | 5.29×5.38 | 10-4 | 抗折 | 腿 | 4.88×4.96 |
| 4-5 | 粘接抗折 | 内衬 | 5.16×5.22 | 10-5 | 粘接抗折 | 腿 | 3.98×4.67 |
| 5-1 | 抗压 | 内衬 | 10.62×10.85 | 11-1 | 抗压 | 腿 | 9.97×9.90 |
| 5-2 | 抗压 | 内衬 | 11.04×10.87 | 11-2 | 抗压 | 腿 | 10.11×10.15 |
| 5-3 | 抗折 | 内衬 | 5.39×5.37 | 11-3 | 抗折 | 腿 | 5.61×5.62 |
| 5-4 | 抗折 | 内衬 | 5.25×5.35 | 11-4 | 抗折 | 腿 | 5.84×5.73 |
| 5-5 | 粘接抗折 | 内衬 | 5.20×4.49 | 11-5 | 粘接抗折 | 腿 | 5.48×5.45 |
| 6-1 | 抗压 | 腿 | 10.98×11.01 | 12-1 | 抗压 | 足 | 9.82×9.71 |
| 6-2 | 抗压 | 腿 | 10.65×11.09 | 12-2 | 抗压 | 足 | 10.94×11.08 |
| 6-3 | 抗折 | 腿 | 5.31×5.36 | 12-3 | 抗折 | 足 | 5.56×5.31 |
| 6-4 | 抗折 | 腿 | 5.77×5.54 | 12-4 | 抗折 | 足 | 5.64×5.19 |
| 6-5 | 粘接抗折 | 腿 | 5.56×5.22 | 12-5 | 粘接抗折 | 足 | 5.20×4.52 |

### 3. 试验方法和数据处理

抗压强度与抗折强度参考规范《混凝土物理力学性能试验方法标准》。对于抗压试验试件采用万能试验机，试验时，确保试件表面与上下承压板或钢垫板均匀接触，加载速度取1mm/min直至试件破坏。对于抗折试验采用万能试验机，结合三点弯曲装置进行加载，加载速度取值为1mm/min，直至试件破坏。

### 4. 试验结果

对于抗压强度和抗折强度的试验数据处理，采用两种用方案。第一种是对所有试验组的结果进行平均值统计。第二种是在所有试验组中找出强度最小值和最大值各2组，然后去除以上4组结果，对剩余的试验组进行平均值统计。

对于粘接抗折强度，由于其试验组数量较少，因此直接对所有试验组进行平均值统计。

1）抗压强度

各试件的抗压强度如表7.2所示，对于这些试件，根据其部位进行抗压强度平均值的统计，并计算了所有试件的平均抗压强度。可以看出，底盘、内衬和甲片部位抗压性能相对较好，腿部和袍相对较差，去除最值数据如表7.3所示。

表7.2　各试件抗压强度　（单位：MPa）

| 编号 | 抗压强度 | 部位 | 平均值 | 编号 | 抗压强度 | 部位 | 平均值 |
|---|---|---|---|---|---|---|---|
| 1-1 | 37.33 | 臂 | 29.35 | 4-1 | 33.60 | 内衬 | 38.70 |
| 1-2 | 21.36 | | | 4-2 | 22.40 | | |
| 2-1 | 39.68 | 甲片 | 33.79 | 5-1 | 41.33 | | |
| 2-2 | 41.46 | | | 5-2 | 57.46 | | |
| 9-1 | 32.20 | | | 6-1 | 30.28 | 腿 | 17.62 |
| 9-2 | 21.80 | | | 6-2 | 9.85 | | |
| 3-1 | 16.49 | 袍 | 19.40 | 10-1 | 13.50 | | |
| 3-2 | 19.33 | | | 10-2 | 17.70 | | |
| 8-1 | 23.81 | | | 11-1 | 16.55 | | |
| 8-2 | 17.95 | | | 11-2 | 17.81 | | |
| 7-1 | 32.92 | 底盘 | 44.16 | 12-1 | 19.54 | 足 | 24.99 |
| 7-2 | 55.39 | | | 12-2 | 30.44 | | |
| 总平均值 | | | | 27.92 | | | |

表7.3　原始数据与去除最值后抗压强度平均值比较　（单位：MPa）

| 部位 | 臂 | 甲片 | 袍 | 内衬 | 腿 | 底盘 | 足 | 总平均值 |
|---|---|---|---|---|---|---|---|---|
| 原始数据 | 29.35 | 33.79 | 19.40 | 38.70 | 17.62 | 44.16 | 24.99 | 27.92 |
| 去除最值 | 29.35 | 33.79 | 19.40 | 32.43 | 20.60 | 32.90 | 24.99 | 29.65 |

2）抗折强度

各试件的抗折强度如表7.4所示。通过平均值统计可以看出，内衬和袍的抗折性能相对较弱，去除最值后抗折强度较小的部位未发生改变，而抗折强度较大的部位则是甲片和袍，去除最值数据如表7.5所示。

表7.4　各试件抗折强度　（单位：MPa）

| 编号 | 抗折强度 | 部位 | 平均值 | 编号 | 抗折强度 | 部位 | 平均值 |
|---|---|---|---|---|---|---|---|
| 1-3 | 8.79 | 臂 | 9.85 | 4-3 | 11.18 | 内衬 | 17.85 |
| 1-4 | 10.90 | | | 4-4 | 13.07 | | |
| 2-3 | 19.89 | 甲片 | 11.83 | 5-3 | 24.89 | | |
| 2-4 | 15.38 | | | 5-4 | 22.26 | | |
| 9-3 | 3.58 | | | 6-3 | 12.40 | 腿 | 11.27 |
| 9-4 | 8.48 | | | 6-4 | 6.91 | | |
| 3-3 | 14.34 | 袍 | 14.56 | 10-3 | 11.82 | | |
| 3-4 | 14.12 | | | 10-4 | 8.11 | | |
| 8-3 | 15.91 | | | 11-3 | 14.99 | | |
| 8-4 | 13.86 | | | 11-4 | 13.41 | | |
| 7-3 | 13.50 | 底盘 | 11.36 | 12-3 | 9.13 | 足 | 11.84 |
| 7-4 | 9.21 | | | 12-4 | 14.55 | | |
| 总平均值 | | | | 12.95 | | | |

表7.5　原始数据与去除最值后抗折强度平均值比较　（单位：MPa）

| 部位 | 臂 | 甲片 | 袍 | 内衬 | 腿 | 底盘 | 足 | 总平均值 |
|---|---|---|---|---|---|---|---|---|
| 原始数据 | 9.85 | 11.83 | 14.56 | 17.85 | 11.27 | 11.36 | 11.84 | 12.95 |
| 去除最值 | 9.85 | 14.58 | 14.56 | 12.13 | 12.15 | 11.36 | 11.84 | 12.65 |

3）粘接抗折强度

各试件的粘接抗折强度如表7.6所示。由于试件粘接面积很小，且部分试验组中的2个试块粘接面与其余侧面并不严格垂直（图7.18），因而粘接抗折强度的试验结果和实际情况存在较大误差。对于粘接抗折强度，其较大的部位为甲片和足，较小的部位为手臂、袍和腿部。

表7.6　各试件粘接抗折强度　（单位：MPa）

| 编号 | 粘接抗折强度 | 部位 | 平均值 | 编号 | 粘接抗折强度 | 部位 | 平均值 |
|---|---|---|---|---|---|---|---|
| 1-5 | 3.92 | 臂 | 3.92 | 4-5 | 16.44 | 内衬 | 14.46 |
| 2-5 | 12.28 | 甲片 | 16.04 | 5-5 | 12.47 | | |
| 9-5 | 19.79 | | | 6-5 | 6.76 | 腿 | 6.66 |
| 3-5 | 3.61 | 袍 | 7.29 | 10-5 | 2.29 | | |
| 8-5 | 10.96 | | | 11-5 | 10.92 | | |
| 7-5 | 13.32 | 底盘 | 13.32 | 12-5 | 19.46 | 足 | 19.46 |
| 总平均值 | | | | 11.02 | | | |

图 7.18　粘接抗折强度试件

## 5. 粘接剂稳定性初步分析

根据现有秦俑保护修复的相关经验，粘接过程多采用环氧树脂粘接剂。对于该粘接剂，对跨度40多年不同部位样品热分解行为、表界面微观形貌观察与组成分析进行了研究。

1）界面微观形貌与物质构成

选取某整俑脚底与踏板间的部位进行电子显微镜扫描、光学拍照和X射线光谱分析（EDX）（图7.19）。

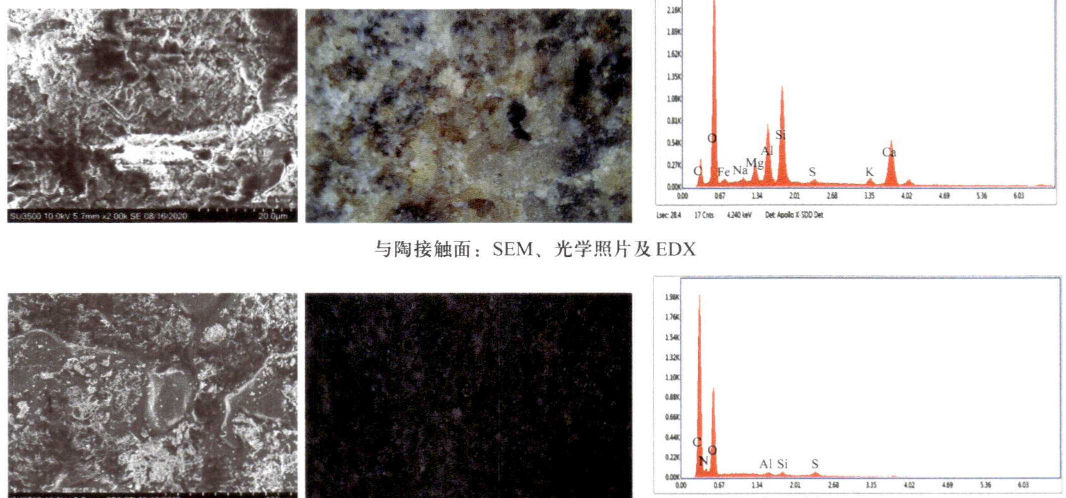


与陶接触面：SEM、光学照片及EDX

与底座接触面：SEM、光学照片及EDX

图 7.19　脚底与踏板间的粘接面微观分析

选取整俑脚踏板中间裂隙部位进行电子显微镜扫描、光学拍照和X射线光谱分析（图7.20）。

进一步选取该整俑左裤下沿外侧的部位进行电子显微镜扫描、光学拍照和X射线光谱分析，结果如图7.21所示。

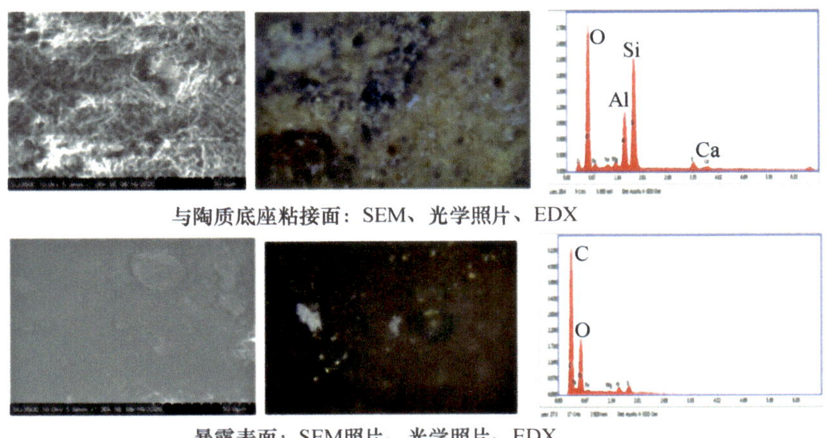


与陶质底座粘接面：SEM、光学照片、EDX

暴露表面：SEM照片、光学照片、EDX

图7.20　脚踏板中间裂隙部位粘接面微观分析

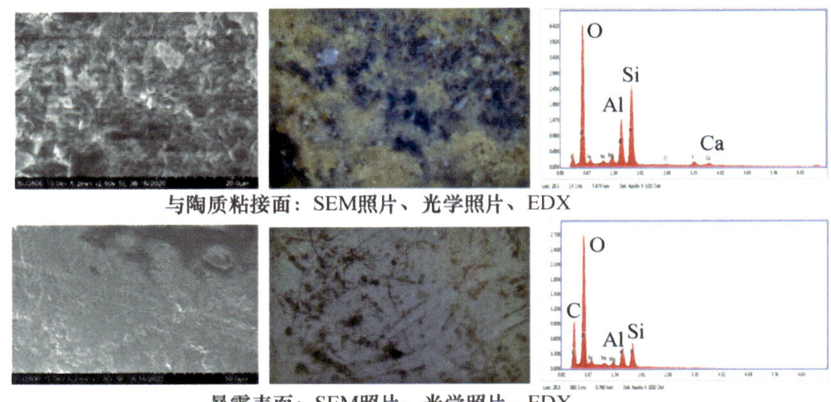


与陶质粘接面：SEM照片、光学照片、EDX

暴露表面：SEM照片、光学照片、EDX

图7.21　左裤下沿外侧粘接面微观分析

2）环氧树脂粘接剂X射线光电子能谱分析（XPS）研究

选取某整俑脚底与踏板间的部位，分别对脚底粘接面和脚底光滑面进行XPS分析，结果如图7.22所示。

进一步选取该整俑脚踏板中间裂隙部位，分别对陶接触胶料面和底座接触胶面进行XPS分析（图7.23）。

3）热稳定分析

对不同年份的粘接剂进行取样进行热稳定分析，如图7.24所示。

### 6. 小结

通过对秦俑不同部位进行抗压强度、抗折强度和粘接后抗折强度试验，得出以下结论。

（1）秦俑整体的抗压强度为29.65MPa，抗折强度为12.65MPa。甲片部位的抗压

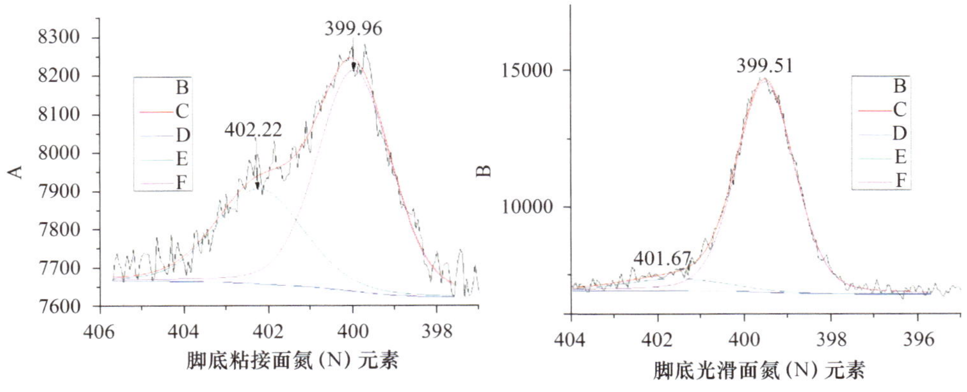


图 7.22　脚底与踏板间的粘接面 XPS 分析

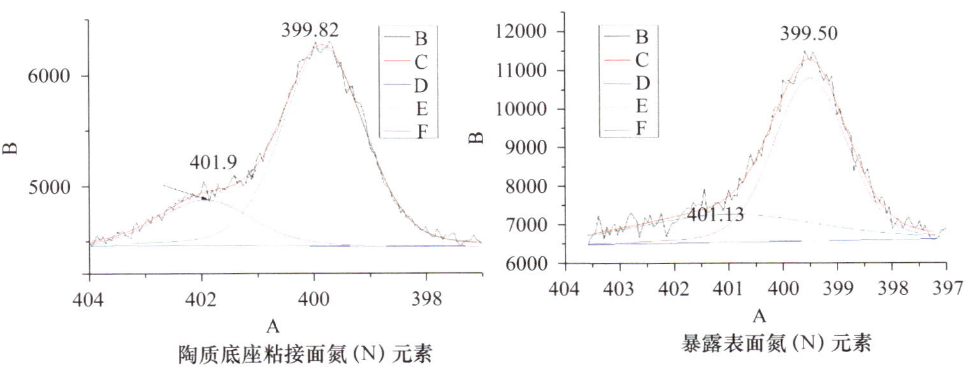


图 7.23　脚踏板中间裂隙部位粘接面 XPS 分析

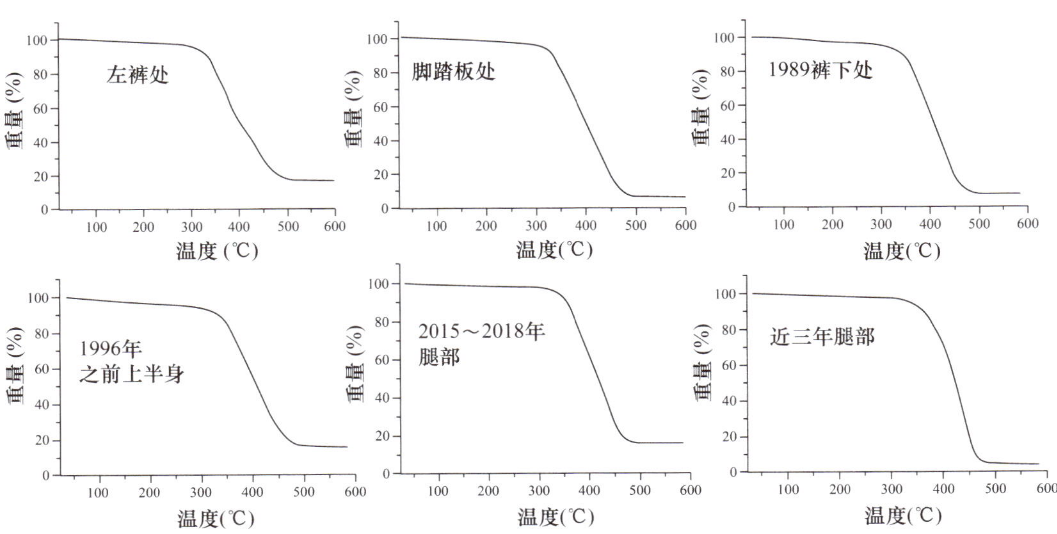


图 7.24　粘接剂热稳定分析

强度和抗折强度较高，其余部位的抗压强度和抗折强度有所差异，抗压强度差异较大，抗折强度差异较小。

（2）粘接修复后的陶体整体抗折强度相比粘接前下降，甲片和足部相对较高，手臂、袍和腿部相对较低。

（3）对于环氧树脂粘接剂，研究表明其与陶面黏结性强，开裂不是由于树脂强度不足；环氧树脂与陶面具有化学黏结作用，且树脂暴露面稳定；环氧树脂与底座的黏结力相对较弱，主要是由于底座表面光滑，而非树脂衰减。

（4）粘接剂具有良好的稳定性，因此保护重点应放在陶体自身结构上。腿部强度相对较低且受力较高，因此在保护修复中需重点保护并采取预防性措施以保持修复后秦俑的力学稳定性。

## （二）三维激光扫描与结构安全性分析

以G11：33秦俑为例，探究逆向建模方法获取兵马俑数字模型，并指导现场实际拼接修复。在此基础上对其余5套整俑进行三维扫描和逆向建模，为后期有限元模拟提供高精度模型。

### 1. G11：33秦俑原型简介

G11：33秦俑位于一号坑展区（图7.25）。

（a）前视图　（b）左视图　（c）后视图　（d）右视图

图7.25　G11：33秦俑原型

### 2. 三维激光扫描

采用手持三维激光扫描仪进行数据采集，现场三维扫描的过程如图7.26所示。其中，扫描的数据均直接记录在Geomagic软件中。

待全部残片扫描完成后，在Geomagic中将残片进行虚拟拼接，对于该套整俑，其虚拟拼接的主要流程如图7.27所示。

图 7.26 三维扫描现场照片

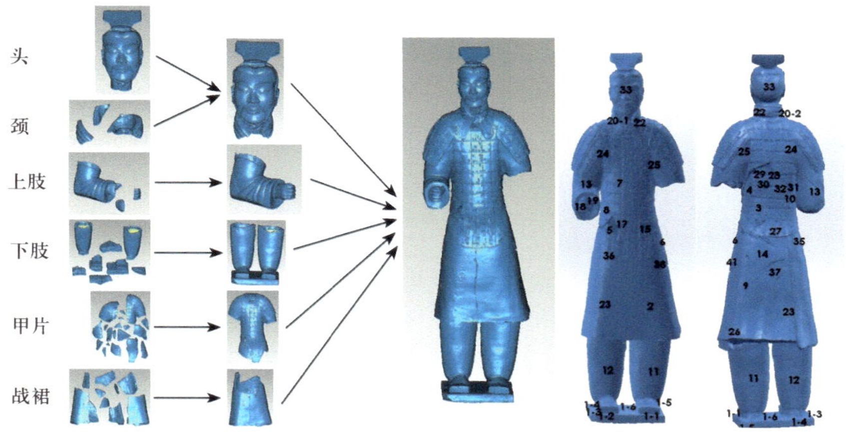


图 7.27 残片虚拟拼接流程

### 3. 点云逆向建模

逆向建模采用Geomagic Wrap软件，具体步骤如下。

（1）点云简化。采用软件点模块中的“点云简化”功能，考虑到兵马俑的形状特点，采用统一采样的方式对该俑的46块残片各自进行合适比例的简化。

（2）点云降噪。采用软件点模块中的“自动降噪”功能，降噪迭代次数为1。降噪完成后模型的体外“跳点”可基本去除。

（3）点云封装。采用软件点模块中的“点云封装”功能，设置最大三角形数为138735，完成点云封装。

（4）拟合曲面。曲面拟合是将多边形模型转换成曲面模型的过程，该操作位于“曲面”面板中，点击“拟合曲面”，采用软件默认设置即可。拟合后生成的模型即为三维实体格式。

对于G11：33整俑，其处理过程如图7.28所示。

其余整俑逆向建模情况如表7.7所示。

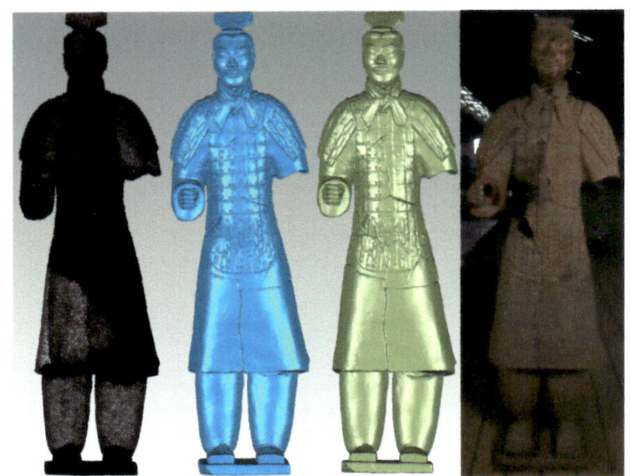

（a）初始点云 （b）三角网格 （c）曲面片 （d）整俑

图 7.28 整俑建模

表 7.7 兵马俑逆向建模情况

| 编号 | 1-57 | 5-14 | 23 | 35 | 49-65 |
|---|---|---|---|---|---|
| 点云数量 | 3355126 | 3332568 | 4317027 | 4154154 | 3753804 |
| 缩减比例 | 10% | 1% | 1% | 1% | 1% |

（a） （b）

图 7.29 G11：33 整俑有限元模型

#### 4. 结构安全性分析

本案例将分别对足踝部位和秦俑整体建立模型进行计算，本案例中采用土体的尺寸为1m×1m×0.5m，该尺寸可将秦俑底面完全放置。装配效果如图 7.29 所示。

对于秦俑残片接触部分设置接触类型均为绑定；对于整俑模型，除残片之间需要进行绑定以外，还需将底板下表面和土体表面进行接触设置。接触类型采用面接触，摩擦因数取 0.3。

对于边界条件，足踝模型的约束范围为底板下表面，整俑模型为土体下表面，均约束全部6个自由度。

由于案例模拟的是重力作用下的结构受力特性，因而荷载只有重力。对于足踝模型，其重力的施加则通过表面力进行换算；对于整俑模型，可直接施加全局重力，在完成上述操作后可进行结构计算，其余4套整俑采用相同方式进行有限元计算。

1）G11：33计算结果

对于足踝部分而言，各残片的Von Mises应力如表7.8所示，整体应力云图如图7.30所示。

表7.8　G11：33足踝部位残片Von Mises应力　　（单位：MPa）

| 编号 | 所属部位 | 最大Von Mises应力 |
|---|---|---|
| 1 | 右腿底前部 | 0.146 |
| 2 | 右腿底中部 | 0.353 |
| 3 | 右腿底后部 | 0.164 |
| 4 | 左腿底后部 | 0.186 |
| 5 | 左腿底中部 | 0.400 |
| 6 | 左腿底前部 | 0.380 |
| 7 | 右腿腿部 | 0.287 |
| 8 | 左腿腿部 | 0.723 |

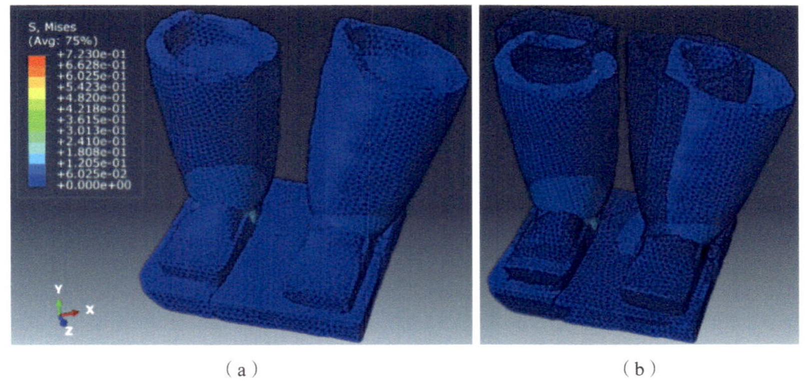


（a）　（b）

图7.30　G11：33足踝应力云图和变形图

对于结构变形，整体形状如图7.30b所示，可以看出最大变形同样出现在左腿，其对应的绝对值为0.080mm。相比于右腿以竖向为主的变形特点，左腿变形还出现明显的侧向变形。

整俑计算分为地面水平和地面倾斜的工况。地面水平工况，即假设秦俑放置的土体区域表面平坦，且与重力方向严格垂直。地面倾斜的工况，则包含向前、向后、向左、向右倾斜这些方向。其中，各方向均计算倾斜1°～9°时候的情况，用于探究秦俑随地面倾斜的受力特征的变化，并寻找最不利位置和最不利工况，提出相应的保护建议。秦俑整俑模拟的工况设置如图7.31所示。

地面水平工况下（无倾斜），整个模型的最大主应力和最小主应力如图7.32所示。图7.33显示下半部分的计算结果，图7.34显示上半部分的计算结果。

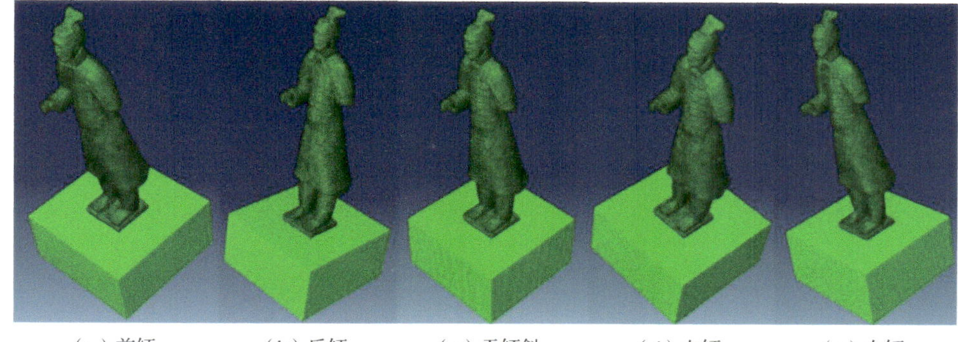

（a）前倾　（b）后倾　（c）无倾斜　（d）左倾　（e）右倾

图7.31　G11：33整俑模拟工况设置

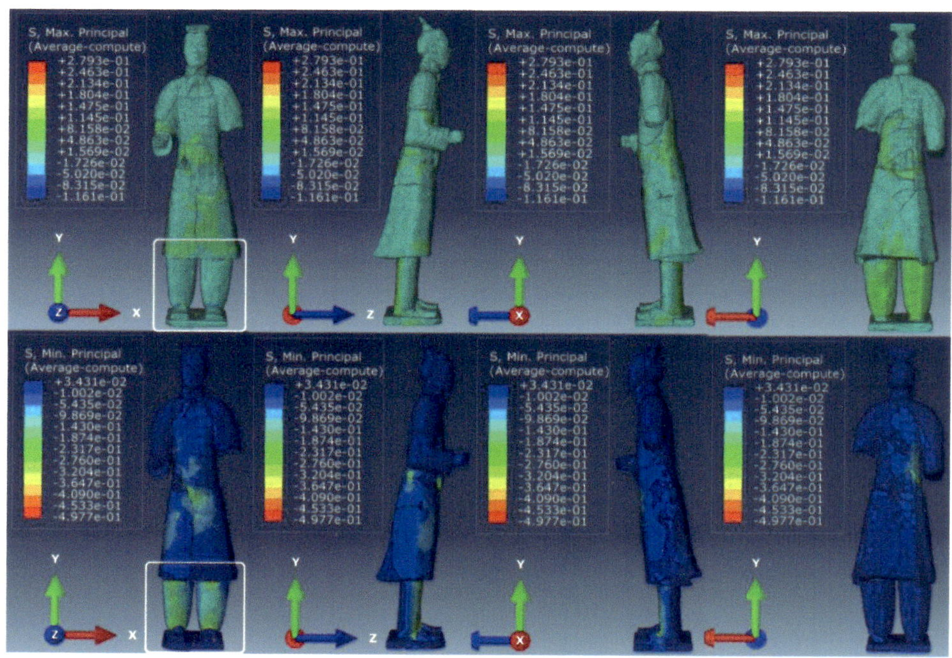


图7.32　G11：33整俑应力图

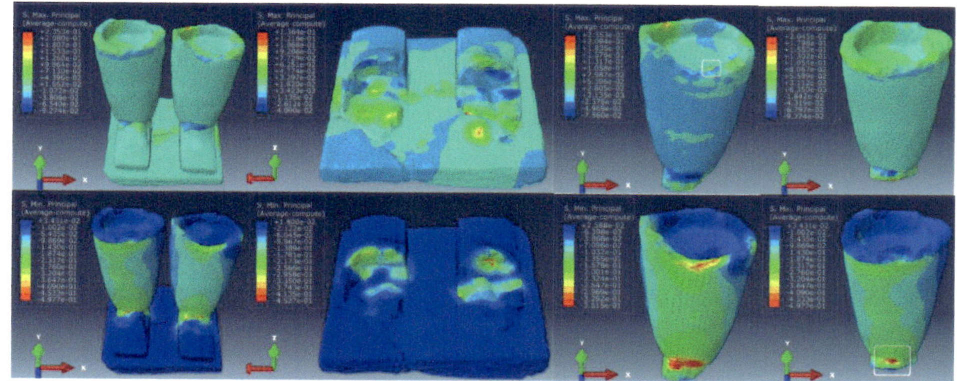

图7.33　G11：33下部计算结果

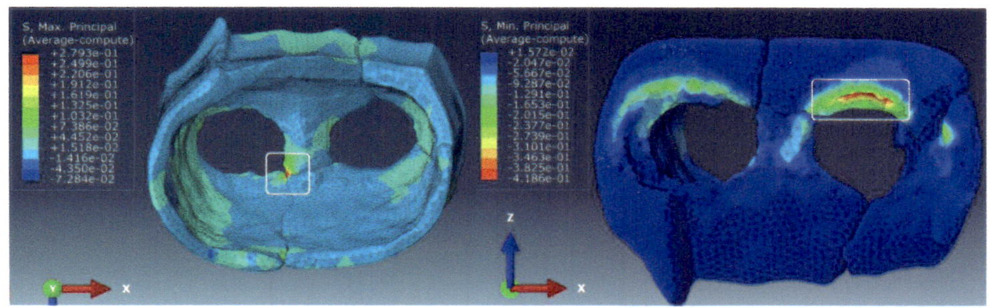

图 7.34　G11：33上部计算结果

结构整体变形结果如图7.35所示。

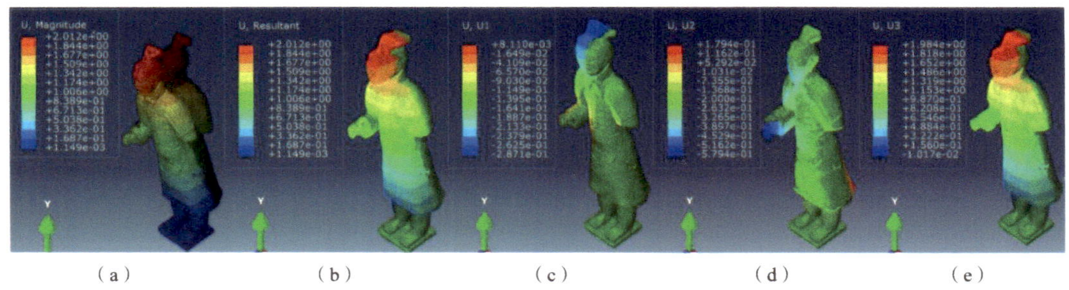

（a）　（b）　（c）　（d）　（e）

图 7.35　G11：33整俑位移图

地面倾斜的工况包含向前、向后、向左、向右倾斜1°～9°时候的情况。图7.36展示了该俑在各方向倾斜9°时的应力结果，图7.37为各工况的最大拉应力和最大压应力

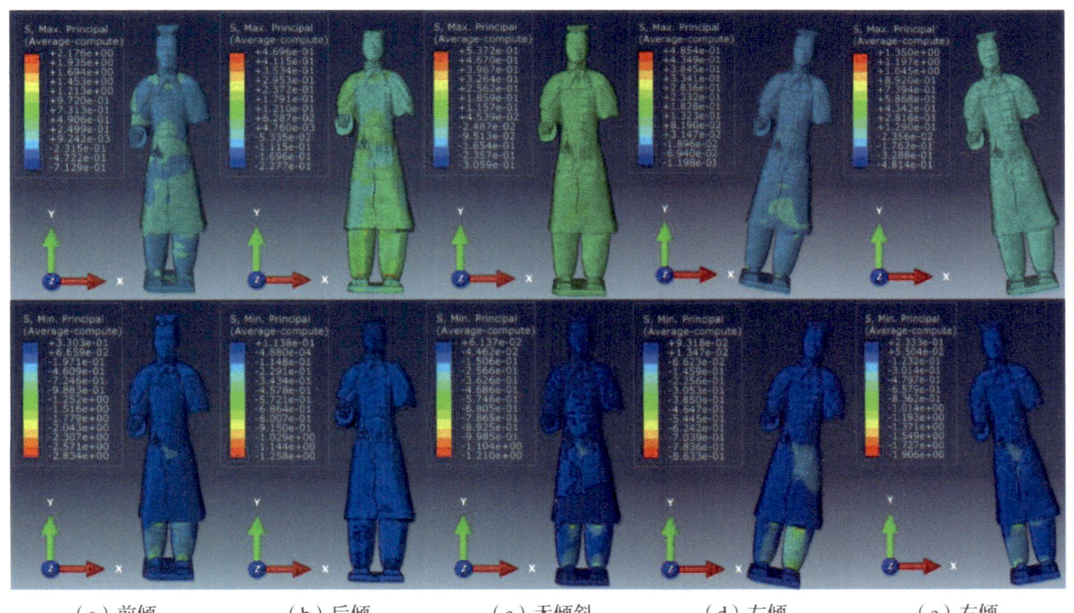

（a）前倾　（b）后倾　（c）无倾斜　（d）左倾　（e）右倾

图 7.36　G11：33整俑各方向倾斜9°的应力结果

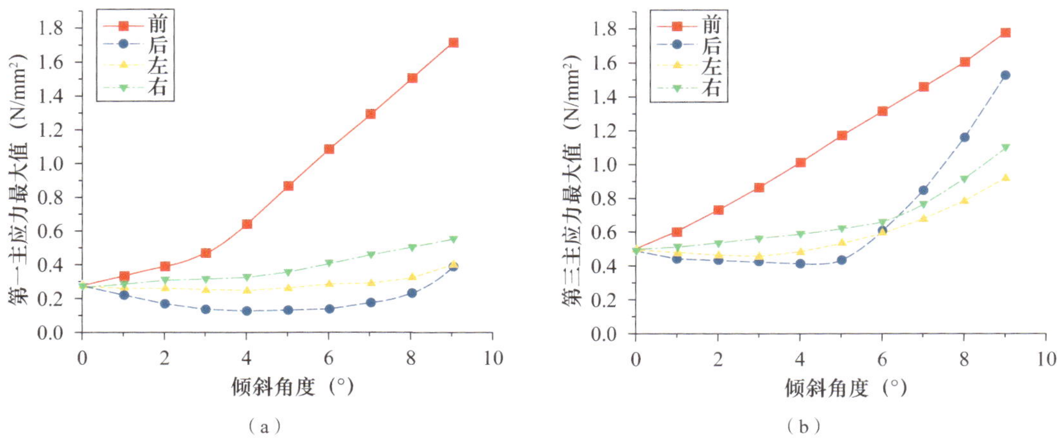


图 7.37　G11：33 各倾斜方向最大应力随角度变化的趋势

随倾斜角度变化的趋势。

2）G8：1/57 整俑计算结果

该整俑应力如图 7.38 所示。结构整体变形结果见图 7.39。

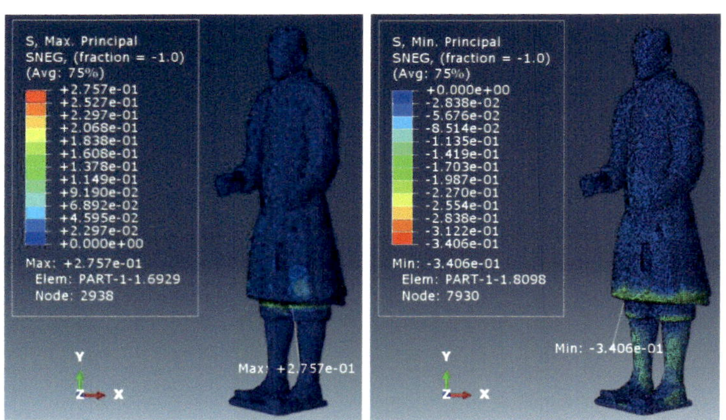


图 7.38　整俑应力云图

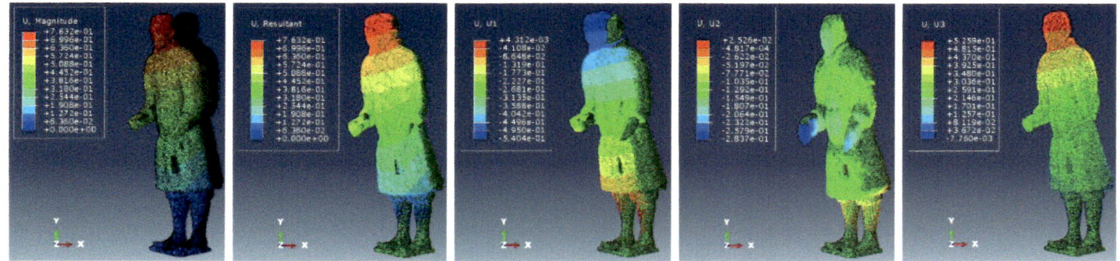

图 7.39　整俑变形图

3）G8：5/14整俑计算结果

该整俑应力如图7.40所示。结构整体变形结果见图7.41。

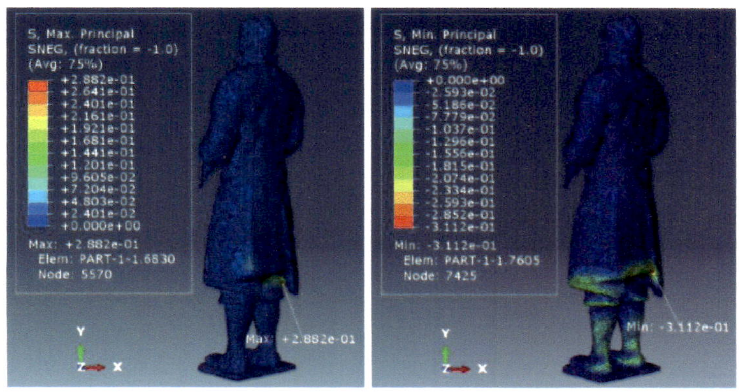


图7.40 整俑应力云图

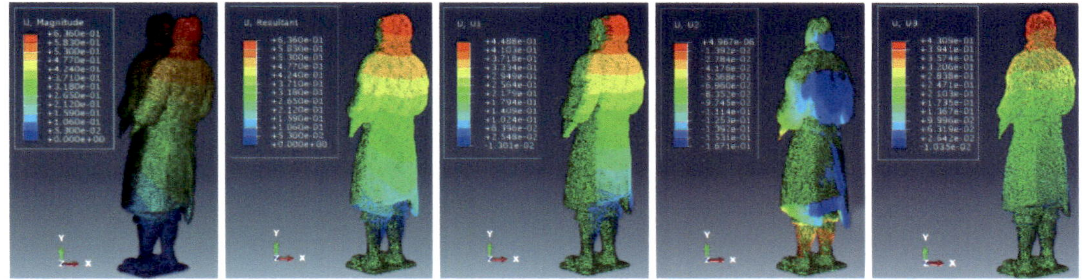

图7.41 整俑变形图

4）G8：23整俑计算结果

该整俑应力如图7.42所示。结构整体变形结果见图7.43。

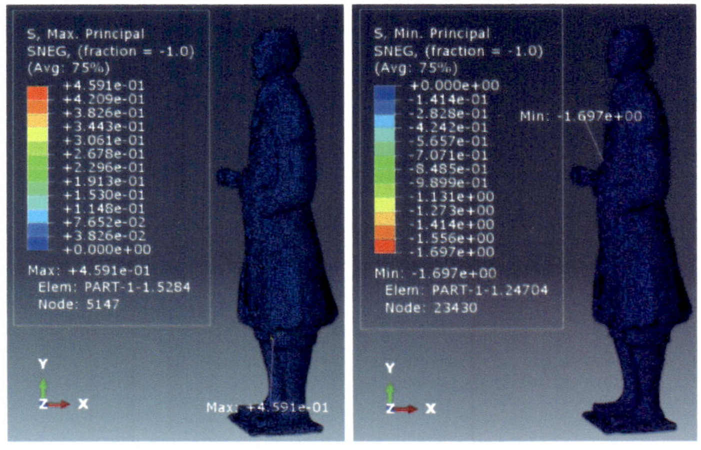


图7.42 整俑应力云图

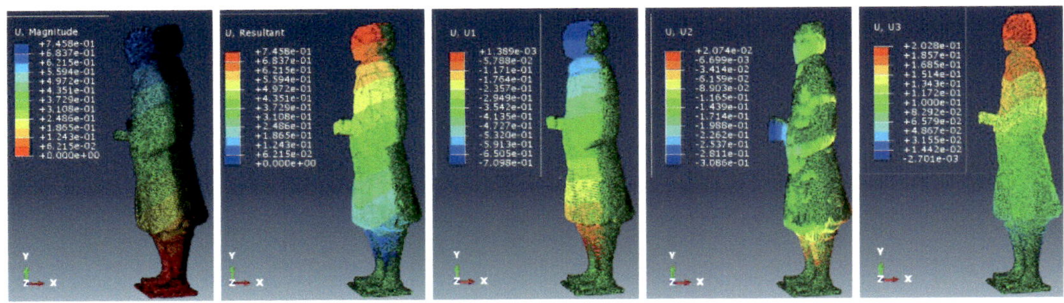


图 7.43　整俑变形图

5）G8：35整俑计算结果

该整俑应力如图7.44所示。结构整体变形结果见图7.45。

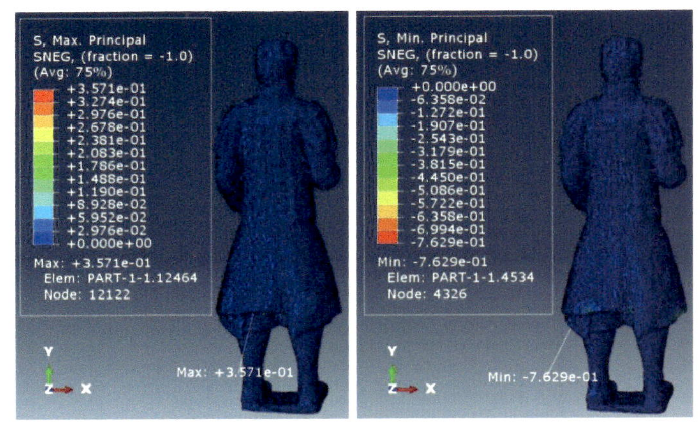


图 7.44　整俑应力云图

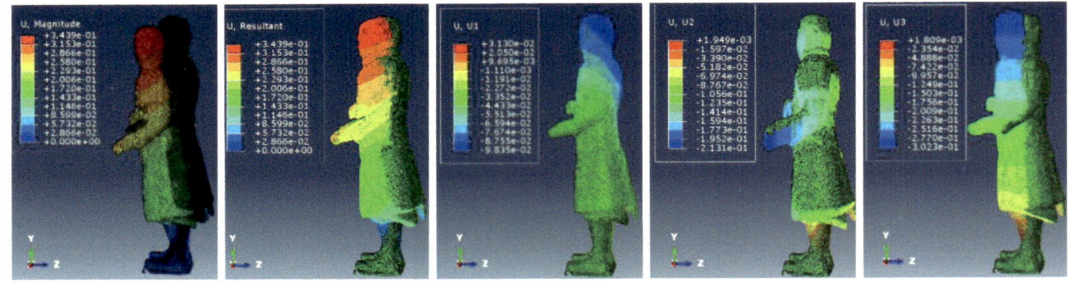


图 7.45　整俑变形图

## 5. 结论

综合5套整俑的有限元模拟结果，得出以下结论：

（1）原始未简化模型中，最大应力位于左腿足踝处，且远小于材料强度，保证了结构的安全稳定。右腿足踝处的最大应力较小，主要发生竖向变形，而左腿除竖向变形外还有侧向变形，表明左腿是相对薄弱的部位。

（2）大多数整俑的重心偏移向左、向前。

（3）结构在重力作用下的应力远小于材料强度，保持安全和稳定。

（4）对于大多数整俑，臀部和臀部与腿部连接处也是风险较大的部位，建议采取加固措施。

（5）地面倾斜情况下，一般倾斜角度在5°范围内是安全的，但随着倾斜角度增大，需要注意秦俑的朝向或尝试减小倾斜角度，以降低倾倒和二次破坏的风险。

## （三）秦俑原址展示安全稳定性研究

### 1. 地震倾覆研究

1）地震作用下兵马俑失稳模式

站立俑因在兵马俑群中是数量最多的兵马俑种类之一（图7.46）。站立俑的结构构造上通常分为整体底座（俑身与底座一体）与分离底座（俑身与底座分离）两种形式。由于站立俑重心高、底座小的特点，在地震来临时站立俑有着较高的倾覆风险。

图7.46　站立俑

首先采用拟静力法对站立俑地震作用下进行受力分析。根据现有公式可推导，在地震作用下整体底座站立俑受力示意图如图7.47所示。

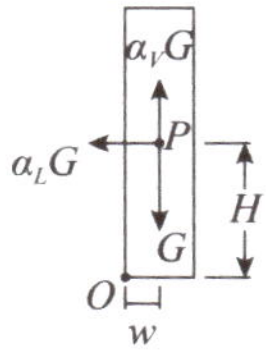


图7.47　整体底座站立俑某方向受力示意图

$P$为兵马俑重心，$H$为重心到底板距离，$O$为兵马俑倾覆方向的轴心线，$G$为兵马俑结构所受重力，$\alpha_L$为水平地震系数，$\alpha_V$为竖向地震系数，$w$为重心投影到倾覆点距离，站立俑倾覆临界值为：

$$(1-\alpha_V)Gw=\alpha_L GH \tag{7-1}$$

因此兵马俑的倾覆情况可以通过整体稳定系数$K$进行判断，整体稳定系数计算公式如公式（7-2）所示：

$$K=\frac{(1-\alpha_V)w}{\alpha_L H} \tag{7-2}$$

式中，当$K\geqslant 1$时结构不会倾覆；当$K<1$时结构倾覆。

对于底座分离模型，其受力情况如图7.48所示，由于底座部分重心较低且底面积相对底座高度较大，因此在计算时仅考虑俑身的整体倾覆情况。

分离底座站立俑的倾覆情况可根据公式（7-3）判定：

$$K=\frac{(1-\alpha_V)w}{\alpha_L H} \tag{7-3}$$

式中$K$为整体稳定系数，当$K\geqslant 1$时，结构不会倾覆；当$K<1$时结构倾覆。

由于兵马俑为非对称结构，因此在进行地震计算的过程中应充分考虑兵马俑结构受地震作用时各个方向的倾覆情况，因此在对两种模型进行地震计算时选取8个方向进行计算以保证计算结果的全面性，不同计算方向的选取示意图如图7.49所示，图中$G'$为重心$P$在底面上的投影。

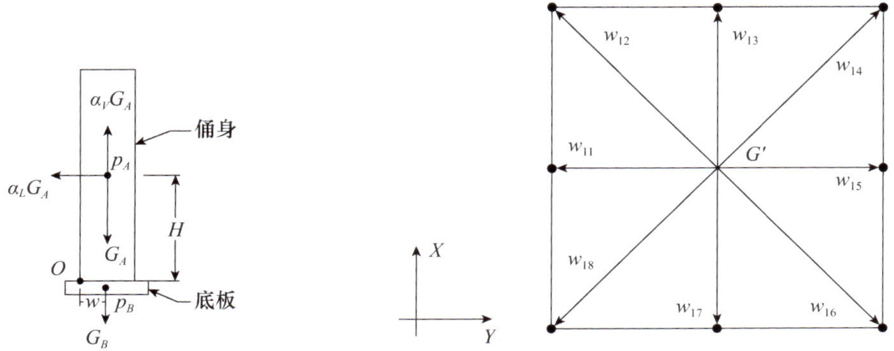


图7.48　分离底座站立俑受力示意图

图7.49　兵马俑底板计算方向示意图

G8：80与G8：40模型的$w$数值如表7.9所示。

表7.9　兵马俑底板计算$w$值

| | $w_{11}$ | $w_{12}$ | $w_{13}$ | $w_{14}$ | $w_{15}$ | $w_{16}$ | $w_{17}$ | $w_{18}$ |
|---|---|---|---|---|---|---|---|---|
| G8：80（mm） | 166.63 | 221.03 | 145.22 | 219.85 | 165.06 | 225.97 | 154.33 | 227.12 |
| G8：40（mm） | 187.05 | 205.57 | 85.26 | 171.90 | 149.26 | 250.40 | 201.05 | 274.61 |

根据规范可将不同烈度的地震根据水平地震影响系数换算成等效地震力进行拟静力计算，相关系数$\theta=\dfrac{\alpha_V}{\alpha_L}=0.65$。

则根据水平地震影响系数情况可以计算得出模型在不同地震烈度下的倾覆情况。同时在$w_{11}$～$w_{18}$方向上通过公式（7-3）对8个方向上的抗倾覆情况进行计算，求出在各个方向的临界水平地震系数。

2）计算结果

根据公式（7-2）计算，当$K=1$时G8：80整体底板模型的倾覆水平地震系数临界值约为0.163；G8：40分离底板模型的倾覆水平地震系数临界值约为0.093。根据相关规范对于多遇地震、罕遇地震的地震影响系数的规定，G8：80与G8：40模型在不同地震烈度下的$K$值如表7.10、表7.11所示。

表 7.10　G8：80 模型不同烈度值下 $K$ 值

| | 6度 | 7度（0.10g） | 7度（0.15g） | 8度（0.20g） | 8度（0.30g） |
|---|---|---|---|---|---|
| 多遇地震 | 10.0120 | 4.9467 | 3.2583 | 2.4141 | 1.5699 |
| 罕遇地震 | 1.3287 | 0.6919 | 0.4442 | 0.3317 | 0.2192 |

表 7.11　G8：40 模型不同烈度值下 $K$ 值

| | 6度 | 7度（0.10g） | 7度（0.15g） | 8度（0.20g） | 8度（0.30g） |
|---|---|---|---|---|---|
| 多遇地震 | 5.4837 | 2.7094 | 1.7846 | 1.3222 | 0.8598 |
| 罕遇地震 | 0.7277 | 0.3790 | 0.2433 | 0.1817 | 0.1200 |

公式（7-3）可变形为：

$$w=\frac{\alpha_L HK}{1-\alpha_V} \tag{7-4}$$

根据公式（7-4）可知，由于$H$仅与重心到底板的投影距离有关，因此在$\alpha$一定时，$w$数值越小，$K$值越小，即当重力投影到倾覆边界的距离越小，结构越易倾覆，在对站立俑进行加固时应着重注意该方向的倾覆可能性，倾覆方向示意图如图7.50所示。

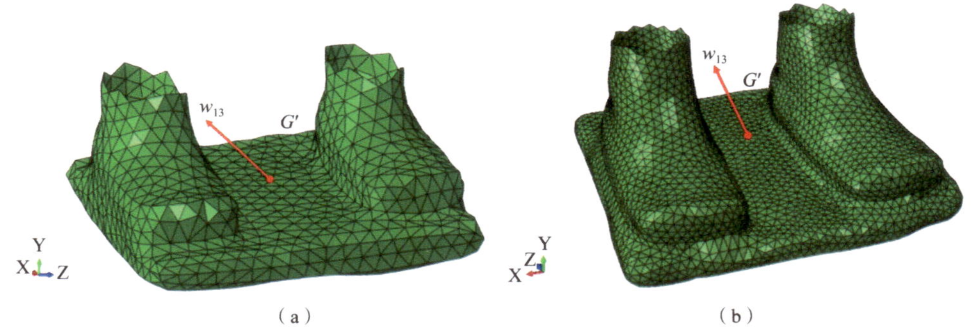


（a）　　（b）

图 7.50　模型最不利倾覆方向示意图

通过三维扫描技术与点云处理技术对站立俑三维模型提取了重心、底面坐标等相关信息，并对两种典型站立俑的倾覆情况进行了公式推导。在此基础上，本书对G8：80整体底板站立俑与G8：40分离底板兵马俑的倾覆情况进行了计算，得出如下结论：

第一，采用拟静力法推导了整体底座兵马俑与分离底座兵马俑在地震作用下的倾覆公式，并给出了结构在地震下倾覆的判断方法。

第二，通过三维激光扫描技术对G8：80、G8：40兵马俑进行了点云数据的获取，通过Geomagic Warp、HYPERMESH、ABAQUS等软件对数据进行了处理，这些数据可以为今后兵马俑的结构研究提供有力的数据支撑。

第三，通过对G8：80整体底座站立俑与G8：40分离底座站立俑的倾覆情况进行计算，其中G8：80整体底座站立俑7度（0.10g）及以上罕遇地震下会出现倾覆情况，

G8：40分离底座站立俑在8度（0.3g）多遇地震与6度罕遇地震下会出现倾覆情况。同时得出了两个模型的最不利倾覆方向均为俑身向后倾倒方向（$w_{13}$方向）。该结论为今后兵马俑的抗震提供了参考。

### 2. 地震时程分析

从静力分析中选取其中的8套秦俑进行了地震时程分析。工况包括2条天然波和2条人工波，人工波根据常见地震加速度特征随机生成，其中天然波的波形为Chichi波和Northridge波，强度都设置为8度（0.3g），即加速度最大值为$2.94m/s^2$，方向均为最不利方向。

通过统计时程分析计算中的最大主应力和最小主应力云图，可得出地震作用下秦俑的应力分布规律，为后期保护提供参考。

材料参数依照前期秦俑材性试验取值，弹性模量经计算平均值取值为500MPa，泊松比为0.2，材料抗压强度为29.65MPa，秦俑陶抗拉强度取平均值6.19MPa，假定底部和大地是固定的，即倒塌的最低部位在底板以上。

分析步采用动力隐式形式，设置分析步周期为待计算地震波的持续时间（单位为s）。以某一天然地震波（Chichi）为例，当该波强度达到8度（0.3g）时，设置加速度最大值为$2.94m/s^2$（$9.8\times0.3$）。而对最小主应力，地震时程中达到抗压强度部位统计如表7.12所示。可以看出，在0.3g地震工况下，臀部、胸部和足踝破坏风险更大，因拉伸和压缩两个方向的应力均可达到材料相应的强度。

表7.12　地震作用下最小主应力达到抗压强度的部位

| 极值出现部位 | 臀部 | 胸部 | 足踝 | 腹部 | 颈部 | 手部 | 总计 |
|---|---|---|---|---|---|---|---|
| 出现次数 | 32 | 26 | 25 | 19 | 18 | 18 | 138 |
| 比例 | 23% | 19% | 18% | 14% | 13% | 13% | 100% |

通过对8套整俑进行4条地震波的时程计算，得出如下结论。

（1）在8度（0.3g）的地震下，所有整俑大部分部位的最大主应力都显著超过了其材料自身的抗拉强度，部分部位的最小主应力都超过了材料的抗压强度，说明结构大概率发生破坏。

（2）对于不同的整俑，在受到不同波形的地震时，破坏风险最大的部位为臀部，其次是胸部和足踝。因此，对于秦俑的减隔震措施，除足踝外，更应重点考虑臀部的保护，同时适当考虑胸部的保护。

### 3. 秦俑原址展示预防性保护措施

通过三维激光扫描和有限元分析，研究了秦俑的结构力学特性，并提出以下保护建议。

第一，大部分秦俑重心向左前方偏移，前倾风险更高。

第二，结构在重力下的应力远小于强度，因此在保护时应重点考虑相对薄弱部位，减少过度保护以展示原貌。

第三，臀部及臀部与腿部连接处是风险较大的部位。

第四，考虑到实际展示场地的地面倾斜，大部分秦俑在5°以下倾斜角度是安全的，建议尽量减小倾斜角度以降低倾倒和次生破坏风险。

第五，地震情况下，秦俑的结构安全风险显著增加。大部分秦俑在7度（0.1g）罕遇地震时会倾覆，部分甚至在6度罕遇地震时就会倾覆。因此，有必要进行抗震加固或减隔震措施。

对于兵马俑等大型站立的文物，一般采取的预防性保护措施是外部支撑。本项目依据兵马俑原址展示预防性保护需要，设计并制作了兵马俑文物支撑装置，该设备除了采取措施解决当下文物修复的燃眉之急外，同时配合新型数字技术，如AI识别、实时监控等，可以更好地为文物保护提供有力支持。

1）总体设计概述

兵马俑文物支撑保护总体设计如图7.51所示，该支撑装置由可调节钢架、自适应定位结构，以及力传感无线通讯模块组成。该设计隐蔽性好，采用多种调节方式，适应性好，节省了人工反复调节的工作量，能实现压力监测和无线通讯，在PC端及手机终端就可以查看各个兵马俑的状况，提高了工作的效率，同时带来了舒适的工作环境。

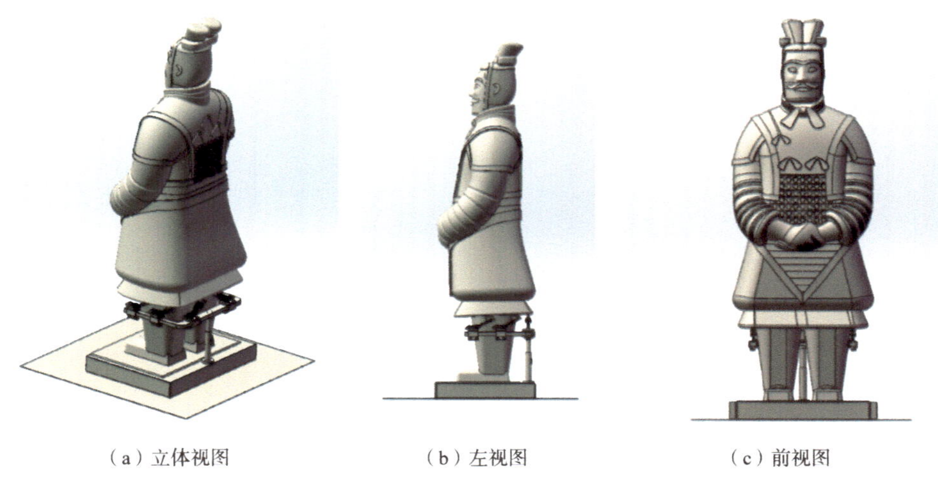

（a）立体视图　（b）左视图　（c）前视图

图7.51　兵马俑文物支撑保护总体设计

2）装置组成

为保证兵马俑文物支撑功能的稳定可靠，实现压力实时监测与数据无线传输的功能，本设计的支撑装置由可调节钢架及力传感无线通讯模块组成，具体如图7.52所示。

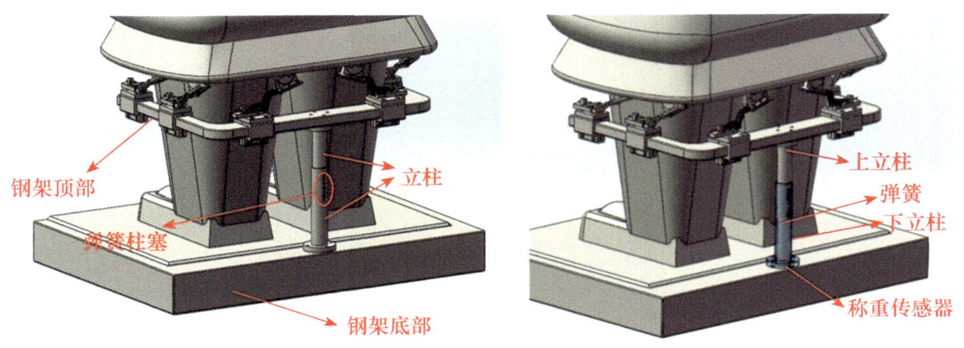


图7.52 支撑装置的结构组成

## （四）小结

秦俑稳定性研究是在三维扫描形成的数字模型的基础上，利用前期三维扫描且虚拟拼接完成的数字模型，通过一定的格式转化实现了对模型的有限元分析，并根据分析结果对秦俑的保护和修复提供了科学的、个性化的保护措施和建议。

大部分秦俑重心向左前方倾斜，且前倾风险更高，因而可以适当调整秦俑的摆放角度以减少倾倒和次生破坏的风险；此外还要考虑一定的抗震或减隔震措施。保护措施方面，基于结构有限元分析结果，同时配合人工智能等新型数字技术，初步设计了保护支架，可实现对兵马俑受力的实时监测，同时也可对兵马俑臂部等受力薄弱部位提供一定的辅助保护。

# 第八章　秦兵马俑的制作工艺及相关问题探讨

秦兵马俑（下简称秦俑）是我国古代大型写实主义陶质彩绘雕塑艺术，运用了模、塑、捏、堆、贴、刻、画等中国传统雕塑技法，来表现出秦俑的体、量、形、神、色和质的立体形象和艺术效果。自第三次考古发掘以来，对修复过程中140件秦俑的制作工艺研究，将秦俑的制作方法进行归纳总结，并通过对秦俑陶文信息的分析、秦俑制作者指纹的初步分析，对秦俑制作团队与工匠来源进行了初步探究。

## 一、陶俑的制作工艺

秦俑的制作经过选土，练泥，塑成初胎，二次复泥修饰细刻，单独制作头、手、躯干并组装套合，入窑焙烧成型，出窑彩绘等步骤制作完成。经过考古发掘与聚类分析研究，制作秦俑的泥土多取自始皇陵附近，其窑址也在秦始皇陵附近。陶土要经过筛选、碾、淘，除去土中的杂质，并掺入石英、长石、云母等成分的砂粒增强机械性能，使入窑时也不会因800～1100℃受高温而扭曲变形或膨胀炸裂。秦俑陶坯的制作方法为模塑结合，以塑为主；根据已出土的秦俑的残片观察，其成型的造型工艺过程大体分为两步：第一步是制作初胎；第二步是进行细部的雕饰。头、手、躯干分别单做，最后拼接在一起。

### （一）初胎制作

秦俑初胎的制法是按照足踏板、双足、双腿及短裤、底盘、躯干、双臂的顺序由下而上逐步叠塑成型。

#### 1. 足踏板

秦俑的足踏板为模制，形状近似方形，一般长31～36厘米、宽33.5～41厘米、厚3～4厘米。踏板的四侧及表面光素。背面较粗糙，大都没有纹饰；少数踏板的背面印有粗绳纹或细绳纹、粗麻布纹，并粘有砂粒。有的背面印有树叶纹或草叶纹。这是制作时下面铺有不同的衬垫物之故（图8.1）。

图8.1　T23G8：2/68踏板

## 2. 足履

秦俑的足履均系手塑，分为四种类型：方口齐头履、方口圆头履、方口齐头翘尖履和靴。因而各个俑足履的造型大小、高低不一，双足的大小也略有差异。足履与制作方法有三。

一是足履和踏板分开制作，然后粘合一起。此类俑在双足背面及足踏板上留有砖青色状的粉末，这是粘接足和踏板的粘合剂。足履底面多数光素无纹，少数有木板纹印痕，这说明制作双足的坯胎或晾坯时下面放有席子或木板。图8.2a足履与踏板分段制作，足底与踏板为一体，足为单独制作，然后粘接。

二是足履和踏板同时制作。在制作足踏板的同时即塑造足履自足尖到足踝的一段，待稍事阴干后，再接塑足跟和腿。图8.2b腿与足履的制法为分段制作，于脚后掌处接茬，在足后跟处做成圆形榫头，脚下端做成凹窝状，二者插接粘合。

三是在做足踏板的同时即塑出双足的全形。图8.2c腿与足履的制作为一次成型，腿部塑形方法是泥条盘筑，通腿实心。

## 3. 腿

秦俑的腿部制作工艺，可分为粗、细二种形制。粗者为空心腿。从外形上看较为粗壮，实则内部中空。图8.3为空心腿，内部可见大量麻布纹。

细者为实心腿。根据具体情况可分为：通腿实心，下段实心上段空心，通腿实心但在中心钻一透孔。图8.4 X射线图显示T23G8：8/99下段实心上段空心，图8.5的T23G8：82则通腿实心。

## 4. 躯干

塑造躯干前，首先要在双腿上部覆泥做成躯干的底盘，在底盘上再塑造躯干。底盘有的呈椭圆盘形；有的是先在两腿的上部之间塞泥，并用麻绳把两腿上部束扎使其固结一体，再在腿的上部周围包裹泥层做成椭圆盘形。图8.6的T23G10：82底盘

（a）T23G8：58/59 足履和踏板分开制作

（b）T23G10：29 足履与前半段与踏板塑造在一起，后与足跟接合

（c）T23G10：19 足履与踏板一体制作

图 8.2　秦俑足履制作方式

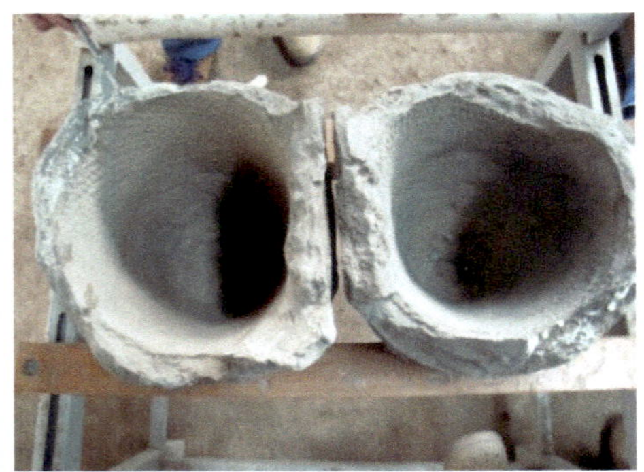

图 8.3　T23G8：3 空心腿

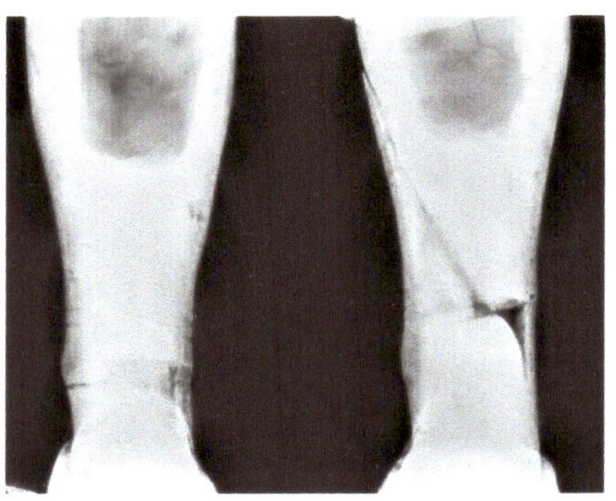

图8.4　T23G8：8/99 X射线图

图8.5　T23G8：82通腿实心

图8.6　T23G10：82底袍底部呈椭圆盘形

图8.7　T23G9：30体腔内部泥条

内可见工具敲打痕，单个宽0.45cm，手指抹痕宽1～2.3cm，工具划痕宽0.6～1cm；底盘与腿部连接方式为套合，先制作双腿，覆泥裤管，再将底盘套入。

在上述躯干底盘的基础上接塑躯干，躯干中空。其塑造方法有二种：一种为由下而上依次用泥条盘筑（图8.7 T23G9：30体腔的塑形方法为泥条盘筑，体腔内可见大量泥条盘筑，宽度2.4～5cm）；第二种从腰部分为上下两段，分别制作而后粘接套合（图8.8 T23G10：80底袍从腰部分成两段，底袍底部可见袍底有直径6.5cm的透气孔）。

为避免烧制时因内外温差炸膛，秦俑体腔留有透气孔，常见于底袍底部，多为直径在3.8～8cm之间椭圆形或四边形（图8.9）。

### 5. 双臂

秦俑的双臂由于动作的不同，可以分为两种。一种是直形臂，如图8.10a，T23G10：19左臂，管胎制法为泥条盘筑，臂中空心，长度34cm，袖口周长43cm，袖

图 8.8　T23G10：80 底袍从腰部分成两段

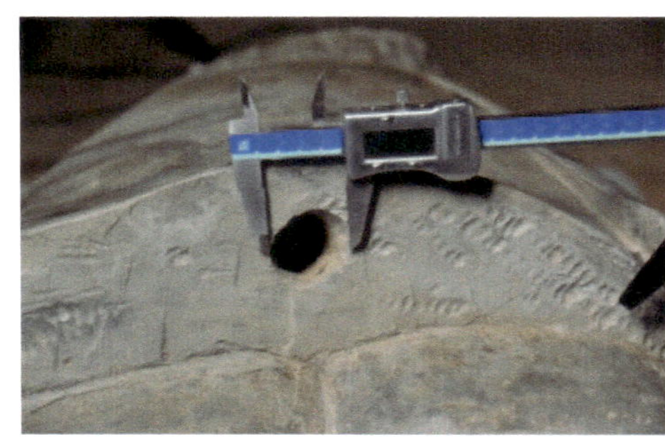

（a）T23G10：36

（b）T23G10：58

图 8.9　底盘透气孔

（a）T23G10：19 直形臂

（b）胳膊内壁泥条盘筑

（c）T23G10：27 微曲形臂

（d）T23G10：60 90 度角前曲的臂

图 8.10　双臂造型

口直径16.32cm。第二种是曲形臂，其中曲形臂又有微曲和呈90度曲的分别。微曲形臂的上段垂直而手腕部分微向前曲，如图8.10c T23G10：27右臂，残长39cm，臂平均厚为3cm，其做法与直形臂基本相同。呈90度角前曲的臂，是从弯曲的肘部分为前后两节，分别制作后粘合在一起，如图8.10d中T23G10：60右臂为90度的曲形臂。两种臂均为泥条盘筑法成型，制作好后粘接于躯干胸腔的两侧。

不论是直形臂还是曲形臂，皆内部中空；下口呈圆形以便插接手腕，上口呈马蹄形，以便与体腔粘接。

### 6. 俑头

秦俑出土时，俑头很多都已经破碎。从破碎的俑头观察，俑头的塑造是借助于模制成初胎，然后再进一步做细部的刻划。初胎模制的方法大致可分为二种。第一种为合模法，①为合模线位于双耳的中部或耳后，以此分为前后两部分，图8.11 T23G8：52头与体腔连接方式为烧后接，可见颅部合模线，位于双耳前；头通长（带颈部）为28.5cm，颈部形状为空心，圆柱状，周长为36.5cm；颅腔内可见手指抹痕，宽度约为1.5～1.7cm。②为合模线位于面中，将俑头分为左右两部分制作，如T23G9：9 及T23G10：33，头部内壁可见手指抹痕、摁痕、泥条盘筑、二次覆泥、工具戳痕（图8.12）。第二种是面部用单模制作，而后脑壳为捏塑。

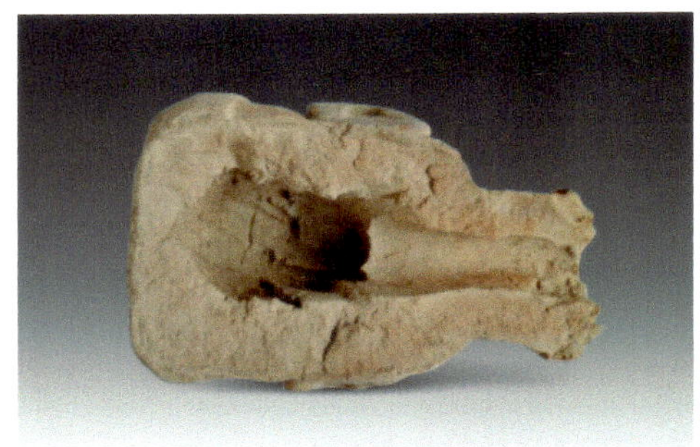

图8.11　T23G8：52俑头可见前后合模线

图8.12　T23G10：33俑头可见左右合模线

### 7. 手

秦俑的手系单独制作，然后与臂套合。手的塑造方法大致有如下四种。第一种，合模法，用以制作伸掌形手。手掌可见清晰合模线。第二种，分段合模制作。见T23G9：16右手，通长（带手把）35.5cm，四指宽6.5cm，手把直径5.3cm，手掌与四指分开制作后接塑在一起。第三种，捏塑，多见于多数秦俑手部塑造。第四种，合模法与捏塑法的结合，如T23G10：33右手，长15.7cm，手掌与手指分别制作，粘接而成，腕残断面可见合模线，手心内可见捏塑手指按痕（图8.13）。

（a）T23G10：58手掌可见清晰合模线

（b）T23G10：33手心手指按痕

（c）T23G9：16手掌与四指分开

**图8.13　兵马俑手制作方法**

## （二）细部雕饰

在躯干初胎做好后，各部位都要再经过细致的雕饰，以表现衣着、姿态和神情的变化，从而使秦俑的形象生动多姿。在经过从足踏板到脚腿、躯干、双臂，逐步叠筑塑成型后，大都在外表再覆一层厚0.5～2cm的细泥，然后进行雕饰；也有部位的不再覆泥，把初胎打磨光滑，雕刻衣纹。

### 1. 头部的雕饰

1）面部

经过模作秦俑面部五官的大形已具备，进而刻画眉目，雕出眼珠，根据所要表现的神情处理不同的面部肌肉的变化，每个秦俑面部都可以清楚地看到抹、划、刻、削的痕迹。

秦俑的胡须有的是用减地法刻出大形，再雕划细部胡须，有的粘贴泥片，再刻削出下垂上挑、翻卷等变化多样的胡角，有的堆贴泥丸、雕出乳状髭须。

秦俑的耳朵多数是用单模制作，再粘接于面颊上。许多俑出土时耳朵已脱落。T23G10：54耳朵为贴塑，出土时整体脱落（图8.14）。

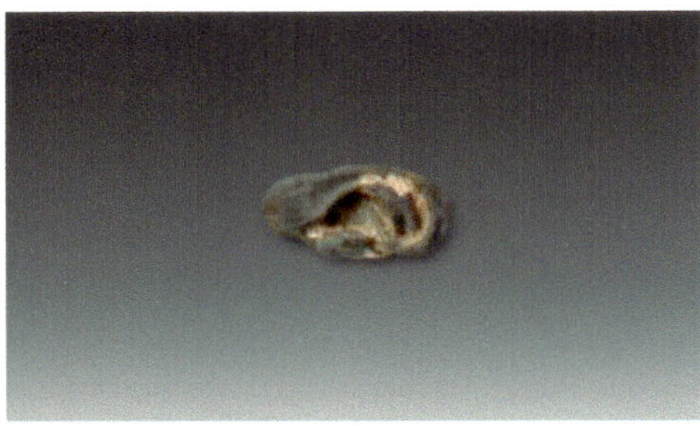

图8.14　T23G10：54 耳朵

还有部分秦俑的耳朵是堆泥雕成，耳上有刀雕的痕迹。如T23G8：21/22/45，耳制法为圆雕，左耳长6.9cm，宽3.5cm；右耳长8.8cm，宽3.4cm（图8.15）。

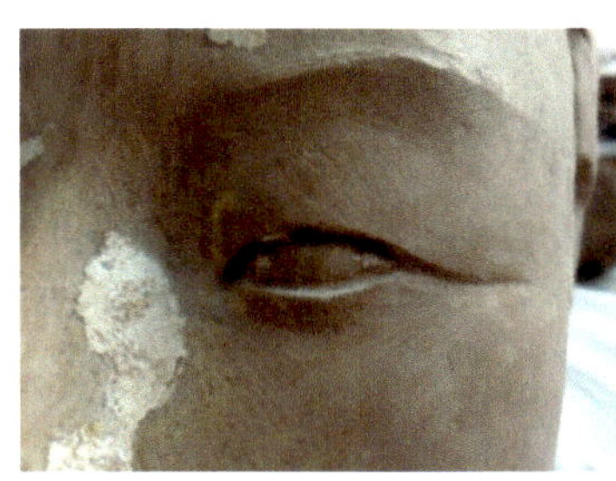
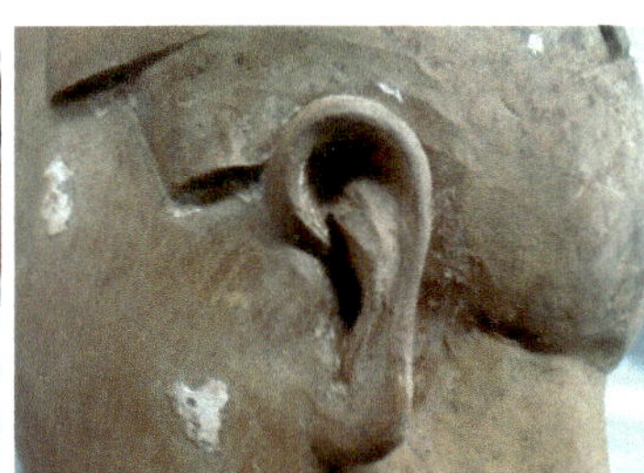
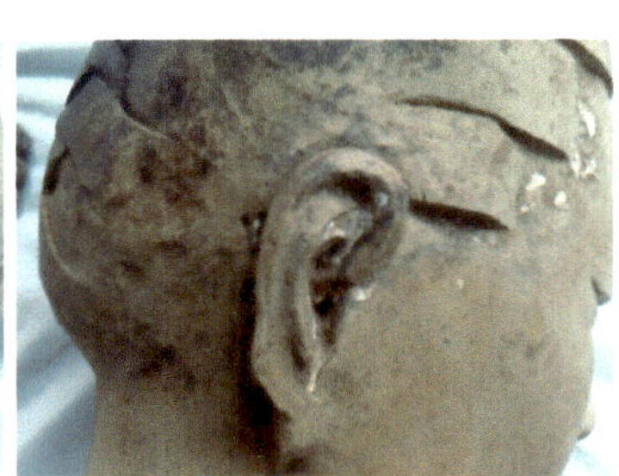

图8.15　T23G8：21/22/45俑头刀雕痕迹

2）发型和发髻、发辫

秦俑的发型是在俑头的初胎上二次覆泥再加以雕划。有的是覆一层薄薄的细泥，用篦状工具刮划细细的发丝；有的覆泥稍厚，用刀刻削出一道道的棱脊，上面加刻阴线；有的覆泥高低不平，波浪起伏，上面刮划缕缕的发丝；有的在后脑堆泥特别厚重，再刻画发纹，成方包状的发型。

秦俑头上的发辫有的采取减地法刻出浅浮雕式的三股发辫；有的把单作的发辫贴于俑头上；有的在头上刻出凹槽，将单作的发辫嵌于槽内。

秦俑头上的圆锥形发髻有实心和空心两种。空心髻用合模制作，再粘接于头顶。实心髻有的在头上堆泥雕成，有的单独雕塑再粘接于头顶。例如，T23G8：8/99俑头X射线影像显示发髻为实心。铠甲俑脑后六股宽辫形的扁髻，有的是在脑后堆泥雕成，有的单独制作粘接于脑后，如T23G8：21/22/45发髻是在脑后堆泥雕成。陶俑头上的发带、发绳、发卡等，是单独制作后粘接的（图8.16）。

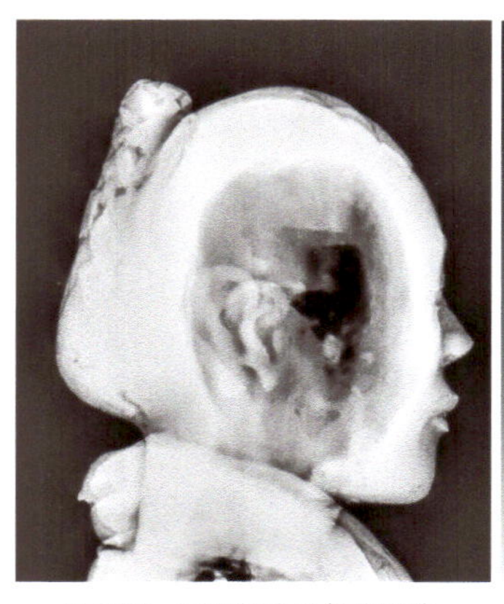

T23G8：8/99俑头X射线影像

T23G8：21/22/45发髻

图8.16　俑头发髻

3）冠、帻

一部分陶俑头上戴着介帻。有的是二次复泥雕成，有的在头顶堆泥雕成圆锥形帻顶，其余部分是在初胎上雕出。冠，一律是单作后粘接于头顶。

### 2. 躯干与四肢的雕饰

秦俑用刮削或刻划粗细不等的阴线表示衣的折纹；用堆贴法或用减地法雕出浮雕效果的襟缘和领等。秦俑身上的铠甲，为模拟皮甲而成，有的是在初胎上雕刻，有的是另外覆泥雕刻，刻削的刀痕历历可见。铠甲上的甲带是单模制作，然后粘贴于甲上，发掘过程中曾发现制作甲带的陶模二件可为佐证。铠甲上显现的钉帽形的甲组，是在甲片上粘贴泥丸，再用单模押印出钉帽上的花纹。为了使其不易脱落，有的先在甲片上钻孔，再在孔上粘贴泥丸，通过模的按压，部分泥挤入孔内，这样就不易脱落（图8.17、表8.1）。

图8.17　一号坑发掘兵马俑甲钉模具与陶拍工具

表8.1　兵马俑铠甲制作工艺记录表

<table>
<tr><th>部位</th><th>甲带</th><th>甲片</th><th>甲钉</th></tr>
<tr><td>披膊</td><td>左：完整14条，残缺1条<br>右：完整10条，残缺5条</td><td>左：共有22片<br>右：共有22片</td><td>左：完整21枚，残缺17枚<br>右：完整9枚，残缺11枚</td></tr>
<tr><td>前甲</td><td>完整15条，残缺7条</td><td>共有58片，残缺2片</td><td>完整96枚，残缺22枚</td></tr>
<tr><td>背甲</td><td>完整19条，残缺2条</td><td>共有43片</td><td>完整79枚，残缺20枚</td></tr>
<tr><td>编缀方式</td><td colspan="3">前甲：上旅上压下、下旅下压上、中间压两边<br>背甲：上旅上压下、下旅下压上、两边压中间</td></tr>
<tr><td>尺寸<br>（cm）</td><td>前甲甲带长：9.1、宽：2.2<br>背甲甲带长：6.2、宽：2.1<br>左披膊甲带长：6.7、宽：1.8<br>右披膊甲带长：6.9、宽：2.1</td><td>前甲：上旅9.2×6.2<br>下旅10.8×6.5<br>背甲：上旅9.2×4.2<br>下旅11.8×5.2<br>左披膊甲片尺寸：7.4×5.3<br>右披膊甲片尺寸：5.5×5.0</td><td>前甲甲钉直径：1.2×1.0<br>背甲甲钉直径：1.0×0.9<br>左披膊甲钉直径：1.0×0.9<br>右披膊甲钉直径：1.0×0.9</td></tr>
<tr><td>颜色</td><td>/</td><td>褐色</td><td>/</td></tr>
<tr><td>固定方式</td><td>粘接</td><td>雕刻</td><td>粘接</td></tr>
<tr><td>形状</td><td>扁平条形</td><td>四边形</td><td>椭圆形扣状</td></tr>
<tr><td>细部加工</td><td colspan="3">1. 甲带可见痕迹凹槽5道，甲钉1道<br>2. 甲钉处有模压痕迹</td></tr>
<tr><td>工艺步骤描述</td><td colspan="3">1. 甲片胎体处理有戳孔<br>2. 泥丸贴塑为手工<br>3. 无二次修补痕迹</td></tr>
<tr><td>保存现状</td><td colspan="3"> <br> </td></tr>
</table>

秦俑足上着靴、履，腿上系有行藤（图8.18）。T23G8：49/65腿部行藤花结。护腿都是在初胎的基础上雕划而成，用刀削刮，镌刻的痕迹清晰可辨，如T23G8：23/75/9腿部刻划痕。足面的高低，腿的粗细，以及筋骨、皮肉的解剖关系，经过细致的刻划，大都形象逼真，合乎解剖原理（图8.19）。

图8.18　T23G8：49/65腿部行藤花结

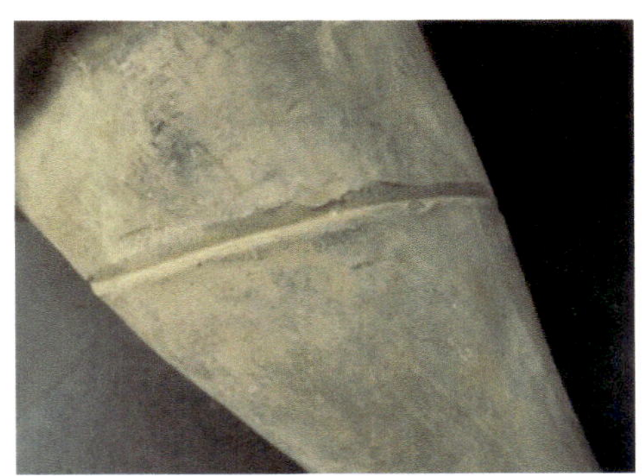

图8.19　T23G8：23/75/9腿部刻划痕

## （三）陶俑各部件的粘接组合

经过观察，秦俑各部位是采用边塑边粘接组合方式，按照从足至顶的顺序，在保证组合面底部充分干燥的情况下，依次接合上层部位，整体阴干后入窑烧制。按照整体与细部接合的划分，秦兵马俑的粘接组合方式分为两种。

### 1. 躯体的粘接组合

1）足踏板与双足

如上文所述，足踏板与双足有分开制作后覆泥粘接，也有一体制作，作为秦俑制作的基础，在足踏板与双足充分阴干的情况下，才会继续向上接塑。

2）足与双腿

足与双腿的接合制作时先泥塑出足履的大型，并在足跟和腿的交接处留一凹凸不平的面，以备接塑双腿。其接面形状有四种：①呈凹窝形，如T23G10：16左脚长30cm，脚宽11.2cm，制作时先制作足的前半段，后半段和腿一起制作，再将前后两段粘接于一起（图8.20）；②在足跟处作一高2～3厘米的凹凸不平的圆形台面，如T23G10：58、T23G10：86足与腿均从足踝处接茬，实心端面为圆柱形（图8.21）；③在足跟处做成圆形的榫头，与此榫头对应，把腿的下端做成凹窝形，二者插接粘合成一体；④足履分前后两段制作，然后拼接在一起。

3）双腿与躯干

在双腿上部覆泥做成躯干的底盘，在底盘上再塑造躯干。躯干中空，或用泥

图8.20　T23G10：16接面形状呈凹窝形

图8.21　T23G10：86、T23G10：58接面形状呈圆形台面

条盘筑或是从腰部分为上下两段，分别制作而后粘接套合（图8.22）。T23G10：9、T23G10：81、T23G10：52双腿与底袍接合处可见大量二次覆泥与工具痕迹。

图8.22　T23G10：9、T23G10：81、T23G10：52双腿与底袍接合处

4）躯干与双臂

制作秦俑时，先完成躯体细部雕饰，然后再粘接双臂。粘接的方法有两种。第一，在胸腔的左右两侧拍打粗绳纹或用刀刻成阴线纹，双臂马蹄形的上口亦拍印绳纹，再涂泥粘接于胸腔的两侧。有许多陶俑出土时双臂已从胸腔两侧脱落，粘接痕迹十分清晰，如T23G10：32手臂与体腔粘接面可见大量敲打痕迹，体腔与手臂粘接面可见大量器物刮削痕迹（图8.23）。第二，用木棒、木楔等在体内做辅助支撑，在陶俑腋下两侧各插入木棒，并在周围拍印粗绳纹，将双臂粘接于胸腔的两侧，手臂与体腔粘接面可见大量敲打痕迹与覆泥孔，如T23G8：33胸腔的两侧的圆孔与臂腔相通，结合缝的内侧覆泥固结；T23G9：24臂与体腔连结部位有方孔（图8.24）。

图8.23　T23G10：32手臂与体腔粘接面

（a）T23G8：33手臂与体腔粘接面留有圆孔

（b）T23G9：24臂与体腔连结部位有方孔

图8.24　臂与体腔的覆泥孔

## 2. 双手、头部与躯体的接合

1）双手

大多数秦俑的双手是在入窑焙烧前即装入袖管内，用泥塞实，如T23G10：45用焊泥固定手腕。有的用残瓦片塞堵空隙，再填泥粘接；有的为防止手腕从袖管内脱落，在袖管和手腕上挖一直径约1.5cm圆形或方形孔，贯以泥钉固结。少数陶俑的手是在入窑焙烧后插于袖管内，用碎瓦和青灰色的黏合剂填塞空隙和粘接固定（图8.25）。

图8.25　T23G10：45用焊泥固定手腕、袖口内填充碎陶片固定

2）头部

俑头与身体的粘接可分为烧前接与烧后接，烧前接用焊泥固定俑头把，如T23G10：33壅颈内可见头把二次覆泥固定。烧后接者直接将俑头插入陶俑颈部，如T23G10：4头与体腔连接方式为烧后接（图8.26）。

（a）T23G10：33壅颈内可见二次覆泥固定

（b）T23G10：4头与体腔连接方式为烧后接

图8.26　头与体腔连接方式

### （四）表面彩绘

秦兵马俑烧制完成后，统一经过彩绘装饰，先在俑体表面涂刷一层生漆，后使用与天然胶料混合的矿物颜料进行彩绘装饰，色彩使用大胆，细节丰富，整体风格以写实著称。如T23G9：9后腰带处彩绘花纹，使用红色、白色、紫色绘制出复杂美观的菱形纹腰带装饰，为研究秦代服饰文化提供了宝贵的资料（图8.27）。

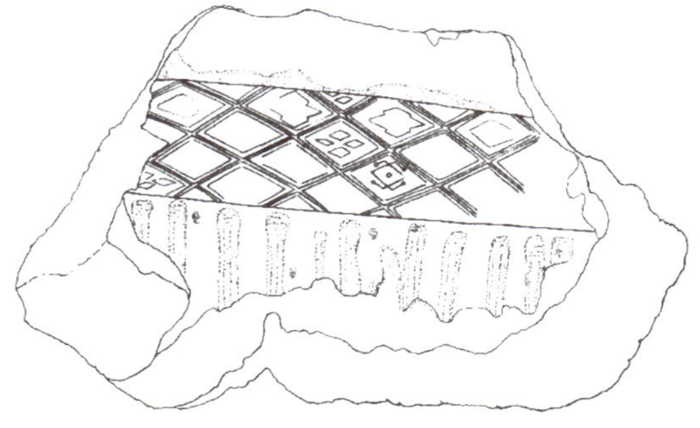

图8.27　T23G9：9彩绘花纹图案

在保护修复工作中，按照头、体腔、臂、手、袍底、腿与足履、行藤、制作工具、陶文的采集顺序，详细记录秦俑的制作信息，具体见表8.2。

## 二、陶马的制作工艺

此次发掘出土的秦陶马俑6匹，均为T23探方G9过洞车马。马体中空，出土时已破碎。相较于秦俑制作，陶马俑的制作工艺更为复杂，其结构上更难把握重心，体腔也极易变形。从出土残片上留存的制作痕迹观察，陶马的马头、马颈、四肢及马尾、耳部等，均为分开制作，然后与躯干组合一起成为粗胎，经过二次覆泥及细部雕饰，阴干成型后入窑烧制，出窑后通体彩绘。

### （一）马头

马头有狭窄型和宽博型两种，狭窄型马头由左右大小相等的两片粘接而成，粘接缝位于马头正中；宽博型一般由上下左右及下颌五片合成，左右两片为模制，其余三片为捏塑。出土时大多从粘合缝处断裂，制作痕迹清晰可辨。制作马头时，先将陶土敷于模内，用手捏打，使与泥模紧密结合，然后将泥片粘接在一起（图8.28）。

表8.2 文物制作工艺信息表

文物出土号：T23G8：7

| | | |
|---|---|---|
| 头 | 与体腔连接方式（烧前接或烧后接）；颅部合模线有无，所在位置；耳制法（粘接或圆雕）、头通长（带颈部）、颈形状（实心或空心、周长）、颅腔内制法痕迹 | 头与体腔连接方式为烧后接；无颅部合模线；<br>耳制法为圆雕；左耳：长6.6cm、宽3.7cm，右耳：长6.4cm、宽3.5cm；<br>头通长（带颈部）27cm；颈部为空心，周长33.2cm，前长4cm，后长4.5cm；<br>头部完好，无法看到颅腔内；<br>头宽20cm、脸宽14cm、脸长21cm；三庭：发际线—眉心6.3cm，眉心—鼻尖6.7cm，鼻尖—下巴8.1cm；<br>五眼：左眼长度3.4cm、宽度1.4cm，左侧发际线—左眼角6.1cm，右眼长度3.2cm、宽度1.3cm，右侧发际线—右眼角6.9cm，双眼间距4.5cm；<br>鼻子：长度6.5cm，宽4.5cm，鼻尖高2.1cm；嘴部：长度5.6cm，宽度2.4cm  |
| 体腔 | 塑型制法（泥条盘筑）、各段接茬部位、衣衽角缺失情况、臂尺侧与体侧制胎痕迹 | 体腔塑型制法为泥条盘筑；铠甲内有大量泥条盘筑；<br>腹甲处可见二次覆泥，覆泥厚度约3.3cm；覆泥面有大量挤压痕，间隔宽度约0.5～0.6cm<br>臂与体腔粘接面有大量挤压痕，间隔宽度约0.65cm  |
| 臂 | 管胎制法（泥条盘筑或竖向卷泥片）、臂与体腔连接方式及部位（与肩一体外扩或独立臂与体连接）、胎各段接茬部位、内壁各种工具压印痕迹的密度 | 管胎制法为泥条盘筑；<br>臂与体腔连接方式及部位与肩一体外扩；<br>左臂：从披膊处残断，内壁有大量泥条盘筑，宽度约4cm；<br>右臂：从披膊处残断，残长约38cm，内壁泥条盘筑清晰可见 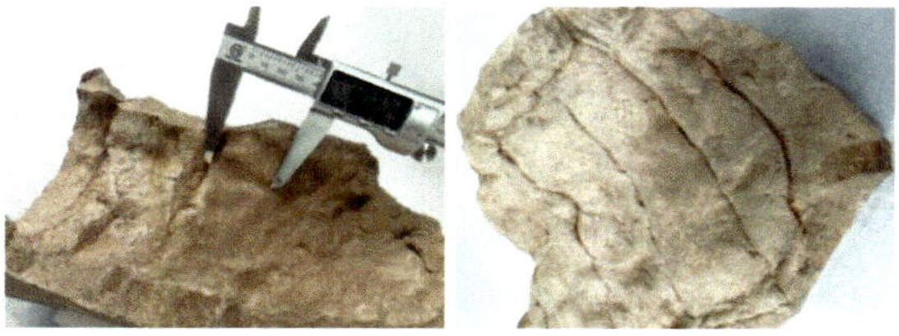 |
| 手 | 胎完整长度、径尺寸，手与臂［连接方式、插入臂的长度、直径（周长）、端面］情况 | 左手：带手把固定于袖口内，大拇指残断，长21cm；<br>右手：从手把残断，大拇指指尖残断，长度22cm；<br>大拇指向上翘起，四指并拢呈半握状；<br>手与臂的连接方式为插入式；将手把固定于袖口内，然后用焊泥及残碎块填充固定  |

续表

| | | |
|---|---|---|
| 袍底 | 底盘内制作痕迹、与腿部连接方式 | 底盘与腿部连接方式为覆泥；将双腿与底盘套合，多次覆泥；<br>底袍内壁有大量泥条盘筑，泥条间隔宽度3.7cm；<br>贴泥厚度约0.7cm；工具敲打痕单条宽度约0.6cm，一列宽度约1.6cm  |
| 腿与足履的制法 | 成型方式、腿塑型方法（卷泥片或泥条盘筑）、形状（上空心、下实心、全部空心或全部实心——实心端面形状），各段部位胎长度、裤管制法（减地削胎或二次覆泥、二次覆泥厚度） | 腿与足履为一次成型制作；<br>腿部塑形方法为泥条盘筑，上空下实，空心内较浅；<br>左腿：从足踝处残断，长度约32.5cm；<br>右腿：从足踝处残断，长度约36cm；<br>裤管制法为二次覆泥，覆泥厚度约3.6cm；双腿表面均有刀削刮痕，最大宽度约0.9cm  |
| 行藤制法 | 粘接或阴刻、单绘彩、花结（粘接或阴刻、单画彩）、足履与踏板连接方式（分别制作或一次制作） | 无行藤带；<br>裤管下处花结为粘贴；<br>足履与踏板连接方式为一次成型制作  |
| 制胎工具种类、尺寸 | 手指抹纹或工具拍打痕（单位面积内痕迹个数）、织物痕 |  腹甲处二次覆泥，陶胎多种颜色、厚度  |
| 陶文 | 陶文所处位置及照片 | 右披膊下处“右八” 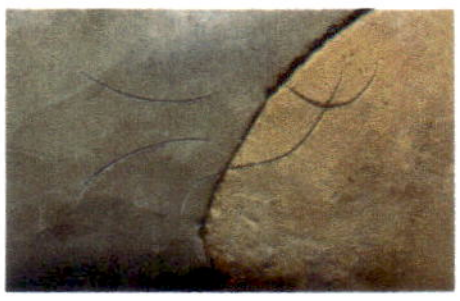 |

注：按照表格的部位和内容在修复过程中详细填写。

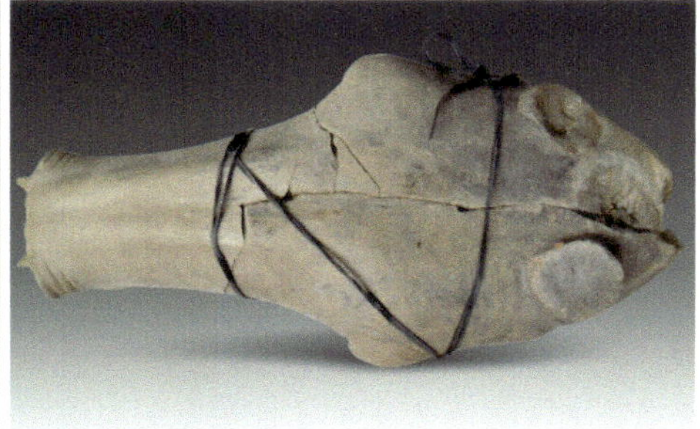

（a）狭窄型马头：T23G9：C2③左服马从中间合缝

（b）宽博型马头：T23G9：C2②右服马上下左右四块合缝

图8.28 陶马马头制作工艺

马匹下颌为单独用手捏塑，并在半干后雕出牙齿和舌头，粘接于马头下部。马头上的双耳、分鬃都是单独制作，在马头上挖洞插接，再覆细泥加固（图8.29）。

图8.29 T23G9：C2④左骖马下颌与马耳

## （二）马颈

马颈是由左右两块倒梯形泥片粘接而成，合缝线的内侧有1～2厘米厚的覆泥加固，经手抹、按压、捶打使与合缝处紧密接合，上端合缝线上被粘接的立鬃覆盖，立鬃以堆泥雕成。

## （三）躯干

陶马的躯干从臀至胸长约1.5米，腹围1.5～1.7米，为空腔造型，根据陶马躯干部分的泥片接茬关系，陶马躯干的制作方法是分作臀、腹、胸三段，每段由若干泥片拼接而成，每块泥片的厚度在4～12厘米（图8.30）。

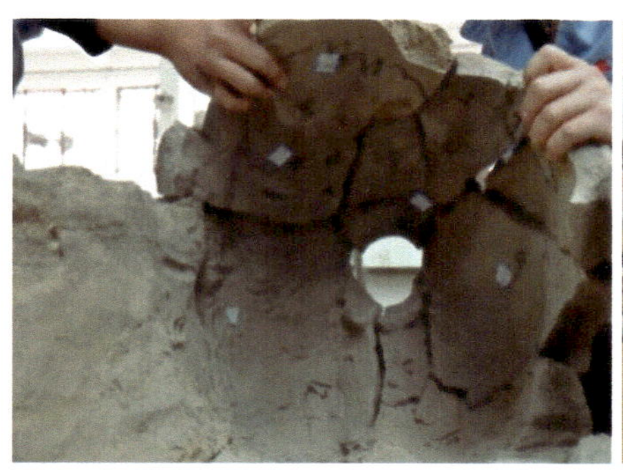

（a）T23G9：C2③左服马躯干分为三段接茬

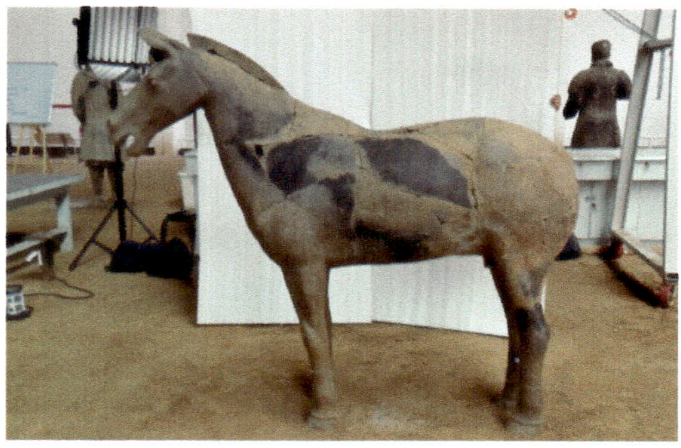

（b）T23G9：C2②右服马体腔内部泥片拼接

图8.30　陶马躯干制作工艺

从陶马体腔内壁制作痕迹观察，所有的泥片合缝处都有覆泥，并经过锤击使接茬牢固，体腔内壁可见大量工具拍痕、手指按压痕迹、手抹痕、绳纹，等等，显示出陶马体腔的塑造，并不是经过内模脱模而成，而是制作工匠利用多片泥片拼接成型，并覆泥加固（图8.31）。

图8.31　T23G9：C2③左服马体腔内制作痕迹

此次发掘陶马，在躯干位置均有8～14厘米的圆孔，其目的是在制作过程中，方便工作人员伸手进陶马体腔内加固泥片，并为陶马烧制时预留透气孔，防止陶马在烧制过程中因内外冷热不均而炸裂（图8.32）。

根据遗留木板压痕（图8.33），可以判断在制作陶马躯干的过程中使用了支架支撑，支撑位置在前两腿之间及下腹中部，三处支撑点前后呈直线形排列，说明腹下有支撑架承托躯干重力。陶马体腔内部亦有支撑托架，在马的四肢根部插入木架，与陶

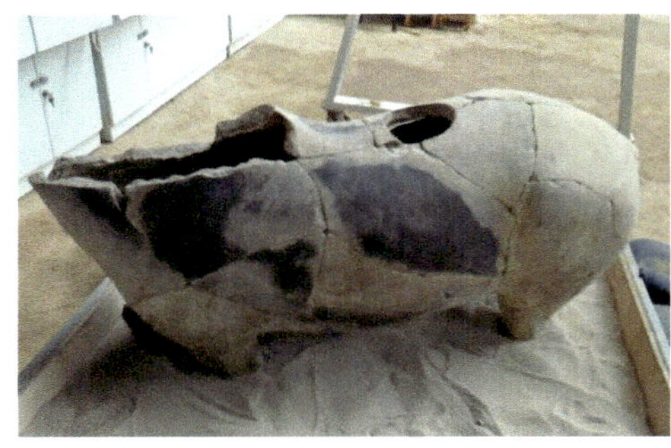

（a）T23G9：C2③左服马工作孔开与背部

（b）T23G9：C1③左服马工作孔周围工作痕迹

图 8.32　陶马体腔工作孔

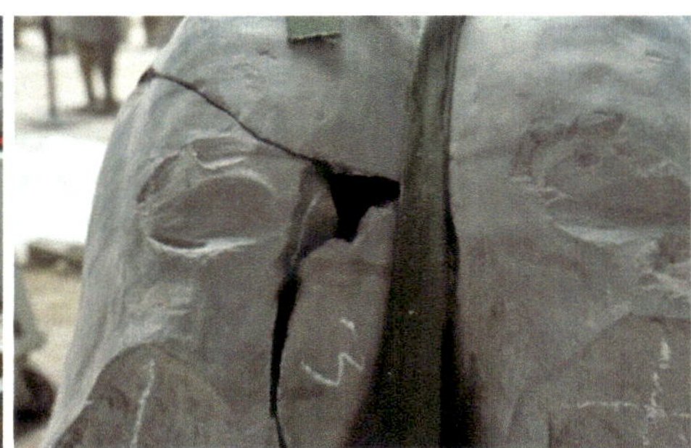

图 8.33　T23G9：C1③左服马后肢木板压痕

马腹部工作孔形成梅花形内部支撑。这两种支撑方式，帮助陶马在制作完成入窑烧制时，不会因为重力而垮塌，在烧制完成后，身体的孔洞大多用陶饼陶楔或碎瓦屑加青泥封堵（图 8.34）。

（a）　T23G9：C2③左服马陶饼

（b）T23G9：C2④左骖马体腔楔形孔

图 8.34　陶马体腔孔洞及陶饼

这些支撑不但能保证陶马躯体的形状稳固，更能在烧制时透火透温，极大地提高陶马烧制成功率。

## （四）四肢、马尾

陶马的四肢高80厘米左右。前肢如柱，后肢弯曲，与真实马匹形象无二，从马腿断裂的茬口观察，马腿陶质密度大，无气孔，泥层呈书页状叠压，坚硬如石。说明陶马的四肢是用长条形硬泥片经过反复卷搓、折叠、锤炼，使泥质致密坚硬后，再切割、刮削造型成型。四肢上端做成方形榫头，周围拍粗绳纹增加摩擦力，插入体腔内部后，外部覆泥，经捶打将两部分结合成一体。

陶马尾部均由捏塑雕刻成型，上端做圆形或长方形榫头，插入马臀部孔内，合缝处涂细泥，出土时多从臀部脱落（图8.35）。

图8.35　T23G9：C2④左骖马尾

## （五）陶马各部件的粘接组合

陶马的头、颈、腿、尾等部件及制作躯干的泥片制作好后，稍事阴干即进行组合成型。

第一，先把预制的腿立于相应的位置，分别于前后腿之上覆泥，经过锤打使泥层密合。接着，在前后腿之间铺一长条形泥片，把四肢连成一体。此泥片下要用板支撑以防下坠。

第二，将泥条盘筑成臀、腹及胸腔两侧，再覆盖躯干上部的泥片，这时要用支架支撑以防上部的泥片下坠。在泥片的接茬处经捶打使之密合。

第三，连接胸脯部分的泥片时，下面用丁字形支架承托。接着，依次粘接马颈、马首。从颈部开挖圆孔，伸手在内侧的粘接缝上敷泥，按压使缝密合，再封堵颈部的圆孔，插接尾巴。

第四，待组合成型后，进行表面修饰和细部雕刻。

陶马躯干部分的成型目前还没有发现用模具的迹象。至于是否曾用模控制大型，尚待今后进一步考察。

具体修复记录见表8.3。

## 表8.3　陶马制作工艺信息表

文物出土号：T23G9：C2④左骖马

| | | |
|---|---|---|
| 马头 | 32片 | 头部残32片。马嘴上下牙齿6颗，鼻孔似椭圆状，宽49.97mm，孔深50.30mm；双眼突出，左右眼各有眼纹四条，眼球宽43.12mm；脸部平滑略有弧度，有部分剥落，单耳，其中一耳缺失，耳部内有红色及白色彩绘少量。陶片内侧有泥条痕（间距49.9mm）、手指抹痕，单一宽12.53mm<br>鼻孔　眼球　泥条痕　抹痕　抹痕 |
| 马颈 | 14片 | 颈部中有一陶片为“鬃毛”，有中分线，鬃毛清晰可见（17cm×24cm），内侧手指纹明显（14.5mm×26.55mm）；陶片均有弧度，多处表皮剥落，部分陶纹呈黑色。内侧可见工具戳痕（长1106.07mm）、手指抹痕（16.3958.594mm²）、麻绳纹（73.15mm×86.54mm）<br>手指纹　工具戳痕　手指抹痕　麻绳纹 |
| 躯干 | 49片 | 躯干由背部、肩甲、腹部、臀部四部分组成：<br>一、背部陶片残12片：表面多出剥落，内侧有麻绳纹（16.5cm×5.5cm）、工具戳痕（10cm×11cm）；<br>二、肩甲残16片：陶片表面光滑，均带弧度，内侧部分陶片迹象明显，其中有卷泥片面积16.49cm×14.24cm，且卷泥片上有多处手指摁纹，单一尺寸为21.67mm×16.01mm；多处可见工具戳痕、敲打纹（91.08mm×69.68mm）、手指抹痕<br>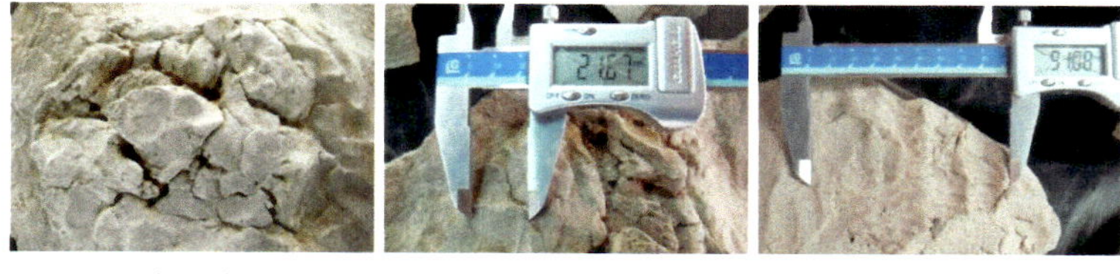<br>卷泥片　手指纹　工具敲打纹<br>三、臀部残5片：有弧度，表皮有剥落；内壁有手指抹痕（16.88cm×11.53cm）、工具戳痕（13.25cm×11.84cm），单个戳痕长21.34mm、深5.61mm，其中有一陶片带半弧口，为马尾接入口<br><br>手指抹痕　工具戳痕　戳痕<br>四、腹部陶片16片：表皮多处剥落，部分陶片可见黑色漆皮，漆皮严重脱落，其中有一陶片为肘部，与前胸相连，有4条带弧度肌肉折痕，从该陶片茬口绳纹可判定陶片为二次贴附制作，其中绳纹尺寸为10.88cm×3.77cm，陶片内侧有两处工具压痕，通长8.38cm，单一宽度为15.7mm，整体 |

续表

<table>
<tr><td>躯干</td><td>49片</td><td>陶片内侧均有绳纹、压痕。其中编号48，绳纹尺寸为35cm×17cm；编号51，绳纹尺寸为23cm×14cm，该陶片有4处手指抹痕较明显，均长12cm，单一宽度为1.03cm，手指抹痕处可见工具戳痕，深长12.2mm；编号25，为胸部陶片，表面除黑色漆皮外，可见白色彩绘，均脱落严重，内侧手指抹痕及工具敲打痕（51.3cm²）较明显；编号49，表面黑色漆皮约占75%，陶片内侧有多处手指按痕，单一宽度13.02mm，工具戳痕宽29.68mm，划痕通长76.18mm；编号60，表面除部分黑色漆皮外，可见多处划痕，陶片有一处排气孔，形状近似四方形，宽43.2cm，深长12.45cm，内侧可见麻绳纹（75cm×24cm）、工具戳痕，其中有两处较明显，深长16.57mm，另有手指抹痕<br>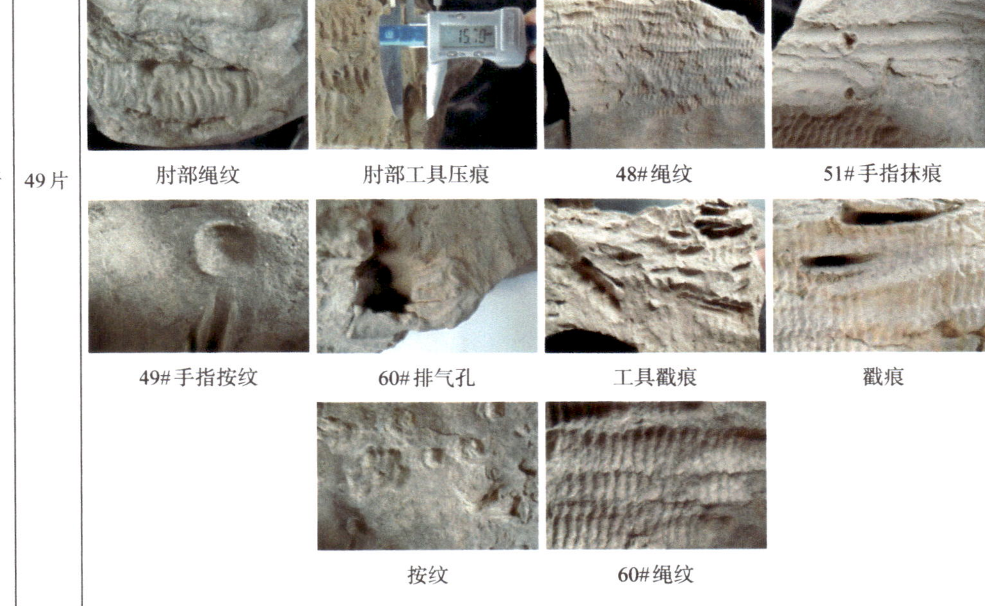<br>肘部绳纹　肘部工具压痕　48#绳纹　51#手指抹痕<br>49#手指按纹　60#排气孔　工具戳痕　戳痕<br>按纹　60#绳纹</td></tr>
<tr><td>马腿<br>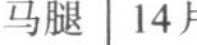</td><td>14片</td><td>马腿陶片14片：腿部与腹部连接处内侧可见麻绳纹、工具戳痕，腿部陶纹均为黑色，可见部分黑色漆皮脱落严重<br>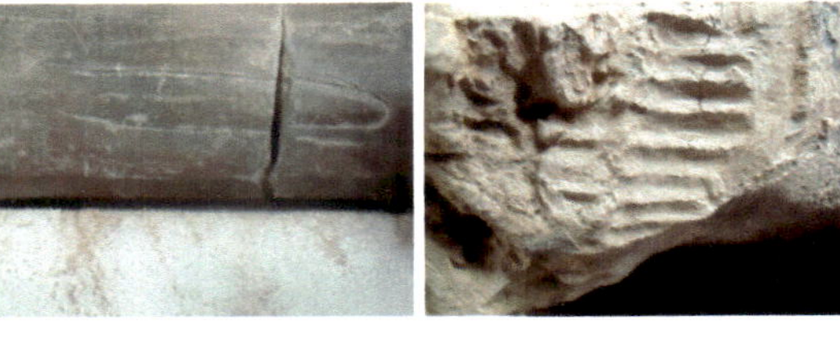</td></tr>
<tr><td>马尾</td><td>2片</td><td>马尾陶片2片：通长57cm，马尾插入臀部长9cm，周长28cm，马尾尾梢打结，尾梢可见黑色漆皮<br>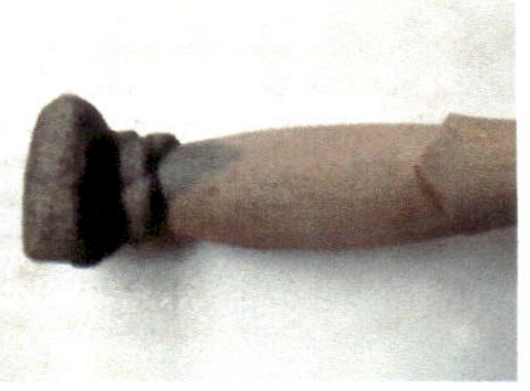</td></tr>
</table>

## 三、秦俑工匠研究

秦俑制作工匠的身份与来源研究，一直是探索秦兵马俑烧制工艺、研究秦文化发展的重要组成部分，不同于书写于史册上的将军与帝王，秦俑工匠多来源于微末，所能见到的记述非常有限。因此，在兵马俑上发现的陶文刻画就是揭示秦俑工匠身份的重要信息，第三次考古发掘过程中，通过秦俑的保护修复，发现有刻画及戳印陶文符号的陶俑与陶马共45件，占总提取量的30%。研究这些陶文信息，为揭示秦俑制作工匠的身份、来源，对研究秦俑制作流程、工序等有极大的史料意义。

### （一）出土秦俑陶文概述

经统计，在此次发掘的秦兵马俑共发现陶文共计111枚，其中以计数为主要目的的数字类陶文58枚，占比52%；工匠人名（下简称“工名”）53枚，占比48%。具体情况如表8.4、表8.5所示。

表8.4　T23秦俑陶文统计表

| 出土编号 | 陶文内容 | 文字部位 | 刻文或印文 | 位置图片 | 拓片扫描 |
|---|---|---|---|---|---|
| T23G9：2 | 十 | 右臂肘部 | 刻文 |  |  |
| T23G9：15 | 廿 | 右袖口 | 刻文 | 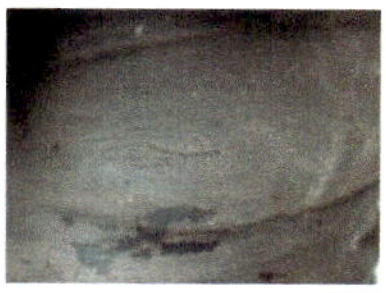 | 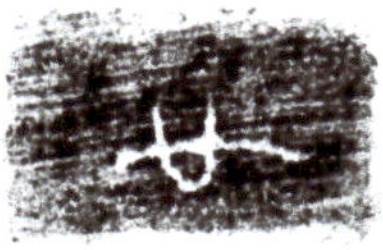 |
| T23G9：17 | 四 | 右袖口 | 刻文 |  |  |
| T23G9：18 | 五 | 右袖口 | 刻文 | 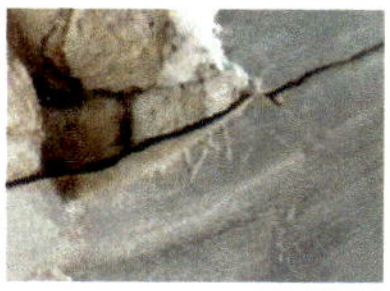 |  |
| T23G9：19 | 廿六 | 右袖口 | 刻文 |  | 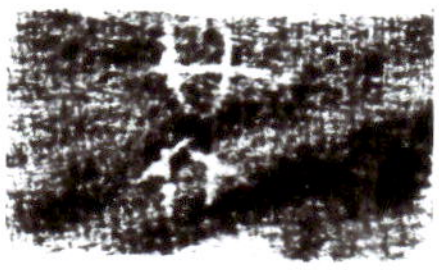 |

续表

| 出土编号 | 陶文内容 | 文字部位 | 刻文或印文 | 位置图片 | 拓片扫描 |
|---|---|---|---|---|---|
| T23G9：20 | 廿五 | 右袖口 | 刻文 |  |  |
| T23G9：21 | 十三 | 右袖口 | 刻文 |  |  |
| | 弋（？）上 | 左手腕 | 刻文 | 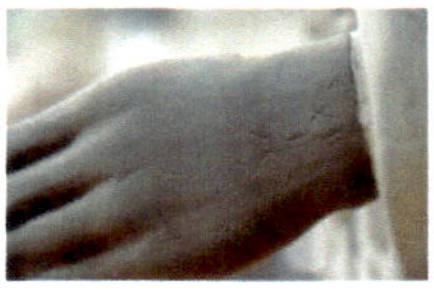 |  |
| | 押印文 | 踏板（左上角） | 印文 |  | |
| T23G9：22 | 卅 | 右袖口 | 刻文 |  | 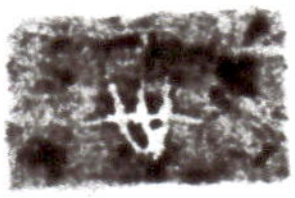 |
| T23G9：24 | 廿一 | 右臂 | 刻文 |  | 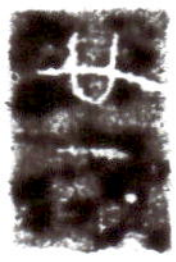 |
| T23G9：32 | 卅五 | 右袖口 | 刻文 |  | 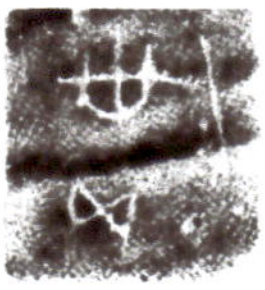 |
| | 五 | 踏板正面 | 刻文 |  | 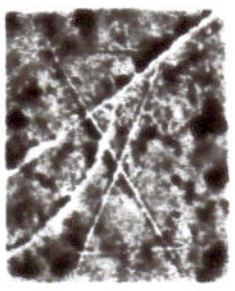 |
| | 五 | 踏板背面 | 刻文 |  | 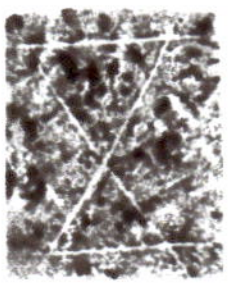 |

续表

| 出土编号 | 陶文内容 | 文字部位 | 刻文或印文 | 位置图片 | 拓片扫描 |
|---|---|---|---|---|---|
| T23G10：12 | 小遬 | 踏板正面 | 刻文 |  |  |
| T23G10：13 | 衛 | 腹甲右侧 | 刻文 |  |  |
| T23G10：14 | 十三 | 胳膊 | 刻文 |  |  |
| | 十一 | 袍部 | 刻文 | 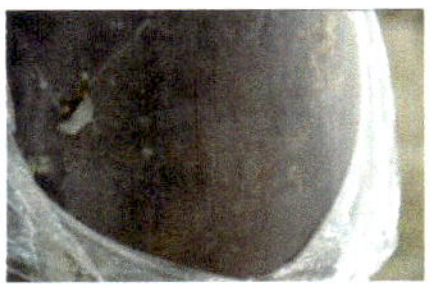 | |
| T23G10：15 | 刻符 | 脖颈 | 刻文 |  |  |
| T23G10：15 | 卅或米 | 脖颈 | 刻文 |  |  |
| | 马 | 脖颈 | 刻文 |  |  |
| | 十三仝四 | 胳膊 | 刻文 |  |  |
| | 高 | 足踏板 | 刻文 |  | 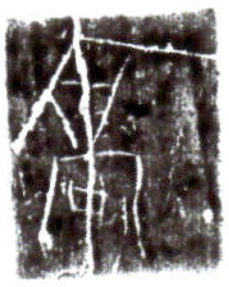 |

续表

| 出土编号 | 陶文内容 | 文字部位 | 刻文或印文 | 位置图片 | 拓片扫描 |
|---|---|---|---|---|---|
| T23G10：27 | 七十一 | 左臂 | 刻文 | 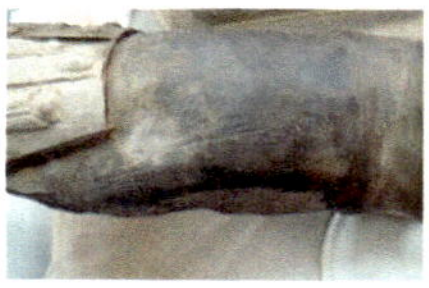 |  |
| | 小遬 | 踏板 | 刻文 |  |  |
| T23G10：28 | 七 | 雍颈 | 刻文 |  |  |
| | 辰 | 底袍 | 刻文 | 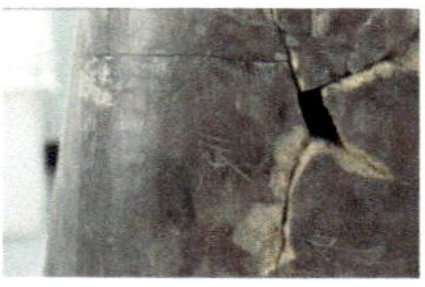 | 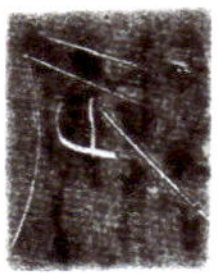 |
| T23G10：30 | 十四 | 袍部 | 刻文 |  |  |
| T23G10：35 | 申 | 踏板正面 | 刻文 |  | 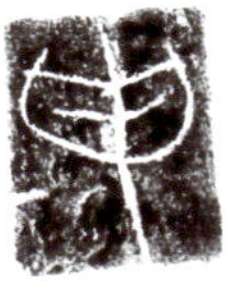 |
| | 木 | 头把（脖颈） | 刻文 |  |  |
| | 八十 | 左臂 | 刻文 |  | 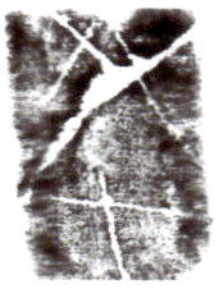 |
| T23G10：36 | 六十四 | 左臂 | 刻文 |  |  |

续表

| 出土编号 | 陶文内容 | 文字部位 | 刻文或印文 | 位置图片 | 拓片扫描 |
|---|---|---|---|---|---|
| T23G10：36 | 悲 | 踏板正面 | 刻文 |  |  |
| T23G10：38 | 十三仐四 | 左臂 | 刻文 |  |  |
| T23G10：40 | 氏 | 踏板侧面 | 刻文 |  |  |
| T23G10：41 | 辰 | 踏板 | 刻文 |  |  |
| T23G10：42 | 十四 | 右臂 | 刻文 |  |  |
| T23G10：42 | 屈 | 踏板正面 | 刻文 |  |  |
| T23G10：43 | 七 | 左袖口 | 刻文 |  |  |
| T23G10：45 | 七庫 | 胳膊 | 刻文 |  |  |
| | 五 | 踏板正面 | 刻文 |  |  |

续表

| 出土编号 | 陶文内容 | 文字部位 | 刻文或印文 | 位置图片 | 拓片扫描 |
|---|---|---|---|---|---|
| T23G10：53 | 五 | 踏板正面 | 刻文 |  | 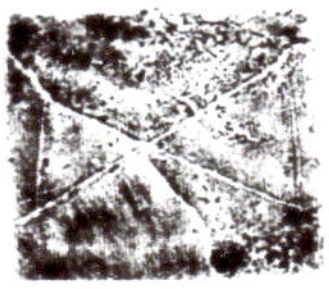 |
| | 五 | 踏板背面 | 刻文 |  |  |
| T23G10：57 | 四 | 左袖口 | 刻文 |  |  |
| | 七 | 右袖口 | 刻文 | 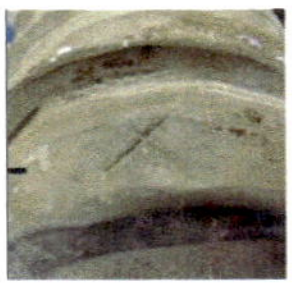 |  |
| | 七 | 壅颈 | 刻文 | 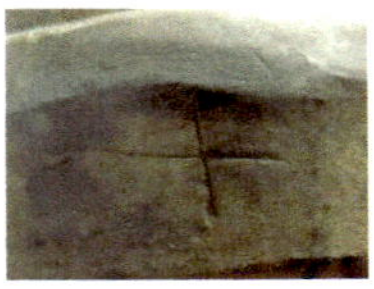 | 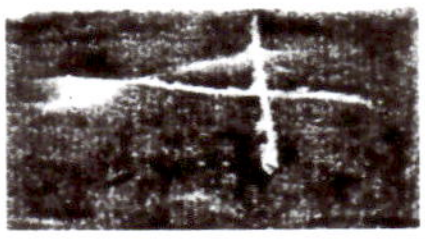 |
| | 五 | 踏板背面 | 刻文 | |  |
| T23G10：58 | 五 | 壅颈 | 刻文 | 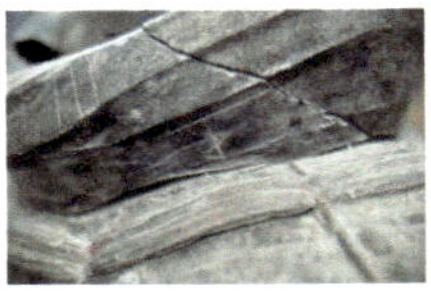 |  |
| | 三 | 右手手把 | 刻文 |  |  |
| T23G10：61 | 氏 | 左袖口 | 刻文 |  | |

续表

| 出土编号 | 陶文内容 | 文字部位 | 刻文或印文 | 位置图片 | 拓片扫描 |
|---|---|---|---|---|---|
| T23G10：67 | 氏 | 踏板侧面 | 刻文 |  | 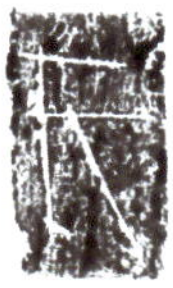 |
| T23G10：75 | 氏 | 脖颈 | 刻文 |  |  |
| | 八 | 袍部 | 刻文 | 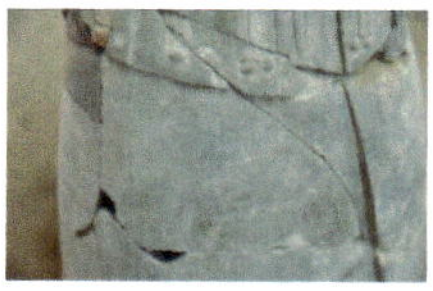 | 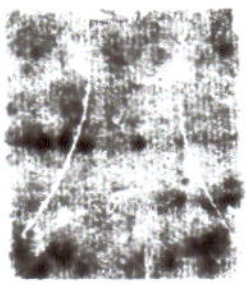 |
| T23G10：78 | 蟜 | 足尖 | 刻文 |  |  |
| T23G10：79 | 高 | 踏板 | 刻文 |  |  |
| T23G10：82 | 五 | 脖颈右侧 | 刻文 | 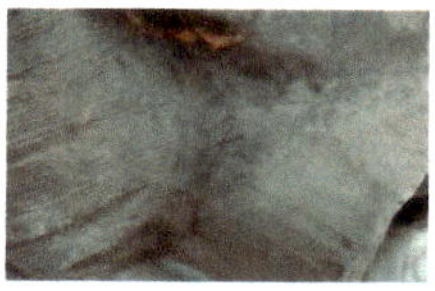 |  |
| | 巳 | 下颌 | 刻文 |  |  |
| | 七 | 胳膊 | 刻文 |  |  |
| | 屈 | 踏板 | 刻文 |  |  |

续表

| 出土编号 | 陶文内容 | 文字部位 | 刻文或印文 | 位置图片 | 拓片扫描 |
|---|---|---|---|---|---|
| T23G10：88 | 三 | 踏板 | 刻文 |  |  |
| T23G11：3 | 冉 | 发卡 | 刻文 |  | |
| | 宫臧 | 袍底部 | 印文 |  |  |
| T23G11：35 | 庫 | 右袖褶 | 刻文 |  |  |
| | 文 | 右袖口 | 刻文 |  |  |
| T23G11：4 | 卅九 | 臂部 | 刻文 |  |  |
| T23G11：58 | 七 | 袍右侧 | 刻文 |  |  |
| | 七 | 袍右下侧 | 刻文 |  |  |
| | 宫係 | 袍底部 | 印文 | 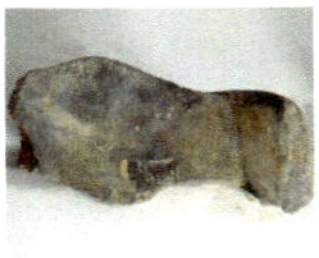 |  |

续表

| 出土编号 | 陶文内容 | 文字部位 | 刻文或印文 | 位置图片 | 拓片扫描 |
|---|---|---|---|---|---|
| T23G11：22 | 宫疆 | 底袍 | 印文 | 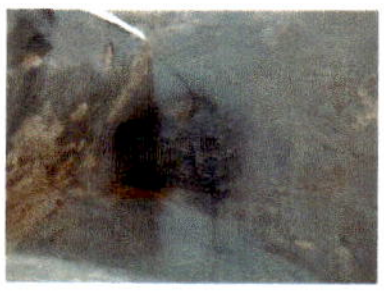 |  |
| T23G11：23 | 北 | 右臂 | 刻文 |  | 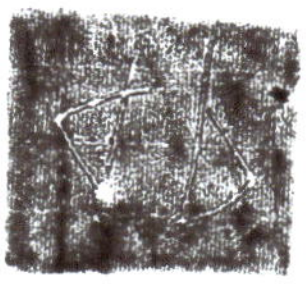 |
| T23G8：4 | 四 | 右臂 | 刻文 |  |  |
| T23G11：48 | 宫積 | 底袍 | 印文 |  | 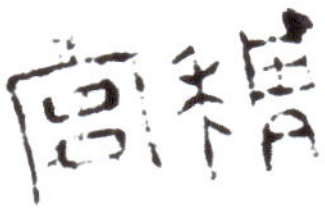 |
| | 八 | 腰甲下部 | 刻文 |  |  |
| T23G11：25 | 宫係 | 左臂 | 刻文 |  |  |
| T23G8：3 | 工 | 左手腕处 | 刻文 |  |  |
| | 刻文 | 左袖口处 | 刻文 |  |  |
| T23G11：4 | 卅九 | 臂部 | 刻文 |  | 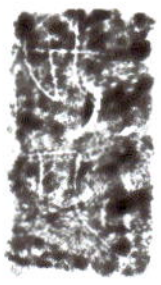 |

续表

| 出土编号 | 陶文内容 | 文字部位 | 刻文或印文 | 位置图片 | 拓片扫描 |
| --- | --- | --- | --- | --- | --- |
| G11：26 | 十五 | 底袍 | 刻文 |  | 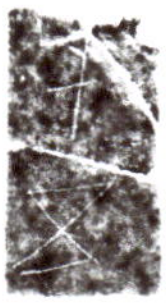 |
| G11：50 | 六 | 右肘部 | 刻文 |  |  |
| T23G8：1/57 | 七 | 踏板 | 刻文 |  |  |
| T23G8：77 | 四 | 袖口 | 刻文 |  |  |
| T23G8：32 | 示 | 发卡 | 刻文 |  |  |
| | 三 | 背甲 | 刻文 |  |  |
| | 三 | 左袖口 | 刻文 |  |  |
| | 三 | 右袖口 | 刻文 |  |  |

续表

| 出土编号 | 陶文内容 | 文字部位 | 刻文或印文 | 位置图片 | 拓片扫描 |
|---|---|---|---|---|---|
| T23G8：32 | 工 | 左手 | 刻文 |  |  |
| T23G8：70 | 八 | 踏板 | 刻文 |  | 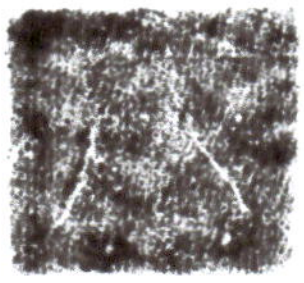 |
| | 七二 | 袖口 | 刻文 |  |  |
| | 七 | 肩甲 | 刻文 |  | 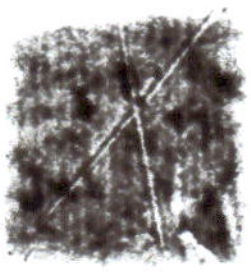 |
| T23G8：83 | 三庚 | 发卡 | 刻文 |  |  |
| | 三庚 | 右胸甲 | 刻文 |  |  |
| T23G10：13 | 划痕 | 颈部 | 刻文 |  |  |
| T23G8：35 | 市 | 右胸甲 | 刻文 |  | |
| | 市 | 左手 | 刻文 |  |  |

续表

| 出土编号 | 陶文内容 | 文字部位 | 刻文或印文 | 位置图片 | 拓片扫描 |
|---|---|---|---|---|---|
| T23G8：23/75/93 | 刻划纹 | 左袖口 | 刻文 |  |  |
| | 一 | 左手手背 | 刻文 | 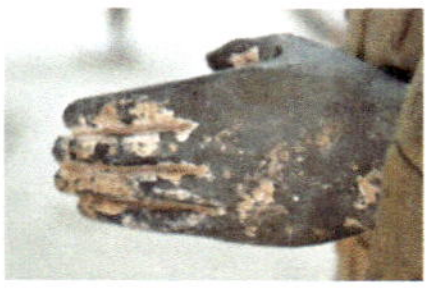 | 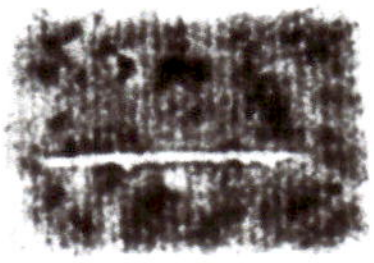 |
| T23G11：6 | 卌 | 右臂 | 刻文 |  | |
| T23G8：5/14 | 四丙 | 发卡 | 刻文 |  |  |
| T23G8：49/65 | 划痕 | 左臂 | 刻文 |  |  |
| T23G11：51 | 宫係 | 胸甲左侧 | 刻文 |  |  |
| T23G8：27 | 七丙 | 发卡 | 刻文 |  |  |
| T23G8：21/22/45 | 刻划纹 | 胸甲 | 刻文 |  | 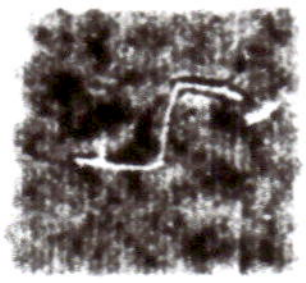 |
| | 乙 | 右袖口 | 刻文 |  |  |

续表

| 出土编号 | 陶文内容 | 文字部位 | 刻文或印文 | 位置图片 | 拓片扫描 |
|---|---|---|---|---|---|
| T23G8：21/22/45 | 四 | 左袖口 | 刻文 | 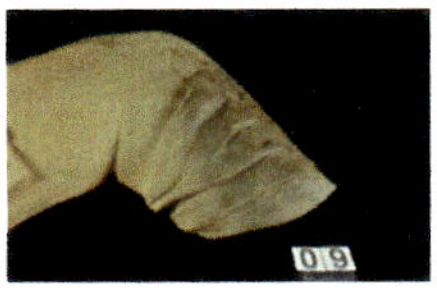 |  |
| T23G8：21/22/45 | 工 | 左袖口 | 刻文 | 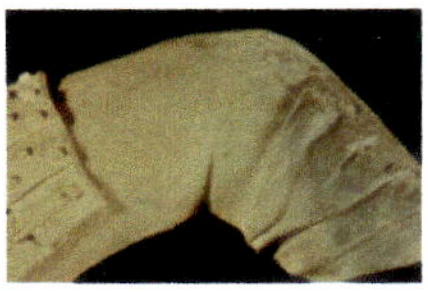 |  |
| T23G8：11 | 刻划纹 | 左手背 | 刻文 | 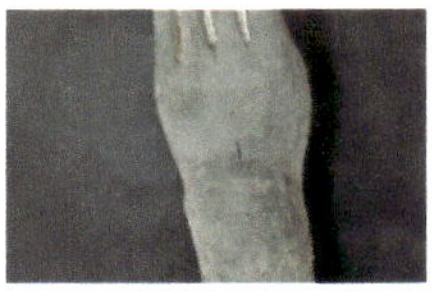 | 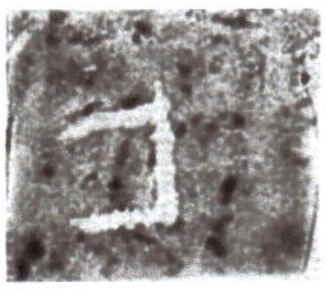 |
| | 五乙 | 发卡 | 刻文 |  |  |
| | 工 | 左袖口 | 刻文 |  |  |
| | 工 | 右袖口 | 刻文 |  |  |
| T23G8：89 | 划痕 | 左臂处 | 刻文 |  |  |
| T23G8：40 | 三戊 | 发卡处 | 刻文 |  |  |
| | 三戊 | 右胸甲处 | 刻文 |  | 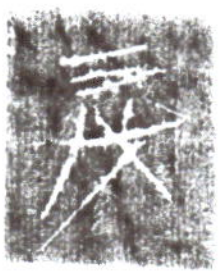 |

续表

| 出土编号 | 陶文内容 | 文字部位 | 刻文或印文 | 位置图片 | 拓片扫描 |
| --- | --- | --- | --- | --- | --- |
| T23G8：80 | 四 | 底袍 | 刻文 |  | 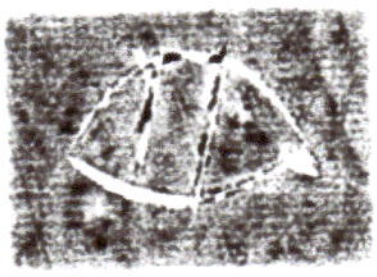 |
| T23G8：90/95 | 二 | 发卡处 | 刻文 |  |  |
| | 二 | 袖口处 | 刻文 | 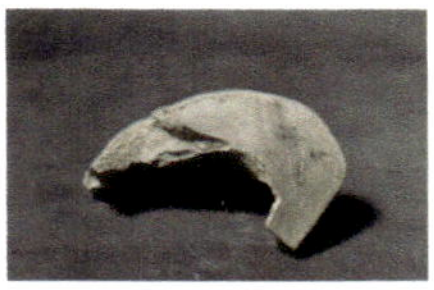 | 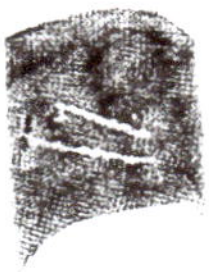 |
| T23G8：18 | 刻文 | 左手腕 | 刻文 | 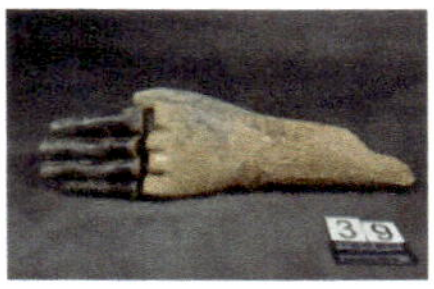 |  |
| T23G8：7 | 右八 | 右臂 | 刻文 | 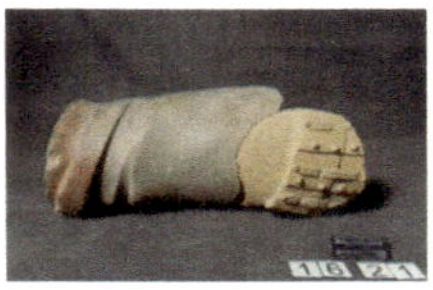 |  |
| T23G8：38 | 四 | 前胸 | 刻文 |  | 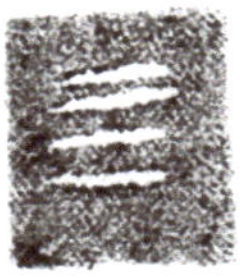 |
| | 四 | 袖口 | 刻文 |  |  |
| T23G8：81/88/92 | 三辛 | 手腕 | 刻文 | 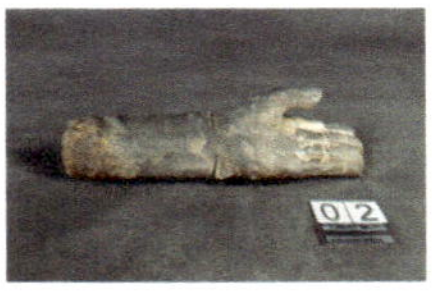 |  |
| | 三辛 | 胸甲 | 刻文 |  | 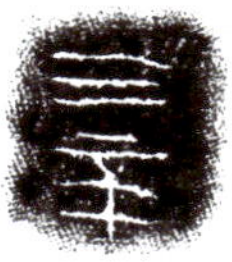 |

表8.5 T23陶马陶文统计表

| 出土编号 | 陶文内容 | 文字部位 | 刻文或印文 | 位置图片 | 拓片扫描 |
|---|---|---|---|---|---|
| T23G9：C1③ | 六 | 马腹 | 刻文 | | |
| T23G9：C2② | 车 | 左脸部 | 刻文 | | |

## （二）陶文分类研究

目前，关于秦俑陶文的分类，普遍认可的是袁仲一先生的分类方法，“大体可分为两类：一是数字类，为制作陶俑、陶马过程中的编号；二是工名类，为制作陶俑、陶马的工匠名”[①]。经本次整理总结首次发现一种干支结合数字的陶文形式，但对其分类尚无定论。

### 1. 数字类

T23新出土已修复的秦俑上的数字类陶文共60件，28种，均为刻文，是在陶俑入窑焙烧前、泥胎未干时，用尖状物随手刻划的。这些数字陶文一直被认为是制作秦俑时的临时编号，字迹潦草、大小不一，刻划的部位也不尽相同，随意性很大。入窑焙烧后经过彩绘，数字均被色彩覆盖。数字、字体结构和书写方法有以下几个特点。

（1）十以内的数字：一、二、三，有横书，也有竖书，“四”的写法有两种，有写作“四”的，也有写作“亖”；“七”的写法，中间一笔作较横划略短的竖划，写作“十”，与甲骨文和金文中“七”的书写方法相同；“六”的写法与金文甲骨文书写方法相同，写作“介”，其余数字均与小篆书体相同。

（2）十以上至百以下数字的书写法：基本上都是竖书。T23十进整数的写法：二十、三十分别写作“廿”、“卅”；几十几的带有个位数的数字，较前五方发现的不加“十”字表示法有所变化，出现了“六十四”、“七十一”这样明确的表示方法。

（3）T23新修复陶俑身上未出现百以上的数字陶文。

兵马俑坑出土的陶俑、陶马，并不是每一件上都有陶文，有陶文的仅占其中的一

① 袁仲一：《秦陶文新编》（上编），文物出版社，2009年，第2页。

小部分。数字陶文的发现呈现无规律性。

同一个数字在不同的陶俑身上多次出现，T23新出土、新修复陶俑中，“三”字见于三件陶俑上，“四”字见于六件陶俑上，“五”字见于六件陶俑上，“七”字见于七件陶俑上，“八”字见于四件陶俑上，“十三”见于两件陶俑上，“十三个四”见于两件陶俑上，“十四”见于两件陶俑上。

有的一件陶俑身上刻有两个相同的数字陶文，如T23G9：32、T23G10：53均在踏板正反面各有一个数字陶文“五”，写作“X”；T23G10：57在壅颈及右袖口各有一个数字陶文“七”，写作“十”。

另外，也出现了一件陶俑身上刻有两个或多个不同的数字陶文，如T23G10：57除前文所提到的壅颈及右袖口各有一个数字陶文“七”外，在踏板背面还有一处数字陶文“五”，左袖口处另有一处数字陶文“四”，写作“☰”，一件陶俑上有四个数字陶文实属罕见（图8.36）。

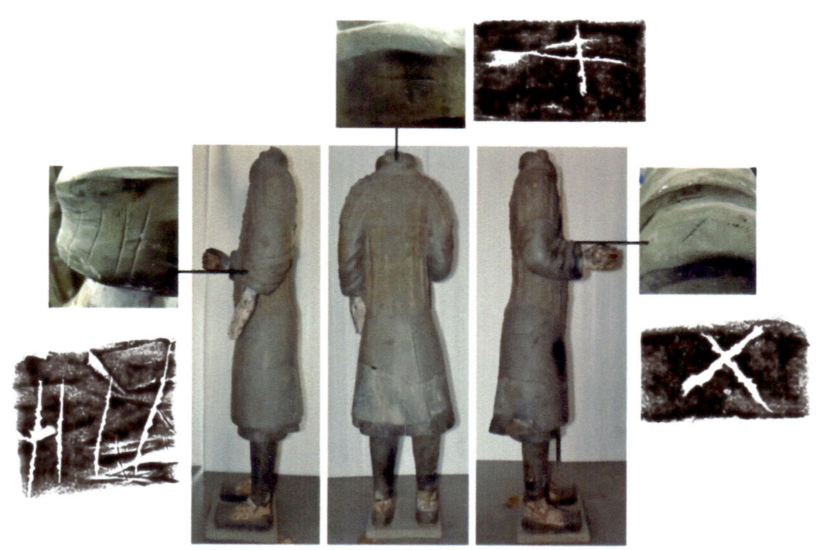

图8.36　T23G10：57陶文位置图

T23G9：32除踏板正面、背面各有一个“五”字外，在右袖口处还发现了数字陶文“三十五”，写作“卅五”；T23G10：14右臂上有一处“十三”，袍部有一处陶文“十一”。

T23G10：58壅颈上有一处陶文“五”，右手手把上有一处陶文“三”，此处陶文是在手制作完成后，手把插入袖口组装之前刻划标记的。

### 2. 工名类

T23出土的秦兵马俑在不引人注意的位置有戳印或刻划的制作者的工匠名，如踏板侧面、袖口、足尖、袍底等隐蔽处，目前一号坑T23发现的陶工名类陶文共计56件，

34种。多数为刻文，仅发现4枚印文。其中印文字体比较规整，刻划的文字比较潦草。工名类陶文可分为三类。

1）“宫”字类陶工名

“宫某”类陶文大部分是印文，字体工整清晰，字体为小篆，位置在陶俑衣下摆隐蔽处，第二字均为陶工名，人名前冠一“宫”字为宫司空的省文。

“宫臧”一枚发现于T23G11：3袍底，印文。

“宫係”三枚分别发现于T23G11：58袍底，印文；T23G11：25左臂、T23G11：51胸甲左侧，刻划文。

“宫疆”一枚发现于T23G11：22袍底，印文。

“宫穨”一枚发现于T23G11：48袍底，印文。

2）其他类陶工名

T23出土的陶文中，有陶工名共计19个，大部分仅有人名，为刻划文，字体均为小篆，字迹草率。

“弋□上”一枚发现于T23G9：21左手腕，刻划文。

“小遬”二枚分别发现于T23G10：12踏板正面及踏板处，均为刻划文。

“衛”一枚发现于T23G10：13腹甲右侧，刻划文。

“申”一枚发现于T23G10：35踏板正面，刻划文。

“木”一枚发现于T23G10：35脖颈，刻划文。

“悲”一枚发现于T23G10：36踏板正面，刻划文。

“辰”二枚分别发现于T23G10：28底袍及T23G10：41踏板，均为刻划文。

“氏”四枚分别发现于T23G10：40、T23G10：67踏板侧面、T23G10：75脖颈及T23G10：61左袖口，均为刻划文。

“屈”二枚分别发现于T23G10：82、T23G10：42踏板正面，刻划文。

“高”二枚分别发现于T23G10：79、T23G10：15足踏板，刻划文。

“文”一枚发现于T23G11：35右袖口，刻划文。

“巳”一枚发现于T23G10：82下颌处，刻划文。

“车”一枚发现于T23G9：C2②马左脸部，刻划文。

“蟜”一枚发现于T23G10：78足尖，刻划文。

“冉”一枚发现于T23G11：3发卡，刻划文。

“北”一枚发现于T23G11：23右臂，为刻划文。

“工”五枚分别发现于T23G8：3左手腕处、T23G8：32左手、T23G8：21/22/45左袖口、T23G8：11左右袖口各一枚，为刻划文。

“頗”一枚发现于T23G11：58胸甲，刻划文。

“庫”一枚发现于T23G11：35右袖褶，“七庫”一枚发现于T23G10：45胳膊，为刻划文。

3）押印文及刻符

在此次发掘中，还发现刻划/戳印痕迹8枚。戳印文和刻符，是秦俑陶文常见的一种刻勒形式。这8枚刻划/戳印痕迹，是陶工在制作陶俑时刻划或戳印上的图案，准确意义内容尚不可辨识，推测或是底层工匠的文字错写，或是底层陶工勒名留下代表身份的独有印记。具体见表8.6。

表8.6 秦俑押印文及刻符统计表①

| 出土编号 | 刻划方式 | 位置 | 内容 | 拓片 |
| --- | --- | --- | --- | --- |
| T23G9：21 | 印文 | 踏板（左上角） | 押印文 |  |
| T23G10：15 | 刻划文 | 脖颈 | 刻符 | 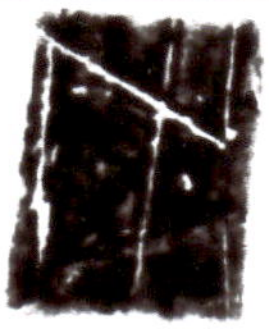 |
| T23G8：3 | 刻划文 | 左袖口处 | 刻划文 |  |
| T23G8：49/65 | 刻划文 | 左臂 | 刻划文 | |
| T23G8：23/75/93 | 刻划文 | 左袖口 | 押印文 |  |
| T23G8：11 | 刻划文 | 左手背 | 押印文 |  |

① 袁仲一：《秦兵马俑的考古发现与研究》，文物出版社，2014年。

续表

| 出土编号 | 刻划方式 | 位置 | 内容 | 拓片 |
|---|---|---|---|---|
| T23G8：89 | 刻划文 | 左臂处 | 刻划文 | |
| T23G10：13 | 刻划文 | 颈部 | 刻划文 | |

### 3. 首次发现干支数字组合的陶文类型

G8过洞中，首次发现数字与天干地支组合在一起的陶文类型，均为刻划文，字体为小篆。

“四丙”一枚发现于T23G8：5/14发卡，字体为小篆，刻划文（图8.37a）。

“三庚”二枚发现于T23G8：83发卡（图8.37b）、右胸甲（图8.37c），字体为小篆，刻划文。

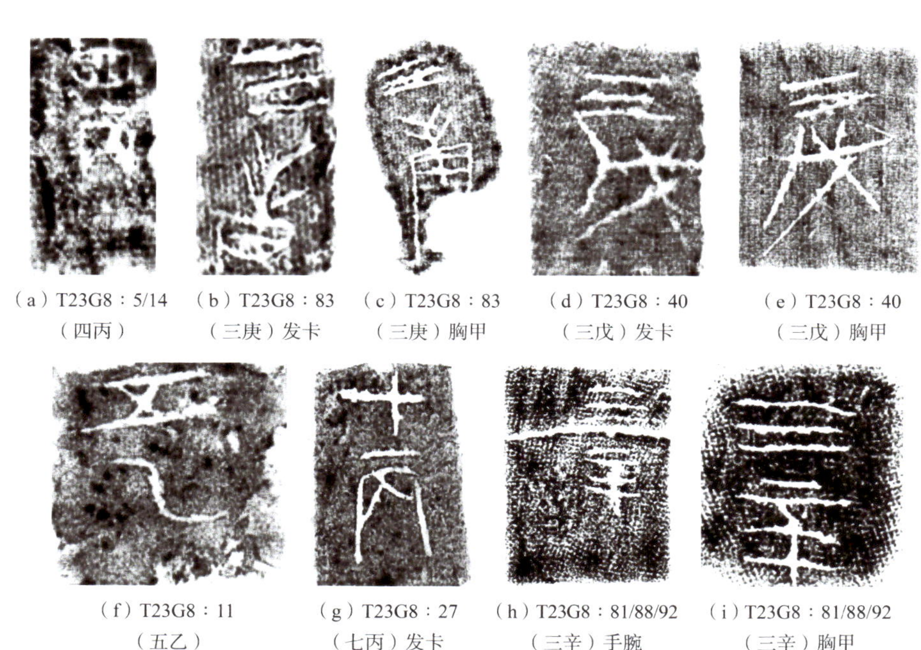

（a）T23G8：5/14（四丙）
（b）T23G8：83（三庚）发卡
（c）T23G8：83（三庚）胸甲
（d）T23G8：40（三戊）发卡
（e）T23G8：40（三戊）胸甲
（f）T23G8：11（五乙）
（g）T23G8：27（七丙）发卡
（h）T23G8：81/88/92（三辛）手腕
（i）T23G8：81/88/92（三辛）胸甲

图8.37 干支数字组合陶文拓片

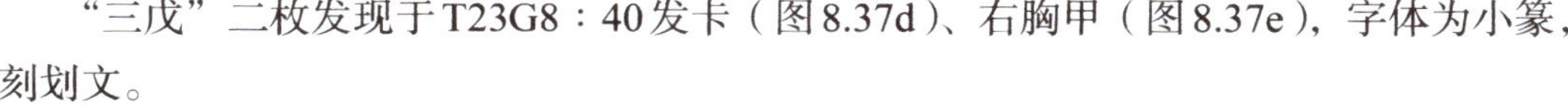

“三戊”二枚发现于T23G8：40发卡（图8.37d）、右胸甲（图8.37e），字体为小篆，刻划文。

“五乙”一枚发现于T23G8：11发卡，字体为小篆，刻划文（图8.37f）。

“七丙”一枚发现于T23G8：27发卡，字体为小篆，刻划文（图8.37g）。

“三辛”二枚发现于T23G8：81/88/92手腕（图8.37h）、胸甲（图8.37i）。

这6组（共9枚）陶文，与之前发现的陶文存在差别，根据秦人文化特点、秦俑工匠命名规律，以及秦俑工匠来源，推测这9枚陶文可能是勒名或者计数作用。

### （三）T23陶工的来源推测

T23发现的陶工名类陶文，较之前一号坑考古发现的工名类陶文，有以下几点异同。

（1）本次发现的“宫某”类陶文，字体工整清晰，位置较为统一，较其他类陶文更有规律可循。

（2）“戈”、“小遬”、“申”、“悲”、“辰”、“頞”等其他类陶工名与之前一号坑发现的陶工名一致，均为刻划文，字体小篆，字迹草率，签名位置多在脖颈、足踏板、底袍等不显眼的位置，且部分重名，可能是同一人的作品。

（3）“衞”、“木”、“氏”、“车”、“库”、“马”等陶工名在一号坑之前发现的陶文中并未发现，为T23首次发现。

（4）目前T23发现的陶工名类陶文，未见如“咸阳衣”、“咸庆”、“稚一”冠以来源地的陶工名类表现形式。

（5）首次发现数字与天干地支组合在一起的陶文类型，并集中在G8过洞中，目前对于该类型陶文是用于计数还是勒名，尚无定论。

根据以上几点，关于T23陶工的来源问题，有以下几点推测。

#### 1.“宫”系类勒名秦俑工匠来源

根据一号坑考古发掘报告，“宫某”类陶工名类陶文大量见于秦建筑出土的砖瓦上，历年来秦始皇陵园出土的砖瓦上也多见“宫某”字样的陶文戳记。例如，“宫臧”、“臧”见于宝鸡市镇南湾秦宫遗址出土的5件筒瓦和板瓦上，“係”多见于秦始皇陵出土的砖瓦上。本次发现的“宫某”类宫司空陶文刻画位置规律统一，字体较其他陶文工整，经过推断，印有“宫某”类陶文的陶工，其来源推断可是原属于宫司空辖属制陶作坊烧造砖瓦的工匠，由于技艺娴熟经验丰富，被征调于兵马俑烧造（表8.7）。

表8.7 “宫”系类宫司空陶文统计表

| 编号 | 出土编号 | 陶文内容 | 所在部位 | 刻文或印文 | 拓片扫描 |
| --- | --- | --- | --- | --- | --- |
| 1 | T23G11：3 | 宫臧 | 袍底部 | 印文 | |
| 2 | T23G11：58 | 宫係 | 袍底部 | 印文 | |
| 3 | T23G11：25 | 宫係 | 左臂 | 刻划文 | |
| 4 | T23G11：51 | 宫係 | 胸甲左侧 | 刻划文 | |
| 5 | T23G11：22 | 宫疆 | 底袍 | 印文 | |
| 6 | T23G11：48 | 宫積 | 底袍 | 印文 | |

## 2. 其他类名秦俑工匠来源略考

根据一号坑考古发掘报告，这43种陶工名中的“遬”、“弋”、“申”、“辰”、“高”、“文”、“衞”、“木”、“北”、“工”、“丁”、“示”12个人名，在秦都咸阳的宫殿遗址、制陶作坊遗址出土的筒瓦、板瓦，秦始皇帝陵陵园出土的砖瓦上，秦代大墓的随葬品上都有发现，时代大约属于秦始皇时期，其中有可能有同名异人，但同名者如此之多恐怕不是偶然巧合。

陶工名中的“高”多见于秦始皇陵园瓦上的“左司高瓦”印文，此人可能来源于左司空的制陶作坊。

“弋”、“文”、“申”、“衞”这几个陶工名，常见于秦始皇帝陵及秦都咸阳宫殿遗址

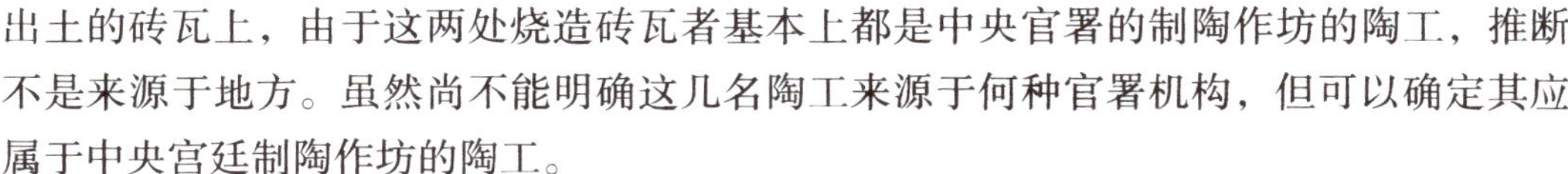

出土的砖瓦上，由于这两处烧造砖瓦者基本上都是中央官署的制陶作坊的陶工，推断不是来源于地方。虽然尚不能明确这几名陶工来源于何种官署机构，但可以确定其应属于中央宫廷制陶作坊的陶工。

“丁”，见于苗圃秦墓，为制陶工匠姓，《通志·氏族略四》：“丁氏，姜姓。齐太公生丁公伋，支孙以丁为氏。”

“木”，见于秦林光宫遗址采集陶罐肩部的刻划文，为陶工的名或姓。《通志·氏族略五》：“木姓，端木赐之后，因避仇改为木氏。”

“辰”、“北”这两个陶工名，多见于咸阳出土的陶器、制陶工具或陶拍上，为制陶工匠名。

“工”见于凤翔县南指挥村秦公一号大墓M2：6陶簋上发现的刻划文，亦可能是陶工的姓或名。可见这几人当来源于咸阳地区的民营制陶作坊。

其他类勒名的陶工来源，极大可能是原来就是有丰富制陶经验的烧制砖瓦陶器的陶工，被征调来从事兵马俑的制作。

### 3. 新发现干支类陶文类型的作用

#### 第一、推测作为勒名作用

1）根据秦人文化特点

从殷商时期开始就有以干支为名者，如甲骨卜辞中有祖戊、祖丙的记录。随着发展，中原文化在命名方式上，逐渐避开了干支为名。《礼记·曲礼》有“不以日月”的命名原则，《左传·桓公六年》中春秋鲁国大夫申繻曾言周代取名五条原则和六种避讳。即“名有五：有信、有义、有象、有假、有类。以名生为信，以德名为义，以类名为象，取于物为假，取于父为类。不以国、不以官，不以山川，不以隐疾，不以牲畜，不以器币。周人以讳事神。名，终将避之。故以国则废名，以官则废职，以山则废主，以牲畜则废祀，以器币则废礼貌。”[①]在春秋至战国时期，中原文化已经避免使用干支、国名、官名、山川名、疾病名、牲畜名和器物礼品为名。秦人本出自东夷，虽然受到周文化的影响，但其名命方式并未受到“六避”的制约，如本次考古发现工匠名：“積”（T23G11：48）秃头的样子、“衞”（T23G10：13）官职名、“蟜”（T23G10：78）小虫等[②]，均违反了“六避”的命名原则，并展现出秦人自身命名的特点：以人身体特点为名，以职业为名，以自然为名，反映出秦人淳朴、实用的性格特点，以及崇尚自然的文化特色。而干支作为星辰日月的代表，如“申”（T19G8：55、T23G10：35），当是取于“地支纪时”含义，是一个日名，用例见有《金文编》，有“子申父已鼎”，春秋有“曹叔孙申”、“楚鬬宜申”等，属于秦人以自然为名的命名特色。

---

① 陈鸿：《出土秦系文献人名文化研究》，《福建师范大学学报》2014年第4期，第114～121页。

② 李世持：《秦简人名整理与命名研究》，西南大学博士学位论文，2017年。

2）根据兵马俑勒名要求

此次秦俑出土的陶文中，存在大量干支类陶文勒名，“乙”发现2枚，“申”、“巳”各发现1枚，“辰”发现2枚，结合上述四组干支数字组合陶文，共12枚8种，占已发现工名类陶文的1/5，因此干支是秦兵马俑陶工的常用勒名。

《通考·王礼考十九》及《古今图书集成·坤舆典》引《汉旧仪》说：秦始皇使丞相李斯“将天下刑人徒隶七十二万人作陵”。可见修造兵马俑的陶工中存在大量刑徒，而为了遵循“物勒工名、以考其诚”的监察制度，部分低级的刑徒只能以干支为个人身份的代号，而非刻画真实姓名。例如，在阿房宫遗址出现的“宫甲”（蔺高村宫殿遗址板瓦2806）、“宫戊”（2807）、“宫寅”（2808），其中的“甲”、“戊”、“寅”等勒名经考证均为代号[①]。

**第二、推测干支类陶文作为计数作用**

第三次考古发掘以来，工匠姓名类陶文发现的刻划位置比较随机，多见于踏板、手臂、底袍处[②]，刻画方式以刻划和押印相结合为主，而此次干支类陶文发现位置比较整齐，其中4枚刻划于发卡处，2枚刻画于右胸甲处，字体均为小篆，刻勒方式均为刻划，发现的位置、字体形制比较统一，有别于之前发现的陶工姓名。

与此同时，根据一号坑发现的铜铍铭文，发现部分铜铍刻划有“戊三”（T20G9：0810）、“戊六”（T20G3：0463）、“丙七”（T20G3：0450）等刻铭（图8.38），这些刻铭位置统一，刻划字体一致，根据研究这是生产兵器的工人刻写的计数文字[③]。

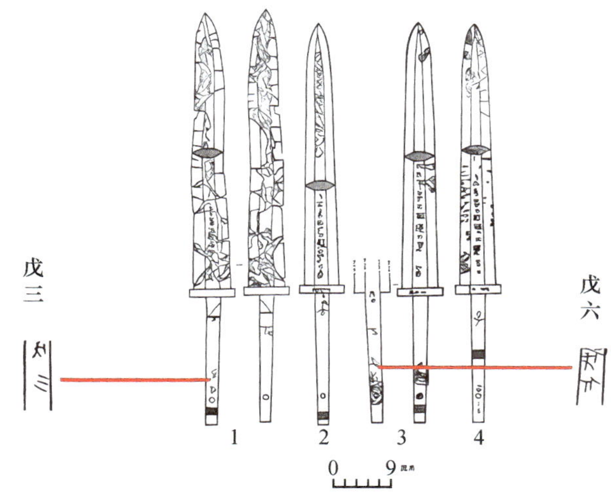


图8.38　一号坑铜铍铭文

（a）T20G9：0810　（b）T20G3：0463　（c）T20G3：0450　（d）T20G3：0448

---

① 施谢捷：《陕西出土秦陶文字丛释》，《考古与文物》1998年第2期，第69～79页。

② 兰德省、王东峰、申茂盛等：《秦俑一号坑第三次考古发掘新出陶文浅析》，《秦始皇帝陵博物院院刊（2016年总陆辑）》，三秦出版社，2016年，第223～233页。

③ 梁云：《秦戈铭文考释》，《中国历史文物》2009年第2期，第58～60页。

可以看出这些计数文字与本次发现的陶文有极大的相似之处，因此推断此次发现的干支类陶文也可能为计数类文字。

**第三、由新出土陶文考证制陶官署机构组成**

根据勒名“宫”某的考古发现，秦兵马俑工匠来源中，一大部分是中央官署宫司空的陶工。经过第三次考古发掘，证明来自于中央官署的陶工中，有部分陶工是属于少府属官的寺工。

（1）秦俑坑出土的铜戈、矛、戟、铍、车马器等大量见有“寺工”的刻铭，秦始皇陵园出土的砖瓦与陶器上也大量见“寺”某陶文，可见寺工主掌兵器与御用金属器的制造，并主管制作车马器，并辖有制陶作坊烧造砖瓦[①]。

上文提及，本次发现的干支数字类陶文与寺工铸造的青铜铍有非常近似的刻铭，说明至少在干支数字类陶俑制作中，运用了寺工的刻勒形式。

（2）在此次发掘中，共5枚“工”、2枚“帀（師）”字刻铭被发现。

具体见表8.8。

表8.8　“工”、“師”类刻划文统计表

| 编号 | 出土编号 | 陶文内容 | 所在部位 | 刻文或印文 | 拓片扫描 |
|---|---|---|---|---|---|
| 1 | T23G8：32 | 工 | 左手 | 刻划文 |  |
| 2 | T23G8：21/22/45 | 工 | 左袖口 | 刻划文 |  |
| 3 | T23G8：11 | 工 | 左袖口 | 刻划文 |  |
| | | 工 | 右袖口 | 刻划文 |  |

① 黄盛璋：《秦俑坑出土兵器铭文与相关制度发复》，《文博》1990年第5期，第63～71页。

续表

| 编号 | 出土编号 | 陶文内容 | 所在部位 | 刻文或印文 | 拓片扫描 |
|---|---|---|---|---|---|
| 4 | T23G8：3 | 工 | 左手腕处 | 刻划文 | |
| 5 | T23G8：35 | 帀（師） | 右胸甲 | 刻划文 | |
| | | 帀（師） | 左手 | 刻划文 | |

这5枚勒名位置也比较统一，处于陶俑右臂手腕或手背，1枚“帀（師）”字勒名位于右胸甲，与上文的干支数字组合类陶文刻勒的位置一致。说明这几组勒名，是属于一个制俑小组的特殊勒名方式。而为了区别兵器勒名，特意省略了“寺”字，“工”作为“寺工”省文，“帀（師）”作为“寺工師”省文是符合寺工官署工匠制度与刻勒习惯的。

（3）秦俑陶文同名刻勒有聚组成群的现象，即同样署名的陶俑排列位置非常接近，如本次发掘的第11过洞中，共发现“宫”某类陶文6枚，占本次发掘的80%以上。而此次发掘的“工”字陶文、“帀（師）”字陶文与干支数字类陶文均发现于第8过洞，陶俑之间距离非常接近，可以被认为是同一个小组同一时间制作而成。

（4）根据不同属地秦俑制作工匠勒名规律推断，中央官署陶工勒名方式有押印和刻画，位置在俑身部明显的位置，一般常见于底袍底部、胸甲处，刻画位置较为固定，有规律可循。

地方制陶作坊的陶工勒名多为刻画痕，常见于踏板、手腕、脖颈处等，刻画位置较为随意，呈现无规律状态（图8.39）。

中央官署的刻画部位集中于躯干部位，明确陶俑制作工匠身份（图8.40）。

对比此次发掘干支数字类陶文刻画方式（图8.41），制作这批陶俑的工匠极有可能是遵循中央官署的刻画制度，同属于中央的少府寺工。

### 4. T23陶工来源归纳

根据以上几点，推断在秦始皇兵马俑的制作过程中，调用了中央官署宫司空的熟

图 8.39　T23G10：36 地方制陶作坊的陶工勒名陶文位置图

图 8.40　G11：51 中央官署陶工勒名陶文位置图

练陶工；部分少府寺工的熟练工匠（寺工），同时承担着秦俑兵器的制作与秦俑的烧造；还有部分新征调的地方民营或市亭制陶作坊陶工，他们依循熟练陶工的指挥，按照统治者的要求统一烧制陶俑，秩序井然，组织严谨有序。在制作兵马俑这一庞大的系统工程中，每位熟练工师带领一批工人开一个窑厂作坊，根据上级下达的任务，组织和指挥陶俑的塑造、焙烧、施彩等全盘工作。

图8.41　T23G8：83干支数字类陶文位置图

## （四）陶文秦俑制作方法研究

### 1. 相同陶文秦俑制作方法的比较

将T23新修复的、有相同陶文的陶俑进行统计对比，数字类共10组，工名类陶文共8组。刻有相同数字陶文的陶俑，其刻画部位较随意，例如刻有相同陶文“三”的T23G10：5和T23G10：88，前者的刻画部位在手把，而后者则是在踏板上，笔体也差异很大，前者刚劲规整，后者绵软随意；刻有陶文“五”的陶俑共8件，其中刻划于踏板处共6件。在这6件中，虽然刻划位置相似，但踏板的制作方法却不相同，有的是与双脚整体制作，有的是单独制作；刻有“七”的陶俑7件，刻划位置9处，刻画部位较为分散。以上种种，可以进一步说明数字类陶文只是用来计数这一说法。

工名类陶文的刻划部位就相对固定，大多集中在袖口及踏板上，且相同陶文的陶俑的制作方法相似，例如在踏板正面、双足中间刻有“小遬”的陶俑T23G10：12、T23G10：27，双足与踏板为一体制作，且二者袍底部各有一工作孔（图8.42）。

在踏板侧面刻有“氏”的陶俑T23G10：40、T23G10：67，双足与踏板的制作方式为分别制作，且“氏”字写法刚劲笔直，刻画部位均位于踏板侧面（图8.43）。

在踏板正面、双足中间刻有“屈”的陶俑T23G10：42、T23G10：82，双足与踏板的为一体制作（图8.44）。

图8.42　T23G10：12、T23G10：27“小遬”陶文陶俑对比

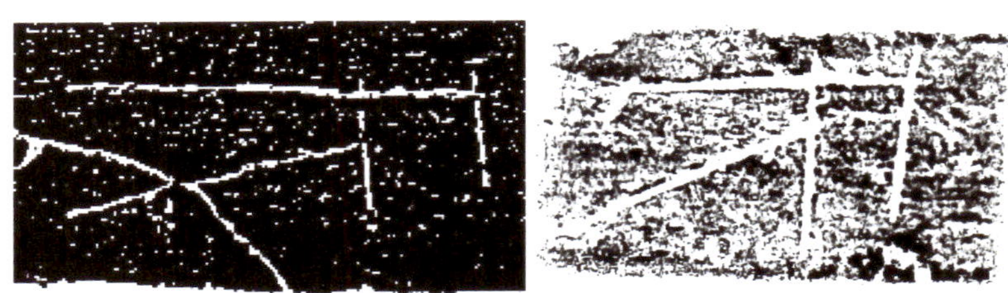

图8.43　T23G10：40、T23G10：67“氏”陶文刻画对比

G10：42　　G10：82

“屈”字刻文的对比

图8.44　T23G10：42、T23G10：82“屈”陶文陶俑对比

在右袖褶刻有“七库”和“库”的T23G10：45及T23G11：35，手于袖口连接紧密，且都是在袖部二十厘米左右处断裂，“库”字的写法也较为接近（图8.45）。

T23G11：35　　T23G10：45

图8.45　T23G11：35、T23G10：45“库”和“七库”陶文对比

### 2.“宫”字类印文

此次发现的五个“宫”字类印文，位置均在袍底部，文字标记部位相同，说明此类“宫”字类印文对于标记部位是有统一要求的，且制作工艺相近：头与体腔连接方式为烧后接，双耳制法为圆雕，颈为圆柱形、空心；体腔塑型制法为泥条盘筑；臂与体腔连接方式为独立臂与体粘接；手与臂连接方式为插入式；底盘与腿部连接方式为一次成型；腿部塑型方法为泥条盘筑；双腿上空下实，裤管制法为二次覆泥，无行藤带，花结均为粘接（图8.46）。

T23G11：25左臂“宫係”　　T23G11：22底袍印文“宫疆”

图8.46　“宫”字类陶文对比

### 3. 陶文和制作方法的关系及解读

通过以上对比发现，相同的数字类陶文的刻划，代表计数，其制作工艺上存在较大差异；而工名类陶文，刻画同一陶文在相同部位的陶文俑，其刻划部位的制作工艺相似，应该是出于同一人或同一团队之手；“宫”字类印文的制作工艺则更为相似，应是有统一的制作方法和制作要求。

### （五）小结

在陶俑、陶马身上发现的数字类陶文，大部分是制作过程中用来计件或计数的符号，而印上或刻上的工名类陶文，则是统治者检查陶工制作陶俑数量与质量的一种手段，即所谓“物勒工名，以考其诚”。在器物上面要刻上制造者的名字，是中国古代国家管理手工业生产的一项重要制度。以“物”为载体、“名”为媒介，确立了生产者、监造者以及生产机构之间对产品的质量责任关系，从而加强国家对手工业生产和产品质量的管理。兵马俑陶文不仅是“物勒工名”这一制度的现实体现，也留下了大批出身于社会下层的匠师大名，为研究兵马俑雕塑艺术及制作工艺提供了宝贵的线索，具有重要的历史价值和艺术意义。

## 四、秦俑工匠指纹信息采集与初步分析

秦俑工匠在制作陶俑泥胎过程中，留下了大量手指抹痕及手掌按压的痕迹，可以通过显微及微距镜头进行细致测量及图像采集（图8.47）。

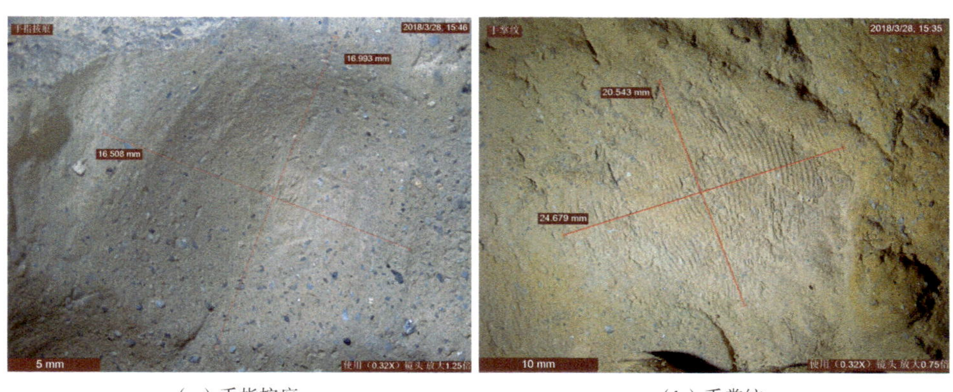


（a）手指按痕　　（b）手掌纹

图8.47　显微镜拍摄工匠指纹痕迹

在已修复的140件兵马俑陶胎内外侧，已提取了陶俑制作者遗留的指纹共计95枚。这些指纹痕迹多见于陶俑身体内部、双臂、躯干（尤其是腹腰部），另外头颈部及手部亦有发现，见图8.48～图8.50。指纹部位常见捏合痕迹和按压痕迹，推测工匠在进行细部雕刻制作时遗留下来，并非有意而为之（表8.9）。

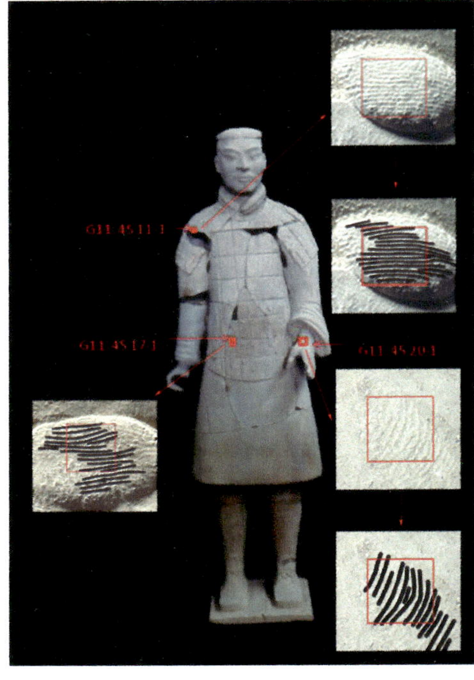

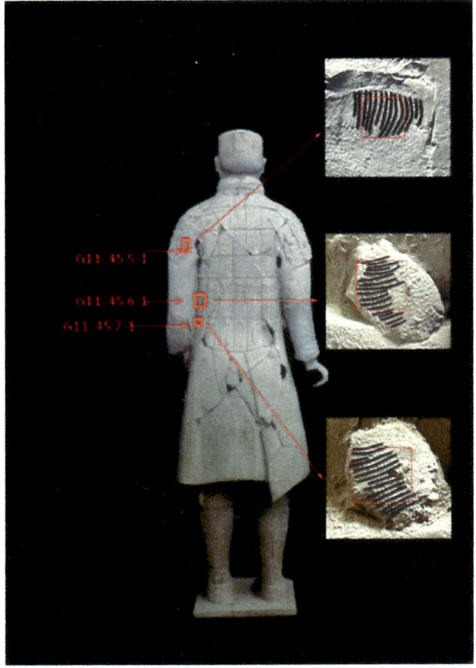

图8.48　俑G11：45（正视图）指纹分布图

图8.49　头部指纹痕迹

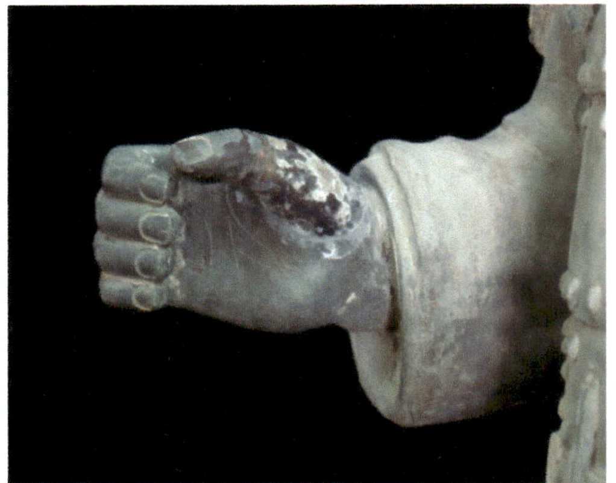

图8.50　秦俑手部掌纹

表8.9　兵马俑俑身所留指纹位置及数量统计表

| 俑身指纹位置（指纹个数/枚） | | 陶俑编号 |
|---|---|---|
| 头面部（9） | 右后脑（2） | G8：49、G8：52 |
| | 左侧脑（5） | G8：11（2枚）、G8：50（3枚） |
| | 面部上方头部（1） | G10：16 |
| | 左脸下方（1） | G10：35 |

续表

| 俑身指纹位置（指纹个数/枚） | | 陶俑编号 |
|---|---|---|
| 颈部（9） | 前颈部（3） | G8：18、G10：28（2枚） |
| | 后颈部（1） | G10：10 |
| | 右后颈（2） | G8：40、G10：46 |
| | 左后颈（3） | G10：47、G8：3、G8：40 |
| 躯干（30） | 前胸部（2） | G9：30、G9：37 |
| | 右胸部（1） | G10：22 |
| | 左胸上方（3） | G8：30、G10：21、G10：46 |
| | 右腹部（9） | G8：40、G8：80、G10：21（2枚）、G10：46、G11：45、G8：16/17、G9：22、G10：42 |
| | 左腹部（7） | G8：80（2枚）、G10：46、G9：14、G9：18、G10：42、G11：10 |
| | 后腰部（7） | G9：30、G9：32（2枚）、G10：21、G11：45（2枚）、G10：32 |
| | 裙底（1） | G8：16/17 |
| 臂部（41） | 右臂（18） | G8：40（2枚）、G9：30、G9：37、G10：16、G10：18（2枚）、G10：20、G10：23、G10：35、G10：46（2枚）、G10：54、G11：45（2枚）、G9：8、G10：81（2枚） |
| | 左臂（23） | G8：40（2枚）、G8：80（2枚）、G9：30、G9：32、G10：18、G10：16、G10：20、G10：21、G10：23、G10：46、G10：47（2枚）、G10：54（2枚）、G11：45、G9：14、G10：25（4枚）、G10：57 |
| 手部（6） | 右手（1） | G10：22 |
| | 左手（5） | G10：14（2枚）、G10：16、G11：45、G9：22 |

利用指纹判定人物年龄的基本原理为：在指纹花纹中心点往上5mm的标准长度内，8岁幼儿有指纹线条16～18条；12岁儿童有指纹线条14～16条；16岁的有指纹线条13～15条；18岁青年有12～14条；20岁以上的成人比婴儿时纹线要减少一半。

通过对本次所统计的112个指纹图像的处理和整体比较，发现纹线条数为15条及其以下的指纹痕迹所代表的年龄阶段大致为16岁以上，共93枚；而16条及以上的指纹痕迹很可能为小于16岁者（即青少年）所留，共计19枚，并且其中7枚指纹条数为18条及以上，应为小于12岁儿童所留指纹（表8.10）。从指纹分布位置来看，纹线条数为16条及以上的指纹多位于双臂及腹部。

**表8.10　指纹纹线条数及数量统计表**

| 纹线条数（条/5毫米） | 8 | 9 | 10 | 11 | 12 | 13 | 14 | 15 | 16 | 17 | 18 | 19 | 20 |
|---|---|---|---|---|---|---|---|---|---|---|---|---|---|
| 指纹数量（枚） | 1 | 2 | 10 | 13 | 25 | 24 | 12 | 6 | 9 | 3 | 2 | 1 | 4 |

由本次俑身指纹痕迹的初步统计结果可知，所留指纹的古代陶工的年龄构成可能较为多样，年龄为16岁以上的成年者占据主体，但同时有青少年甚至儿童亦参与其中。本次指纹统计结果表明，制作兵马俑的古代陶工的身份构成及分工有待进一步深入研究与探讨。受制于分析技术与一号坑修复现场实际情况，目前统计的陶俑数量有限，希望通过不断的修复与发现研究，为揭开秦俑制作者身份之谜提供新的研究支撑。

## 五、结论

本项目基于对已修复的140件兵马俑制作痕迹的整理归纳，在修复过程中，对秦兵马俑制作工艺进行了初步的研究与总结。第一，通过留存的工具痕迹可以明确，在制作兵马俑的过程中使用“模塑结合，以塑为主”的中国传统雕塑技法，通过不同工匠的手塑，表现出秦俑的千姿百态。第二，通过对秦俑陶文的统计分类与释读，考证秦代制陶官署机构与“物勒工名”制度。第三，通过陶文与留存指纹的研究，推断秦俑工匠的身份信息。

秦俑是中国雕塑艺术史上的成功典范，标志着中国古代雕塑艺术趋于成熟。秦俑工匠以精湛的技艺，塑造出千人千面、多姿多彩的古代军阵，是秦俑艺术真正的创造者。

# 第九章　保护修复案例

## 案例1　彩绘俑头的保护修复

主要通过对兵马俑一号坑新出土的彩绘俑头进行抢救性保护修复，针对其典型病害类型进行保护处理，从理论到实践进行探索，极大程度保留了秦俑彩绘的真实性与完整性，提高了秦俑彩绘层结构的安全性和本体耐候性，延长了彩绘秦俑的保存时间，梳理成具有代表性的秦俑彩绘保护案例。

### 一、引言

秦始皇陵兵马俑一号坑第三次考古发掘过程中，于2020～2022年先后在T23、T24出现了几件彩绘军吏俑，以T24G10：8和T24G8：14陶俑为代表，俑头保存比较完整，着单板长冠且面部保留有大量肉粉色彩绘，雕刻手法写实，细节刻画栩栩如生，制作工艺比较精细。通过对彩绘俑头出土保存状况进行观察，发现彩绘俑头有多种陶质彩绘文物的典型病害，如起翘，脱落，泥土附着物等，急需进行抢救性保护。考虑到出土环境变化对陶俑彩绘的影响，俑头从考古现场提取后，文物保护人员根据陶质彩绘类文物保护技术要求，针对俑头病害类型和保存现状，制定了明确的保护修复技术路线，通过为期一年多的保护修复，先后完成两件彩绘俑头的保护修复与相关的资料档案。本案例主要是对这一阶段的彩绘俑头保护修复工作进行归纳总结，以期对此后兵马俑和彩绘文物保护修复工作有所借鉴。

### 二、保存现状调查

T24G10：8俑头出土后提取至彩绘修复室（图9.1）。对其保存状况进行观察发现，俑头头冠完整，眉脊突出、细长，面部可见大量淡粉彩绘，面部有覆泥，鼻挺，唇上覆泥，双耳完整贴于头，左耳覆泥，右耳耳窝内淡粉色彩绘，耳唇肥大，单板长冠，两端封堵，尾端下折平整，尾端立面梯形，发丝为篦栉刻划，7齿，发髻合于一股梳于冠内；头冠、发丝褐色生漆，冠带表面着黑色大漆，头顶冠带右侧断裂处可见焊泥；颈残断，头部中空，内部有淤泥，土质褐色，泥土内夹杂少量植物根茎。

T24G8：14俑头出土于2022年3月，依据俑头的外观，基本可以判定是军吏俑，

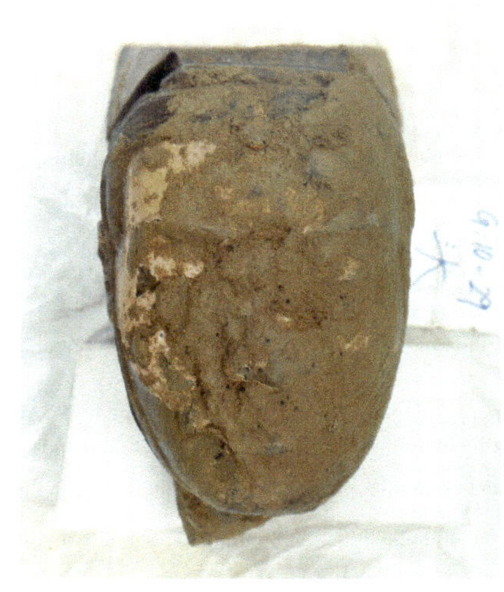

（a）T24G10：8俑头

（b）T24G8：14俑头

图9.1　俑头保护前的保存状况

等级比较高。俑头与脖颈一体，头部中空，颈端面整齐，眉脊突出、细长，额头部位可见大量彩绘，面部右侧有大面积覆泥，唇上覆泥，嘴唇可见少量红色彩绘，左耳完整贴于头，左耳覆泥，耳唇肥大，单板长冠，板冠自发顶处局部残断，冠带最宽处位于中部，发丝为篦栉刻划，7齿，发髻合于一股梳于冠内；头冠、发丝褐色生漆，冠带表面着黑色大漆。T24G8：14俑头出土后长时间放置在一号坑内，出土后俑头受环境影响，彩绘与漆皮劣变明显，表现为俑头整体及表面泥土附着物整体都比较干燥，裸露部分的彩绘起翘、脱落，局部彩绘变色，耳朵、颈部彩绘随表面干燥的土块脱离陶胎。该俑头于2022年4月从一号坑考古队移交到文物保护修复区进行应急保护。

## （一）病害类型

通过对秦始皇帝陵兵马俑一号坑考古现场新出土彩绘俑头的保存状况调查发现，俑头病害可以分为彩绘病害和陶胎病害（图9.2、图9.3）。根据病害的严重程度又分为稳定病害、活动病害、可诱发性病害。致使病害产生因素较多，文物自身材质、埋藏环境、保存环境、生物因素都会对文物产生综合影响，产生的病害或是独立存在或是相互影响或是相互叠加，它们不断地侵蚀文物，从而导致文物发生劣化，影响文物的寿命[①]。

① 张尚欣、付倩丽：《彩绘陶质文物病害及其劣化因素探析》，《秦始皇帝陵博物院（2012年总贰辑）》，三秦出版社，2012年，第517～525页。

脱落（彩绘漆皮局部脱落）

脱落（局部彩绘漆皮完全脱落）

起翘（彩绘漆皮起翘）

龟裂（漆皮龟裂卷曲）

空鼓（彩绘空鼓）

泥土附着物、变色（彩绘）

其他附着物（泥土附着物夹杂炭迹）

微生物病害（早期白色絮状霉菌）

微生物病害（彩绘表面黑色霉菌）

图9.2　俑头彩绘病害

残缺（冠带处残缺）

残断、泥土附着物（板冠残断）

微生物病害、泥土附着物

植物病害

图9.3　俑头陶胎病害

### 1. 彩绘病害

秦俑彩绘病害主要表现为，彩绘层及彩绘底层生漆龟裂、起翘、空鼓、脱落，彩绘颜色变浅、变淡，彩绘层信息流失，彩绘层表面附着泥土附着物及其他附着物，彩绘层表面滋生霉菌影响文物外观，等等。

### 2. 陶胎病害

陶胎病害表现为，陶胎表面或内部的病害，有裂纹、裂隙、残缺、残断、剥落、变形、泥土附着物、其他附着物，等等。

## （二）病害成因

通过查阅文献和对出土秦俑考古现场调查发现，秦俑制作之初通体施彩，经过地下两千多年的自然老化，加之人为破坏与自然因素等多种不利因素的影响，出土后的秦俑表面残留的彩绘较少，留存的彩绘层保存状况不佳，还有的彩绘出土时已经从俑体脱离黏连在陶俑表面的覆土上。此外，彩绘出土后，会随时间的推移、赋存环境的变化，随土块从俑体脱落，秦俑彩绘保护难度较大。

20世纪90年代，中德合作项目将“秦俑彩绘保护研究”作为研究重点，通过多种科学仪器观察分析，揭示了秦俑彩绘层的损坏机理[①]。研究结果表明彩绘秦俑的制作工艺较为特殊，由内到外，依次为陶胎、大漆层（生漆底层）、彩绘层，每一层的层次和材料不尽相同，随着彩绘底层的生漆层自然老化，彩绘层中的胶料氧化、老化降解及流失，彩绘层中的胶结材料含量减少[②]，彩绘层内部的黏结力减弱，不同层位之间的黏结力逐渐减弱甚至丧失，彩绘层开裂、脱落。

此外，埋藏在地下的陶俑由于土壤水分含量很高，生漆层其实一直是处于饱水状态。生漆层对相对湿度的变化非常敏感。彩绘秦俑出土后，彩绘底层生漆随环境变化，漆层失水，膜状的漆层开始失水收缩、龟裂、起翘卷曲，进而出现彩绘秦俑的各种病变，严重时漆层与彩绘层从陶胎上脱离[③]。埋葬环境下秦俑彩绘一直处于避光的黑暗环境，刚出土时颜色比较鲜艳，在光线的照射下，彩绘颜色逐渐变浅，即

---

① 秦始皇兵马俑博物馆：《秦俑彩绘保护技术研究》，《中国文化遗产》2004年第3期，第35、36页。

② 杨璐、黄建华、申茂盛等：《秦始皇兵马俑彩绘胶料的气相色谱-质谱联用分析》，《分析化学》2019年第47卷第5期，第695～701页。

③ 兰德省、王东峰、孔琳：《秦俑一号坑新出土兵马俑保护修复报告》，《秦始皇帝陵博物院（2014年总肆辑）》，陕西人民出版社，2014年，第403～417页。

彩绘变色（褪色）。

## （三）应急性保护处理方法

### 1. 现场保护

现场保护的主要内容是，尽可能地保存文物出土原状，尽量避免文物在出土瞬间及未进行文物信息采集和实验室处理之前历史、文化、科技信息的遗失、破坏。现场保护过程中，首先需要对文物出土后的第一手资料信息进行收集，拍照、记录文物的出土位置，文物本体出土叠压次序，出土时彩绘的颜色及分布位置，保存状况，借助科学仪器记录彩绘的颜色变化，利用温湿度仪对文物所处环境进行监测。第一时间对文物取样，根据秦俑保护课题及研究需要对文物本体（脱落的彩绘、漆皮取样）及赋存环境进行采样。

取样后，对保存状况不佳的彩绘漆皮，提取前要进行预加固处理，做好彩绘漆皮的保湿、加固工作，确保脆弱文物完整安全提取。通过观察，针对彩绘陶俑的现场保存状况，保护方法也不尽相同，出土彩绘、彩绘＋漆皮等做好保湿工作，防止彩绘、漆皮脱落等状况发生。采用聚乙二醇PEG（200）溶液逐步递增的方法对漆皮及其彩绘保湿。聚乙二醇具有保湿和增塑的作用，可以达到彩绘缓慢干燥的作用，使彩绘层在干燥期间尽量保持原外观和原始尺寸。对彩绘和漆皮预加固时，选择分散型良好的加固剂进行渗透加固。针对彩绘保存现状及残存面积，选用雾化效果良好的喷壶，大面积喷涂可以确保陶器彩绘及漆皮能最大限度地吸收溶液；小面积或局部可以用医用注射器滴涂或注射渗入彩绘层进行加固。保护工作结束后，用避光的塑料薄膜和保鲜膜覆盖在已保护的彩绘陶片和遗迹上，减少文物本体湿度过快流失，同时避免已清理干净的彩绘落入灰尘。

考古发掘历经夏季和秋季、春季，环境温度适宜于霉菌生长，针对现场遗址在温湿适宜条件下出现少量霉菌，保护人员需要开展霉菌采样、鉴定筛选、抑菌试验之后进行防霉处理，保护遗迹现场。

### 2. 实验室保护

由于秦俑残片数量较多，秦俑的修复周期较长，存放在实验室内的彩绘残片需要进行日常保护。保护内容为日常观察、拍照、文字记录残片的保存状况，以及根据实验室温湿度的保护及每个残片保存状况及时进行陶片整体保湿，起翘彩绘与漆皮的回软、加固，以及湿度过高引起的微生物损害，做好除霉、防霉等保护措施。

# 三、保护与修复

## （一）保护前的科学分析

### 1. 霉菌检测分析[①]

为了确定俑头出现霉斑的菌种所属类群，筛选有效合适的防霉剂，更科学、准确、有效地抑杀霉菌，通过对俑头泥土附着物表面及彩绘表面附着的霉菌进行采样，采用微生物学实验技术，采样、培养、分离、纯化、鉴定和防霉剂药敏实验来确保选择有效的防霉剂和实施方法。

A. 霉菌取样

T24G10：8俑头保护前，俑头局部滋生出肉眼可见的霉菌，霉菌主要分布在头冠、后脑、面部彩绘下层、右耳耳廓，呈白色点状。新出土的彩绘俑头湿度比较高，为了避免文物本体湿度太低，诱发秦俑彩绘和漆皮的劣变，日常保护过程中会对俑头喷洒去离子水保湿，在高湿度、适宜温度及大量泥土附着物存在的条件下，文物表面很容易滋生霉菌。霉菌初发期，肉眼可见白色棉絮状菌丝。

为了有针对性地去除俑头表面的霉菌，保护前优先对霉菌进行采样。俑头提取回实验室，微生物实验室技术人员第一时间对未处理的俑头表面霉菌进行采样（图9.4），

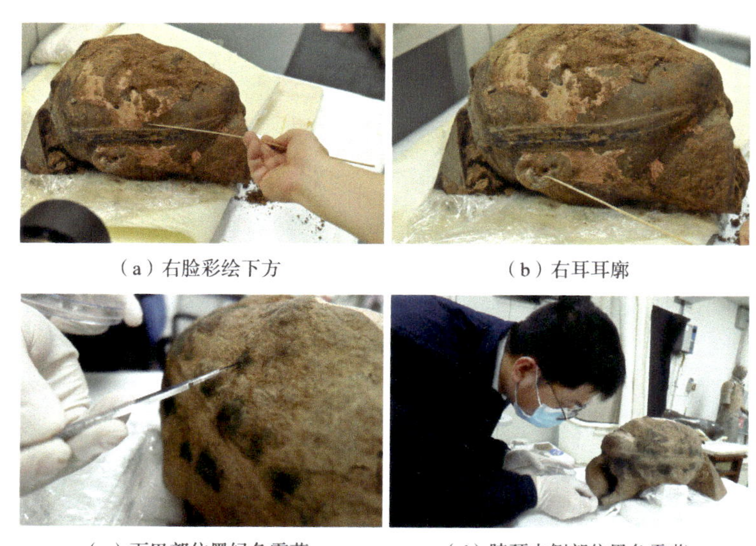

（a）右脸彩绘下方　（b）右耳耳廓

（c）下巴部位墨绿色霉菌　（d）脖颈内侧部位黑色霉菌

图9.4　霉菌采样部位

① 霉菌检测分析由陶质彩绘文物保护国家文物局重点科研基地（秦始皇帝陵博物院）微生物实验室分析。

冬季实验室室内温度较高，加之疫情特殊时期，俑头表面滋生大量绿色、黑色霉菌，后期也对霉菌进行了采样、鉴定。

B. 霉菌检测结果

使用灭菌棉签对三处取样点进行采样，采用平板划线法分离并纯化病害微生物。最终，在两处取样点共分离纯化出5株病害真菌，采样部位及对应纯化菌株编号见表9.1。

表9.1　霉菌分析鉴定结果

| 样品编号 | 采样部位 | 菌株编号 | 分析结果［菌属名（拉丁学属名）］ |
| --- | --- | --- | --- |
| 1 | 俑头面部 | F1 | 青霉菌属（*Penicillium*） |
| 2 | 耳朵 | F2 | 曲霉菌属（*Aspergillus*） |
| 3 | 耳朵 | F3 | 青霉菌属（*Penicillium*） |
| 4 | 耳朵 | F4 | 灰霉菌属（*Botryotrichum*） |
| 5 | 耳朵 | F5 | 镰刀菌属（*Fusarium*） |

菌株分离纯化及显微照见图9.5。

F1菌株及显微照（400×）

F2菌株及显微照（400×）

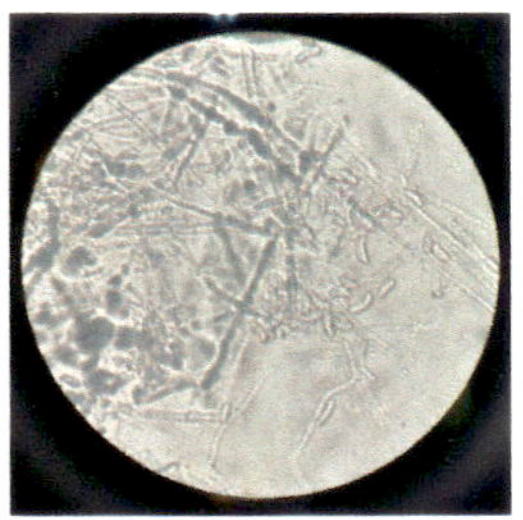

F3菌株及显微照（400×）

F4菌株及显微照（400×）

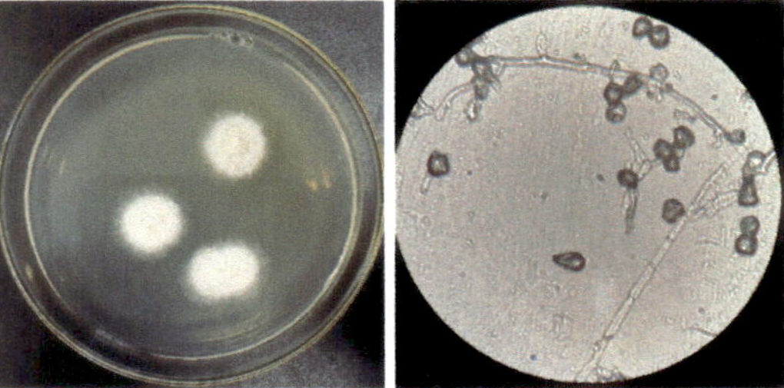

F5菌株及显微照（400×）

图9.5　菌株及显微照

从霉菌菌种结果可以看出，俑头表面有4种菌，分别为青霉菌属、灰霉菌属、曲霉菌属、镰刀菌属，随着霉菌生长，代谢，分泌的色素会对文物外观造成影响。

防霉剂对各种霉菌的抑杀是否高效，必须通过实验得以验证。日常保护中，泥土附着物表面喷75%医用酒精，短期内效果较好。为加强抑菌的长久性，选用防霉剂，彩绘修复实验室下班前人员较少时，实施选用效果最优、毒副作用最小，用无污染的水溶性防霉剂LAG002，浓度为3000ppm在霉菌分布部位喷洒。经连续观察两周，均未发现原处出现新的霉斑。

### 2. 彩绘颜料检测分析

秦俑彩绘装饰注重写实，新出土的俑头面部、耳朵表现皮肤的部位，颜色为肉粉色，长时间裸露在空气中俑头面部颜色为白色，嘴唇部位颜色为红色。冠带、发丝及彩绘下层的漆皮呈棕色、黑色（图9.6）。

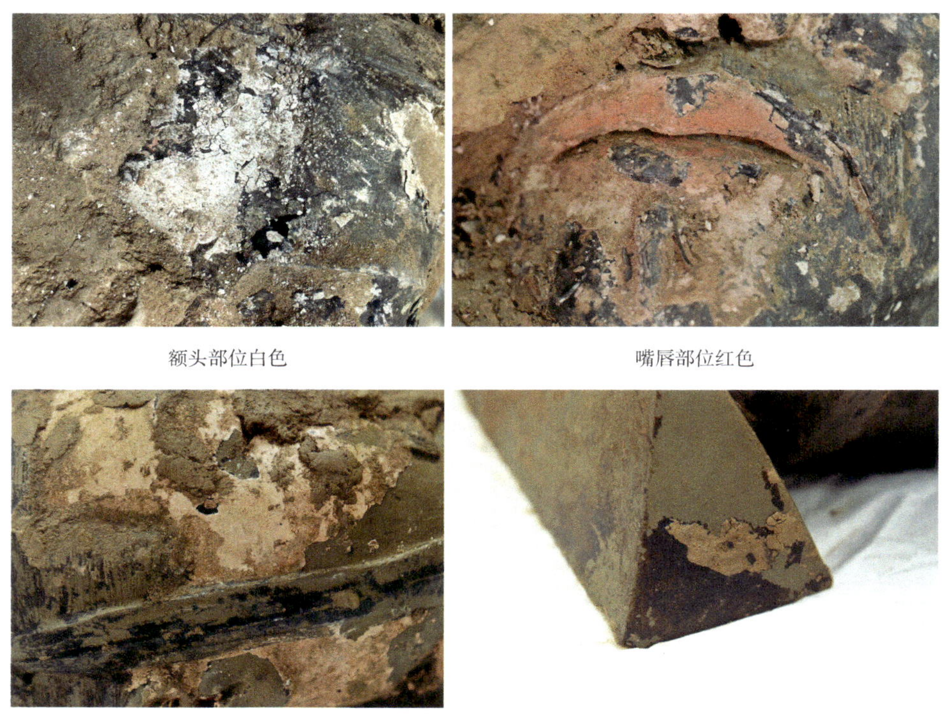

额头部位白色　　嘴唇部位红色

冠带黑色　　头冠棕色

图9.6　俑头表面颜色分布

借助偏光显微镜对俑头彩绘颜料成分进行分析，利用偏光显微镜观察颜料晶体形态、颜色等特性以实现对其鉴定。它的显著特点是操作简单，检测快速，成本较低，取样品量小。

通过对俑头面部残留彩绘取样分析，通过颜料显微形貌和光学特性（表9.2、图9.7），对秦俑彩绘制作材料有了一定了解。红色颜料是朱砂，粉色是红白两种颜料调和而成，秦俑彩绘工艺是陶胎表面刷漆层，漆层上面涂饰彩绘颜料。

表9.2　颜料成分分析

| 文物编号 | 样品颜色 | 晶体描述 | 分析结果 |
|---|---|---|---|
| T24G8：14 | 白色 | 该样品有灰白色和红色两种颗粒。白色在单偏光下呈灰白色颗粒聚集，边缘不清晰，在正交偏光下弱消光，折射率稍小；红色颗粒在单偏光下呈红色偏黄岩石状晶体，在正交偏光下呈火红色并带有橘黄色调，折射率很大，消光性强 | 骨白＋朱砂 |
| T24G10：8 | 红色 | 该样品在单偏光下呈红色偏黄岩石状晶体，在正交偏光下呈火红色并带有橘黄色调，折射率很大，消光性强 | 朱砂 |
| T24G10：8 | 粉红色 | 该样品有白色和红色两种颗粒。白色颗粒在单偏光下呈聚集态，边缘不清晰，在正交偏光下弱消光，折射率稍小；红色颗粒在单偏光下呈红色偏黄岩石状晶体，在正交偏光下呈火红色并带有橘黄色调，折射率很大，消光性强 | 骨白＋朱砂 |
| T24G10：8 | 黑色 | 该样品在正交偏光下为黑色 | 漆皮 |

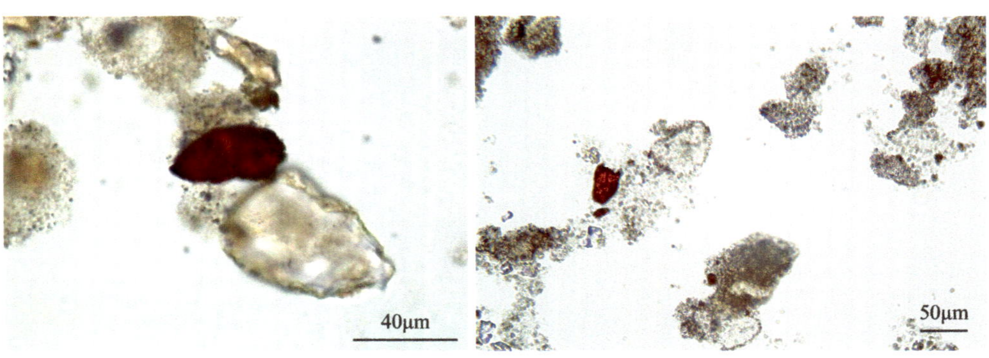


白色 骨白＋朱砂　　红色 朱砂

200μm　　40μm

粉色 朱砂＋骨白　　黑色 漆皮

图9.7　彩绘颜料偏光照片

## （二）修复原则与技术路线

### 1. 保护修复原则

保护文物的实质，是保持文物的历史价值、艺术价值和科学价值。只有保留文物本来面貌，才能保存其珍贵价值。因此依据《文物保护法》，按照国际文物保护界对藏品保护修复的基本原则。严格遵守保护修复工作“修旧如旧、保持原貌”的总原则。所有的工作程序、处理方法，均必须遵守不改变文物原貌，即保存文物原来的形状与颜色，保存文物原有的结构、制作材料、制作工艺，全面地保存、延续文物的真实信息和历史、艺术、科学价值，确保文物安全以及增强文物的抗腐蚀能力，并以不影响今后再次保护修复为前提。

### 2. 保护修复技术路线

根据俑头的前期分析，拟采用技术路线见图9.8。

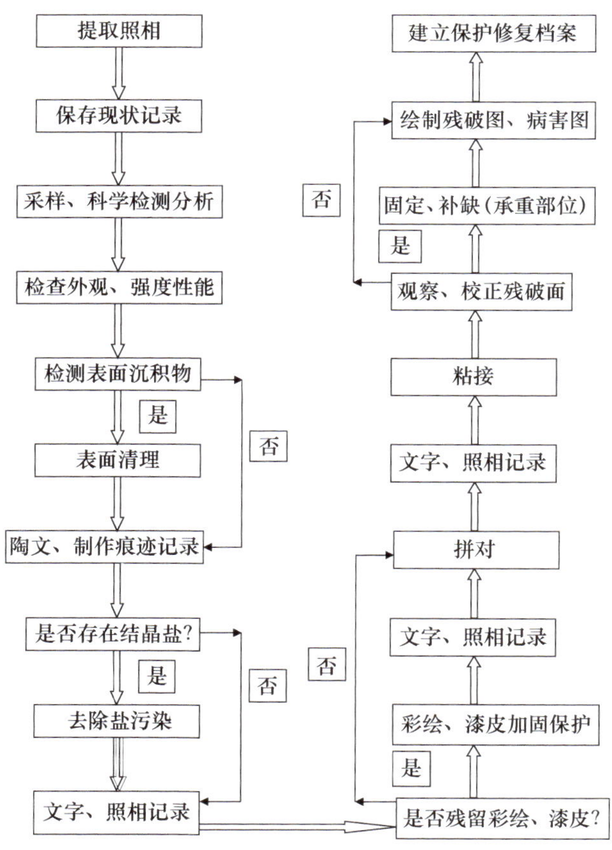


图9.8 保护修复技术路线

## （三）俑头的保护与修复

秦俑彩绘保护课题组经过大量保护实验研究工作，对彩绘脱落机理和以往的实验进行总结，提出新的保护思路，即稳定生漆层是秦俑彩绘保护的关键，根据生漆层的特性，保护方法就需要包含加固和防止皱缩两个方面，采用具有抗皱缩作用的材料置换生漆层中的水分是防止生漆层皱缩最安全、最实用的方法。具体操作过程有以下几步。

### 1. 保湿

俑头提取回实验室，拍照、记录后要根据彩绘和漆皮的保存状况首先进行保湿处理，彩绘表面的泥土附着物和陶胎湿度较低时，少量多次喷去离子水保湿，避免土块干燥太快，引起陶胎失水；起翘、皱缩、卷曲的漆皮用软毛笔，蘸去离子水浸湿，待漆皮回软、舒展进行后续加固处理，保湿处理结束后要对彩绘俑头包裹，减少水分散失和光照对文物带来的损坏，包裹材料需要环保、抑菌、透气，避免文物高湿度环境下滋生霉菌（图9.9）。

保湿试剂：去离子水保湿，PEG200（30%、60%）。

保湿材料：无酸纸、脱脂棉、泡沫板、保鲜膜、塑料布。

陶片整体保湿

无酸纸包裹

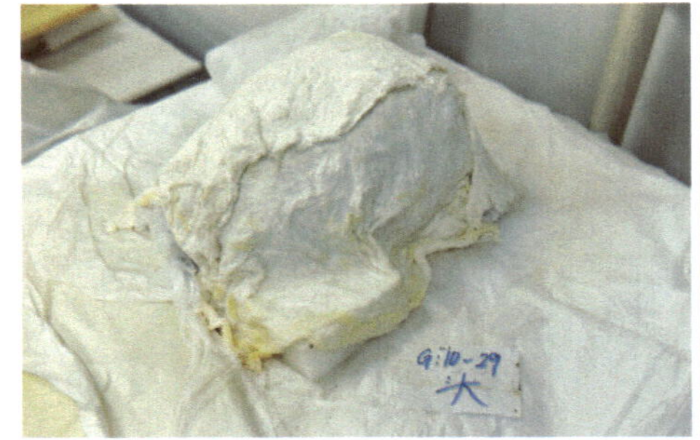


脱脂棉包裹

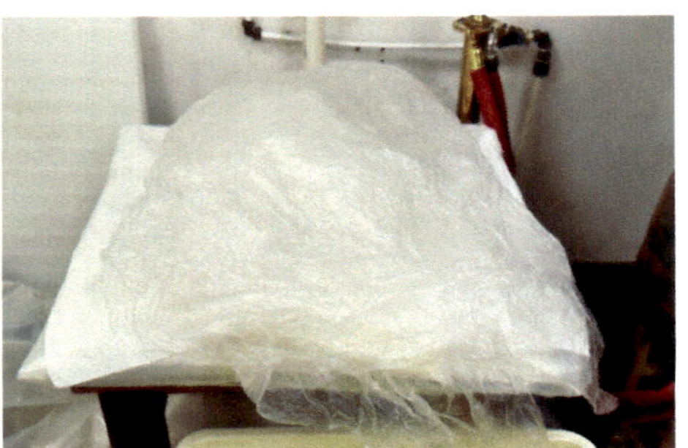

塑料布遮盖

图9.9　实验室保护

加固剂：Primal AC33溶液（3%、5%、10%），联合加固剂（去离子水＋PEG200＋AC33溶液）。

防霉剂：75%医用酒精，防霉剂LAG002，浓度3000ppm。

工具：喷壶、注射器、滴管、量筒、烧杯。

温湿度检测仪器：德图温湿度计。

### 2. 清理

信息收集之后，开始修复过程的第一步——表面清理，也是其中最基础最关键的步骤，为后期的拼对、粘接等修复与研究工作提供前提条件。秦俑出土之后，陶片表面有大量泥土附着物、其他附着物、硬结物等覆盖在彩绘、漆皮、陶片胎体、茬口、内壁等部位，这些病害的存在不利于秦俑稳定长久保存和观赏文物原有的历史风貌。具体的清理方式与清理材料的选择需要依据文物自身的保存情况而定。

清理方法：主要分为机械法和化学法。机械法对器物损伤小，安全性好，易于操作，对于多种病害都可以清除，是一种十分有效的方式。

对一般泥土附着物，用去离子水湿润后，等半干半湿状态下用竹签、棉签、手术刀清理表面、残断茬口。对厚层泥土可先用乙醇将泥土湿润松软后，再用竹签或手术刀进行仔细清理或将泥土扎至松散后再用棉签蘸去离子水清理。清理残留在彩绘上的泥土时，若彩绘与泥土的黏结力大于与陶胎黏结力时，应先回贴加固彩绘，再进行清理。

彩绘清理：清理前要明确彩绘的施彩方法，了解彩绘的损坏和保存情况，清理前检测实验室的温湿度环境，选择彩绘俑头清理的最佳环境。清理前，先保湿，脱水状态下的彩绘层极为松脆，干燥环境下清理会导致彩绘漆皮碎裂。清理时针对彩绘的病害做清理实验块，面积大小2cm×3cm最佳，以实验块清理效果作为参考基准，进行后面的清理，彩绘俑头清理时，先用纸胶带框出选定的需要清理的局域，清理区域外的用保鲜膜覆盖，避免环境湿度变化引起彩绘层开裂、脱落。

对于泥土附着物的清理，先用脱脂棉湿敷彩绘表面的泥土附着物，等待半干半湿状态下，先将厚土层减薄至1cm左右，在放大镜下用竹签及手术刀清理，对于较硬的土垢层，用雾化效果较好的小喷壶在土层表面喷少量2A（去离子水：乙醇＝1：1），待土垢充分润湿后，用手术刀或小竹签清理。陶胎或彩绘漆皮表面的灰尘，棉签蘸去离子水浸湿来回滚动除尘，茬口、内壁等凹凸不平处的泥土附着物，用手术刀或竹签剔除后牙刷蘸取去离子水或2A清理。

其他附着物的清理，秦俑彩绘表面的泥土附着物中多夹杂炭迹，清理时需要拍照、采样，用镊子或手术刀将其取下放置在取样盒内，进行后续的分析研究。

微生物病害的清理，泥土附着物表面的霉菌，拍照、取样后，用75%医用酒精喷洒2～3遍，等待20分钟左右，随泥土附着物一同清理掉，覆盖在陶胎或彩绘表面的霉菌，棉签蘸取医用酒精滚动擦拭，或采用毛笔蘸取防霉保护剂进行点涂，静置半个小时后，棉签蘸取去离子水清洗干净（图9.10）。

逐层清理

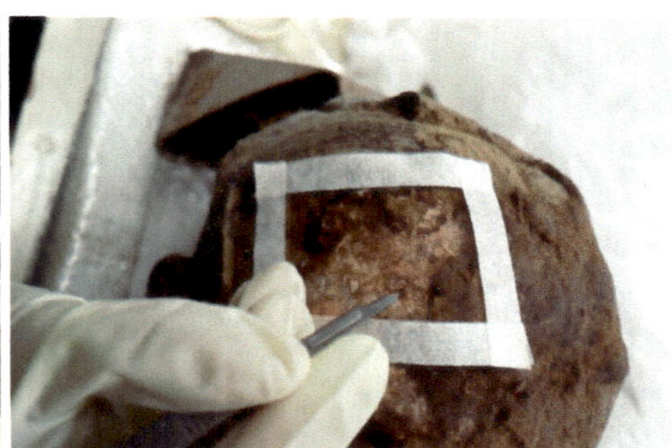

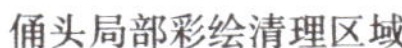

俑头局部彩绘清理区域

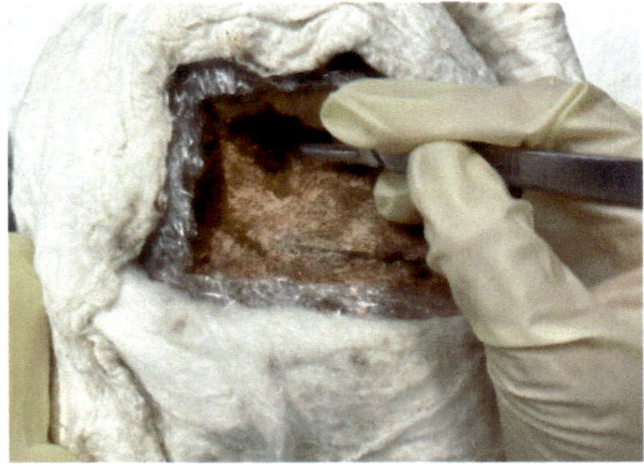

彩绘清理

霉菌清理

图9.10　T24G10：8俑头局部彩绘清理

### 3. 加固

针对秦俑彩绘的脱落病害，彩绘保护中加固是极其重要的一步，通过加固措施使颜料与陶胎重新形成稳定的贴合。由于在秦俑彩绘层底下的生漆层质地致密且呈连续膜状分布，常见的合成及天然高分子加固材料很难渗过此层，在其与陶胎之间起黏合、加固作用。而且，一般的加固材料也很难抵御漆层因失水而引起的剧烈皱缩。

加固剂选择方面，要求不改变彩绘外观颜色，具有较好的渗透性，以及增加彩绘层与底层生漆、陶胎之间的黏结力，不改变文物本体的透气性。

彩绘俑头修复过程中以点涂加固为主：选用较软的小毛笔蘸去离子水点湿彩绘，待水逐渐吸干时，注射器从残存彩绘边缘点涂低浓度3%～5%Primal AC33乳液（保护剂）（图9.11、图9.12），直到保护剂不再渗入时，再点涂彩绘表面，使保护剂渗入彩绘层进行加固。

彩绘点涂加固

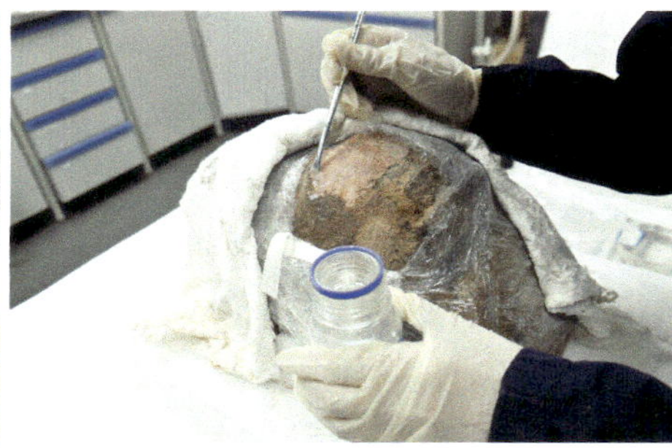

小毛笔蘸取大面积涂刷加固

图9.11　T24G10：8俑头面部局部彩绘加固

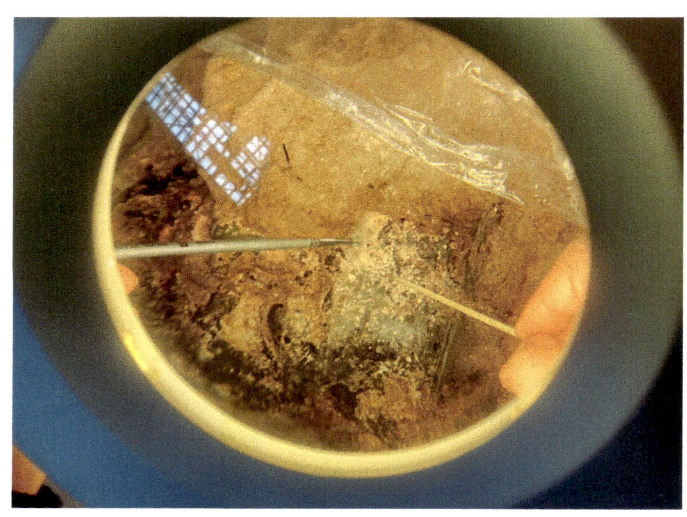

图9.12　彩绘漆皮加固

#### 4. 回贴

秦俑彩绘容易与彩绘表面覆土粘连，土块失水时，彩绘局部随覆土从陶胎上脱离。彩绘回贴主要是对脱落的彩绘土块和错位的彩绘及漆皮残片进行原位回贴。首先，需要判断回贴目标的脱落部位，确定好回贴位置后，调整其在文物上的角度，使得彩绘土块与陶胎紧密贴合。

漆皮回贴方式为，先用软毛笔蘸取去离子水使漆皮回软，待皱缩、卷曲的漆皮舒展后用软毛笔蘸取少量联合加固剂（30%PEG200＋3%AC33＋67%去离子水），沿着漆皮的边缘部位加固，待其半湿润时，用包有脱脂棉的保鲜膜小拓包进行多次摁压，回贴后需反复多次加固。

彩绘土块回贴方式为，先用去离子水浸湿彩绘与陶胎之间的粘接面，用滴管或注射器吸取低浓度的加固剂，沿粘接面的缝隙部位注入，一日两次，一次3遍，加固剂的浓度由低到高（3%、5%、10%），重复以上操作，待完全加固后，借助放大镜，使用手术刀逐层清理掉彩绘表面的泥土附着物，清理后对彩绘正面进行加固（图9.13）。

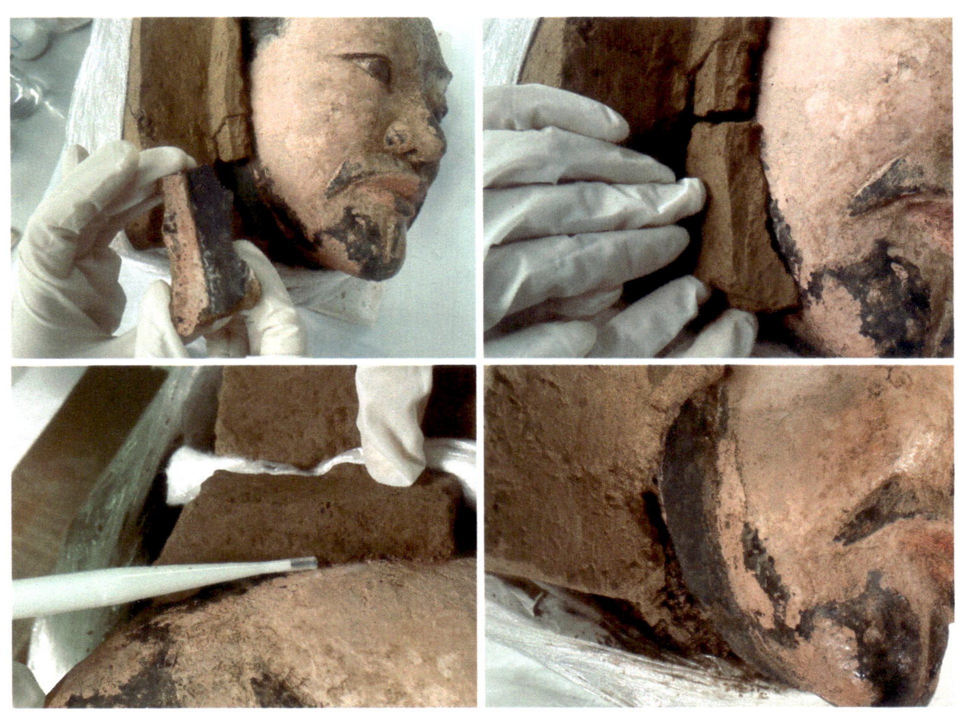

图9.13　彩绘回贴

### 5. 防霉杀菌

霉菌的生长严重影响文物的保存及外观，需要进行防霉杀菌处理。温湿度较高时俑头表面容易滋生霉菌。根据文物特点及环境保护方面要求，选择防霉剂时考虑以下几点：广谱、高效、长效、低度、低刺激性、不影响文物外观、对环境不造成污染。

通过对保护修复前先对霉菌进行采样培养，经分离鉴定发现青霉菌属、曲霉菌属、灰霉菌属及镰刀菌属分布较多。防霉剂选择LAG002（比利时杨森公司提供的复合防霉剂），浓度为3000ppm水溶液进行防霉杀菌。每次清理工作操作完后进行雾状喷洒，并将陶俑存放的小环境封闭以利于杀菌效果，连续一周，最后霉菌基本被清理干净。

为了减缓秦俑彩绘的失水速率，日常保护过程中需要对陶俑表面有彩绘漆皮的部位多次喷去离子水保湿，包裹采用抑菌的医用纱布一定程度上也可以减少微生物的滋生，文物存放环境也需要做到良好通风。

#### 6. 日常保护

秦俑彩绘文物材质特殊，彩绘、漆皮出土后受环境变化影响较大，彩绘秦俑保护修复阶段达到比较稳定状态需要一定的时间，俑头修复前后需要日常观察、拍照、记录彩绘及漆皮的保存情况，避免环境温湿度波动较大对秦俑彩绘造成的影响。

#### 7. 建档

保护修复完成后，需要建立文物保护修复档案。档案包含文物考古出土信息，文物本体信息和实施保护修复所使用的各类方法、材料，保护效果评估，保护修复过程涉及的科学检测分析数据、结果等，最后将所有文字、图表、照片、拓片、影像、电子文件等按照行业标准整理成保护修复档案，一俑一档，永久保存。

## 四、保护修复后效果

保护修复后效果如图9.14所示。

## 五、保存环境建议

俑头修复完成进入留观阶段，彩绘与漆皮对环境变化较为敏感，需要定期进行检测、检查，日常记录其保存情况，做好预防性保护，确保彩绘秦俑能够长久地保存下来，鉴于彩绘兵马俑的材质及制作工艺，对于俑头建议用防紫外线的有机玻璃罩来存放，密闭，避光，环境的温度应保持在20～25℃，相对湿度保持在60%，日变化小于5%。借助温湿度计实时监测保存环境的温湿度变化，必要时结合文物保存情况对环境温湿度进行调控。

## 六、小结

对于彩绘俑头保护修复前后的几点认识。

（1）微环境控制。环境突变对文物造成的影响是潜移默化的，彩绘俑头移交到一号坑现场修复区时正值夏季，坑内温度高、湿度小，温湿度协同作用对陶质彩绘文物

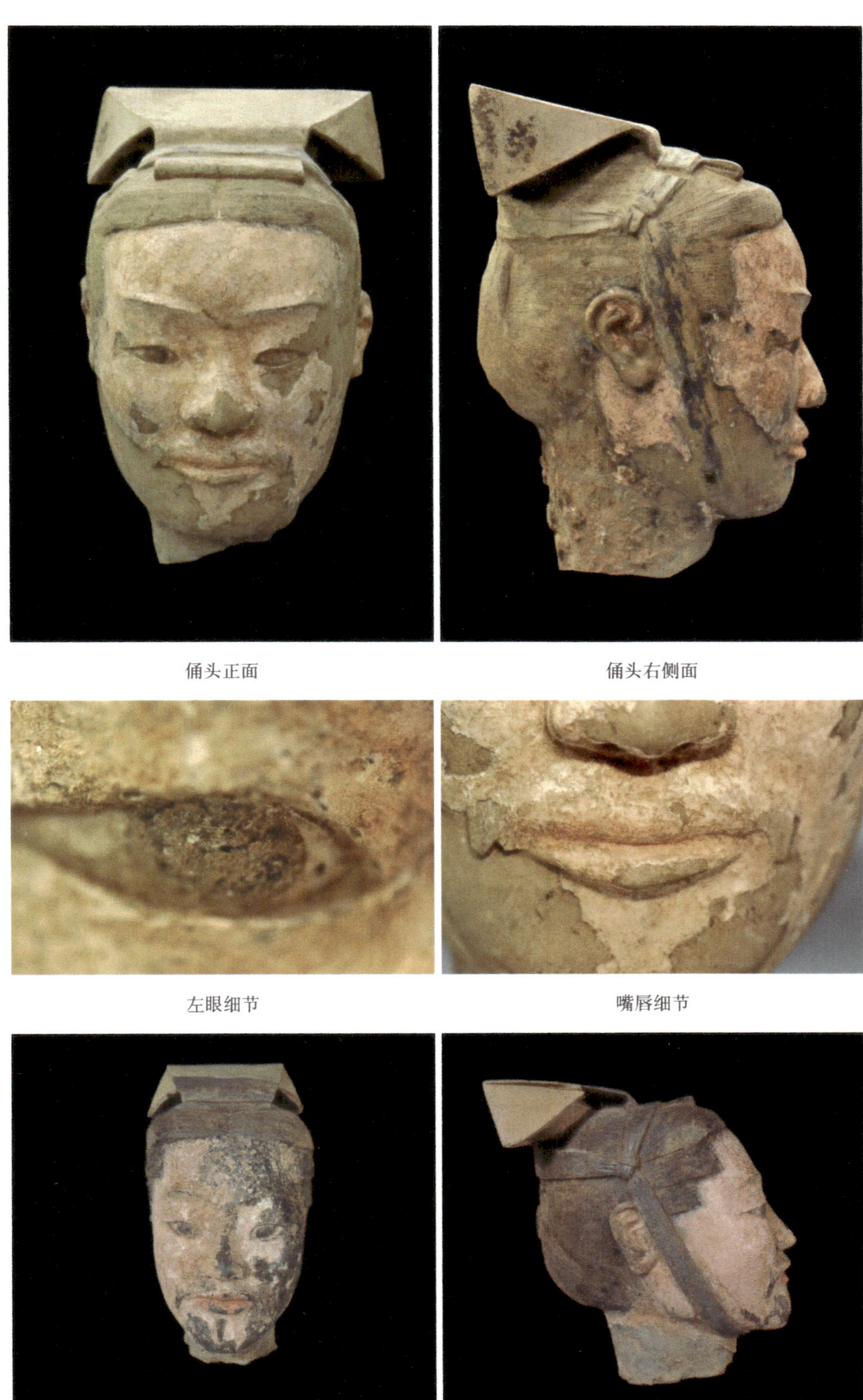

俑头正面　俑头右侧面

左眼细节　嘴唇细节

图9.14　T24G10：8俑头修复后整体及细节

影响较大。俑头表面的大面积土块极为干燥，裸露在空气中的漆皮、彩绘干燥、龟裂、起翘，局部出现较为明显的彩绘层错位、脱落。因此，针对俑头的多种病害需要逐一进行解决，首先是控制环境温湿度变化，使用文物专用装置箱，确保通风良好的同时，采用物理加湿的方式，增加湿度，用浸湿的纱布、保鲜膜等材料包裹俑头，减少俑头失水。其次，需要对脱落的彩绘和漆皮及时回贴加固，待俑头保存状况稳定后进行后续的清理、保护和研究工作。

（2）保护修复步骤。残片清理过程中发现，陶质彩绘文物出土后，建立环境的动态平衡过程中需要及时保护修复。对于彩绘层大面积脱落残留漆皮的残片，先对漆皮及残片整体保湿，待漆皮回软，对漆皮加固，待漆皮稳定后再清理。对于彩绘层表面带有大块泥土附着物的残片，需要做好彩绘层粘连部位土块的保湿工作，避免土块失水引起彩绘层脱落，脱落的彩绘土块需要及时原位回贴，本次修复对俑头多处脱落彩绘土块进行了回贴，采用了Primal AC33溶液，梯度式增高浓度（3%、5%、10%）多次加固后，俑头彩绘层在留观过程中较为稳定。

# 案例2　新出土高级军吏俑（将军俑）的保护修复——以T23G9：9为例

2010年5月，在一号坑T23探方G9中部出土彩绘陶俑残片47片，由于这些残片彩绘残留较多，出土位置相对集中，周围大火焚烧痕迹明显，人为破坏严重。陶俑身上局部的彩绘层失去了黏附力，彩绘被上面的覆土带走，局部彩绘花纹黏附于陶俑身下的泥土上，亟须现场应急性保护，等彩绘稳定后提取到实验室进一步地保护修复。按照最小干预性原则，通过分析产生病害原因，采用科学的保护修复方法，去除病害，使用聚乙二醇（PEG200）和聚氨酯乳液联合保护处理法加固彩绘层，提取后的彩绘花纹土块复位回贴至陶俑本体，传统与现代修复方法相结合，留住秦俑本色。

## 一、出土环境

秦俑出土环境较为复杂，其一，埋藏状态下的秦俑出土前处于与外界隔绝、恒温、恒湿、缺氧、避光、抑菌的良好环境，发掘出土后，文物骤然转入空气中，地下相对稳定的平衡状态被打破，此时的文物与地上环境之间经历一个相互作用又重新建立平衡的过程，在此过程中彩绘文物会伴随着环境波动产生各种病害，其中彩绘脱落情况最普遍，起翘、龟裂、空鼓、酥粉等次之。其二，提取、运输、包装过程中易对彩绘层造成物理性损害，文物胎体已有风化痕迹，部分器物甚至形成断裂、残缺、剥落现象。其三，在经历了两千多年的高压和高湿度而遗留下来的彩绘层，出土后经历了压力和温湿度的急剧变化后，迅速地从陶体表面起翘，有的随时有脱落及酥粉的危险。其四，由于两千年前的焚毁塌陷，遗迹上面堆积的土壤变换，颜料及黏合剂发生变化或者分解，尤其是彩绘层里的有机成分——胶结材料，几乎已失去了黏性。这些病害表明彩绘秦俑如果不及时采取有效的保护措施，彩绘将会消失殆尽①。

## 二、保护修复原则及依据

秦俑的保护修复以“不改变文物原貌”、“最小干预”为原则，采取预防性保护措施，针对陶俑不同病害进行相应的治理，恢复其功能和结构，延长文物寿命。按照《文物保护法》和国家文物局文物保护行业标准具体实施。

---

① 国家文物局：《陶质彩绘文物病害与图示》（WW/T 0021—2010），文物出版社，2010年。

## 三、现场应急性保护处理

2010年5月，一号坑T23探方G9过洞出土高级军吏俑残片，编号为T23G9：9（图9.15）。

图9.15 T23G9：9考古现场出土现状

由于过洞内兵马俑彩绘残片表面泥土附着物的清理工作用时较长，已暴露出的彩绘若不及时处理，很快就会因失水而造成卷曲、空鼓、脱落，裸露在外的彩绘时间稍长就会变色。所以抓住彩绘陶俑保护黄金72小时，先在T23G9：9周围保持相对的温湿度环境，让出土残片缓慢地与空气接触，同时在现场选用30%聚乙二醇（PEG200）或去离子水保湿处理彩绘残片，用脱脂棉连同保鲜膜覆盖。具体操作如表9.3所示。

2012年1月，T23G9：9高级军吏俑考古现场清理完成，由于局部彩绘残片较多，现场先预加固处理后需要及时提取到保护修复室进行进一步保护。

表9.3 现场应急保护处理方法

| 内容 | 小环境控制 | 选择保护剂 | 方法 | 作用 |
|---|---|---|---|---|
| 彩绘陶俑现场保护 | 通过对彩绘陶俑所处环境的控制，保持相对的湿度温度、避光等，营造出一个有利于彩绘文物的保存的环境 | PEG200、AC33或MC76等，保湿加固稳定彩绘层 | 避免阳光（紫外线）照射；PEG200（30%～60%～80%）点涂或喷雾脱脂棉保湿，保鲜膜覆盖；MC76、AC33预加固 | 通过PEG200、保鲜膜保湿营造出一个与埋藏环境相似的环境，减缓陶质彩绘文物与自然环境建立平衡的速率，通过AC33、MC76加固来恢复彩绘自身强度与俑体附着力 |

## 四、提取拼对与照相

（1）提取：该俑共残47块，其中壅颈、左右胳膊、双手、踏板、双足、左腿等残片病害较少，头部、披膊、上旅、下旅（腰甲、腹甲、底袍、右腿）保存现状相对较差，泥土附着物和其他附着物较多，局部彩绘现场已保护处理过，部分彩绘已完全脱落并附着于泥层上。提取时分五步：第一步，先提取没有彩绘的小残片（直接用保鲜膜包裹残片）；第二步，提取有彩绘的小残片（用保鲜薄膜在彩绘残片处保护一层，再用麻纸或无酸纸包裹一层）；第三步，提取下旅连带短裤，背部的土块采用夹板绷带固定整体提取法；第四步，将包装好的残片单层装入整理箱（避免陶片出现碰撞等二次损坏）；第五步，办理交接手续并运回彩绘修复室（图9.16）。

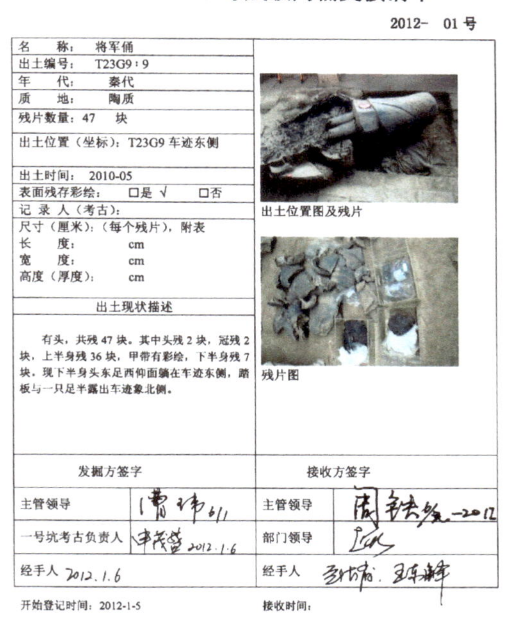

T23G9：9 号残破陶俑交接清单

2012-　01 号

名　称：将军俑
出土编号：T23G9：9
年　代：秦代
质　地：陶质
残片数量：47　块
出土位置（坐标）：T23G9 车迹东侧
出土时间：2010-05
表面残存彩绘：□是 √　□否
记 录 人（考古）：
尺寸（厘米）：（每个残片），附表
长　度：cm
宽　度：cm
高度（厚度）：cm

出土位置图及残片

残片图

出土现状描述

有头，共残 47 块。其中头残 2 块，冠残 2 块，上半身残 36 块，甲带有彩绘，下半身残 7 块。现下半身头东足西仰面躺在车迹东侧，踏板与一只足半露出车迹象北侧。

| 发掘方签字 | | 接收方签字 | |
|---|---|---|---|
| 主管领导 | | 主管领导 | |
| 一号坑考古负责人 | 2012.1.6 | 部门领导 | |
| 经手人 2012.1.6 | | 经手人 | |

开始登记时间：2012-1-5　　接收时间：

图9.16　陶俑残片提取清单

由于地下埋藏环境的原因，与高级军吏俑下旅背部一起提取的还有背部厚约0.6cm长10～15cm的泥土附着物。从泥土附着物边缘残留彩绘情况及上旅彩绘黏附于土块上，推断背部可能存在大面积彩绘花纹。

（2）拼对编号：对提取的47块残片在彩绘修复室进行试拼，确定将军俑的完残程度及彩绘残留与分布情况。依据陶俑的部位，按人体结构原则从下而上试拼顺序进行拼对，采取“取大优先”原则，将相邻或相近的残片按大小、部位、形状、残破面、颜色确认互配，编号记录。拼对后有缺失的部位，记录下来，到考古现场出土地点或在相邻陶俑的残片里根据其部位和形状大小去继续寻找（出土现场陶片零散，损坏严重），并对残片的现状照相、拼对、提取；对残缺面较大而无法恢复其功能和结构的左胳膊，先记录缺失部位、大小、形状，待找齐缺失残片，经拼对确认后再提取。

（3）照相：提取的每一组（个）残片、拼对的残片分别照相记录（表9.4）。

表9.4 提取残片及彩绘土块

| 部位 | 现状图片 | 部位 | 现状图片 |
|---|---|---|---|
| 腰甲彩绘土块 |  | 瘫颈及肩甲彩绘土块 |  |
| 下旅底袍及右腿 | 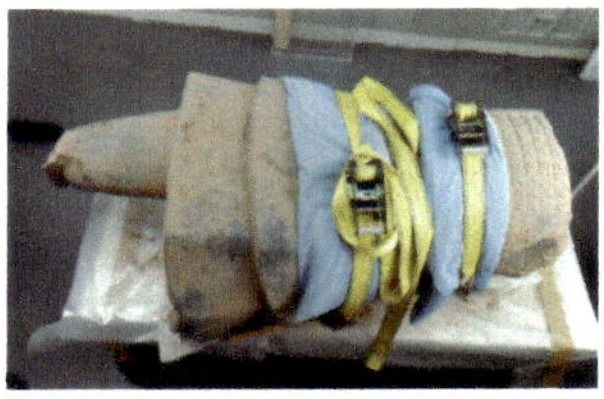 | 右前臂及手 |  |
| 左腿 |  | 踏板 |  |
| 领口彩绘残片 |  | 头部彩绘残片 |  |
| 前胸、后背、左右胳膊等彩绘残片 |  | | |

## 五、出土保存现状

T23G9：9将军俑，属车左俑，出土后整体移位非常严重，原位置依踏板大部分残片确定。共残47片，俑头残破，头冠等残片四散，双臂、腿及踏板、铠甲上旅及壅颈等多处残断，铠甲下旅底袍及右腿为一整体，面朝上，后（西）仰，彩绘残留较多，双腿及足面、底袍、肩甲、双臂及手、头部等残片表面可见彩绘，局部彩绘脱落严重[①]。具体情况见表9.5。

表9.5　T23G9：9将军俑基本信息

<table>
<tr><td>文物名称</td><td colspan="4">将军俑</td></tr>
<tr><td>修复单位</td><td>秦始皇帝陵博物院</td><td>文物编号</td><td colspan="2">T23G9：9</td></tr>
<tr><td>来　源</td><td>秦俑一号坑考古发掘</td><td>年　代</td><td colspan="2">秦代</td></tr>
<tr><td>尺　寸</td><td>高：192cm，宽：67cm</td><td>质　量</td><td colspan="2">270kg</td></tr>
<tr><td>质　地</td><td>陶质</td><td>级　别</td><td colspan="2">未定级</td></tr>
<tr><td>残破（片）</td><td>47</td><td>病害综合评估</td><td colspan="2">重度</td></tr>
<tr><td>保存环境</td><td>秦俑彩绘修复室</td><td>保存修复情况</td><td colspan="2">未修复</td></tr>
<tr><td rowspan="2">现状描述</td><td rowspan="2">T23G9：9，出土后共残47片，有头（头部共残4片）、双臂共残17片，壅颈、铠甲上旅下旅及底袍共残19片，腿及踏板共残7片。<br>该俑前部位（上旅、中旅、下旅）彩绘完全脱落，后背部下旅附着有大量的泥土附着物和其他附着物，泥土附着物过厚（10～15cm）、面积较大（$0.6m^2$），泥土附着物下面可能存在大面积彩绘，从边缘残留彩绘情况可知彩绘层老化严重，且大部分彩绘完全与俑体剥离并附着于土块上，剥离出的彩绘土块（裙下摆）及腰带有漆底层，泥土附着重5～10kg，整体移位严重（最大处1cm）</td><td colspan="2">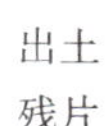出土残片</td><td></td></tr>
<tr><td colspan="2">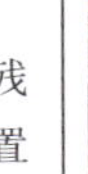出土残片位置</td><td>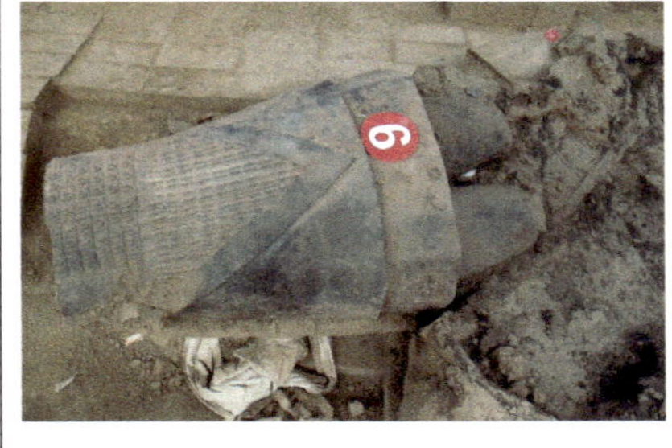</td></tr>
<tr><td>工　艺</td><td colspan="4">以雕塑为主，模塑结合，泥条盘筑、分段制作，入窑焙烧，出窑彩绘</td></tr>
</table>

① 秦始皇帝陵博物院：《秦始皇帝陵一号兵马俑陪葬坑发掘报告（2009—2011年）》，文物出版社，2018年。

续表

| | |
|---|---|
| 彩绘花纹 | 领口及前胸口有红色－紫色彩绘，背甲腰带有红色及紫色的菱格形花纹，部分彩绘花纹附着在土块上 |
| 病　　害 | 彩绘起翘、空鼓、脱落、龟裂<br>残断、裂纹、裂隙、剥落<br>泥土附着物、其他附着物、硬结物、结晶盐、植物损害、微生物损害 |

## 六、病害认知

图9.17　彩绘脱离本体

T23G9：9将军俑由于长期埋藏在地下，因自身材质老化、环境侵蚀和人为破坏等因素影响，受损严重。主要病害是断裂、泥土附着物、彩绘脱落；其次背部大面积彩绘已全部脱离俑体，黏附于泥土层上（图9.17）。

（1）由于地下水、土壤中的酸碱度和温湿度的变化、微生物的侵蚀等导致彩绘胶结材料流失，造成彩绘层出现了严重龟裂、起翘、空鼓、脱落等病害，其中彩绘脱落病害最严重。

（2）由于地壳运动相互挤压碰撞及人为破坏等因素造成陶俑胎体出现裂纹、裂隙等病害。图9.18中俑体内部有几处裂隙，最长一处为52.10cm，裂纹宽为0.17cm。

胎体表面裂隙

胎体内侧裂隙

图9.18　陶胎表面裂隙

（3）土壤或陶胎内可溶盐中的钙、钡、镁、铁等阳离子析出文物表面与阴离子结合在陶俑表面形成了硬结物。另外，泥土、炭迹及其他物质也附着在文物表面造成污染。

（4）植物根茎的生长对彩绘文物产生了影响，对陶胎及彩绘造成了破坏。

（5）出土后表面附着的污垢及适宜的生长环境有利于微生物滋生，其代谢产生的有机酸、色素及酶类等会腐蚀文物材质，影响文物外观（图9.19）。

（6）结晶盐。陶胎内部可溶盐的析出，在胎体表面形成结晶盐，导致陶胎酥粉（图9.20）。

图9.19　微生物病害

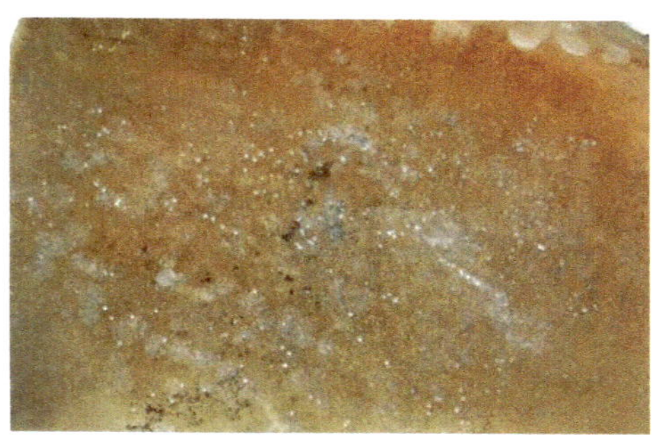

图9.20　结晶盐、泥土附着物

（7）科学分析。通过分析，残片的病害及类型见表9.6。

表9.6　T23G9：9将军俑病害类型及病害位置统计

| 部位 | 病害类型 | 病害图片 | 病害部位及尺寸 | 病害描述 |
| --- | --- | --- | --- | --- |
| 内壁 | 泥土附着物及裂纹 |  | 俑腔内侧，长52cm | 通过对将军俑残片的病害调查分析发现，该俑总体呈现病害面积大、病害种类多，在陶质彩绘文物19种病害中，占14种 |
| 右腿 | 彩绘层脱落、漆皮起翘、空鼓 |  | 右腿，最长处14cm，最宽处11cm |  |
| 底袍 | 漆皮起翘龟裂、空鼓 |  | 底袍后下摆，最长处25cm，最宽处25cm |  |
| 腰甲及底袍 | 泥土附着物、彩绘大面积脱落、漆皮起翘、空鼓 |  | 后腰及底袍，约60cm |  |

续表

| 部位 | 病害类型 | 病害图片 | 病害部位及尺寸 | 病害描述 |
|---|---|---|---|---|
| 腰甲及底袍 | 彩绘层整体脱落移位 |  | 彩绘层与回贴部位，错位0.316cm，最大错位1cm | 通过对将军俑残片的病害调查分析发现，该俑总体呈现病害面积大、病害种类多，在陶质彩绘文物19种病害中，占14种 |
| 踏板 | 微生物损害、泥土附着物、断裂 |  | 足踏板表面病害，最长处20cm，最宽处20cm |  |
| 腰甲 | 泥土附着物、彩绘脱落 |  | 腰带彩绘脱落，面积约169cm$^2$ |  |
| 头、铠甲、双臂、左腿 | 彩绘起翘、脱落、空鼓、龟裂；残断、剥落、裂纹、裂隙、泥土附着物、硬结物、结晶盐 |  | 约占总体面积的40%～50% |  |

（8）保护措施。病害成因分析及保护处理方法如表9.7所示[①]。

**表9.7　病害成因及处理方法**

| 病害种类 | | 病害存在位置 | 病害成因 | 处理方法 |
|---|---|---|---|---|
| 附着物 | 泥土附着物 | 通体 | 由于陶俑过洞坍塌，泥土等物质附着于陶俑表面，通过长时间的覆压及大水浸泡等长期在陶俑表面形成泥质层或其他物质层 | 去离子水、无水乙醇、2A（去离子水+无水乙醇）、3A（去离子水+无水乙醇+丙酮）、氨水、乙酸乙酯；先用去离子水对附着物进行适量软化后用竹签、手术刀逐层清除；结晶盐用纸浆护敷法脱盐，用去离子水清除 |
| | 硬结物 | 部分残断面、腿部 | | |
| | 结晶盐 | 踏板 | | |
| | 其他附着物 | 内壁 | | |

① 兰德省：《陶质彩绘文物病害认知与防治》，《陶质彩绘文物保护修复技术22讲》，文物出版社，2019年，第303～323页。

续表

| 病害种类 | | 病害存在位置 | 病害成因 | 处理方法 |
|---|---|---|---|---|
| 彩绘 | 龟裂 | 头部、底袍、胳膊、双手、足面 | 主要是由于颜料颗粒之间、彩绘各层之间、底层与陶体之间黏附力很微弱，特别是底层（生漆层）对失水非常敏感，在干燥过程中剧烈收缩，引起漆层起翘卷曲，造成彩绘脱离陶体 | 选用PEG200+MC76（AC33）联合保护剂进行保护处理，浓度根据彩绘实际效果进行调整 |
| | 起翘 | 底袍、胳膊、双手、头部、足部 | | |
| | 空鼓 | 底袍、胳膊、手、头部 | | |
| | 脱落 | 底袍、胳膊、双手、双足、双腿、铠甲 | | |
| 结构强度 | 剥落 | 足面 | 由于俑坑过洞坍塌及其他一些自然原因、人为因素造成陶俑完整性及其结构强度发生变化 | 裂缝裂纹根据残片的实际情况选用B72乙酸乙酯溶液进行渗透加固，达到粘接条件的残片用环氧树脂（6101）与聚酰胺树脂（6105）3：2配比调匀后粘接 |
| | 残断 | 头部、双足、踏板、胳膊、铠甲、俑体 | | |
| | 裂缝 | 体腔 | | |
| | 裂纹 | 体腔 | | |
| 生物损害 | 植物损害 | 体腔 | 由于埋藏环境因素影响，植物生长、微生物生长破坏了文物外貌及其结构强度 | 植物痕迹用手术刀进行剔除，微生物进行杀菌后清理 |
| | 微生物损害 | 底袍 | | |

## 七、科学检测分析

### 1. 彩绘分析

现场对将军俑残留彩绘进行采样，采用偏光显微分析、拉曼光谱分析对粉色、黑色、紫色、红色、绿色5种颜料进行分析，结果见档案。颜料调和剂的分析早期采用微量化学泡沫法未能分析得出确定结果[①]，比萨大学利用气相色谱—质谱联用技术分析结果为鸡蛋[②]，但经过实际采用鸡蛋调和颜料模拟涂饰，效果不佳；阎宏涛教授采用基质辅助激光解吸电离飞行时间质谱分析方法分析结果为皮胶或骨胶等类型的动物胶[③]，这应是秦俑颜料调和剂目前为止最为可靠的结果。以上有关彩绘、颜料和颜料调和剂的

① Herm C. Analysis of Painting Materials//Blaensdorf C, Emmerling E, Petzet M. The Terracotta Army of the First Chinese Emperor Qin Shihuang. Muenchen: Bayerisches Landesamt fuer Denkmalpflege, 2001: 370-376.

② Bonaduce I, Blaensdorf C, Dietemann P, et al. The Binding Media of the Polychromy of Qin Shihuang's Terracotta Army. Cult Herit, 2008, 9: 103-108.

③ Yan H T, An J J, Zhou T, et al. Identification of Proteinaceous Binding Media for the Polychrome Terracotta Army of Emperor Qin Shihuang by MALDI-TOF-MS. Chinese Science Bulletin, 2014, 59(21): 2574-2581.

分析结果为彩绘回贴制定合理的修复方案提供了理论依据。

### 2. 超声波检测

通过超声波的数据和生成的位形图来帮助分析陶片的密实程度，具体分析见档案。

### 3. 物理性能分析

对部分残片进行物理性能及抗压强度测试，结果如表9.8所示[①]。

表9.8 部分陶片样品的物理性能分析

| 编号（来源） | 烧成温度（±20℃） | 体积密度（$g/cm^3$） | 吸水率（%） | 显气孔率（%） | 抗压强度（MPa） |
|---|---|---|---|---|---|
| 1#（陶马残片-青灰） | 990 | 1.86 | 17.1 | 32 | 43.6 |
| 3#（陶马残片-青灰） | 985 | 1.81 | 18.0 | 33 | 64.1 |
| 4#（陶俑残片-青灰） | 990 | 1.79 | 17.2 | 31 | 67.2 |

从分析结果可知：残片的烧成温度为985～990℃，平均为988℃；体积密度平均为1.82$g/cm^3$；吸水率平均为17.4%；显气孔率平均为32%；抗压强度平均为58.3MPa；烧成温度高，结构致密，抗压强度较高。

### 4. 元素分析

在左胳膊残片取样（块状-树脂包埋-喷镀Au）在扫描电镜下观察结果（表9.9）[②]。

表9.9 残片元素百分比（图谱见图9.21、图9.22）

| 元素 | C | O | F | Na | Mg | Al | Si | K | Ca | Ti | Fe | 总量 |
|---|---|---|---|---|---|---|---|---|---|---|---|---|
| 原子百分比（wt%） | 23.43 | 39.67 | 4.35 | 0.36 | 0.69 | 6.05 | 19.50 | 1.17 | 0.76 | 0.30 | 3.72 | 100.00 |
| | 33.97 | 43.17 | 3.99 | 0.27 | 0.49 | 3.90 | 12.09 | 0.52 | 0.33 | 0.11 | 1.16 | 100.00 |

## 八、保护修复

### 1. 打开包装

（1）打开绷带，以泥层自然开裂的裂缝为基准把背部大面积彩绘进行分割。

（2）及时对彩绘泥土层开裂处进行加固（Rhoplex MC76、Paraloid B72）。

---

① 物理性能分析由中国科学院上海硅酸盐研究所分析。

② 彩绘分析由陶质彩绘文物保护国家文物局重点科研基地（秦始皇帝陵博物院）分析。

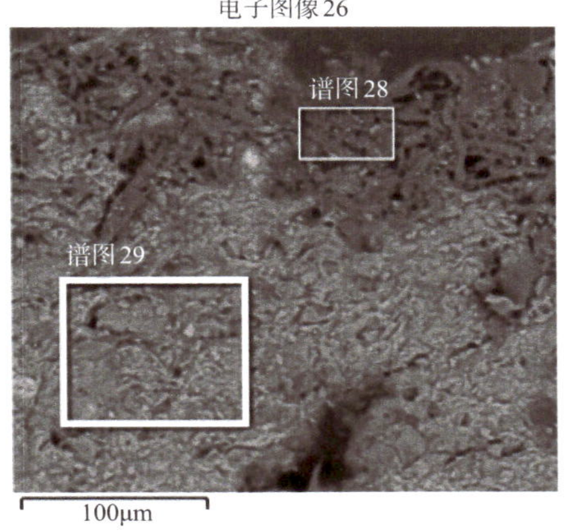


图9.21　陶片扫描电镜电子图像

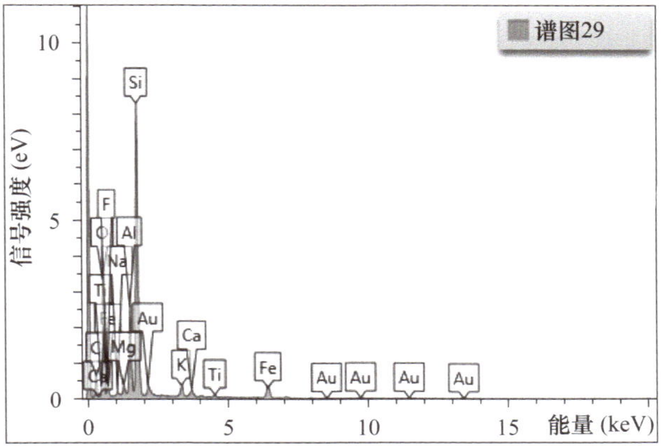

图9.22　元素分析结果

（3）分别对泥层上的彩绘和俑体残留彩绘进行保护加固（MC76、B72），用PEG200恢复其漆皮延展性。

（4）对彩绘层土块用3%～5%的Paraloid B72乙酸乙酯溶液预加固，以袍角为坐标，对移位的彩绘层进行复位回贴固定。

（5）对已复位加固的彩绘层进行逐层清理。

## 2. 清理

（1）先对头部、双足、踏板、胳膊、铠甲等残片上的泥土附着物、硬结物和其他附着物用2A溶液（去离子水＋乙醇）润湿软化后再用手术刀清除。

（2）对于俑体底层有彩绘的泥土附着物和其他附着物，待彩绘层与泥土附着物清理接近1cm后，在显微镜下进行手工清理（图9.23）。

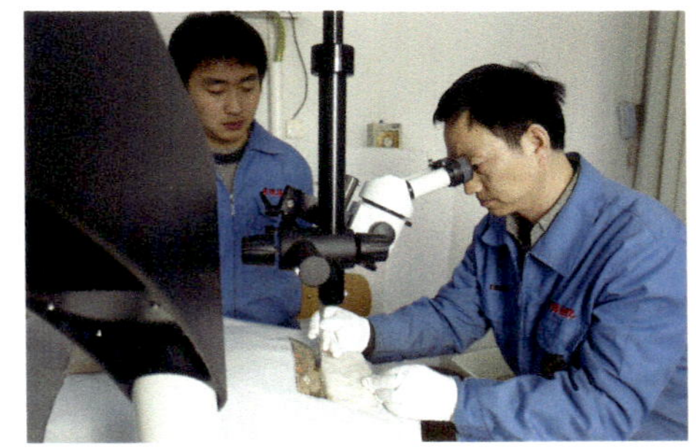

图9.23　显微镜下清理

（3）对底袍及后背部已加固回贴后的彩绘土块层清理时，先用去离子水雾化浸润土块，直至彩绘表面泥土层完全软化，再用手术刀或者小竹签轻轻地逐层将泥土附着物清除，清理时需注意度的把握，以免损伤彩绘，必要时可用放大镜灯或移动式显微镜。清理完成后，再用半湿润的棉签将残留在彩绘表面已松动的泥土粘走，直到彩绘表面清理干净。

（4）对踏板残断面上的结晶盐清理，选用纸浆护敷法脱盐，再用手术刀或竹签清除，最后用蒸气清洗机清洗。

（5）对前胸甲、领花、披膊、短裤、左足面等局部彩绘先加固后清理。

（6）彩绘残片的清理加固往往是同时进行。

### 3. 彩绘加固回贴

（1）直接采用联合保护剂对彩绘残片进行加固①。

第一步：先使残片处于饱水状态；

第二步：30%PEG200+3%MC76（AC33）+67%去离子水（2～3天）；

第三步：60%PEG200+5%MC76（AC33）+35%去离子水（2～3天）；

第四步：80%PEG200（1天）。

加固方法如下：先用小喷壶在雾化状态下喷涂去离子水于彩绘表面，使彩绘完全湿润变软时，再用小毛笔从彩绘起翘处的边缘慢慢渗入30%PEG200+3%MC76（AC33）+67%去离子水溶液，因为彩绘缝隙之间的空隙作用而进入到整个彩绘的下面使彩绘再次恢复延展性，浸润彩绘与陶体之间的空隙而使彩绘与陶体黏结在一起，或用针管将溶液注射进彩绘与陶体之间而使彩绘与陶体黏结；再用以上方法将60%PEG200+5%MC76/AC33+35%去离子水（2～3天）溶液渗入彩绘和陶体之间；最后用80%PEG200溶液（1天）待其半湿时，用脱脂棉覆盖保鲜膜包住彩绘土块在陶体上，约12小时后彩绘层完全与陶体表面粘合紧密。等待彩绘完全回贴加固完后，再对其表面泥土附着物或其他附着物进行清理。

（2）彩绘回贴。

回贴试剂的筛选。B72：称取B72固体颗粒1.5g，丙酮溶剂28.5g，配成浓度为5%B72丙酮溶液；B48N：称取B48N固体颗粒1.5g，丙酮溶剂2.85g，配成浓度为5%B48N丙酮溶液；Primal SF016：称取固含量为50%的SF016样品溶液3g，蒸馏水27g，配成浓度为5%的溶液；Rhoplex MC76：称取固含量为40%的MC76样品溶液3.75g，蒸馏水26.25g，配成浓度为5%的溶液；聚氨酯：称取固含量为40%的聚氨酯样品溶液3.75g，蒸馏水26.25g，配成浓度为5%的溶液；鱼鳔胶：称取若干干鱼鳔和蒸馏水以1∶10的比例，60℃水浴加热48h，过滤、自然干燥，形成鱼鳔干胶，本次实验使用时，称取1g干胶，19g蒸馏水，制成5%的鱼鳔胶溶液；桃胶：称取1g桃胶粉，19g蒸馏水，制成5%的桃胶溶液。

以成膜性能而言，B72加固和成膜性能较佳（表9.10）。

表9.10　加固材料成膜情况

| 保护材料 | 使用形式 | 膜表观描述 | 成膜时间 |
|---|---|---|---|
| B48N | 5% | 透明、平整、连续无裂纹 | 3d |
| B72 | | 透明、平整、连续无裂纹 | 3d |

① Wu Y Q, Zhang T H, Petzet M, et al. The Polychromy of Antique Sculptures and the Terracotta Army of the First Chinese Emperor. Studies of Materials, Techniques and Conservation. Papers of the International Conference in Xi’an, 1999-03-28.

续表

| 保护材料 | 使用形式 | 膜表观描述 | 成膜时间 |
|---|---|---|---|
| Rhoplex MC76 | 固含量5%水溶液 | × | × |
| Primal SF016 | 固含量5%水溶液 | 透明、平整、连续无裂纹 | 4d |
| 聚氨酯 | 固含量5%水溶液 | 透明、平整、连续无裂纹 | 4d |
| 桃胶 | 5%水溶液 | 透明、连续无裂纹、在玻璃板上无黏结性、不平整 | 5d |
| 鱼鳔胶 | 5%水溶液 | 淡黄色、透明、平整无裂纹 | 5d |

彩绘回贴试验。将中国科学院上海硅酸盐研究所烧的陶砖（烧成温度950℃，吸水率为18.55%，表气孔率为28.79%）切成6cm×3cm×2cm的陶块。将散落于土块的生漆彩绘平放于模拟陶块上，选取三组实验块，以小面积回贴方法为基础进行现场实验研究。

表9.11回贴试验效果表明：联合保护剂对彩绘进行保护后再用20%B72乙酸乙酯溶液进行回贴保护，效果良好。加固后彩绘层的强度都有了明显的增强。在操作过程中，应注意控制彩绘层吸收较快加固溶液的渗入量，以防止过量，也要尽量提高彩绘层吸收较慢加固液的渗入量，以免其不足。因此，滴加的B72量不能多，否则容易在彩绘层的表面形成发亮的膜，而产生炫光。

表9.11　回贴试验效果

| 试验样块 | 是否用联合保护剂 | B72质量分数 | 试验效果 |
|---|---|---|---|
| 1 | 否 | 20%B72 | 彩绘层脱水后易发生碎裂 |
| 2 | 是 | 10%B72 | 黏性不够，回贴后易空鼓，表面发亮 |
| 3 | 是 | 20%B72 | 回贴后彩绘结合紧密，无眩光 |

试验证明，彩绘回贴以B72联合保护法为理想。在实际的操作过程中，可视具体情况，根据少量多次的原则，酌情增加加固次数。

彩绘回贴工艺。①以准确定位彩绘部位及彩绘层完全与俑体脱落附着于泥土层上的彩绘部位自然开裂的裂纹为基准，把大面积的土层进行标号、拍照、分离、取下、再拍照。②用30%PEG200＋5%Rhoplex MC76（丙烯酸乳液）对生漆层及颜料层联合加固保护，用30%PEG200＋3%MC76＋67%去离子水（2～3d）、60%PEG200＋5%MC76＋35%去离子水（2～3d）、80%PEG200（2d）分别对俑体残留彩绘层、土层残留彩绘进行保护性加固，恢复其延展性及结构强度[①]。③以Paraloid B72（乙烯甲基丙烯酸酯/甲

① Wu Y Q, Zhang T H, Petzet M, et al. The Polychromy of Antique Sculptures and the Terracotta Army of the First Chinese Emperor. Studies of Materials, Techniques and Conservation. Papers of the International Conference in Xi’an, 1999-03-28.

基丙烯酸酯）乙酸乙酯溶液为载体，恢复彩绘层与俑体之间的附着力，之后清理泥土附着物，达到延长彩绘寿命的目的。B72乙酸乙酯溶液浓度及其用量：浓度以不完全渗透为准，用量以在彩绘层表面形成一层均匀的薄膜为基准，浓度过低会导致B72乙酸乙酯溶液完全渗透彩绘层，渗透到泥土层上造成回贴后清理泥土附着物的不便，重则影响回贴清理后的彩绘表面效果，过多的5%B72乙酸乙酯溶液会造成彩绘表面的不平整，局部与俑体不能完全接触，造成回贴后空鼓的现象。所以在回贴过程中要严格把控B72乙酸乙酯溶液浓度及其用量[①]。④对彩绘层及彩绘层相对应的俑体部位均匀涂刷B72乙酸乙酯溶液待干后，用小喷壶雾化乙酸乙酯溶液对涂刷B72乙酸乙酯溶液的彩绘层及彩绘层相对应的俑体部位均匀喷涂适量的乙酸乙酯溶液并迅速回贴土块，轻按至B72乙酸乙酯溶液完全固化，恢复彩绘层与俑体之间的附着力为止（回贴顺序以袍角、衣服褶皱为坐标，以泥土层茬口为基准线对其彩绘层进行复位回贴）。⑤在加固好的彩绘残片上，均匀喷涂彩绘回贴试剂，用微湿的脱脂棉轻轻地压住彩绘，使其能很好地与残片表面贴合，边缘或者中部不再翘起为止。加固完成后清理彩绘层上的泥土附着物。⑥对回贴效果进行评估。

通过分析讨论、实验论证发现：①使用PEG进行生漆层平展，保湿；②加固剂对彩绘颜料层与生漆层的黏结加固作用理想，避免了生漆彩绘在回贴后失去色彩而酿成不可挽回的后果；③实际加固回贴中使用B72作为胶粘剂进行回贴，彩绘回贴方法可行，可操作性强，大面积彩绘回贴的应用在一定程度上完善了彩绘保护修复方法、延长了彩绘层的寿命，还原了陶质彩绘文物彩绘原貌，延续了其历史价值。

彩绘回贴实例应用。

彩绘加固：以前采用PEG保护生漆彩绘时，常用的方法是PEG浸渍法、PEG浸渍冷冻干燥法等[②]。聚氨酯（PU）是聚氨基甲酸酯树脂涂料的简称，是以聚氨酯树脂为主要成膜物质的涂料。聚氨酯树脂是由多异氰酸酯与多羟基化合物聚合而形成的，由于分子链中含有异氰基（—NCO）和氨基甲酸酯基（—NH—COO—），聚氨酯树脂表现出高度的活泼性和极性，对各种材料具有较高的粘接性能。大分子链之间能够形成氢键，使其有高的强度和耐溶剂腐蚀性。由于异氰酸酯中具有柔性的分子键，聚氨酯有很高的弹性，耐振动性、抗冲性、耐疲劳，特别是耐低温性能极好。该材料是在自然条件下干燥的，涂膜本身有良好的机械性能和耐候性、抗腐蚀、抗盐雾、防霉菌等特性，但长期暴露于环境中容易泛黄。近年来秦俑彩绘保护技术研究课题组经实验验证用丙烯酸酯乳液替代聚氨酯乳液，使得加固剂从彩绘层扩散到生漆层后还能够渗入陶

---

① 范陶峰、李玉虎、李丽娜等：《汉代彩绘的回贴修复研究》，《文物保护与考古科学》2004年第16卷第4期，第25～28页。

② Setesuoml Zau、Tadateur Nishiura、张金萍：《用甘露醇和PEG保护饱水木质文物的冷冻干燥法》，《东南文化》1998年第4期，第127～131页。

层，增强了加固效果，使彩绘底层在干燥期间能够尽量保持原外观和原始尺寸[1]。这种联合处理的保护方法在加固兵马俑彩绘层上有较好的功效，使用双组份很难保证加固剂的均匀分散性。为探索防止秦兵马俑彩绘的生漆底层和陶体脱落的方法，张军[2]等用自行设计了几种以有机硅为基体的加固剂将老化生漆片分别黏附到经过预处理的陶表面，从而针对加固剂固化速率、渗透性、铺展性、黏结强度等五方面进行了比较实验。结果表明，加固剂的黏结强度与加固剂本身、加固剂固化温度以及固化后的成膜比例有关；有机硅与陶体以及生漆底层均有很好的润湿性，固化工艺合适即能起到很好的黏结效果；其中以环氧树脂有机硅为基体、二甲苯为溶液、三乙醇胺为固化剂的复配体系具有良好的综合性能。按照秦俑彩绘保护技术研究课题组所用的30%PEG200＋5%MC76联合保护剂对高级军吏俑附着于泥土层上的彩绘与俑体残存彩绘进行保护加固，最大程度上恢复彩绘层自身结构强度、延展性，加固完成后，可进行回贴。

彩绘回贴：对彩绘层及彩绘层相对应的高级军吏俑俑体部位均匀涂刷20%B72乙酸乙酯溶液，待干后，用小喷壶对涂刷20%B72乙酸乙酯溶液的彩绘层及彩绘层相对应的俑体部位均匀喷涂适量的乙酸乙酯溶液并迅速回贴土块，轻轻按压土块恢复彩绘层与俑体之间的附着力为止（回贴顺序以袍角、衣服褶皱为坐标，以泥土层茬口为基准对其彩绘层进行复位回贴）。

图9.24 彩绘回贴

回贴后清理附着物：用2A溶液（去离子水＋乙醇）或3A溶液（去离子水＋乙醇＋丙酮）润湿并逐层软化回贴后的泥土附着物，再用手术刀逐层清理附着物（图9.24）。

回贴后的彩绘加固：泥土附着物清理完成后，清除多余的B72乙酸乙酯溶液，不能完全恢复其彩绘漆皮层与俑体附着力的部位进行二次回贴加固。

回贴部位对比：将军俑背部下旅彩绘回贴前后对比如图9.25所示。

将军俑背部甲带彩绘回贴对比如图9.26所示。

---

① Herm C. Analysis of Painting Materials//Blaensdorf C, Emmerling E, Petzet M. The Terracotta Army of the First Chinese Emperor Qin Shihuang. Muenchen: Bayerisches Landesamt fuer Denkmalpflege, 2001: 370-376.

② 张军、蔡玲、高翔等：《有机硅在模拟漆底彩绘保护中的应用研究》，《文物保护与考古科学》2012年第24卷第1期，第32～36页。

俑体残留彩绘

土块残留彩绘

回贴清理后

图 9.25　回贴前后

回贴前（彩绘土块）

回贴后（将军俑后部腰带）

图 9.26　回贴前后

#### 4. 拼对粘接

（1）先拼对后粘接，确定各部位的完残程度，评估是否达到可粘接要求，拼对前对彩绘残片用保鲜膜包裹好，露出残断面，以防止胶粘剂溢出污损彩绘层。

（2）对陶片残断面以梯度式涂刷3%～5%～10%B72乙酸乙酯溶液作为可再处理层（间隔时间2小时），方便后续的修复。

（3）按照人体站立的结构顺序自下而上（踏板→足履→腿部→底袍→体腔→双臂及手→壅颈→头部）一步步地粘接，每一阶段拼对施胶后用专用修复工具和捆扎带固定；对承重的双臂内侧加衬粘接固定（图9.27）。

（4）选用凤凰牌环氧树脂（6101）和聚酰胺树脂（低分子650）按3∶2配比搅拌均匀后分别涂抹于残断面上，校正、对准、粘接、固定。涂抹粘接剂时应均匀、适量，防止固定挤压时粘接剂溢出。

图9.27 胳膊内侧贴布加固

### 5. 补缺

将军俑足穿方口齐头翘尖履，右足履从足尖到足跟3/5处残缺，长11.2cm、宽2cm，采用灰色的陶粉＋细沙＋环氧树脂胶进行调合补配修整。

### 6. 封护

修复完成后，对彩绘层用3%的B72进行封护，防止阳光及紫外线照射，预防灰尘等污染物再次侵蚀。

### 7. 绘图

修复前对每件残片绘制残破图及病害图；修复中绘制残片剖面图、迹象图；修复完成后绘制整体残破图、病害图等（见保护修复档案）。

### 8. 建立保护修复档案

按照《陶质彩绘文物保护修复档案记录规范》（WW/T 0023—2010）填写。

### 9. 留观

观察记录陶俑保护修复后的力学稳定性、粘接面、彩绘保护等情况，留观期3～6个月。

# 陶质彩绘文物保护修复档案

**文物名称：** 将 军 俑

**文物编号：** T23G9：9

2014年6月5日

中华人民共和国国家文物局制

## 表Ⅰ　文物基本信息表

| 文物名称 | 将军俑 | | |
|---|---|---|---|
| 收藏单位 | 秦始皇帝陵博物院 | 文物编号 | T23G9：9 |
| 来　　源 | 秦兵马俑一号坑 | 年　　代 | 秦 |
| 尺　　寸 | 高：192cm　宽：67cm | 质　　量 | 270kg |
| 质　　地 | 陶质 | 级　　别 | 未定级 |
| 照　　片 |  | | |
| 工　　艺 | 雕塑为主，模塑结合，分段制作，组装固定，入窑焙烧，出窑彩绘 | | |
| 文物描述 | 该俑出土于秦始皇兵马俑一号坑T23G9。出土后共残47片，有头（头部共残4片）、双臂共残17片、腿及踏板共残7片、铠甲上旅及领口共残14片、铠甲下旅底袍及左腿共残5片 | | |
| 备　　注 | | | |

## 表Ⅱ　方案设计及保护修复单位信息记录表

文物名称：将军俑　　　　文物编号：T23G9：9

<table>
<tr><td>方案名称和编号</td><td colspan="4">秦兵马俑一号坑新出土兵马俑保护修复项目</td></tr>
<tr><td>批准单位及时间</td><td colspan="2">国家文物局（2011年3月29日）</td><td>批准文号</td><td>（2011）372号</td></tr>
<tr><td rowspan="4">方案设计单位</td><td>名　　称</td><td colspan="3">陶质彩绘文物保护国家文物局重点科研基地（秦始皇兵马俑博物馆）</td></tr>
<tr><td>单位所在地</td><td colspan="3">西安市临潼区</td></tr>
<tr><td>通讯地址</td><td>陕西省西安市临潼区秦始皇兵马俑博物馆</td><td>邮　　编</td><td>710600</td></tr>
<tr><td>资质证书</td><td>甲级</td><td>代　　码</td><td>可文设（甲）字6104-2008</td></tr>
<tr><td rowspan="6">保护修复单位</td><td>名　　称</td><td colspan="3">陶质彩绘文物保护国家文物局重点科研基地（秦始皇兵马俑博物馆）</td></tr>
<tr><td>单位所在地</td><td colspan="3">西安市临潼区</td></tr>
<tr><td>通讯地址</td><td>陕西省西安市临潼区秦始皇兵马俑博物馆</td><td>邮　　编</td><td>710600</td></tr>
<tr><td>资质证书</td><td>一级</td><td>代　　码</td><td>可文修（壹）字6104-2008</td></tr>
<tr><td>提取日期</td><td>2011-12-26</td><td>提取经办人</td><td>兰德省　王东峰</td></tr>
<tr><td>返还日期</td><td>2020-11-10</td><td>返还经办人</td><td>兰德省</td></tr>
</table>

## 表Ⅲ 文物保存现状表

文物名称：将军俑　　　　　　　　　　　　　　　　　　文物编号：T23G9：9

| 文物保存环境 | 秦兵马俑一号坑修复现场 |
|---|---|
| 历次保护修复情况 | 局部彩绘考古现场保护小组已保护处理过 |
| 病害描述 | 该俑于2011年12月26日从考古发掘现场提取至修复现场，提取时该俑共残47片。<br>1. 有头（头部共残4片），头彩绘脱落严重，现存彩绘严重老化主要表现在彩绘大面积酥粉、起翘；<br>2. 双臂共残17片、腿及踏板共残7片、铠甲上旅及领口共残14片、铠甲下旅底袍及左腿共残5片；<br>3. 47片陶片整体附着物较多（以该俑下半身为例）：踏板、袖口均有不同程度胎体酥粉，其中踏板有霉菌，通过对该俑40片陶片的综合观察分析发现，该俑病害综合评估为重度 |
| 影像资料 |  |
| 备　　注 | 共绘制图纸16张，后腰部彩绘4张、俑身12张 |

## 表Ⅳ　文物检测分析表

文物名称：将军俑　　　　　　　　　　　　　　　　文物编号：T23G9∶9

| 样品编号 | 样品名称 | 样品描述 | 分析目的 | 分析方法 | 分析结果 | 报告代码 | 分析时间 | 备注 |
|---|---|---|---|---|---|---|---|---|
| 1 | 粉色彩绘 | 粉白 | 彩绘颜料分析 | 偏光显微分析法 | 朱砂＋骨白 | | 2013-03-01 | |
| 2 | 黑色彩绘 | 黑色 | 彩绘颜料分析 | 偏光显微分析法 | 炭黑 | | 2013-03-01 | |
| 3 | 紫色彩绘 | 紫色 | 彩绘颜料分析 | 偏光显微分析法 | 汉紫 | | 2013-03-01 | |
| 4 | 红色彩绘 | 红色 | 彩绘颜料分析 | 偏光显微分析法 | 朱砂 | | 2013-03-01 | |
| 5 | 绿色彩绘 | 绿色 | 彩绘颜料分析 | 偏光显微分析法 | 石绿 | | 2013-03-01 | |
| 1 | 白色彩绘 | 白色 | 彩绘颜料分析 | 拉曼分析法 | 骨白 | | 2013-03-01 | |
| 2 | 黑色彩绘 | 黑色 | 彩绘颜料分析 | 拉曼分析法 | 炭黑 | | 2013-03-01 | |
| 4 | 红色彩绘 | 红色 | 彩绘颜料分析 | 拉曼分析法 | 朱砂 | | 2013-03-01 | |

# 表Ⅴ　将军俑彩绘颜料分析报告

## 1. 偏光显微分析法

| 编号 | 描述 | 分析结果 | 图片 |
| --- | --- | --- | --- |
| 1 | 粉色偏白 | 朱砂＋骨白 | 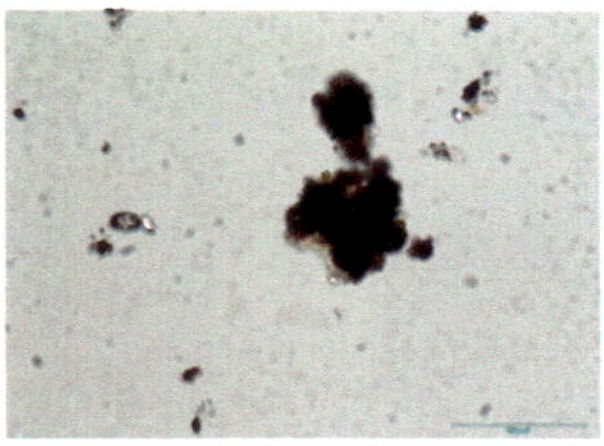 |
| 2 | 黑色 | 炭黑 | 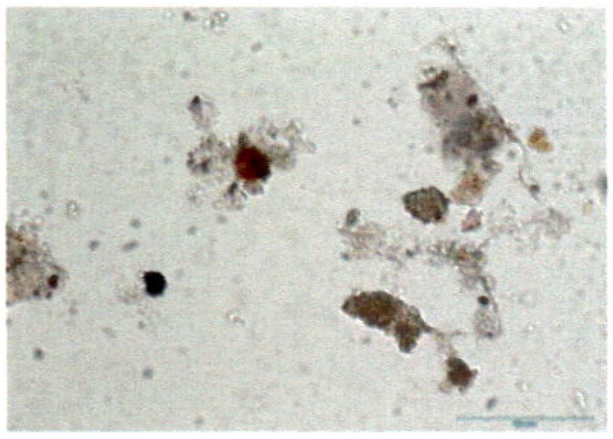 |
| 3 | 紫色 | 汉紫 | 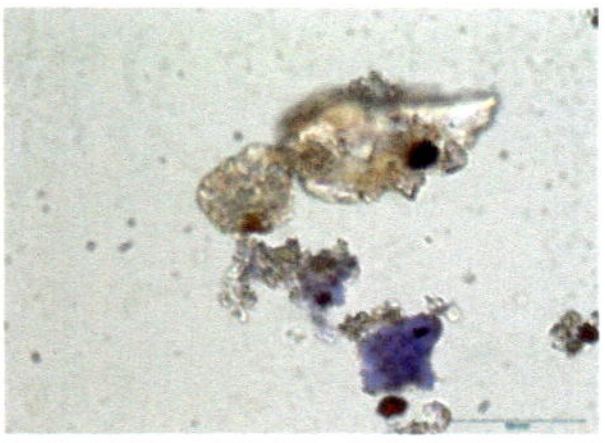 |
| 4 | 红色 | 朱砂 | 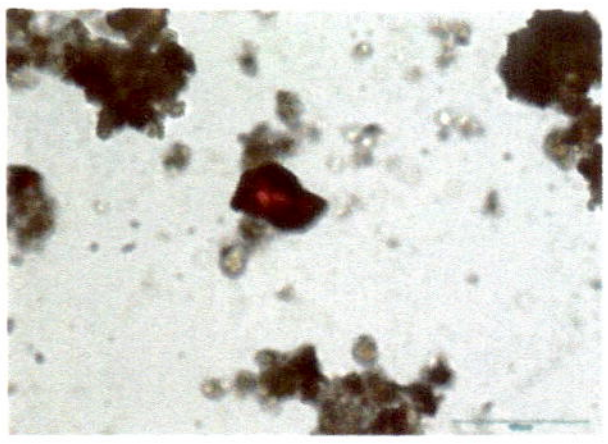 |
| 5 | 绿色 | 石绿 | 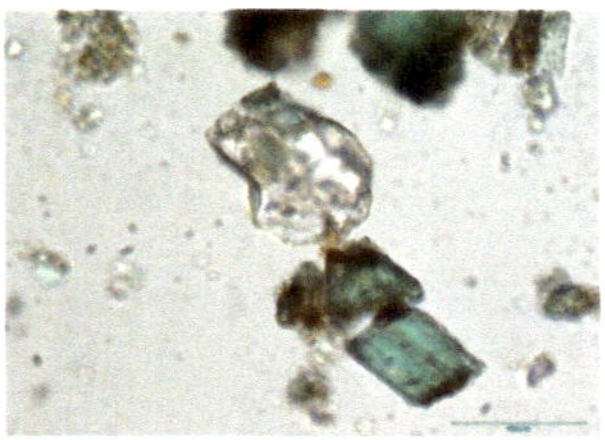 |

## 2. 拉曼分析过程及结果

| 编号 | 描述 | 分析结果 | 图片 |
|---|---|---|---|
| 1 | 白色 | 骨白 | 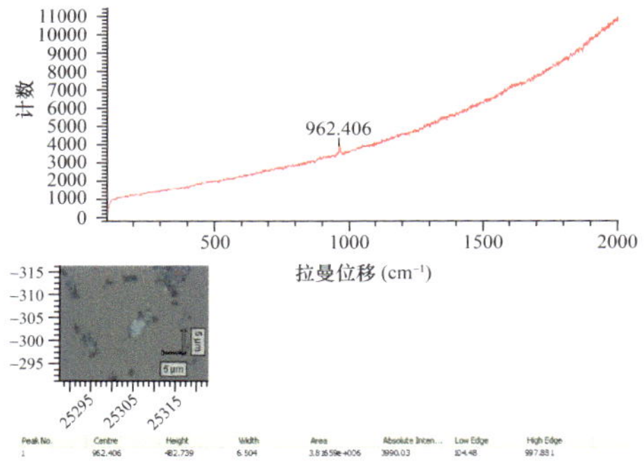 |
| 2 | 黑色 | 炭黑 | 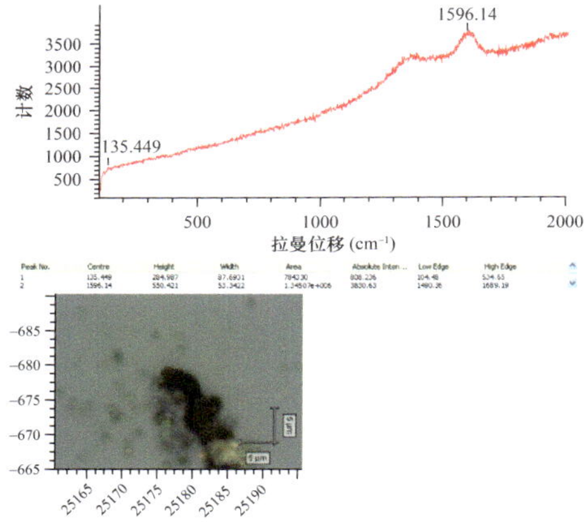 |
| 4 | 红色 | 朱砂 | 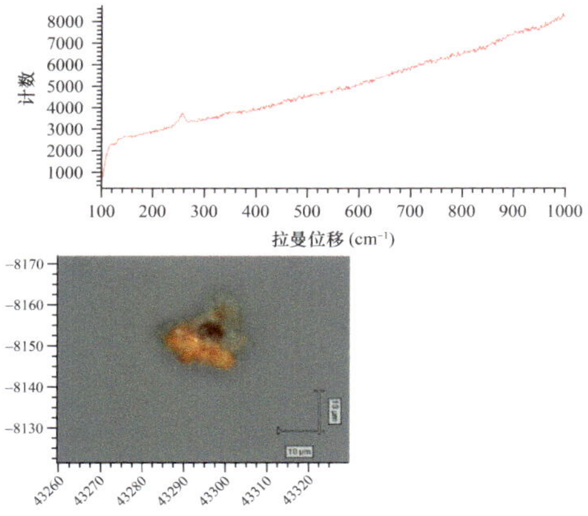 |

## 表Ⅵ 文物保护修复过程记录表

综述（材料、工艺步骤及操作条件，附影像资料）

1. 提取：从考古现场提取残破陶俑于修复区进行保护修复；

2. 拼对：修复前将残破陶片进行试拼，拼对时按照自下而上的顺序进行，依据“取大优先”原则，按残片大小、部位、形状、茬口、颜色确认互拼，编号记录；

3. 照相：修复前对陶俑的残破部位、局部残破部位以及整体残破片照相，修复中的各种迹象及修复后整体照相；

4. 保存现状记录：对其残俑进行现状描述和病害描述，用文字和照片记录陶俑的各种信息，包括残片大小、形状、彩绘颜色、部位、厚度等，对制作痕迹、陶文、刻痕或数字等用照片和拓片方式记录；

5. 清理：先用去离子水润湿，等待半干半湿状态下时用竹签、棉签清理表面，茬口用手术刀清理；

6. 彩绘的清理：将军俑背部泥土附着物厚，长时间的放置、人为移动、彩绘材料老化，造成泥层开裂，部分彩绘已完全脱离俑体附着于泥层上，发生错位现象，针对这种情况彩绘保护以回贴为主（没有与俑体完全脱离的彩绘应进行预加固后逐层清理），具体方法如下：

（1）打开绷带，以泥层自然开裂的裂缝为基准把背部大面积彩绘进行分割；

（2）及时对泥层茬口进行加固（MC76、B72），加大其结构强度；

（3）分别对泥层上的彩绘和俑体残留彩绘进行保护加固（MC76、B72），恢复其漆皮延展性（PEG）及结构强度；

（4）对彩绘层上涂上合适（浓度、量）的B72乙酸乙酯溶液，以袍角、衣服褶皱为坐标，以泥层茬口为基准对其彩绘层进行复位回贴；

（5）对已复位、已恢复与俑体黏结力的彩绘层进行逐层清理

7. 加固：对于酥松的陶胎的加固采用（3%～10%）B72乙酸乙酯溶液梯度式渗透加固，对于彩绘表面用水溶性（3%～5%）MC76保护剂均匀涂刷加固；

对于有漆底层的彩绘：用30%PEG200+3%MC76（2～3天），60%PEG200+5%MC76（2～3天），80%PEG200（2天），观察1天。

8. 粘接：在陶片的残断面分别涂3%～5%的B72乙酸乙酯溶液作为可再处理层，用环氧树脂与聚酰胺树脂（质量比3∶2）粘接剂进行粘接；

粘接顺序：陶俑应按照自下而上的顺序（足踏板→足履→腿部→身体→头部）粘接，每一个步骤拼对完成后涂粘接剂再完成下一个步骤拼对，用专用工具和捆扎带固定；

9. 绘图：绘制前、后、左、右四个面的残破图和病害图，对有彩绘花纹和部分制作痕迹分别绘制专题图；

10. 档案制作：填写保护修复档案，观察、记录修复后陶俑及彩绘颜色的变化以及环境对彩绘陶俑的影响；

11. 留观：观察3～6个月，检查彩绘保护状况，残断面粘接状况及整体稳定性状况；

12. 归位：修复完成后，按出土位置和坐标将彩绘陶俑放入原出土地，进行陈列展示；

13. 保存环境：建议放入相对稳定的温湿度环境下［温度（15～25）±5℃、湿度（45%～70%）±5%］，防止灰尘污染、避免紫外光照射；建议将有彩绘的陶俑放入有机玻璃罩内；建议将有彩绘的陶马放入有机玻璃罩内；建议将足踏板放入有机玻璃盒内，防止地下水的侵入

修复对比照片

修复前照片：

修复中照片：

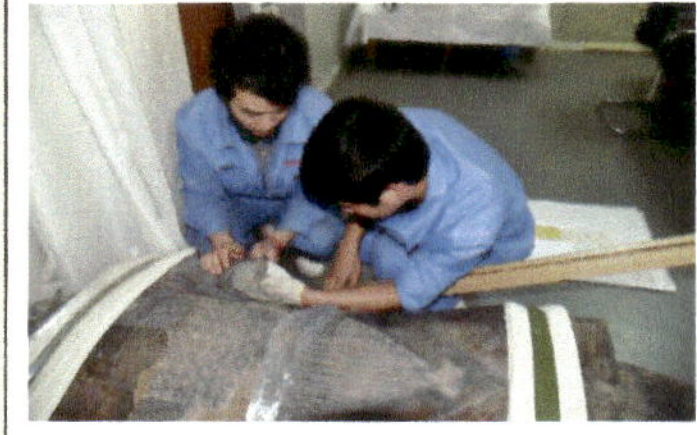

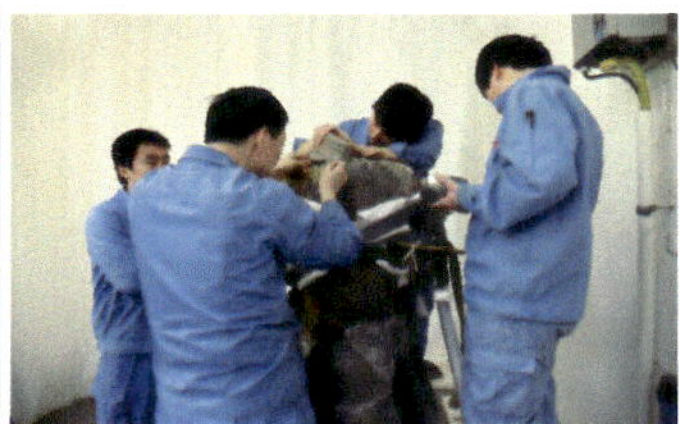

修复后照片：

| 项目负责（执行）人 | 兰德省 | 保护修复人 | 兰德省、王东峰、牛学者、兰翔、杨秦雄、任雯雯、焦佳伟、王驰、段光辉、安乐、和金波、陈飞、杨震、王高峥、和晓娣、王吉、刘源、种小波、刘兴宇等 |
|---|---|---|---|
| 完成日期 | 2014-06-05 | 审　　核 | 兰德省 |

**日　　志**

| 文物名称和编号 | 将军俑 T23G9：9 | 保护修复人 | 兰德省、王东峰、牛学者等 | 日　　期 | 2011-12-26 至 2014-06-05 |
|---|---|---|---|---|---|

**修复日志**

名称：将军俑。

出土编号：T23G9：9

修复时间：2011.12.26～2014.06.05

胶粘剂种类

乙酸乙酯溶液Paraloid B72：3%B72 50mL、5%B72 50mL

表面遗存彩绘修复工艺：

将军俑背部泥土附着物厚，长时间的放置、人为移动、彩绘材料老化，造成泥层开裂部分彩绘已完全脱离俑体附着于泥层上，发生错位现象。针对这种情况彩绘保护以回贴为主（没有与俑体完全脱离的彩绘应进行预加固后逐层清理），具体方法如下：

（1）打开绷带，以泥层自然开裂的裂缝为基准把背部大面积彩绘进行分割；

（2）及时对泥层茬口进行加固（MC76、B72），加大其结构强度；

（3）分别对泥层上的彩绘和俑体残留彩绘进行保护加固（MC76、B72），恢复其漆皮延展性（PEG）及结构强度；

（4）对彩绘层涂合适（浓度、量）的B72乙酸乙酯溶液，以袍角、衣服褶皱为坐标，以泥层茬口为基准对其彩绘层进行复位回贴；

（5）对已复位、已恢复与俑体黏结力的彩绘层进行逐层清理

2011-12-26：提取，照相；

2012-01-15：腰甲彩绘第一部分回贴；

2012-01-18：腰甲彩绘第二部分回贴；

2012-02-02：照陶片，清理足踏板；
2012-02-03：清理足踏板和底袍；
2012-02-06：清理底袍；
2012-02-21：清理实验片，确定修复方案；
2012-03-23：粘接踏板6片，用胶100g；
2012-11-04：背部彩绘取样，背部泥土揭取；
2012-12-05：彩绘泥土与腰甲部位贴合；
2012-12-10：清理腰甲彩绘实验片；
2012-12-13：袍部与彩绘泥土贴合；
2012-12-14：袍部彩绘第一部分回贴；
2012-12-19：清理加固袍部彩绘泥土第二部分；
2012-12-24：袍部彩绘第二部分回贴；
2012-12-27：清理袍部彩绘实验片；
2013-01-05：清理腰部彩绘；
2013-01-08：彩绘取样；
2013-01-09：试拼左臂连披膊；
2013-01-17：俑头试拼；
2013-01-16～2013-01-17：腰甲彩绘第一部分清理；
2013-01-21：腰甲彩绘第二部分清理；
2013-01-22：背部及腰带部分彩绘完全回贴完毕；
2013-01-23：试拼左足；
2013-01-28：试拼踏板与双足；
2013-01-30：粘接踏板与双足；
2013-01-30：试拼底袍与踏板；
2013-03-06：试拼胸甲上旅及左披膊；
2013-03-21：粘接底袍；
2013-03-26：粘接底袍与胸甲下旅；
2013-03-27：试拼披膊和壅颈；粘接胸甲上旅腰甲背甲连左右披膊；
2013-03-29：粘接右臂连披膊；

（后续可附加）

2013-06-18：粘接左臂；

2014-04-03：俑身粘接完成，陶俑可站立；

2014-06-05：修复完成，将军俑可站立；

2014-06-06：绘图、建立保护修复档案；

2015-01：留观，馆内主题展览；

2020-11：归还

（附加接上页）

## 表Ⅶ　文物保护修复自评估与验收表

文物名称：将军俑　　　　文物编号：T23G9∶9

自评估意见：

修复后可以站立，暂时存放在展厅现场，到目前为止，粘接后的陶片结合紧密，保护后披膊、胸甲、底袍及背部的彩绘无明显变化。

签章：兰德省　王东峰

日期：2014-09-05

| 专家验收意见（中期验收、结项验收） | | | |
|---|---|---|---|
| 时　　间 | 2015.11中期验收<br>2023.10结项验收 | 组织单位 | 陕西省文物局 |
| 专家名单 | 中期（咨询）验收：陆寿麟、铁付德、罗宏杰、巩德才、郭宏、马清林、李玉虎、马涛、侯宁彬、周铁<br>结项（内审）验收：马涛、赵西晨、马菁毓、邵安定、路智勇<br>结项验收：李玉虎、胡道道、杨军昌 | | |

验收意见：附后

1. 2015.11 中期专家咨询意见
2. 2023.10 结项专家内审意见
3. 2024.04 结项专家意见

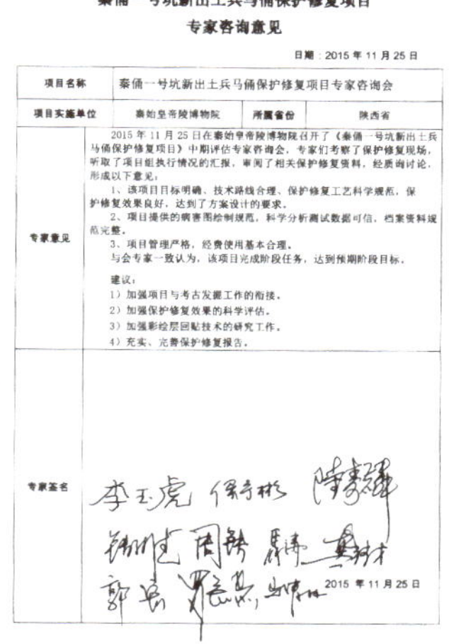

**秦俑一号坑新出土兵马俑保护修复项目**
**专家咨询意见**

日期：2015 年 11 月 25 日

| 项目名称 | 秦俑一号坑新出土兵马俑保护修复项目专家咨询会 | | |
|---|---|---|---|
| 项目实施单位 | 秦始皇帝陵博物院 | 所属省份 | 陕西省 |
| 专家意见 | 2015 年 11 月 25 日在秦始皇帝陵博物院召开了《秦俑一号坑新出土兵马俑保护修复项目》中期评估专家咨询会，专家们考察了保护修复现场，听取了项目组执行情况的汇报，审阅了相关保护修复资料，经质询讨论，形成以下意见：<br>1、该项目目标明确、技术路线合理、保护修复工艺科学规范，保护修复效果良好，达到了方案设计的要求。<br>2、项目提供的病害图绘制规范，科学分析测试数据可信，档案资料规范完整。<br>3、项目管理严格，经费使用基本合理。<br>与会专家一致认为，该项目完成阶段任务，达到预期阶段目标。<br>建议：<br>1）加强项目与考古发掘工作的衔接。<br>2）加强保护修复效果的科学评估。<br>3）加强彩绘层回贴技术的研究工作。<br>4）充实、完善保护修复报告。 | | |
| 专家签名 | 2015 年 11 月 25 日 | | |

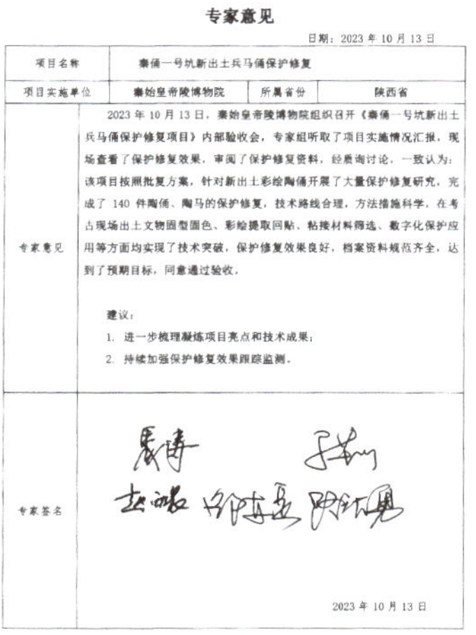

**秦俑一号坑新出土兵马俑保护修复项目内部验收**
**专家意见**

日期：2023 年 10 月 13 日

| 项目名称 | 秦俑一号坑新出土兵马俑保护修复 | | |
|---|---|---|---|
| 项目实施单位 | 秦始皇帝陵博物院 | 所属省份 | 陕西省 |
| 专家意见 | 2023 年 10 月 13 日，秦始皇帝陵博物院组织召开《秦俑一号坑新出土兵马俑保护修复项目》内部验收会，专家组听取了项目实施情况汇报，现场查看了保护修复效果，审阅了保护修复资料，经质询讨论，一致认为：该项目按照批复方案，针对新出土彩绘陶俑开展了大量保护修复研究，完成了 140 件陶俑、陶马的保护修复，技术路线合理，方法措施科学，在考古现场出土文物固型固色、彩绘提取回贴、粘接材料筛选、数字化保护应用等方面均实现了技术突破，保护修复效果良好，档案资料规范齐全，达到了预期目标，同意通过验收。<br>建议：<br>1. 进一步梳理凝练项目亮点和技术成果；<br>2. 持续加强保护修复效果跟踪监测。 | | |
| 专家签名 | 2023 年 10 月 13 日 | | |

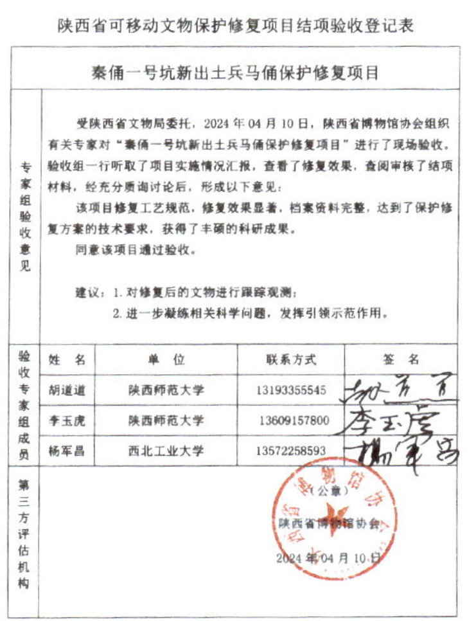

**陕西省可移动文物保护修复项目结项验收登记表**

| 秦俑一号坑新出土兵马俑保护修复项目 | | | | |
|---|---|---|---|---|
| 专家组验收意见 | 受陕西省文物局委托，2024 年 04 月 10 日，陕西省博物馆协会组织有关专家对“秦俑一号坑新出土兵马俑保护修复项目”进行了现场验收。验收组一行听取了项目实施情况汇报，查看了修复效果，查阅审核了结项材料，经充分质询讨论后，形成以下意见：<br>该项目修复工艺规范，修复效果显著，档案资料完整，达到了保护修复方案的技术要求，获得了丰硕的科研成果。<br>同意该项目通过验收。<br>建议：1. 对修复后的文物进行跟踪观测；<br>2. 进一步凝练相关科学问题，发挥引领示范作用。 | | | |
| 验收专家组成员 | 姓　名 | 单　位 | 联系方式 | 签　名 |
| | 胡道道 | 陕西师范大学 | 13193355545 | |
| | 李玉虎 | 陕西师范大学 | 13609157800 | |
| | 杨军昌 | 西北工业大学 | 13572258593 | |
| 第三方评估机构 | （公章）陕西省博物馆协会<br>2024 年 04 月 10 日 | | | |

## 表Ⅷ　绘图登记表

文物名称：将军俑　　　　文物编号：T23G9：9

| 编号 | 图纸类别 | 简单描述 | 绘图人 | 时间 |
|---|---|---|---|---|
| HX-01 | 线图 | 正视图 | 严平、张盼 | 2014-08-19 |
| HX-02 | 线图 | 后视图 | 严平、张盼 | 2014-08-20 |
| HX-03 | 线图 | 左视图 | 严平、张盼 | 2014-08-21 |
| HX-04 | 线图 | 右视图 | 严平、张盼 | 2014-08-22 |
| HB-01 | 病害图 | 正视图 | 张盼、严平 | 2014-08-19 |
| HB-02 | 病害图 | 后视图 | 张盼、严平 | 2014-08-20 |
| HB-03 | 病害图 | 左视图 | 张盼、严平 | 2014-08-21 |
| HB-04 | 病害图 | 右视图 | 张盼、严平 | 2014-08-22 |
| | | | | |
| | | | | |
| | | | | |
| | | | | |
| | | | | |
| | | | | |
| | | | | |
| | | | | |
| | | | | |
| | | | | |
| | | | | |

# 器物线图、病害图

**文物名称：** 将 军 俑

**文物编号：** T23G9：9

2014年6月5日

中华人民共和国国家文物局制

图例
项目名称
一号坑文物保护修复项目
器物名称
将军俑
器物编号
T22G9:9
制图
尹平 张盼
图纸编号
Hx-01
制图时间
2014年8月19日
比例尺
1:5
实施单位

图例
项目名称
一号坑文物保护修复项目
器物名称
将军俑
器物编号
T23G9:9
制图
制图时间
2014年8月20日
图纸编号
MX－02
比例尺
1:5
实施单位

图例
项目名称
一号坑文物保护修复项目
器物名称
将军俑
器物编号
T23G9:9
制　图
图纸编号
HX-03
制图时间
年　月　日
比例尺
1:5
实施单位

图例
项目名称
一号坑文物保护修复项目
器物名称
将军俑
器物编号
T23G9:9
制图
严平 张鹏
图纸编号
HX-04
制图时间
2014年8月28日
比例尺
1:5
实施单位

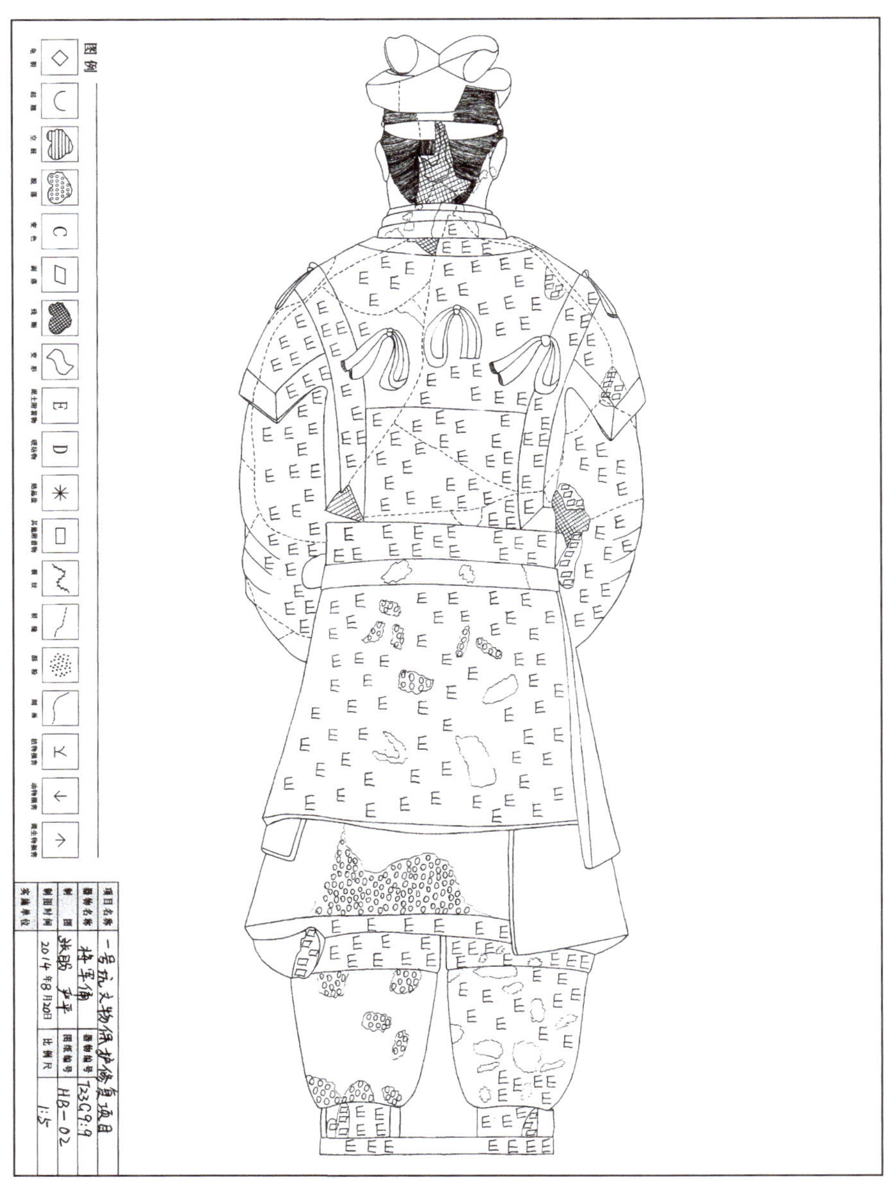
图例
项目名称 一号坑文物保护修复项目
器物名称 将军俑
器物编号 T23G9:9
制图 张盼 尹平
图纸编号 HB-02
制图时间 2014年8月20日
比例尺 1:5
实施单位

## 表Ⅸ　陶俑保存建议

文物名称：将军俑　　　　文物编号：T23G9：9

| 保存环境建议 |
| --- |
| 1. 将陶俑放入相对稳定的温湿度环境条件下［温度（15～25）±5℃、湿度（45%～70%）±5%］，同时监测彩绘陶俑存放环境的变化、彩绘的变化、残断面的变化；<br>2. 防止有害物质污染、避免紫外光线照射；<br>3. 尽量避免人为因素的干扰，尽可能地减少移动；<br>4. 对有彩绘的陶俑制作有机玻璃罩存放；<br>5. 足踏板放入有机玻璃盒内，防止地下水、可溶盐的侵入 |
| **安全稳定性建议** |
| 1. 秦兵马俑体积大、质量重，存放地点及场地要有足够承载其重量的安全性；<br>2. 保管陈列场地地面必须平整，稳固，安全，不易下沉；<br>3. 保持秦兵马俑的力学结构的稳定性，保证陶俑重心平稳垂直放置，防止陶俑局部应力过大导致倾倒等损坏；<br>4. 保管时有一定的防护设施，对陶俑、陶马易受力的部位最好做支护保存，对每件陶马应做可移动的支架存放，附随陶俑的支架不应无故拆除；<br>5. 防震动；<br>6. 定期检查、记录、评估、防护 |

### 10. 保护修复前后对比

保护修复前后对比如图9.28～图9.32所示。

### 11. 归还

经过留观确认后办理相关手续及时归还考古工作部（图9.33）。

图9.28 彩绘回贴前（正面）

图9.29 彩绘回贴加固中（背面）

图9.30 修复后正、背面

图 9.31　修复后左、右侧面

图 9.32　彩绘回贴后局部

一号坑出土陶质彩绘文物（已修复）移交清单

2020-25 号

| 文物名称 | 高级军吏俑 | | 出土编号 | T23G9：9 | 总登记号 | |
|---|---|---|---|---|---|---|
| 时代 | 秦 | | 质地 | 陶 | 数量 | 1 件 |
| 出土时间 | 2012 | 重量 | 270kg | 尺寸(通高) | 192cm | |
| 该俑修复后，已站立，有头，后脑部有缺失、头冠有缺失；左手完整，右手食指缺失；右臂后侧可见一处缺失，背甲左侧可见一处缺失；表面可见多处的剥落和粘接痕迹，具体情况见图片。 | | | | | | |

| 接收方签字 | | | | 移交方签字 | |
|---|---|---|---|---|---|
| 考古部主管领导 | 郭向东 9/11 | 藏品部主管领导 | | 保护部主管领导 | 周萍 9/4 |
| 考古部负责人 | 邵文斌 2020.11.3 | 藏品管理部负责人 | | 文物保护部负责人 | 夏寅 2020.11.3 |
| 一号坑考古队负责人 | 申茂盛 2020.11.3 | | | | |
| 接收人 | 刘春华 | 接收人 | | 移交人 | [illegible] |
| 接收时间 | 2020.11.10. | 接收时间 | | 移交时间 | 2020.11.10 |

2020-11-02

图 9.33　移交清单

## 九、小结

（1）将军俑的保护修复是秦兵马俑保护修复的典型代表之一，将军俑背部腰带花纹清晰明确，实验、评估与回贴工艺紧密结合，较全面地反映了彩绘陶俑保护修复的复杂性及多样性，其重点在于彩绘保护、彩绘土块的回贴加固及粘接。

（2）对从文物胎体完全脱落且附着于土层上的彩绘进行回贴保护时，要先确定准确的位置和坐标，再分步进行彩绘层的加固和回贴工作。如果彩绘层底还有生漆层，要先进行软化，再确定位置、回贴、加固。

（3）以30%PEG200作为漆层回软剂，以Paraloid B72乙酸乙酯溶液作为回贴黏结剂，浓度小于或等于20%。

（4）先小面积彩绘回贴加固，再进行大面积彩绘回贴加固。

（5）回贴后清理时，由于彩绘的脆弱性，既要掌握清理的度，又要避免伤及彩绘及彩绘图案的完整性，达到既清理病害又协调统一。

（6）本次修复在实验的基础上，总结各种材料的优劣性能，选择效能最好的加固剂，运用简单易行的修复工艺，将有生漆底层的彩绘层回贴修复研究向前推进一步，为后续大面积彩绘遗迹的提取及回贴加固工作奠定坚实的基础。

# 案例3　秦代大型陶马的保护修复——以T23G9：C2④左骖马为例

秦代陶马是秦始皇帝陵陪葬坑出土的大型陶质彩绘文物，身长约205cm，高178cm，出土时大多残破、断裂，彩绘几乎脱落殆尽。一号坑第三次考古发掘先后出土陶马残片经过试拼确认为16匹，已保护修复了4匹。陶马残片个体重、胎质厚、数量多、病害分布广、修复难度大，为有效恢复陶马的外观形象及功能结构，及时从考古现场提取陶马残片到修复现场，按照文物保护修复原则和秦兵马俑保护修复流程进行科学保护修复研究，以期为后续的陶马修复提供技术支持。

## 一、保护修复原则

兵马俑的保护修复以“不改变文物原貌”、“最小干预”为原则，采取预防性保护措施，针对陶俑陶马不同病害进行相应的治理，恢复其功能和结构，延长文物寿命。按照《文物保护法》和批复的保护修复方案具体实施。

## 二、修复方法

以传统修复为主，兼顾现代修复方法。

## 三、制作陶马专用修复平台

用无缝钢材制作长3米、宽1.5米、高2.5米带自动升降倒链的支架，将2米×2米的沙盘放入正下方，用于拼对粘接（图9.34）。

## 四、提取照相

（1）提取现状：该陶马出土时整体保存基本完整，有头，但残破严重，共残99块；陶马表面彩绘通体脱落；内侧有明显手指抹纹、绳纹、泥条盘筑及工具敲打痕迹；其中马背两侧、腿部表面可见黑色漆皮和白色、浅紫色彩绘，整体均被泥土附着物和其他附着物覆盖。

（2）提取清单：现场提取时对照考古出土的残片数量记录，双方进行一一确认提

图9.34　陶马修复支架

取（图9.35），由于考古现场兵马俑残片及遗迹位置确认、资料整理等原因，又将残片归还考古队；之后再次提取修复。

**T23G9：C2④号残破陶俑交接清单**

2010-020 号

| | | |
|---|---|---|
| 名　　称：　　左骖马 | | |
| 出土编号：　　T23G9：C2④ | | |
| 年　　代：　　秦代 | | |
| 质　　地：　　陶质 | | |
| 残片数量：　　99 块 | | |
| 出土位置（坐标）： | | |
| 出土时间：　　2010-07-07 | | |
| 表面残存彩绘：　　□是　　□否 | | |
| 记 录 人（考古）： | | |
| 尺寸（厘米）：（每个残片），附表<br>长　　度：　　cm<br>宽　　度：　　cm<br>高度（厚度）：　　cm | | |
| 出土现状描述 | | |
| 该陶马残损严重，出土时压在左服马之下，马头向东，共计 99 块，马腿及前胸下部有零星漆片。<br>马头：残为 21 片。<br>马身：残为 65 片。<br>马腿：残为 11 片。<br>马尾：残为 2 片。<br>零散陶片：13 袋。<br>2010 年 3 月 7 日从考古队提取进行清理；2011 年 5 月 3 日清理完成；2012 年考古队要回进行资料整理；2015 年 4 月 10 日从考古队提取进行修复。 | 附：考古出土记录表 | |
| 发掘方签字 | 接收方签字 | |
| 主管领导 | | |
| 考古部负责人 | | |
| 一号坑考古负责人 | 部门领导 | |
| 经手人 | 经手人 | |

开始登记时间：　　　　接收时间：2015.4.10

图9.35　提取陶俑残片交接清单

（3）陶马残片现状记录清单见表9.12。

表9.12　陶马残片现状记录

<table>
<tr><td>编号</td><td>G9：C2④</td><td>发掘者</td><td>孙秀霞</td><td></td><td>提取日期</td><td>2010年7月22日</td></tr>
<tr><td colspan="2">相对位置</td><td colspan="5">现状照片</td></tr>
<tr><td colspan="2">位于T23探方G9东段；（相邻遗物、遗迹）上下叠压、周边相邻陶俑等情况</td><td colspan="5"></td></tr>
<tr><td colspan="2">描述</td><td colspan="5">位置图</td></tr>
<tr><td colspan="2">位于T23探方G9东段；南侧倾倒在车迹之上；北侧压在G9：C③左骖马之下</td><td colspan="5"></td></tr>
</table>

<table>
<tr><td rowspan="2">编号</td><td rowspan="2">部位</td><td colspan="3">尺寸（cm）</td><td rowspan="2">描述</td></tr>
<tr><td>长</td><td>宽</td><td>厚</td></tr>
<tr><td>1</td><td>马尾</td><td>42</td><td>8</td><td></td><td>呈圆柱形，长42cm，直径8cm</td></tr>
<tr><td>2</td><td>马腹</td><td>19</td><td>13.5</td><td></td><td>呈不规则三角形，内壁手指抹痕</td></tr>
<tr><td>3</td><td>马背</td><td>31</td><td>11</td><td></td><td>呈不规则多边形，内壁手指抹痕</td></tr>
<tr><td>4</td><td>马腹</td><td>10</td><td>10</td><td></td><td>呈不规则四边形，内壁手指抹痕</td></tr>
<tr><td>5</td><td>马腹</td><td>14</td><td>6.5</td><td></td><td>呈长方形</td></tr>
<tr><td>6</td><td>马背</td><td>13</td><td>6</td><td></td><td>呈多边形</td></tr>
<tr><td>7</td><td>马背</td><td>8</td><td>6</td><td></td><td>与6相连，呈不规则多边形</td></tr>
<tr><td>8</td><td>马腹</td><td>23</td><td>12</td><td></td><td>与5相连，呈多边形，内壁手指抹痕</td></tr>
<tr><td>9</td><td>马腹</td><td>11</td><td>9</td><td></td><td>与4相连，不规则多边形，内壁手指抹痕</td></tr>
<tr><td>10</td><td>马腹</td><td>17</td><td>15</td><td></td><td>不规则多边形，内壁手指摁痕</td></tr>
</table>

续表

| 编号 | 部位 | 尺寸（cm） | | | 描述 |
|---|---|---|---|---|---|
| | | 长 | 宽 | 厚 | |
| 11 | 马臀 | 57 | 28 | | 不规则多边形，内壁手指摁痕，泥条盘筑 |
| 12 | 陶块 | 21 | 15 | | 不规则多边形，内壁手指摁痕 |
| 13 | 马腹 | 31 | 23 | | 不规则多边形，内壁手指摁痕 |
| 14 | 马腹 | 29 | 21 | | 不规则四边形，内壁手指摁痕 |
| 15 | 马腹 | 24 | 18 | | 不规则多边形，内壁泥条盘筑 |
| 16 | 马尾 | 11 | 9 | | 圆柱形，直径9cm，长11cm |
| 17 | 马臀 | 27.5 | 18 | | 不规则多边形，内壁手指摁痕，捶窝，带部分尾部接口 |
| 18 | 马脖 | 22 | 20 | | 不规则多边形，内壁手指摁痕，竖向绳纹，厚5～12cm |
| 19 | 马鬃 | 11 | 6 | | 不规则多边形，表面略有弧度 |
| 20 | 马腹 | 10.5 | 10 | | 不规则多边形 |
| 21 | 马腹 | 17 | 9 | | 不规则多边形，内壁手指抹痕，泥条盘筑 |
| 22 | 马腹 | 40 | | 25.5 | 不规则多边形，内壁手指摁痕，泥条盘筑，竖向绳纹 |
| 23 | 马腹 | 10.5 | | 9 | 不规则三角形 |
| 24 | 马背 | 37 | | 27 | 呈长方形，内壁手指抹痕，泥条盘筑 |
| 25 | 陶块 | 35 | | 15 | 不规则多边形，内壁手指抹痕，竖向绳纹 |
| 26 | 陶块 | 17.5 | | 4 | 呈条状 |
| 27 | 马脖 | 16 | | 11 | 不规则多边形，内壁手指抹痕 |
| 28 | 陶块 | 16 | | 7 | 不规则多边形，内壁手指抹痕 |
| 29 | 陶块 | 9 | | 6 | 不规则多边形 |
| 30 | 马脖 | 20 | | 12 | 不规则多边形，内壁手指抹痕，带部分马鬃，厚11cm |
| 31 | 马脖 | 21 | | 13 | 不规则多边形，内壁手指摁痕，二次覆泥 |
| 32 | 马脖 | 23 | | 16.5 | 不规则多边形，内壁手指抹痕，带部分马鬃 |
| 33 | 马头 | 17.5 | | 16 | 不规则多边形，内壁手指抹痕，手指摁痕 |
| 34 | 马脖 | 28 | | 23 | 不规则多边形，内壁手指抹痕，手指摁痕，带部分马鬃 |
| 35 | 陶块 | 12.5 | | 7 | 不规则多边形 |
| 36 | 马脖 | 29 | | 15.5 | 不规则多边形，内壁泥条盘筑 |

续表

| 编号 | 部位 | 尺寸（cm） | | | 描述 |
|---|---|---|---|---|---|
| | | 长 | 宽 | 厚 | |
| 37 | 马右腮帮 | 30 | | 19 | 不规则多边形，内壁手指抹痕，厚8cm |
| 38 | 马头 | 16 | | 10.5 | 不规则多边形，内壁手指抹痕 |
| 39 | 陶块 | 12 | | 9 | 不规则多边形 |
| 40 | 马头 | 21 | | 14 | 不规则多边形，内二次覆泥 |
| 41 | 马头 | 26 | | 15 | 不规则多边形，内壁手指抹痕 |
| 42 | 马头 | 14 | | 12 | 不规则多边形，内壁手指抹痕，42～45相连 |
| 43 | 马右眼 | 18.5 | | 16.5 | 不规则多边形，内壁手指抹痕，厚6cm |
| 44 | 马左眼 | 15.5 | 15 | | 不规则多边形，内壁手指抹痕，厚6cm |
| 45 | 马头 | 17 | 12 | | 不规则梯形，内壁泥条盘筑，厚8.5cm |
| 46 | 马蹄 | 48 | 13 | | 呈圆柱形，表面少量黑褐色漆皮，长48cm，直径12.5～13cm |
| 47 | 下巴 | 14 | 11.5 | | 呈长方形，内有零星白色彩绘，下颚带舌头 |
| 48 | 马头 | 15 | 9.5 | | 脸颊部含部分嘴，不规则多边形，内二次覆泥痕迹 |
| 49 | 陶块 | 8.5 | 7 | | 不规则三角形 |
| 50 | 马脖 | 23.5 | 10.5 | | 不规则多边形，内壁手指抹痕 |
| 51 | 马脖 | 22 | 14.5 | | 不规则多边形，内壁手指抹痕 |
| 52 | 马鼻 | 18.5 | 12.5 | | 上颚带马鼻，鼻孔内及上颚有少量白色彩绘 |
| 53 | 马脖 | 25 | 11 | | 不规则长方形，内壁手指抹痕，厚7cm |
| 54 | 马脖 | 21 | 19 | | 与53相连 |
| 55 | 腹部 | 25 | 13.5 | | 残片，呈三角形，有弧度，内壁手指摁痕、手指抹痕，泥条盘筑 |
| 56 | 马背 | 26 | 16 | | 残片，不规则多边形，内壁泥条盘筑 |
| 57 | 马背 | 18 | 13 | | 残片，不规则多边形，内壁泥条盘筑 |
| 58 | 马背 | 31 | 22 | | 不规则多边形，内壁手指抹痕 |
| 59 | 马背 | 24 | 22.5 | | 与58相连，不规则多边形，内壁手指抹痕 |
| 60 | 马腹 | 18 | 10 | | 不规则多边形，内壁竖向绳纹 |
| 61 | 陶块 | 6 | 5 | | 不规则长方形 |
| 62 | 马腹 | 27 | 16 | | 不规则多边形，内壁细绳纹，二次覆泥 |
| 63 | 马腹 | 24 | 13 | | 不规则多边形，内壁手指摁痕 |

续表

| 编号 | 部位 | 尺寸（cm） | | | 描述 |
|---|---|---|---|---|---|
| | | 长 | 宽 | 厚 | |
| 64 | 马腹 | 39 | 38 | | 不规则多边形，内壁手指摁痕、泥条盘筑、手指抹痕 |
| 65 | 马背 | 28 | 19 | | 不规则多边形，内壁手指抹痕，厚11cm |
| 66 | 马腿根 | 30 | 18 | 24 | 不规则多边形，内壁手指抹痕、竖向绳纹（粗） |
| 67 | 左腿前腔 | 58 | 57 | | 不规则多边形，内壁手指抹痕、竖向绳纹（粗） |
| 68 | 马背 | 49 | 38 | | 不规则多边形，内壁手指抹痕、手指摁痕 |
| 69 | 马腿 | 22 | 9.5 | | 呈圆柱形 |
| 70 | 陶块 | 8 | 5 | | 不规则多边形 |
| 71 | 马腿根 | 41 | 12 | 19 | 不规则多边形，呈圆锥形，内竖向绳纹（粗） |
| 72 | 马臀 | 61 | 38 | 18 | 不规则多边形，有弧度，内壁竖向绳纹、手指抹痕，腿跟直径16cm |
| 73 | 马脖 | 9 | 8 | | 不规则多边形 |
| 74 | 马腿 | 35 | 16 | | 呈圆锥形，长35cm，直径8～16cm |
| 75 | 马蹄 | 27 | 13 | | 与74相连，呈圆锥形，蹄下绳纹，长27cm，直径8～13cm |
| 76 | 马腿 | 19 | 20 | | 与72相连，表面零星黑色漆皮，呈圆锥形，长19cm，直径13～20cm |
| 77 | 陶块 | 18 | 11 | | 不规则多边形，二次覆泥 |
| 78 | 马腹 | 82 | 57 | | 不规则长方形，有弧度 |
| 79 | 马腿 | 34 | 16 | | 呈圆柱形，表面零星黑色漆皮，长34cm，直径9.5～16cm |
| 80 | 马腿 | 18 | 12 | | 与79相连，不规则形，表面弧度，内壁手指抹痕 |
| 81 | 陶块 | 13 | 8 | | 不规则多边形，内壁手指抹痕 |
| 82 | 陶块 | 14 | 11 | | 不规则长方形，内壁二次覆泥 |
| 83 | 马脖 | 19 | 12 | | 带部分马脖，不规则长方形，内壁手指抹痕 |
| 84 | 马分鬃 | 9 | 6 | | 圆柱形，略弯曲，长9cm，直径6cm |
| 85 | 陶块 | 8 | 5 | | 不规则形状 |
| 86 | 陶块 | 8 | 6 | | 不规则形状 |
| 87 | 马左耳 | 19 | 7 | | 呈圆锥形，马耳内有零星淡粉色，根部有焊泥痕迹 |
| 88 | 马腹 | 43 | 23 | | 不规则三角形，内壁手指抹痕 |

续表

| 编号 | 部位 | 尺寸（cm） | | | 描述 |
|---|---|---|---|---|---|
| | | 长 | 宽 | 厚 | |
| 89 | 马鬃 | 7 | 4.5 | | 不规则长方形 |
| 90 | 马鬃 | 7 | 4 | | 与89相连，不规则长方形 |
| 91 | 马鬃 | 16 | 6 | 4.5 | 不规则多边形 |
| 92 | 马鬃 | 5 | 5 | 5 | 呈三角形，与91相连 |
| 93 | 马腿 | 23 | 7 | 11.5 | 呈圆柱形，关节至小腿 |
| 94 | 陶块 | 11 | 7 | | 不规则形，内壁泥条盘筑 |
| 95 | 马腿 | 15 | 7 | | 小腿残块，直径7cm |
| 96 | 马蹄 | 13 | 8 | 13 | 左侧，呈圆柱形，上窄下宽，蹄下有细绳纹（竖向） |
| 97 | 马蹄 | 13 | 8.5 | 13 | 右侧，呈圆柱形，上窄下宽，蹄下有细绳纹（横向） |
| 98 | 马腹 | 58 | 23 | | 与68相连，呈不规则形状，内壁竖向绳纹，手指抹痕 |
| 99 | 马腹 | 50 | 18 | | 与98、68相连，不规则形状，内竖向绳纹，手指抹痕 |

（4）复核残片数量：由于陶马的残片数量多，提取时以考古队现场提供的数量为准，但能否恢复陶马的功能和结构，还需要进行拼对确认。经过试拼，发现局部承重部位缺失多处，后经与考古人员在出土现场清理寻找，又在原陶马出土的周围俑群及遗迹下面发现15块小残片，双方最终确认残片总数量为114块。

（5）现场拼对：将提取的残片按照陶马的形状试拼，并确认其完残程度（图9.36）。

（6）照相：将陶马残片整体摆放在现场修复台上进行照相记录，每一块残片单独照相，用镜头来记录残片上遗留下来的所有信息（图9.37）。

图9.36 现场拼对

图9.37 提取现状图

## 五、病害调查及种类

从现场残片的现状和表面观察看，病害最多的是彩绘脱落（占比95%；残留的彩绘很少，占比5%），断裂（占比90%），泥土附着物及其他附着物（占比100%），硬结物（占比10%），裂纹、裂隙（占比10%），结晶盐、植物、动物、微生物病害相对较少。从出土的位置分析，一匹马倾倒于另一匹马侧身，是否是人为破坏还有待进一步研究。各部位彩绘残留的情况如表9.13所示。

**表9.13　彩绘残留部位记录**

| 马头 | | | | 马颈 | | 躯干 | | | | 四肢 | | 马尾 | | |
|---|---|---|---|---|---|---|---|---|---|---|---|---|---|---|
| 耳朵 | 口唇 | 脸 | 鼻孔 | 鬃毛 | 颈部 | 胸 | 背 | 腹 | 臀 | 马腿 | 马蹄 | 尾根 | 尾巴 | 尾结 |
| — | 零星白色彩绘 | — | 白色彩绘 | — | — | 黑色 | 两侧有黑色漆皮 | 黑色 | 黑色 | 两侧有浅紫色彩绘 | — | — | — | 黑色 |

## 六、修复现场环境

由于一号坑遗址大厅是钢木结构的大棚，冬天较冷，夏天较热，日温差较大，修复区域小环境现状调查如表9.14所示，现场比较适宜的修复环境是4～10月。

**表9.14　现场修复环境调查表**

<table>
<tr><td rowspan="10">保存环境具体情况</td><td>建筑类型</td><td colspan="2">框架结构</td><td>楼层</td><td>一层</td><td>光源</td><td>日光散射</td></tr>
<tr><td>陈列展示</td><td colspan="6">□长期 □短期 □从未 √不能使用</td></tr>
<tr><td>湿度控制系统</td><td colspan="6">□有 √无 □连续 □不连续 □其他</td></tr>
<tr><td>温度控制系统</td><td colspan="6">□有 √无 □连续 □不连续 □其他</td></tr>
<tr><td>空气净化装置</td><td colspan="6">□有 √无 □连续 □不连续 □其他</td></tr>
<tr><td rowspan="2">出土环境</td><td>年均温度</td><td>15℃</td><td>最高温度</td><td>41℃</td><td>最低温度</td><td>−1℃</td></tr>
<tr><td>年均相对湿度</td><td>38%</td><td>最高相对湿度</td><td>86%</td><td>最低相对湿度</td><td>14%</td></tr>
<tr><td colspan="2">日温差>5℃的天数</td><td colspan="5">约160天/年</td></tr>
<tr><td colspan="2">日湿差>10%的天数</td><td colspan="5">约80天/年</td></tr>
<tr><td colspan="2">小环境空气有害因素</td><td colspan="5">颗粒物、灰尘、有害气体、霉菌孢子</td></tr>
</table>

## 七、检测分析

### 1. 超声波检测

数据见档案分析检测。从测量的数据分析，陶胎整体比较致密，马体表面光滑，五官部位声波振幅较大，这与马的制作及烧成温度有关。

### 2. 彩绘分析

经过检测分析，局部残留的彩绘为以下物质。

白色，[ 方解石（$CaCO_3$）、铅白$PbCO_3 \cdot Pb(OH)_2$、骨白$Ca_5(PO_4)_3OH$、高岭土$Al_2O_3$-2$SiO_2$-2$H_2O$重晶石$CaSO_4$ ]；

黑色：[ 碳黑（C）、磁铁矿（$Fe_3O_4$）]；

紫色：[ 中国紫（$BaCuSi_2O_6$）]。

### 3. 加固铝片材性分析

目的：测定铝片抗拉强度与断后伸长率；仪器：ZWICK z050材料实验机。

流程：将试样原料打磨成厚度为0.7mm、宽度为10.27mm、长度为30.00mm的铝片试样。将试样安装在实验机夹头中进行预紧，开动实验机，使试样受到缓慢匀速增加的拉力，直至拉断，见图9.38，并利用实验机自动绘图装置绘出材料拉伸图及荷载位移曲线（图9.39）。

试样安装

实验拉伸现象

实验后构件图

图9.38　铝片拉力实验

结果分析如下。

1）实验现象

当拉力较小时，试样伸长量与力成正比增加，当拉力超过$Fp$后曲线由直线变成曲线，进入屈服阶段；屈服阶段过后虽然变形继续增大，力也随之增加，即进入强化阶段；继续加载直至试样拉断。

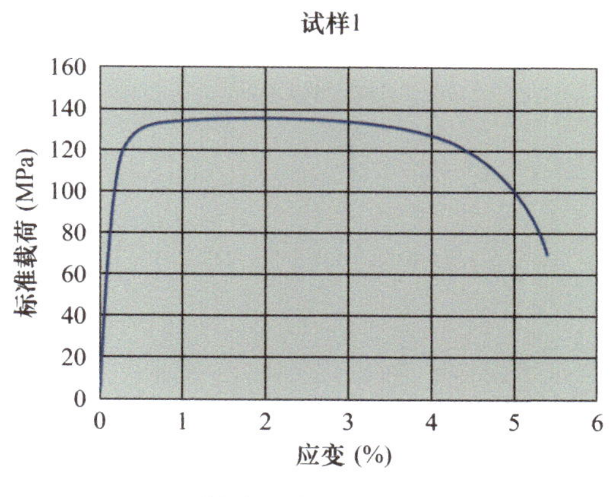


试样1标准荷载应变曲线

试样2

标准载荷 (MPa)

应变 (%)

试样2标准荷载应变曲线

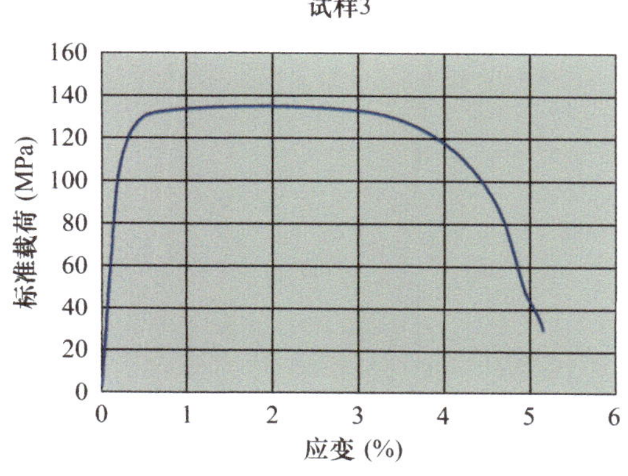


试样3标准荷载应变曲线

图9.39　试样荷载应变曲线

2）数据分析

根据实验数据，排除损坏构件4、5，取编号1、2、3的试样结果进行分析，见表9.15、图9.40。厚度平均值为0.7mm，宽度平均值为10.27mm，长度平均值为30.00mm。经过实验，平均弹性模量为59.33GPa，拉伸强度$R_m$平均值134.67MPa，屈服强度$R_{p0.2}$平均值126.67MPa，平均伸长率为5.27%。试样断裂面呈现斜线形状。

表9.15　实验数据结果

| Nr | 作业编号 | 试样标识符 | 日期 | $a_0$（mm） | $b_0$（mm） | $L_0$（mm） | $E$（GPa） | $F_m$（kN） | $R_m$（MPa） | $R_{p0.2}$（MPa） | $A$（%） |
|---|---|---|---|---|---|---|---|---|---|---|---|
| 19 | 231207-1 | 1 | 2023-12-07 | 0.7 | 10.32 | 30.00 | 64 | 0.98 | 135 | 127 | 5.3 |
| 20 | | 2 | 2023-12-07 | 0.7 | 10.25 | 30.00 | 55 | 0.96 | 134 | 126 | 5.4 |
| 21 | | 3 | 2023-12-07 | 0.7 | 10.24 | 30.00 | 59 | 0.97 | 135 | 127 | 5.1 |
| 22 | | 4 | 2023-12-07 | 0.7 | 8.48 | 30.00 | 69 | 0.81 | 136 | 130 | 1.0 |
| 23 | | 1-1 | 2023-12-07 | 1.42 | 10.38 | 30.00 | 5 | 1.08 | 73 | 70 | 5.5 |

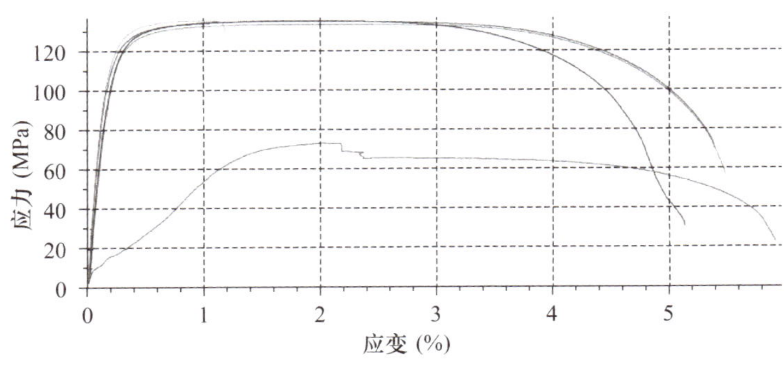


图 9.40　试样荷载应变曲线

3）分析结果

数据分析表明，在自重状态下，铝片结构对马的腔体内部起到了良好的支撑作用，其承载能力能够满足支撑马背部陶片重量的需要，保证了修复后陶马的结构安全，同时防止结构由于自重与徐变等因素导致二次破坏。

## 八、清理（清洗）

陶马残片的清理相对较难，尤其是硬结物的清理。2010 年 3 月 10 日开始清理至 2011 年 5 月 3 日清理完成。陶马的残片多，清理人数 6 人，清理前在马的腹部残片上做清理试验块，以此为样本进行清理。以物理清理为主，对泥土附着物或其他附着物用手术刀或竹签清理，对于躯干残断面上的硬结物采用 15%～20% 的柠檬酸、螯合剂（EDTA）、双氧水等溶液点滴法到硬结物表面进行络合反应，最后用手术刀清理干净。对于马腿残断面上的土垢用乙醇或乙酸乙酯敷护法清理，大块残片用蒸气清洗机清洗；对其他病害的清理与陶俑的清理方法相同。

## 九、局部彩绘加固

陶马的彩绘残留很少，仅 5% 的彩绘留存于身体的局部和头部的凹凸不平处，95% 的彩绘脱落。保护时先保湿再加固，加固的方法和流程如下：

30%PEG200＋3%MC76/AC33＋67% 去离子水，2～3 天；

5%MC76/AC33，2～3 天；

10%MC76/AC33，2～3 天；

加固完后用保鲜膜包裹好，慢慢地适应环境。

## 一〇、拼对粘接

### 1. 粘接前准备

先对残断面进行加固，采用3%（800mL）、5%B72的乙酸乙酯溶液（500mL）、10%B72（380mL）梯度式三次间隔24小时涂刷。

### 2. 拼对

拼对工作在沙盘里进行，步骤如下：马臀→腰部→背部→腹部→胸部→颈部→头部→马腿。每一步都要固定，拼对到腔体时内侧要有支撑体，外侧用紧固带固定；对于重要的部位和承重的部位缺失时，暂时停下来，在考古现场寻找残片。整体拼对完之后再进行粘接（图9.41）。

马头拼对

马身拼对

图9.41 陶马拼对

### 3. 粘接

粘接是陶马修复最难最重要的步骤之一。

第一步，将拼对好的马臀部残片涂环氧树脂胶，晾置3分钟，按照已标识的部位残断面进行粘接并用紧固带固定、校正残断面，之后将马后大腿及腰部的残片拼对，用紧固带固定。

第二步，将马后大腿及腰部的陶片取下来涂胶，晾置2～3分钟粘接，用紧固带固定。

第三步，粘接背部及腹部陶片。粘接方法同上。

第四步，在已粘接的马臀及腹部腔体内侧进行“棉布条＋铝皮”支撑加固，方法为：陶马内壁粘贴棉布2层，用铝皮做支撑架，棉麻布条直接粘贴在内壁的胎体上，铝皮支撑架粘贴于棉布层上，与棉麻布层粘接固定；使用的尺寸及粘接剂数量如下：

第一次，陶马臀部内壁粘贴“麻布”6条，23cm×40cm，共使用粘接剂400g；

第二次，陶马腹部内壁粘贴“麻布”7张，粘接剂300g；

15cm×24cm/条，28cm×30cm/条，24cm×27cm/条，28cm×25cm/条

25cm×29cm/条，28cm×23cm/条，17cm×23cm/条；

第五步，继续粘接胸部陶片，在腔体内侧进行“棉布条＋铝皮”加固，陶马内壁“支撑架”，使用铝片；第一条：长135cm；第二条：长140cm；第三条：长133cm，总宽：4cm；上为三圈长度；竖长：100cm×4条，厚：1mm；内壁“铝圈”使用粘接剂200g＋陶粉300g。

第六步，粘接马的颈部，粘接方法同上。

第七步，粘接马的头部，粘接方法同上。

第八步，粘接马的腿部，腿部为最后粘接，将马身体用修复支架倒链吊起整个悬于空中，前后腿分两次粘接，调整残断面位置，对齐并松动吊链由马身体施加重力进行粘接固定。

最后粘接马的颈部和头部（图9.42、表9.16）。

**表9.16　陶马粘接明细表**

<table>
<tr><th>时间</th><th>天数</th><th colspan="3">环氧树脂（6101）与聚酰胺低分子650配比（3∶2）</th><th colspan="2">B72</th><th>麻布</th><th>铝皮</th></tr>
<tr><td rowspan="2">2015.4.9～2015.11</td><td rowspan="2">240天</td><td rowspan="2">2708g＋1565g</td><td>茬口＋陶粉＋细沙</td><td>1708g＋1145g＋110g</td><td>5%</td><td>2950mL</td><td rowspan="2">13条</td><td rowspan="2">3圈4条</td></tr>
<tr><td>内壁＋陶粉＋细沙</td><td>1000g＋420g＋90g</td><td>10%</td><td>1400mL</td></tr>
</table>

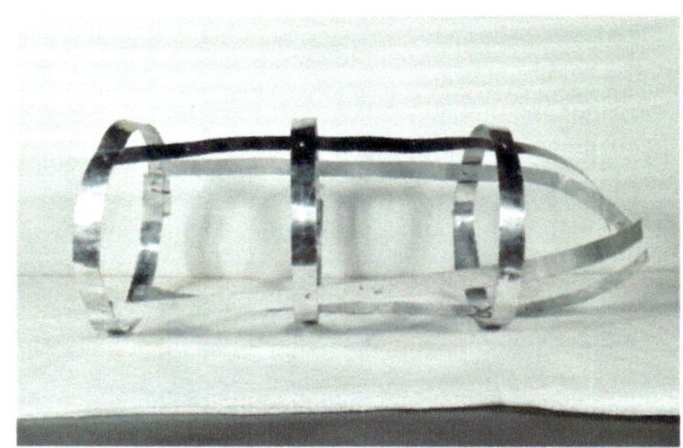

（a）支撑架

（b）内壁贴布搭桥

（c）贴布

（d）支架固定

（e）马头粘接

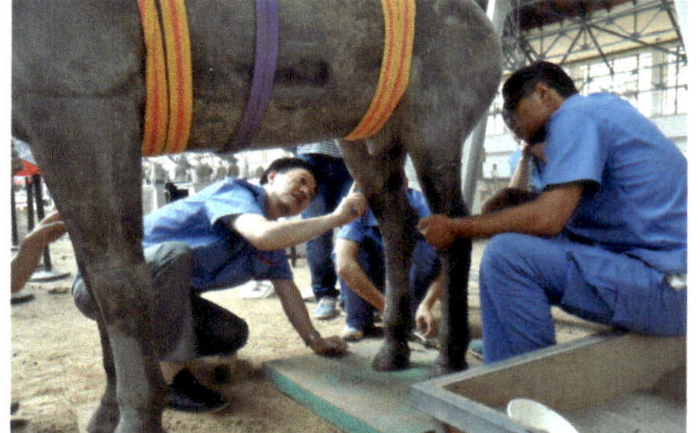

（f）马腿粘接

图9.42　陶马粘接

## 一一、补全

由于后腿部残断面缺失局部，影响整体站立的力学稳定性，故进行补全。方法为环氧胶加灰陶粉加细沙补配、修整、打磨、做旧。用胶量：100g，陶粉100g，细沙15g。

## 一二、绘图

绘制残破图和病害图，秦兵马俑的绘图全部为手工绘图，需细致、精确（图9.43）。

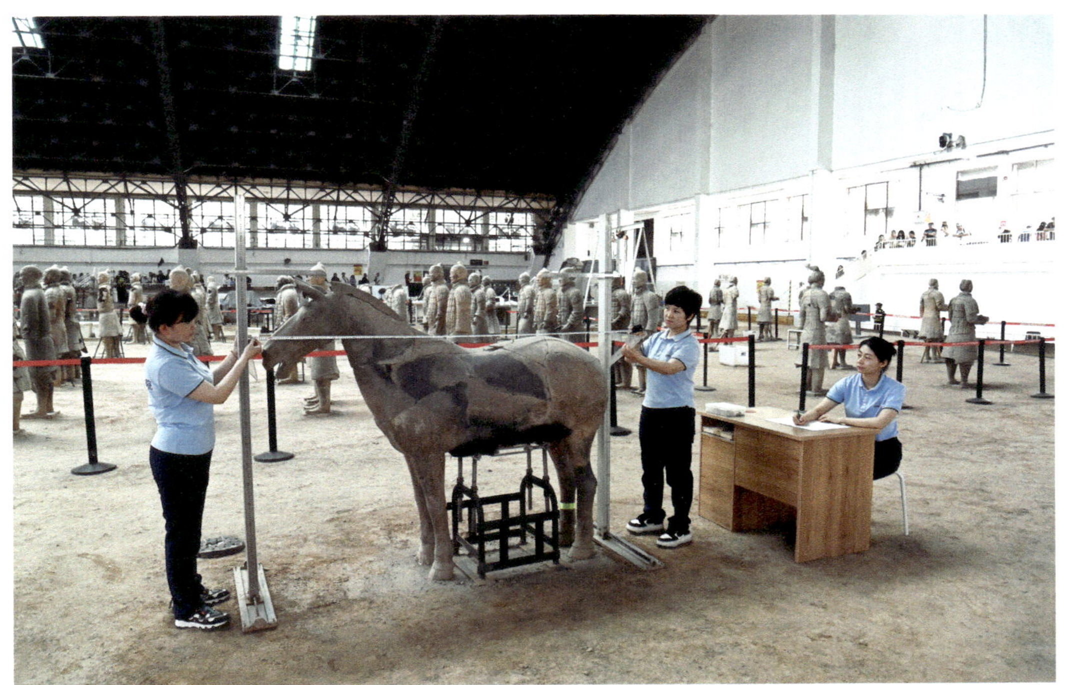

图9.43　陶马绘图工作照

## 一三、建立保护修复档案

按照《陶质彩绘文物保护修复档案记录规范》（WW/T 0023—2010）填写。

# 陶质彩绘文物保护修复档案

**文物名称：** 左 骖 马

**文物编号：** T23G9：C2④

2015年8月14日

中华人民共和国国家文物局制

## 表Ⅰ 文物基本信息表

| | | | |
|---|---|---|---|
| 文物名称 | 左骖马 | | |
| 收藏单位 | 秦始皇兵马俑博物馆 | 文物编号 | T23G9：C2④ |
| 来源 | 秦兵马俑一号坑 | 年代 | 秦 |
| 尺寸 | 总长：206cm；臀宽：50cm；腹宽：60cm；胸部宽：48cm；高（头部到地面）：178cm，背部到地面：124cm；臀部到地面：129cm | 质量 | 332kg |
| 质地 | 陶质 | 级别 | 一级 |
| 照片 |  | | |
| 工艺 | 雕塑为主，模塑结合，分段制作，组装固定，入窑焙烧，出窑彩绘 | | |
| 文物描述 | 该马提取时共残114块，基本保存完整，单耳，其中有一耳缺失，耳部内有红色及白色彩绘少量。颈部中有一陶片为鬃毛，有中分线，鬃毛清晰可见；躯干由背部、肩甲、腹部、臀部四部分组成；腿部陶纹均为黑色，可见部分黑色漆皮脱落严重。马尾尾梢打结，尾梢可见黑色漆皮。整体被泥土附着物覆盖 | | |
| 备注 | | | |

## 表Ⅱ　方案设计及保护修复单位信息记录表

文物名称：左骖马　　　　文物编号：T23G9：C2④

<table>
<tr><td>方案名称和编号</td><td colspan="5">秦兵马俑一号坑新出土兵马俑保护修复项目</td></tr>
<tr><td>批准单位及时间</td><td colspan="3">国家文物局（2011年3月29日）</td><td>批准文号</td><td>（2011）372号</td></tr>
<tr><td rowspan="4">方案设计单位</td><td>名　称</td><td colspan="4">陶质彩绘文物保护国家文物局重点科研基地（秦始皇兵马俑博物馆）</td></tr>
<tr><td>单位所在地</td><td colspan="4">西安临潼</td></tr>
<tr><td>通讯地址</td><td colspan="2">陕西省西安市临潼区秦始皇兵马俑博物馆</td><td>邮　编</td><td>710600</td></tr>
<tr><td>资质证书</td><td colspan="2">甲级</td><td>代　码</td><td>6104-2088</td></tr>
<tr><td rowspan="6">保护修复单位</td><td>名　称</td><td colspan="4">陶质彩绘文物保护国家文物局重点科研基地（秦始皇兵马俑博物馆）</td></tr>
<tr><td>单位所在地</td><td colspan="4">西安临潼</td></tr>
<tr><td>通讯地址</td><td colspan="2">陕西省西安市临潼区秦始皇兵马俑博物馆</td><td>邮　编</td><td>710600</td></tr>
<tr><td>资质证书</td><td colspan="2">一级</td><td>代　码</td><td>6104-2088</td></tr>
<tr><td>提取日期</td><td>2013-07-01</td><td>提取经办人</td><td colspan="2">兰德省　王东峰</td></tr>
<tr><td>返还日期</td><td></td><td>返还经办人</td><td colspan="2"></td></tr>
</table>

## 表Ⅲ　文物保存现状表

文物名称：左骖马　　　　文物编号：T23G9：C2④

| 文物保存环境 | 秦兵马俑一号坑修复现场 |
|---|---|
| 历次保护修复情况 | 无 |
| 病害描述 | 该马提取时共残114片，基本保存完整，马腹部有一方形的木棍支撑痕迹；<br><br>马头残破严重，共残32片，马眼有红色彩绘保留，马鼻局部内贴彩绘，呈白色和绿色；<br>马身残破严重，共残68片，马蹄内侧有明显的手指抹痕和泥条盘筑痕迹；<br>马腿连接马蹄，共残12片；<br>马尾完整2片，尺寸42cm×8cm；<br>试拼得出该陶马马身最大厚度12cm，最小3.9cm，马腔最大直径54.7cm，周长172cm；<br>残片整体均被泥土附着物覆盖 |
| 影像资料 |  |
| 备　　注 | |

## 表Ⅳ　文物保护修复过程记录表

综述（材料、工艺步骤及操作条件，附影像资料）

1. 提取：从考古现场提取残破陶马于修复区进行保护修复；

2. 拼对：修复前将残破陶片进行试拼，拼对时按照自下而上的顺序进行，依据“取大优先”原则，按残片大小、部位、形状、茬口、颜色确认互拼，编号记录；

3. 照相：修复前对陶马的残破部位、局部残破部位以及整体残破块照相；对修复中的各种迹象及修复后整体照相；

4. 保存现状记录：对陶马残破情况进行现状描述和病害描述，用文字和照片记录陶马的各种信息，包括残片大小、形状、彩绘颜色、部位、厚度等，对制作痕迹、陶文、刻痕或数字等用照片和拓片进行记录；

5. 清理：先用去离子水润湿，等待半干半湿状态下时用竹签、棉签清理表面；茬口用手术刀清理；

彩绘的清理：用脱脂棉湿敷彩绘表面的泥土附着物或其他附着物，等待半干半湿状态下时，在放大镜下用竹签及手术刀清理；

6. 加固：对于酥松的陶胎的加固采用（3%～10%）B72乙酸乙酯溶液梯度式渗透加固，对于彩绘表面用水溶性（3%～5%）MC76保护剂均匀涂刷加固；

对于有漆底层的彩绘：用30%PEG200＋3%MC76（2～3天），60%PEG200＋5%MC76（2～3天），80%PEG200（2天）；观察1天；

7. 粘接：在陶片的残断面分别涂3%～5%的Paraloid B72乙酸乙酯溶液进行可再处理层，用改性的环氧树脂与聚酰胺树脂（3∶2）粘接剂进行粘接；

8. 绘图：绘制前、后、左、右四个面的残破图和病害图，对彩绘花纹和部分制作痕迹分别绘制专题图；

9. 档案制作：填写保护修复档案，观察、记录修复后陶俑及彩绘颜色的变化以及环境对彩绘陶马的影响；

10. 归位：修复完成后，按出土位置和坐标将彩绘陶俑放回原出土地，进行陈列展示；

11. 保存环境建议：建议放入相对稳定的温湿度环境下［温度（15～25）±5℃、湿度（45%～70%）±5%］，防止灰尘污染、避免紫外光照射；建议将有彩绘的陶马放入有机玻璃罩内；防止地下水的侵入

<table>
<tr><td rowspan="6">修复对比照片</td><td colspan="5">修复前照片</td></tr>
<tr><td colspan="5"> </td></tr>
<tr><td colspan="5">修复中照片</td></tr>
<tr><td colspan="5">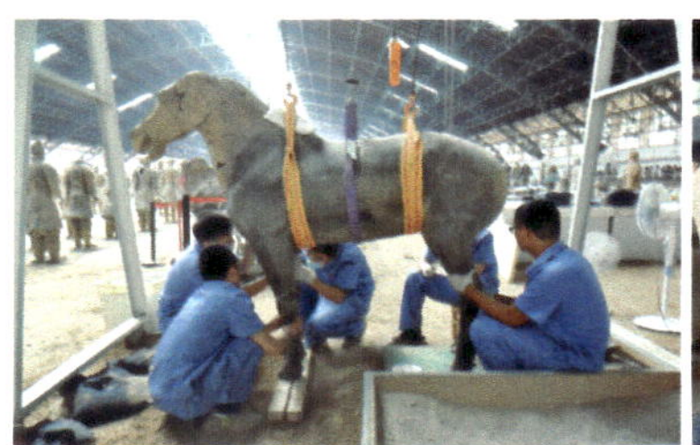  </td></tr>
<tr><td colspan="5">修复后照片</td></tr>
<tr><td colspan="5"> </td></tr>
<tr><td>项目负责人（执行人）</td><td>兰德省</td><td>保护修复人员</td><td colspan="3">兰德省、王东峰、兰翔、杨秦雄、王驰、安乐、和小娣、段光辉、刘媛、焦佳伟、王响等</td></tr>
<tr><td>完成日期</td><td>2015-08-12</td><td>审核</td><td colspan="3">兰德省</td></tr>
<tr><td colspan="6">日　　志</td></tr>
<tr><td>文物名称和编号</td><td>T23G9：C2④<br>左骖马</td><td>保护修复人员</td><td>兰德省、王东峰、兰翔、杨秦雄、王驰、安乐、和小娣、段光辉、刘媛、焦佳伟、王响等</td><td>日期</td><td>2015-04-09<br>至<br>2015-08-12</td></tr>
</table>

名称：左骖马

出土编号：T23G9：C2④

修复时间：2015-04-09至2015-08-12

用胶量：环氧树脂与聚酰胺树脂配比，2708g

Paraloid（B72）乙酸乙酯溶液用量：涂刷5%B72 295mL、10%B72 140mL

表面遗存彩绘方法：在粘接过程中，为了防止彩绘受损，我们采取了保鲜膜封护法进行防护

拼对

2015年4月：

9日，开始提取该马陶片，进行清理及照相，至4月20日清理完成。总重：332kg；

21日，残片清理后照相；做陶马制作工艺描述；

22日，涂刷5%B72（295mL）；

23日，陶片超声波测试中；

24日，陶片进行整体封存；

2015年5月：

19日，开始对该马陶片整体粘接前试拼，臀部到腰部试拼完成；

21日，该马陶片整体试拼完成；暂共计陶片114片；涂刷10%B72（140mL）；粘接小陶片共计27片，使用环氧树脂与聚酰胺树脂配比（以下简称：环氧）使用环氧10g；

22日，臀部陶片粘接5片，其他陶片粘接10片，共使用环氧50g；

25日，臀部陶片粘接12片，其中一马大腿有裂缝，进行敲击，发现内茬口上有泥土渗入，清理后，再进行粘接，共使用环氧90g；

26日，马臀部因粘接后有错位，将原茬口加热敲击，清除环氧，重新涂刷B72 30mL，再进行粘接，陶片共3片，使用环氧100g、灰陶粉30g；粘接马腿4片，腰部陶片4片，共使用环氧5g；

27日，马头陶片粘接3片，共使用环氧10g；陶马下腰部粘接陶片8片，马大腿内注胶，环氧30g、陶粉40g；陶片粘接使用环氧150g、陶粉70g，小陶片1片；

28日，陶马臀部内壁粘贴“麻布”6条，23cm×40cm，共使用环氧400g；马腹部粘接陶片2片，使用环氧20g；马头部粘接陶片3片，使用环氧30g；陶马后右腿粘接陶片2片，使用牙科石膏固定，使用环氧3g；

29日，做陶马内壁支撑架，使用铝皮“1+6”条；第一条长135cm，第二条长140cm，第三条长133cm，总宽4cm，上为三圈长度，竖长100cm×4条，厚1mm；

（附加见下页）

2015年6月：

1日，陶马腹部安装铝皮、支撑架，最下层粘贴固定，使用环氧100g、陶粉120g，大腿外处茬口注胶，使用环氧160g、陶粉15g，马头粘接陶片8片，使用环氧50g；

2日，大腿外处茬口二次注胶，使用环氧40g、陶粉10g，陶马头部粘接马嘴2片，使用环氧10g；

3日，大腿外处茬口清除多余的环氧胶；陶马背部粘接陶片7片，使用环氧100g；

4日，陶马腰部内壁粘贴麻布7张，使用环氧300g；

15cm×24cm/条　　28cm×30cm/条

24cm×27cm/条　　28cm×25cm/条

25cm×29cm/条　　28cm×23cm/条　　17cm×23cm/条

5日，陶马内壁铝圈注胶，使用环氧200g、陶粉300g；

15日，马蹄粘接2片，陶马前右腿粘接残片3片，共使用环氧5g；

16日，马前腿到脖颈处粘接陶片11片，使用环氧240g、陶粉30g，另粘接小残片3片；

17日，粘接马前蹄右蹄，粘接左腿，使用环氧5g；陶马右后腿外茬口注胶，使用环氧20g、陶粉30g；

18日，粘接陶马颈部，陶片11片；粘接马头，共使用环氧150g；

19日，马前蹄注胶及茬口修补中；

23日，马蹄注胶及茬口修补中，使用环氧60g、陶粉120g；

24日，马蹄修补中及茬口再次注胶中；

2015年8月：

7日，粘接马前腿（左右腿），使用环氧30g；

10日，粘接马后腿（左右腿），使用环氧30g；粘接头部残片3片，其余残片4片，共使用环氧10g；陶马前右腿、后左右腿、茬口处陶片缺失部位注胶填充，共使用环氧300g、陶粉800g；

11、12日，清除陶马前右腿、后左右腿、茬口处多余的环氧胶，总计使用环氧2708g，涂刷5%B72 295mL、10%B72 140mL；

该陶马截至2015年8月12日已全部成型，粘接用时29天

（附加接上页）

# 表V　科学检测

T23G9：C2④陶马超声波数据

| 样品位置 | 测距（mm） | 点数 | 测点序号 | 声时（μs） | 波速（km/s） | 波幅（dB） |
|---|---|---|---|---|---|---|
| YK 样块 | 20.80 | 03 | 001-01 | 41.20 | 0.505 | 87.65 |
| | | | 001-02 | 41.20 | 0.505 | 87.65 |
| | | | 001-03 | 41.60 | 0.500 | 87.29 |
| BJ 脖颈 | 47.29 | 03 | 001-01 | 44.40 | 1.065 | 79.07 |
| | | | 001-02 | 56.40 | 0.838 | 83.27 |
| | | | 001-03 | 56.40 | 0.838 | 83.01 |
| ZJ 鬃甲 | 57.02 | 03 | 001-01 | 46.40 | 1.29 | 68.99 |
| | | | 001-02 | 46.00 | 1.240 | 68.93 |
| | | | 001-03 | 46.00 | 1.240 | 68.45 |
| BJ2 鬃甲2 | 46.60 | 03 | 001-01 | 80.00 | 0.582 | 53.25 |
| | | | 001-02 | 79.20 | 0.588 | 53.66 |
| | | | 001-03 | 66.40 | 0.702 | 53.54 |
| JJ 肩甲 | 50.75 | 03 | 001-01 | 45.20 | 1.123 | 72.34 |
| | | | 001-02 | 45.60 | 1.113 | 72.34 |
| | | | 001-03 | 45.60 | 1.113 | 71.95 |
| JB 肩膀 | 43.13 | 03 | 001-01 | 45.20 | 0.954 | 78.76 |
| | | | 001-02 | 46.40 | 0.930 | 76.84 |
| | | | 001-03 | 45.60 | 0.946 | 79.19 |
| BB 背部 | 47.24 | 03 | 001-01 | 44.40 | 1.064 | 71.74 |
| | | | 001-02 | 44.40 | 1.064 | 73.61 |
| | | | 001-03 | 43.60 | 1.083 | 73.23 |
| BB2 背部2 | 40.22 | 03 | 001-01 | 44.40 | 0.906 | 76.96 |
| | | | 001-02 | 44.80 | 0.898 | 76.23 |
| | | | 001-03 | 45.20 | 0.890 | 76.16 |
| FB 腹部 | 47.61 | 03 | 001-01 | 45.60 | 1.044 | 75.26 |
| | | | 001-02 | 45.20 | 1.053 | 74.95 |
| | | | 001-03 | 46.00 | 1.035 | 74.93 |

续表

| 样品位置 | 测距（mm） | 点数 | 测点序号 | 声时（μs） | 波速（km/s） | 波幅（dB） |
|---|---|---|---|---|---|---|
| FB2 腹部2 | 48.07 | 03 | 001-01 | 48.80 | 0.985 | 74.04 |
| | | | 001-02 | 49.20 | 0.977 | 74.25 |
| | | | 001-03 | 48.80 | 0.985 | 74.05 |
| FB3 腹部3 | 44.47 | 03 | 001-01 | 43.20 | 1.029 | 72.80 |
| | | | 001-02 | 43.20 | 1.029 | 72.34 |
| | | | 001-03 | 43.20 | 1.029 | 72.82 |
| YF 右腹 | 48.58 | 03 | 001-01 | 44.40 | 1.094 | 72.38 |
| | | | 001-02 | 44.80 | 1.084 | 72.76 |
| | | | 001-03 | 58.00 | 0.838 | 76.11 |
| TB 臀部 | 43.05 | 03 | 001-01 | 44.80 | 0.961 | 74.46 |
| | | | 001-02 | 44.80 | 0.961 | 74.95 |
| | | | 001-03 | 44.80 | 0.961 | 75.95 |
| YB腰部 | 57.08 | 03 | 001-01 | 51.60 | 1.106 | 72.76 |
| | | | 001-02 | 52.40 | 1.089 | 73.11 |
| | | | 001-03 | 65.60 | 0.870 | 79.18 |
| YWR腰窝肉 | 42.63 | 03 | 001-01 | 63.60 | 0.670 | 86.06 |
| | | | 001-02 | 71.60 | 0.595 | 86.44 |
| | | | 001-03 | 63.60 | 0.670 | 85.99 |
| X 膝 | 67.67 | 03 | 001-01 | 72.40 | 0.935 | 60.79 |
| | | | 001-02 | 72.80 | 0.930 | 60.89 |
| | | | 001-03 | 72.80 | 0.930 | 61.33 |
| J 腱 | 65.88 | 03 | 001-01 | 51.60 | 1.277 | 70.10 |
| | | | 001-02 | 52.00 | 1.267 | 69.66 |
| | | | 001-03 | 52.00 | 1.267 | 70.51 |
| GG 管骨 | 66.25 | 03 | 001-01 | 66.00 | 1.004 | 77.32 |
| | | | 001-02 | 66.40 | 0.998 | 77.06 |
| | | | 001-03 | 66.40 | 0.998 | 77.08 |

续表

| 样品位置 | 测距（mm） | 点数 | 测点序号 | 声时（μs） | 波速（km/s） | 波幅（dB） |
| --- | --- | --- | --- | --- | --- | --- |
| J 跤 | 55.52 | 03 | 001-01 | 58.00 | 0.957 | 67.29 |
| | | | 001-02 | 57.60 | 0.964 | 66.75 |
| | | | 001-03 | 57.60 | 0.964 | 66.25 |
| T 蹄 | 108.42 | 03 | 001-01 | 96.80 | 1.120 | 78.61 |
| | | | 001-02 | 96.80 | 1.120 | 78.30 |
| | | | 001-03 | 96.80 | 1.120 | 78.51 |
| QJ 屈肌 | 67.93 | 03 | 001-01 | 78.00 | 0.871 | 75.78 |
| | | | 001-02 | 78.00 | 0.871 | 75.80 |
| | | | 001-03 | 78.00 | 0.871 | 76.11 |
| Mw 马尾 | 80.31 | 03 | 001-01 | 66.80 | 1.202 | 70.39 |
| | | | 001-02 | 54.00 | 1.487 | 64.08 |
| | | | 001-03 | 67.20 | 1.195 | 70.00 |
| MW2 马尾2 | 61.54 | 03 | 001-01 | 46.80 | 1.315 | 79.63 |
| | | | 001-02 | 46.80 | 1.315 | 79.57 |
| | | | 001-03 | 58.40 | 1.054 | 83.61 |
| ZM 鬃毛 | 49.36 | 03 | 001-01 | 58.80 | 0.839 | 68.08 |
| | | | 001-02 | 58.80 | 0.839 | 68.30 |
| | | | 001-03 | 46.00 | 1.073 | 63.75 |
| YH 咽喉 | 50.54 | 03 | 001-01 | 45.60 | 1.108 | 75.38 |
| | | | 001-02 | 46.00 | 1.099 | 75.47 |
| | | | 001-03 | 46.00 | 1.099 | 76.32 |
| LJ 脸颊 | 46.66 | 03 | 001-01 | 45.20 | 1.032 | 74.04 |
| | | | 001-02 | 45.60 | 1.023 | 73.68 |
| | | | 001-03 | 45.60 | 1.023 | 74.08 |
| LJ2 脸颊2 | 43.72 | 03 | 001-01 | 58.00 | 0.754 | 82.30 |
| | | | 001-02 | 58.00 | 0.754 | 82.24 |
| | | | 001-03 | 58.00 | 0.754 | 82.07 |

续表

| 样品位置 | 测距（mm） | 点数 | 测点序号 | 声时（μs） | 波速（km/s） | 波幅（dB） |
|---|---|---|---|---|---|---|
| Z 嘴 | 66.64 | 03 | 001-01 | 77.20 | 0.863 | 69.71 |
| | | | 001-02 | 86.80 | 0.768 | 79.02 |
| | | | 001-03 | 86.80 | 0.768 | 78.85 |
| E 耳 | 22.12 | 03 | 001-01 | 39.60 | 0.559 | 91.90 |
| | | | 001-02 | 40.00 | 0.553 | 91.95 |
| | | | 001-03 | 40.00 | 0.553 | 91.60 |

## 表Ⅵ　文物保护修复自评估与验收表

文物名称：左骖马　　　　文物编号：T23G9：C2④

自评估意见：

该陶马修复后可以站立，存放在一号坑修复现场经过一年的留观，到目前为止，粘接后的陶片结合紧密，保护后马鼻局部内贴彩绘无明显变化，站立相对稳定，并定制了可移动的专用支架。

签章：兰德省　王东峰

日期：2016年10月12日

| 专家验收意见（中期验收、结项验收） | | | |
|---|---|---|---|
| 时　　间 | 2015.11 中期验收<br>2023.10 结项验收 | 组织单位 | 陕西省文物局 |
| 专家名单 | 中期（咨询）验收：陆寿麟、铁付德、罗宏杰、巩德才、郭宏、马清林、李玉虎、马涛、侯宁彬、周铁<br>结项（内审）验收：马涛、赵西晨、马菁毓、邵安定、路智勇<br>结项（终评）验收：李玉虎、胡道道、杨军昌 | | |

验收意见：附后

1. 2015.11 中期专家咨询意见
2. 2023.10 结项专家内审意见
3. 2024.04 结项专家意见

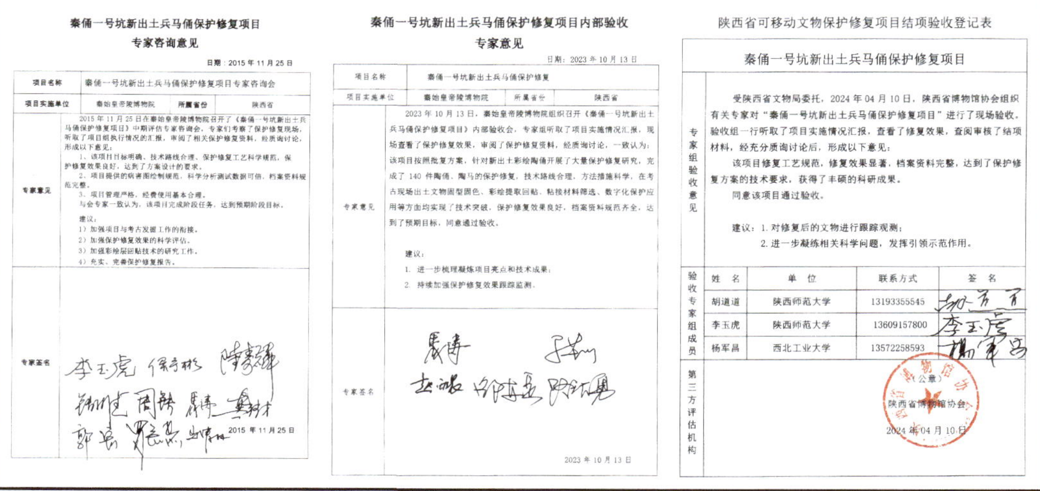

**秦俑一号坑新出土兵马俑保护修复项目**
**专家咨询意见**

日期：2015 年 11 月 25 日

| 项目名称 | 秦俑一号坑新出土兵马俑保护修复项目专家咨询会 | | |
|---|---|---|---|
| 项目实施单位 | 秦始皇帝陵博物院 | 所属省份 | 陕西省 |
| 专家意见 | 2015 年 11 月 25 日在秦始皇帝陵博物院召开了《秦俑一号坑新出土兵马俑保护修复项目》中期评估专家咨询会，专家们考察了保护修复现场，听取了项目组执行情况的汇报，审阅了相关保护修复资料，经质询讨论，形成以下意见：<br>1、该项目目标明确、技术路线合理、保护修复工艺科学规范，保护修复效果良好，达到了方案设计的要求。<br>2、项目提供的病害图绘制规范，科学分析测试数据可信，档案资料规范完整。<br>3、项目管理严格，经费使用基本合理。<br>与会专家一致认为，该项目完成阶段任务，达到预期阶段目标。<br>建议：<br>1）加强项目与考古发掘工作的衔接。<br>2）加强保护修复效果的科学评估。<br>3）加强彩绘层回贴技术的研究工作。<br>4）充实、完善保护修复报告。 | | |
| 专家签名 | 2015 年 11 月 25 日 | | |

**秦俑一号坑新出土兵马俑保护修复项目内部验收**
**专家意见**

日期：2023 年 10 月 13 日

| 项目名称 | 秦俑一号坑新出土兵马俑保护修复 | | |
|---|---|---|---|
| 项目实施单位 | 秦始皇帝陵博物院 | 所属省份 | 陕西省 |
| 专家意见 | 2023 年 10 月 13 日，秦始皇帝陵博物院组织召开《秦俑一号坑新出土兵马俑保护修复项目》内部验收会，专家组听取了项目实施情况汇报，现场查看了保护修复效果，审阅了保护修复资料，经质询讨论，一致认为：该项目按照批复方案，针对新出土彩绘陶俑开展了大量保护修复研究，完成了 140 件陶俑、陶马的保护修复，技术路线合理，方法措施科学，在考古现场出土文物固型固色、彩绘提取回贴、粘接材料筛选、数字化保护应用等方面均实现了技术突破，保护修复效果良好，档案资料规范齐全，达到了预期目标，同意通过验收。<br>建议：<br>1. 进一步梳理凝炼项目亮点和技术成果；<br>2. 持续加强保护修复效果跟踪监测。 | | |
| 专家签名 | 2023 年 10 月 13 日 | | |

**陕西省可移动文物保护修复项目结项验收登记表**

| 秦俑一号坑新出土兵马俑保护修复项目 | | | | |
|---|---|---|---|---|
| 专家组验收意见 | 受陕西省文物局委托，2024 年 04 月 10 日，陕西省博物馆协会组织有关专家对“秦俑一号坑新出土兵马俑保护修复项目”进行了现场验收。验收组一行听取了项目实施情况汇报，查看了修复效果，查阅审核了结项材料，经充分质询讨论后，形成以下意见：<br>该项目修复工艺规范，修复效果显著，档案资料完整，达到了保护修复方案的技术要求，获得了丰硕的科研成果。<br>同意该项目通过验收。<br>建议：1. 对修复后的文物进行跟踪观测；<br>2. 进一步凝练相关科学问题，发挥引领示范作用。 | | | |
| 验收专家组成员 | 姓　名 | 单　位 | 联系方式 | 签　名 |
| | 胡道道 | 陕西师范大学 | 13193355545 | |
| | 李玉虎 | 陕西师范大学 | 13609157800 | |
| | 杨军昌 | 西北工业大学 | 13572258593 | |
| 第三方评估机构 | （公章）<br>陕西省博物馆协会<br>2024 年 04 月 10 日 | | | |

## 表Ⅶ　绘图登记表

文物名称：左骖马　　　　文物编号：T23G9：C2④

| 编号 | 图纸类别 | 简单描述 | 绘图人 | 时间 |
|---|---|---|---|---|
| HX-01 | 线图 | 正视图 | 余秋、张沙 | 2015-10-29 |
| HX-02 | 线图 | 后视图 | 付喜萍、张盼 | 2015-11-11 |
| HX-03 | 线图 | 左视图 | 张盼、付喜萍 | 2015-11-11 |
| HX-04 | 线图 | 右视图 | 张沙、余秋 | 2015-10-29 |
| HB-01 | 病害图 | 正视图 | 余秋、张沙 | 2015-11-11 |
| HB-02 | 病害图 | 后视图 | 付喜萍、张盼 | 2015-11-12 |
| HB-03 | 病害图 | 左视图 | 张盼、付喜萍 | 2015-11-12 |
| HB-04 | 病害图 | 右视图 | 张沙、余秋 | 2015-11-13 |
|  |  |  |  |  |
|  |  |  |  |  |
|  |  |  |  |  |
|  |  |  |  |  |
|  |  |  |  |  |
|  |  |  |  |  |
|  |  |  |  |  |
|  |  |  |  |  |
|  |  |  |  |  |
|  |  |  |  |  |
|  |  |  |  |  |
|  |  |  |  |  |

# 器物线图、病害图

**文物名称：** 左 骖 马

**文物编号：** T23G9：C2④

2021年12月5日

中华人民共和国国家文物局制

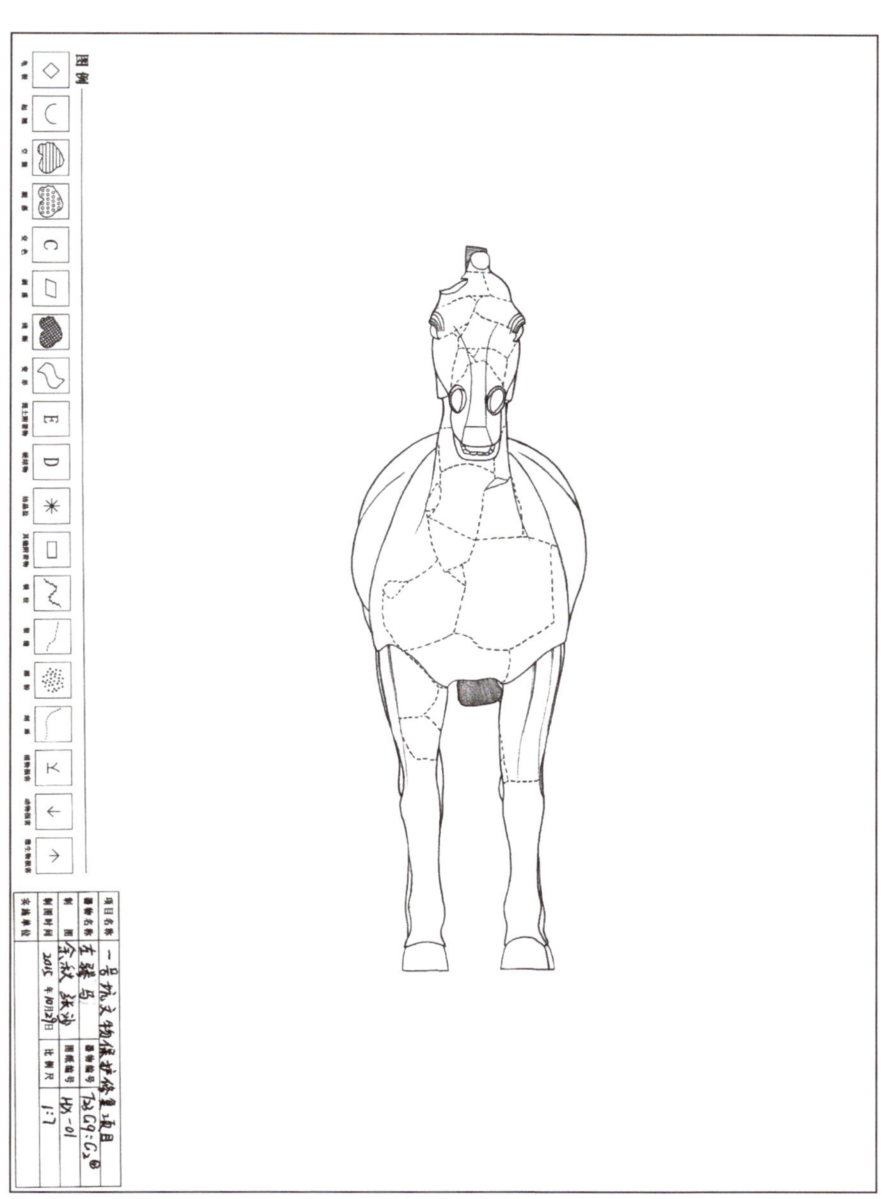
图例
项目名称
一号坑文物保护修复项目
器物名称
左骖马
器物编号
T2G9:C2⑩
制　　图
图纸编号
HX-01
制图时间
2015年10月29日
比例尺
1:7
实施单位

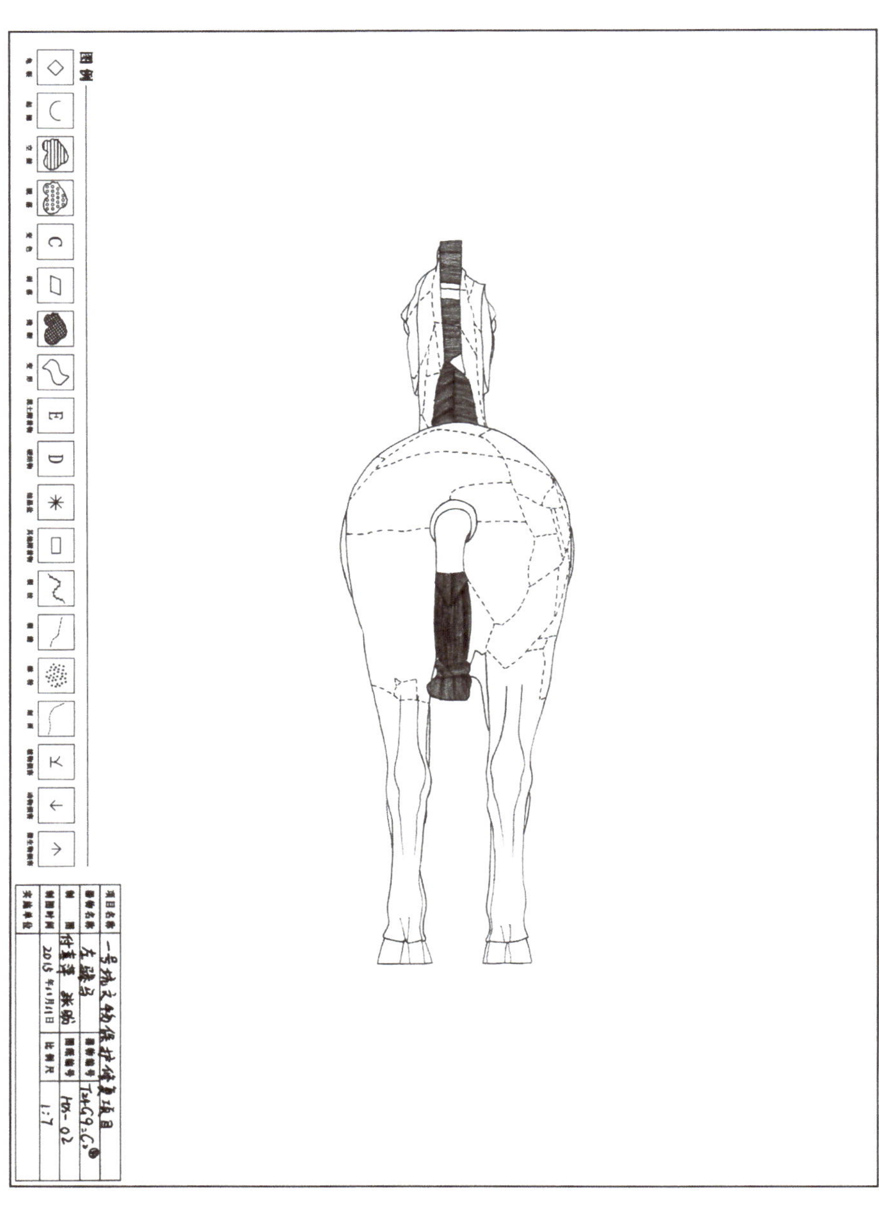
一号坑文物保护修复项目
左骖马
1:7

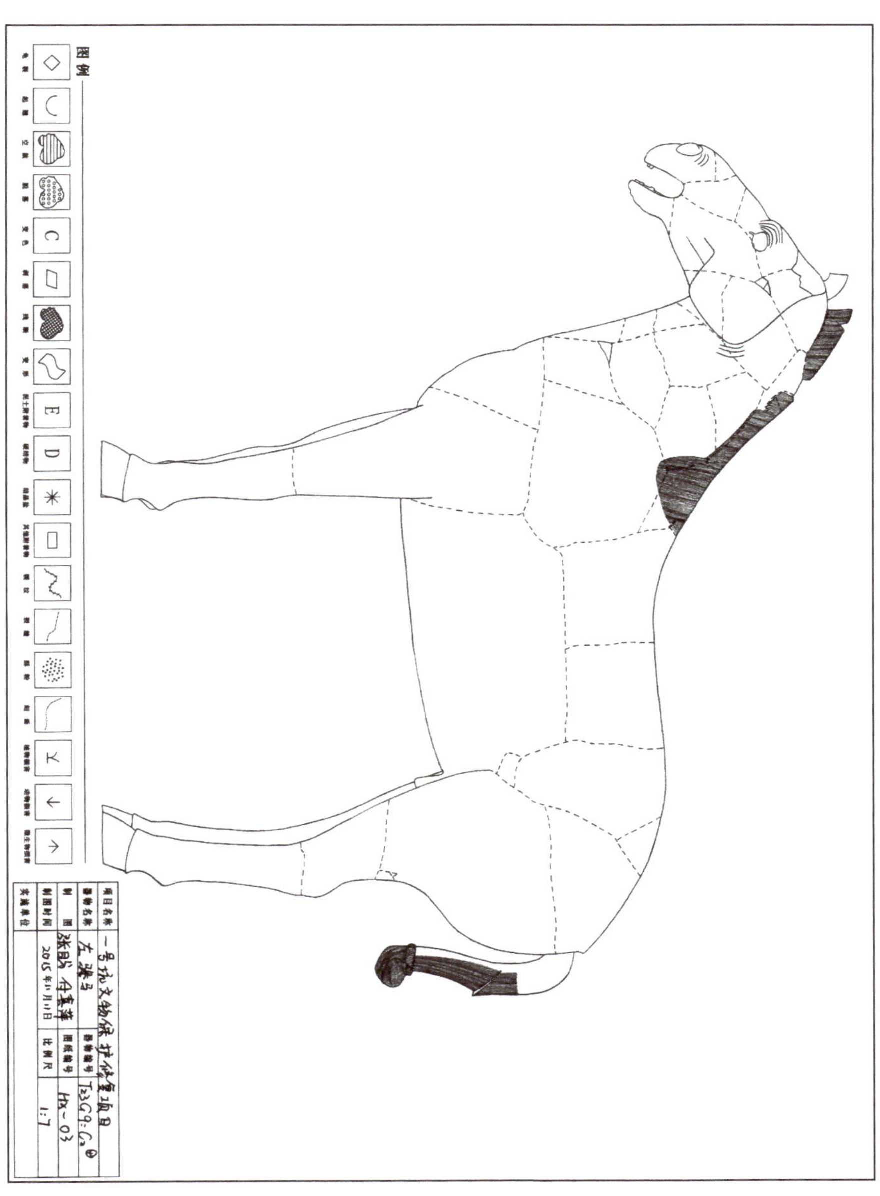
图例
项目名称
一号坑文物保护修复项目
器物名称
左骖马
器物编号
制图
图纸编号
HX-03
制图时间
2015年11月11日
比例尺
1:7
实施单位

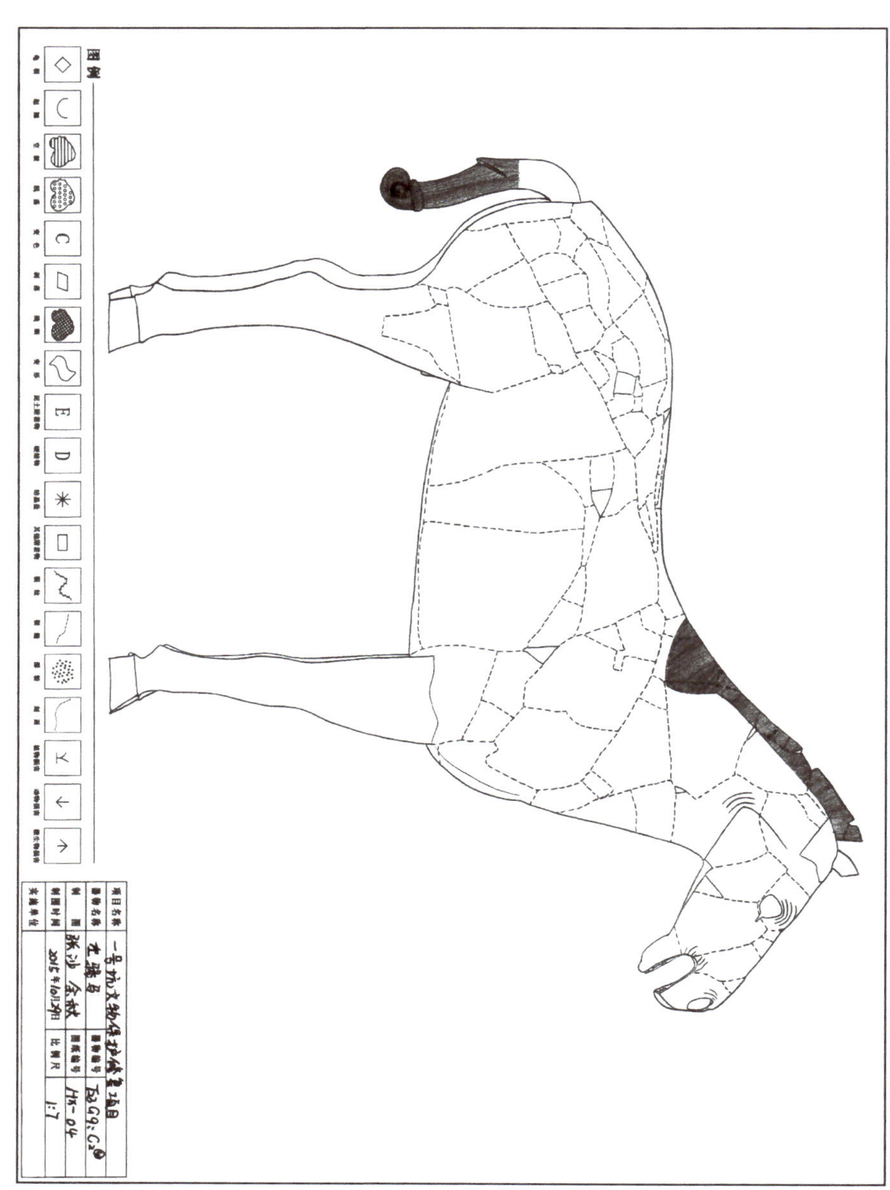
图例
项目名称
一号坑文物保护修复项目
器物名称
左骖马
器物编号
图纸编号
制图
制图时间
比例尺
1:7
实施单位

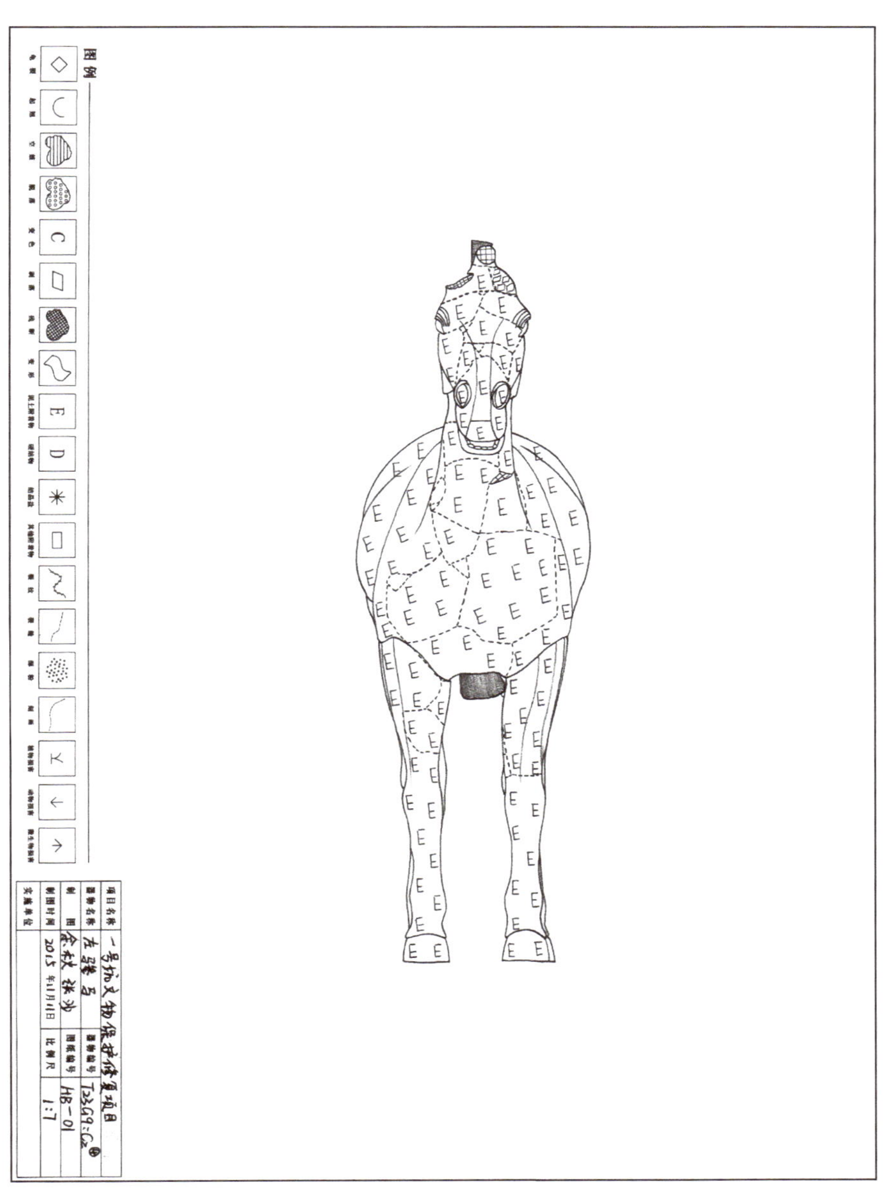

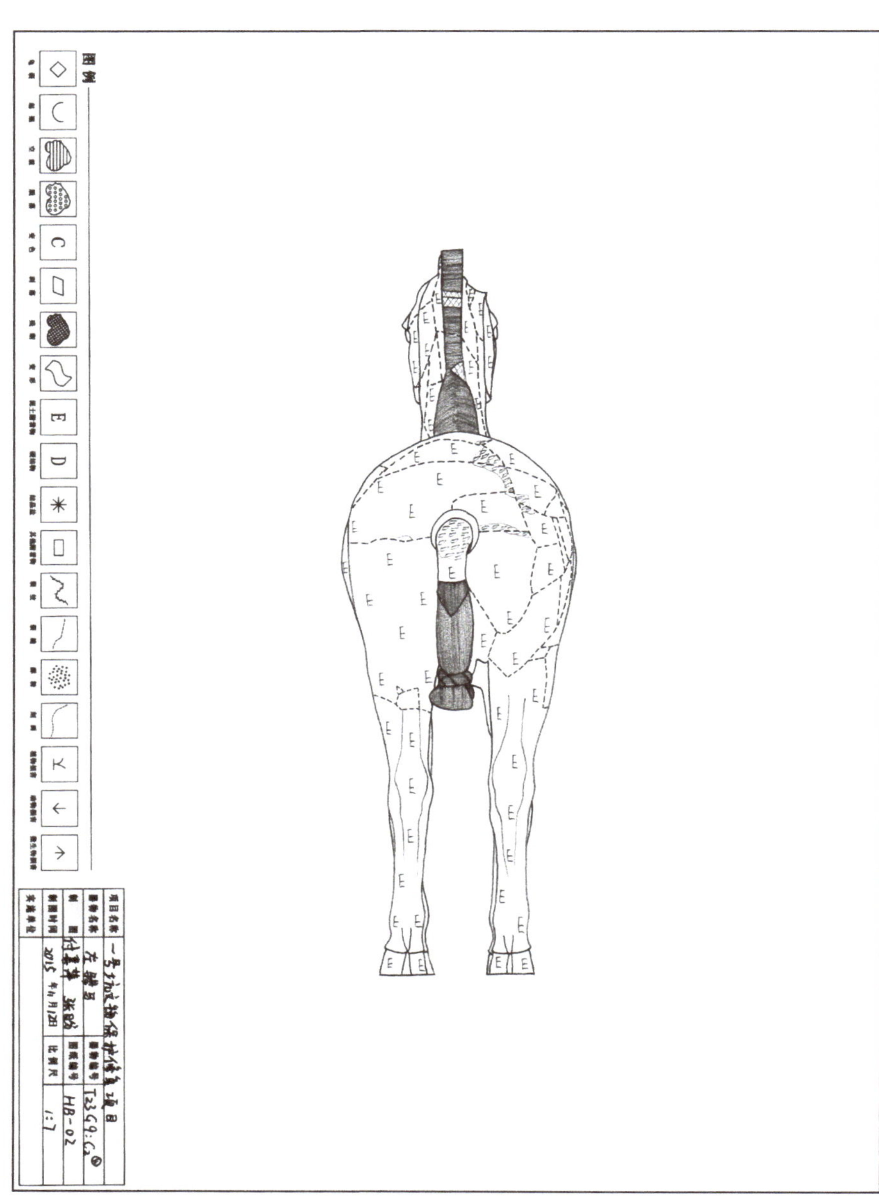

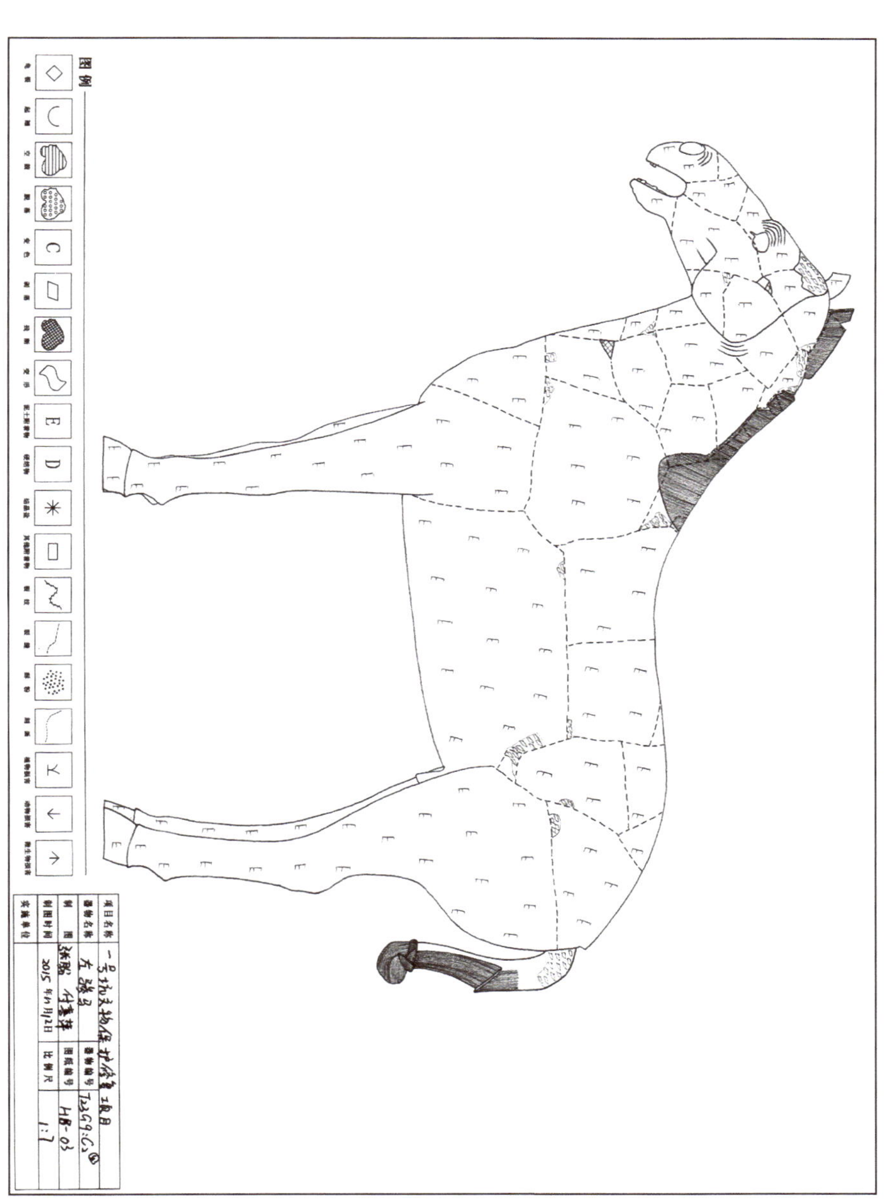

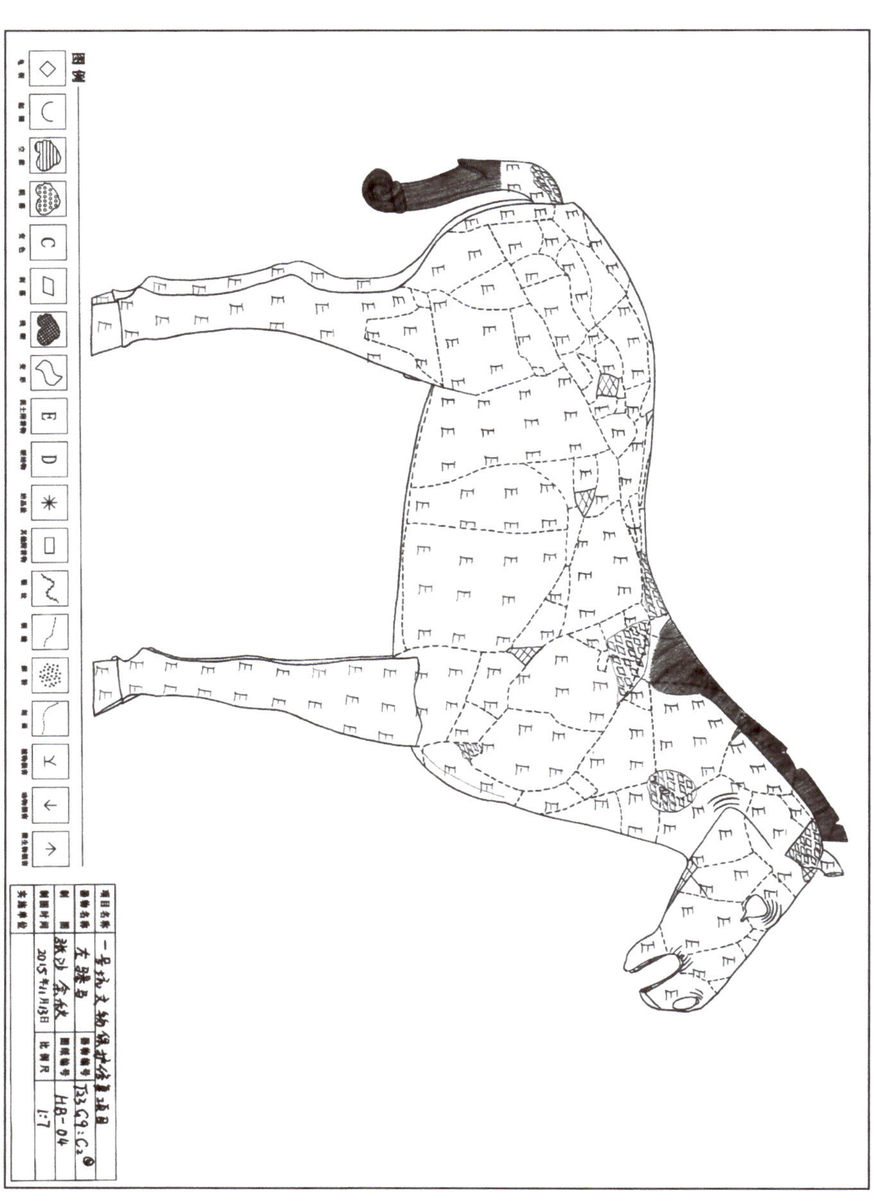

文物编号：T23G9：C2④

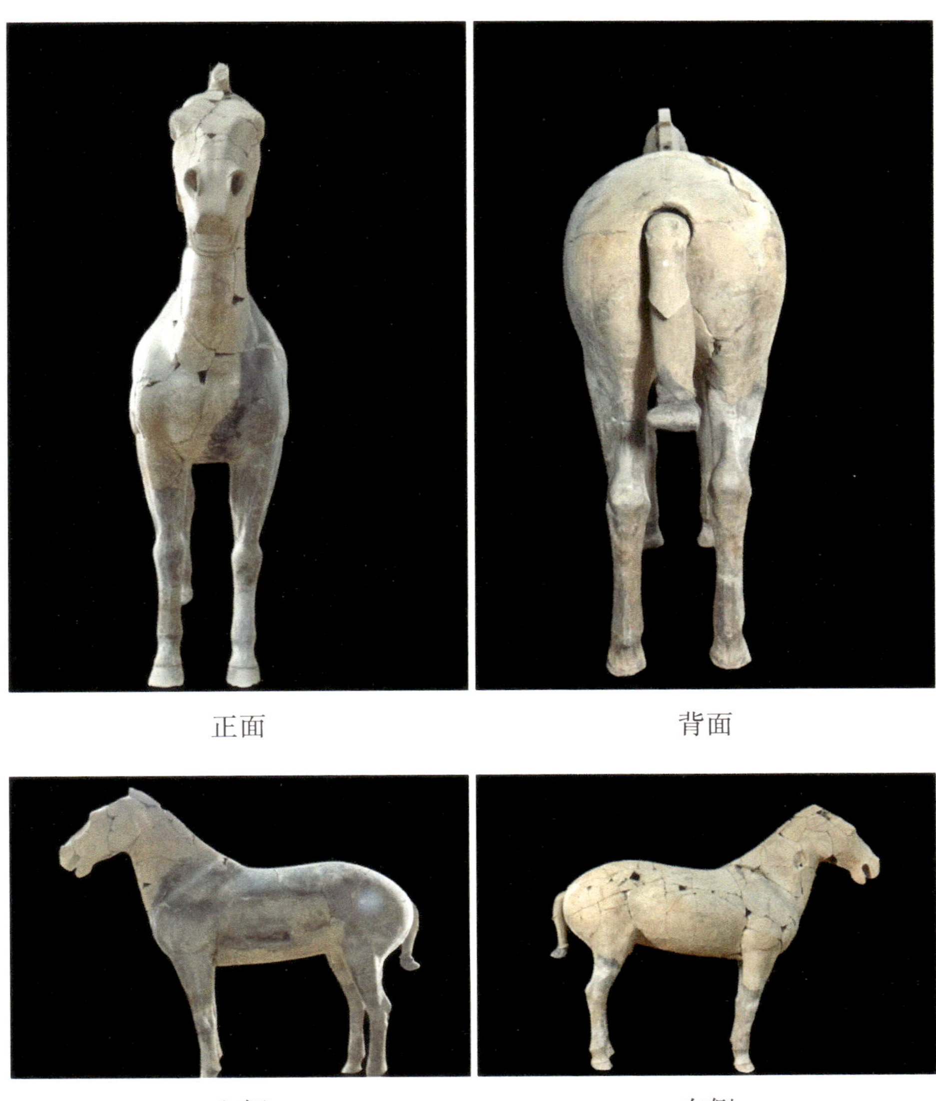

正面　背面

左侧　右侧

## 表Ⅷ　陶马保存环境建议

文物名称：左骖马　　文物编号：T23G9：C2④

| 保存环境建议 |
|---|
| 1. 将陶马放入相对稳定的温湿度环境条件下［温度（15～25）±5℃、湿度（45%～70%）±5%］，同时监测彩绘陶马存放环境的变化、彩绘的变化、残断面的变化；<br>2. 防止有害物质污染、避免紫外光线照射；<br>3. 尽量避免人为因素的干扰；尽可能地减少移动；<br>4. 对有彩绘的兵马俑制作有机玻璃罩存放；<br>5. 足踏板放入有机玻璃盒内，防止地下水、可溶盐的侵入 |
| **安全稳定性建议** |
| 1. 秦兵马俑体积大、质量重，存放地点及场地要有足够承载其重量的安全性；<br>2. 保管陈列场地地面必须平整，稳固，安全，不易下沉；<br>3. 保持秦兵马俑力学结构的稳定性，保证陶马重心平稳垂直放置，防止陶马局部应力过大导致倾倒等损坏；<br>4. 保管时有一定的防护设施，对陶俑、陶马易受力的部位最好做支护保存；对每件陶马应做可移动的支架存放，附加兵马俑支架不应无故拆除；<br>5. 防震动；<br>6. 定期检查、记录、评估、防护 |

## 一四、称重

陶马总重量332kg。

## 一五、留观

修复后的陶马原址留守观察3～6个月，检查局部彩绘情况、粘接面情况及整体站立后的力学稳定性。

## 一六、归还

将修复后的陶马移交考古工作部。

# 案例4　秦俑一号坑新出土脆弱遗迹的提取保护

T23G11：38俑遗迹是秦兵马俑一号坑第23探方11过洞，出土38号陶俑背部的彩绘生漆压痕。38号陶俑提取后，发现俑铠甲、靴印在土表层的压痕轮廓清晰，部分色彩和漆皮保留较为完整，在一号坑内实属少见。该遗迹位于G11中部偏西，经测量，距离探方东墙950cm，深约140cm，遗迹通长150cm，宽41cm。整个遗迹通体附着彩绘，根据肉眼的初步观察，有红、绿、白3色，还有黑褐色的漆皮。

## 一、保存现状

彩绘面积较大且完整，上至铠甲顶部、雍颈底部，下至靴底，遗迹自西向东分别为铠甲、衣袍、裤、小腿、靴。铠背通体为黑褐色漆皮，甲带为红色，初步判断甲钉为白色，个别有粉绿；袍为绿色，袍子左衣袖第二褶有红色和不明色相颜料，似为深紫色；裤为朱红色，小腿为黑褐色漆皮，靠近裤部有红色带状物。虽然遗迹颜色、生漆保存较好，但整体附有多处病害：漆皮有裂缝、残损、起翘，彩绘颜料有脱落、褪色、互相串染严重、模糊不清的现象。根据彩绘、漆皮的完整性及后期的用途综合判断，此遗迹只提取色彩和漆皮保存相对完整的腿部和左肩臂。由于遗迹长期埋藏于地下，材质变得十分脆弱，另外遗迹本身的彩绘和生漆也存在不少病害，所以不可直接提取，需使用薄荷醇固型增加遗迹强度后，方可提取（图9.44）。

图9.44　T23G11：38号俑彩绘生漆遗迹

## 二、彩绘遗迹提取技术路线

固型提取保护技术工艺流程如图9.45所示。

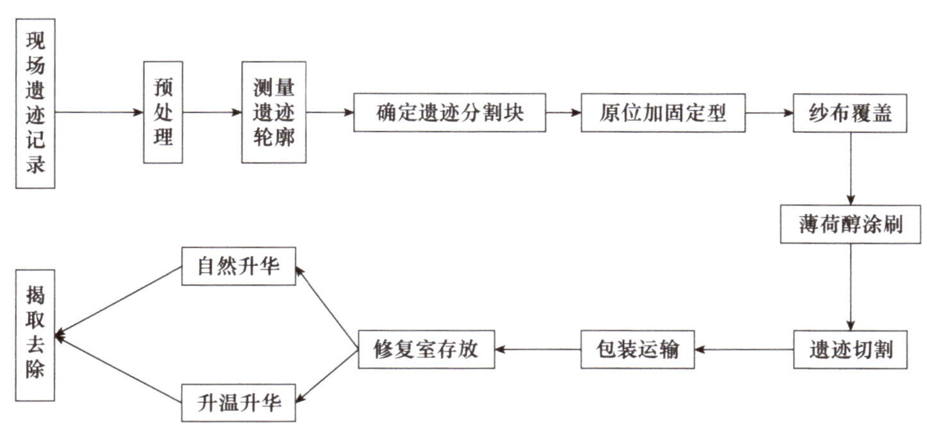


图9.45　固型提取保护技术工艺流程示意图

## 三、提取前预加固

38号俑遗迹在提取前，先用软毛刷刷除遗迹表层和周围的浮土。考虑到遗迹本体十分脆弱，清理完成后，使用加固剂渗透加固，增加遗迹强度。本次使用硅溶胶溶液和硅酸乙酯溶液两种加固剂进行试验，筛选出适宜浓度加固剂。在一号坑内选取一处土壤，将硅溶胶和硅酸乙酯分别配置20%、50%、70%和100%的几种浓度，使用胶头滴管在同一处土壤的不同位置滴加上述浓度溶液各10mL。硅酸乙酯呈油状，在土壤里渗透后，土壤颜色变深，甚至有些发黑，三天后观察，其加固效果不理想，最大浓度加固强度也不大，加固的土质仍然疏松。硅溶胶溶液20%的加固强度较低，50%浓度施加在较硬土壤时，加固效果得以体现，但是施加在松软的土壤时，加固强度还是有些偏低，用手指按压土壤会产生裂纹。70%和100%加固强度都很大，100%浓度加固后土壤变得很坚硬。根据现场的实际情况，选取70%浓度的硅溶胶作为遗迹的加固剂较为适宜。加固剂筛选好后，使用软质毛笔蘸取配置好的70%硅溶胶轻轻涂刷在清理好、待提取的腿部和左肩臂遗迹表面，进行渗透加固。加固后放置，三天后待硅溶胶完全干燥，遗迹强度增强，加固完成，则可以进行下一步提取工作。

## 四、提取

脆弱遗迹的提取，是最为关键性的一步，提取过程要保持遗迹的稳定性，不发生崩塌、断裂，尽可能地保证文物的原状。

（1）分割。对于埋藏环境复杂、形状不规则的遗迹，规划分割提取范围和部位。对于38号俑遗迹，只提取腿部和左肩臂，用小铲子轻轻分割腿部和左肩臂周围，呈现出一个小凹槽，确定分块提取。

（2）表面加固。范围分割好后，用纱布分别覆盖和缠绕分割好的待提取的遗迹。纱布的形状可根据遗迹的形状和分布来裁剪，一般裁剪成能包裹遗迹表面和四个侧面的大小，再裁剪成5cm左右的纱布条，沿着遗迹四周螺旋式缠绕。遗迹的腿部和左肩臂包裹好后，把熔化好的薄荷醇涂刷至其表面，如果在冬天操作，温度低，熔化的薄荷醇凝固较快，需要有经验的工作人员把握好操作技术。涂刷完成后，薄荷醇凝固，固定好遗迹，可以安全提取。

（3）切割。提取前，用小铲子沿着遗迹土台基根部水平切割，过程中须保证土质台基的稳定性。然后将钢板插入遗迹土台基底部，逐个提取腿部和左肩臂遗迹。整个提取过程十分顺利，没有发生断裂和崩塌。

## 五、纱布揭取去除

遗迹放置在一号坑阴凉处，薄荷醇自然挥发，由于施加薄荷醇的量较多，自然温度下升华较为缓慢，所以薄荷醇在大概10个月后完全挥发，可自由揭取纱布，无需使用吹风机。遗迹保存十分完好，彩绘和漆皮保留完整，漆皮没有发生卷曲，彩绘也没有出现剥落，色泽保存也和提取前一样完好。T23G11：38号俑遗迹的提取是一次比较成功的案例（图9.46、图9.47）。

图9.46　提取完成俑腿部和左肩臂遗迹

图9.47　薄荷醇自然升华后腿部遗迹

## 六、薄荷醇临时固型在彩绘遗迹提取中的应用

目前已将薄荷醇临时固型技术应用于秦俑一号坑的部分脆弱遗迹的提取。先对彩绘遗迹进行保湿处理，再用彩绘加固剂对彩绘实施表面渗透加固，确定提取范围后用纱布包住脆弱遗迹表面，再使用薄荷醇加固遗迹，待固化后提取。现已将G9彩绘土块遗迹、G10彩绘土块遗迹、G10箭镞遗迹、G10弓遗迹、G9马头遗迹、G11：35俑彩绘土块顺利提取至实验室及修复室。与原有考古发掘现场提取材料相比，薄荷醇具有很强的优势，现场提取加固及后续挥发脱除真正实现了可控去除，为抢救性的现场提取以及后续被动性的保护修复争取了主动，材料本身对遗迹、人员安全有效。

由于发掘现场脆弱遗迹的提取涉及文物种类多、文物劣化程度复杂，原始保存条件差异大，在未来，仍有很多的后续工作需要开展，包括薄荷醇及其衍生物作为提取材料的服役行为、提取前后对文物基材的影响、针对不同类型文物的规范化施工流程等仍需进行深入研究。未来应重点着手于不同水分含量、不同材质文物、不同劣化程度文物的提取施工工艺科学量化，完善研究方法，提炼不同条件下标准化施工工艺和要求。

## 七、小结

对这件彩绘遗迹成功的提取保护，提高了我们的认识，丰富了提取经验。在提取保护过程中我们在实验室进行了薄荷醇升华的动力学研究、残留物分析、渗透深度及其强度表征研究，结果发现薄荷醇可作为考古发掘现场脆弱遗迹提取材料。对比研究了薄荷醇、薄荷醇与环十二烷载土行为和对土壤的渗透性，结果表明，薄荷醇渗透最深，载土量最大，提取能力更好。红外光谱以及核磁共振分析结果表明，薄荷醇使用后无残留。提取保护中确定了薄荷醇的最优施工方案为水浴熔融，涂刷加固。将薄荷醇水浴熔融，迅速涂刷于需提取的脆弱遗迹表面，待加固剂冷却后，即可采取常规手段将脆弱遗迹临时加固提取。

# 第十章　总　　结

文物保护修复人员经过十三年的努力，已完成了第三次考古发掘新出土兵马俑保护修复工作三分之二的内容，科学保护修复了140件兵马俑，满足了考古研究、陈列展示、科学研究及活化利用的需要；优化了大型陶质彩绘文物保护修复技术和工艺；推广了陶质彩绘文物保护修复技术成果，培养了一批保护修复技术人才。在保护修复过程中，探索性地将数字化技术与秦俑保护修复需求相结合，着力从保护修复工艺入手，虚拟修复与现实修复相结合，实现了彩绘陶质文物保护修复技术的新突破。

### 1. 彩绘保护技术

秦兵马俑坑曾遭受多种不利因素的破坏，陶俑出土时表面彩绘大部分损毁，只有少量彩绘残存，因为出土后环境的变化尤其是湿度的变化而引起彩绘起翘、空鼓、龟裂、剥落。1987～2001年，为了保护秦俑彩绘，秦始皇帝陵博物院（秦始皇兵马俑博物馆）组织专人进行研究，并与以米歇埃尔·佩策特先生为局长的德国巴伐利亚州文物保护局进行了十余年的合作，取得了丰硕的成果，得出了秦俑彩绘是由褐色有机底层和颜料层构成的结论；确定了褐色有机底层的主要成分为中国生漆。秦俑彩绘之所以难以保护，这与其特殊的层次结构、所用材料的特性以及出土时的保存状况有关。特别是生漆底层会由于失水而引起其本身剧烈皱缩起翘，从而导致整个彩绘层脱落，所以保护彩绘的关键是稳定生漆层。1999年，首次采用抗皱缩剂和加固剂联合处理法，即聚氨酯乳液（PU）和聚乙二醇（PEG200）联合保护处理法有效地保护了整体彩绘陶俑，随后，该项技术被应用于汉景帝阳陵、秦陵陪葬坑出土的彩绘陶俑以及全国多处陶质彩绘文物的保护处理。“秦俑彩绘保护技术研究”成果于2001年通过国家文物局鉴定，2003年获陕西省“科学技术一等奖”，2004年获“国家科技进步二等奖”。

在第三次考古发掘中，秦俑一号坑新出土陶俑彩绘病害复杂，彩绘脱落严重、泥土附着物面积过大，常见部分彩绘层已剥离陶俑本体并附着于背部土层上，土层厚重且严重开裂、移位，必须进行保护修复。项目组对不同情况的彩绘进行了多年回贴技术探索：对于与陶胎表面出现分离、随覆土局部从陶胎上脱落的彩绘土块，首先确定好回贴位置、调整其在文物表面上的角度（坐标），使用由低到高浓度递增式的加固剂将彩绘连同土块一同回贴至陶胎表面，待完全固化后，借助放大镜灯，使用手术刀逐层清理掉彩绘表面的泥土附着物或其他附着物，直至露出彩绘正面，清理后迅速对其彩绘层进行加固；对于大面积脱落且黏附在周围覆土上的彩绘土块，首先对彩绘遗迹的原位回贴材料和回贴方式进行模拟实验，根据实验结果最终选择丝网加固法对彩绘土块进行保护，通过加固、提取、回贴、分割减薄覆土、彩绘加固等多个步骤，成功将一号坑的彩绘遗迹提取并回贴于原位，还原了秦俑彩绘的真实面貌，为秦代军事文化中的服饰文化研究提供了第一手资料。该方法首次在秦俑身上的应用，为后期秦俑彩绘回贴技术提供了新的研究思路与方法。

彩绘保护作为秦兵马俑保护修复的重要部分，如何“留住色彩”成为秦兵马俑文物保护工作者研究的重要内容之一，从传统修复方法到科学保护修复阶段，随着科学技术逐步成熟，秦兵马俑彩绘的保护技术也在不断突破和创新，从秦俑本体彩绘的保护到彩绘遗迹的回贴，彩绘的修复已进入大面积的推广阶段。

### 2. 数字化技术应用与探索

随着科学技术的不断发展，三维扫描技术已经成为文物保护领域的重要工具。本项目将传统文物修复方法与现有科学技术相结合，利用三维激光扫描的逆向建模技术，为文物本体建立高精度的数字孪生模型，进一步提高了模拟的精确度和准确性，并结合X射线光谱分析和有限元模拟等方法，对兵马俑展开了数字化修复和力学分析研究。

文物通过三维扫描形成相应的“数字档案”，是文物保护研究方向的新热点。项目在前人的研究基础上，利用由三维激光扫描仪及高分辨率相机获取的兵马俑碎片三维点云和纹理影像数据对兵马俑碎片进行数字化修复，解决了在传统修复过程中人工分类过程复杂、频繁比对拼接易造成文物破碎的二次损伤问题，大幅减少拼接时间、拼接误差，提出了一套兵马俑碎片的拼接修复方法与流程，实现了无损、省力、高效、科学地对兵马俑碎片进行拼接复原，为文物保护工程提供了科学指导和数据支撑。

有限元模拟是一种利用数学方法对真实的物体受力规律进行近似的求解，是一种适用于复杂形状、复杂外部条件的分析方法。基于三维激光扫描技术对整体陶俑的逆向建模，以秦俑一号坑具有代表性结构的5件铠甲武士俑为研究对象，通过对早期粘接材料检测、粘接承载力试验、秦俑本体性能试验和足踝部位承载力试验提供模拟参数，利用有限元软件对整体陶俑进行静力和振动工况下的力学模拟，根据模拟结果对秦俑展示过程中结构安全稳定进行了评估，根据分析结果对秦俑的保护和修复提供了科学的、个性化的保护措施和建议，提供了一种无二次伤害、可多次评估和实施的秦俑个性化安全分析评估方法。

对于秦兵马俑等大型陶质彩绘站立的文物，一般采取的预防性保护措施是外部支撑。大部分秦俑重心向左前方倾斜，且前倾风险较高，因而可以适当调整秦俑的摆放角度以减少倾倒和次生破坏的风险；地震情况下，秦俑的结构安全风险显著增加，因此还要考虑一定的抗震或减震措施。在保护措施方面，基于结构有限元分析结果，同时配合人工智能等新型数字技术，初步设计了保护支架，可实现对兵马俑受力的实时监测，同时也对兵马俑受力薄弱部位进行了一定的预防性保护。

### 3. 陶质文物粘接剂筛选研究

文物修复使用的胶粘剂具有其特殊性和专一性，既要考虑文物的不可再生性，又要考虑保护修复的原则。因为粘接剂种类多，应用范围广，在研究过程中要综合考虑陶质文物病害多和粘接剂种类多的各种因素，如环境和粘接剂的老化性等，筛选出最接近于陶质文物抗拉强度的粘接剂。

项目将自然科学和人文科学相结合，查阅疏理了近十年来国内、国际有关陶质文物粘接剂的文献资料，收集粘接剂信息，了解粘接剂成分和理化性能，分析其老化机理和老化产物；掌握了国内外近年来粘接剂的新进展和陶质文物所应用的粘接剂种类，调研了省内外十余家博物馆、考古所、文物保护所等有关陶质彩绘文物的病害（陶胎断裂、剥落、裂缝、裂隙、酥粉，彩绘起翘、脱落、空鼓、变色等）、保存环境、保护修复信息（从考古现场的临时性加固到博物馆陈列展示的保护修复等）；分析了各类粘接剂在不同环境下的理化性能。以“陶胎的抗拉强度大于或等于粘接剂的抗拉强度”为主线，初步探索出适合陶质彩绘文物粘接剂的筛选方法，通过多年来秦俑修复粘接实验和修复现场应用，从中筛选出九种比较适合于大、中、小型陶质文物粘接的粘接剂库，并应用于实践，解决了陶质文物修复中粘接剂选择的实际问题，优化了陶质文物粘接工艺，为陶质文物保护修复提供了技术支撑。

### 4. 颜色在线监测技术

彩绘保护是秦兵马俑保护修复的重要部分，彩绘保护效果稳定性评价成为秦兵马俑彩绘保护工作中的重要环节，也是近些年的研究重点。彩绘保护效果稳定性评价中，一项重要指标为彩绘色彩保存的持久性。目前常使用色度仪对文物的色度进行测量，对于秦兵马俑身上的彩绘来讲，彩绘斑驳不均匀，每一次所测的位置稍有变动就会引起误差，很难准确进行评价。非接触在线分光测色系统可原位准确测量文物表面上的颜色，使颜色数据化，实现在线连续监测跟踪颜色变化，监测数据直观表示彩绘保护效果，并为色彩的研究提供依据，该系统从考古出土的彩绘文物到保护修复、陈列展示中，在线无损测量文物颜色信息、文物病害预警及文物修复后稳定评价方面体现出一定的优势。

项目采用非接触在线分光测色系统对保护修复处理后的秦兵马俑彩绘的表面颜色进行长时间的连续监测，记录颜色数据，根据监测得到的数据变化情况分析秦兵马俑彩绘修复保护效果的稳定性，同时侦测和验证秦兵马俑彩绘保护修复方法和保存环境的可靠性，为优化修复方案和改善秦兵马俑的保存环境提供科学依据。

### 5. 临时固型技术

在第三次考古发掘过程中，经常会遇到一些非常脆弱的文物或者遗迹需要及时处理，例如脱落的彩绘、漆器的碎片；糟朽的木质遗迹；易碎的化石；脆弱的墓葬壁画；

等等。处理这类文物或者遗迹时需要对其进行预先加固然后再提取、转移至实验室进行后续处理或者保存。对现场加固材料的要求是，能够临时固型；具有一定的加固强度；无毒，对环境友好；不影响文物或遗迹所携带的历史、科学、文化信息；不影响后续操作等。脆弱文物遗迹临时固型经历了纱布绷带法→石膏绷带法→环十二烷加固法等发展过程。

薄荷醇是由薄荷的茎叶经过水蒸气蒸馏提纯得到，是无色针状或粒状结晶。选择薄荷醇作为环十二烷的代替品，薄荷醇在室温下可以升华，具有挥发性，是作为新的临时性固型材料的良好候选者。研究团队对薄荷醇作为临时性加固材料的可行性进行了实验室研究，包括薄荷醇在物理化学性质方面，在无孔和多孔基材上的挥发动力学的研究，黏度和渗透深度的考察，加固能力和结晶相貌的研究，分布和挥发后残留状况的考察以及考古现场试验等。在不断的试验中逐渐发现薄荷醇在考古现场使用时具有良好的效果，应用于秦俑坑多种材质脆弱遗迹的固型和提取。

薄荷醇固型脆弱文物及遗迹并提取在全国进行推广与应用，曾成功固型提取了壁画、青铜器、漆器、竹木器等多种材质类型文物及遗迹。2016年“考古发掘现场出土脆弱遗迹临时固型材料研究”获国家文物局“十二五”文物保护科学与技术创新奖一等奖，2019年“考古现场脆弱性文物临时固型提取及其保护技术”获国家科技进步二等奖。

# 附　　件

## 一、彩色经典图片

彩绘俑头清理保护

彩绘手臂清理保护

带剑陶俑清理保护

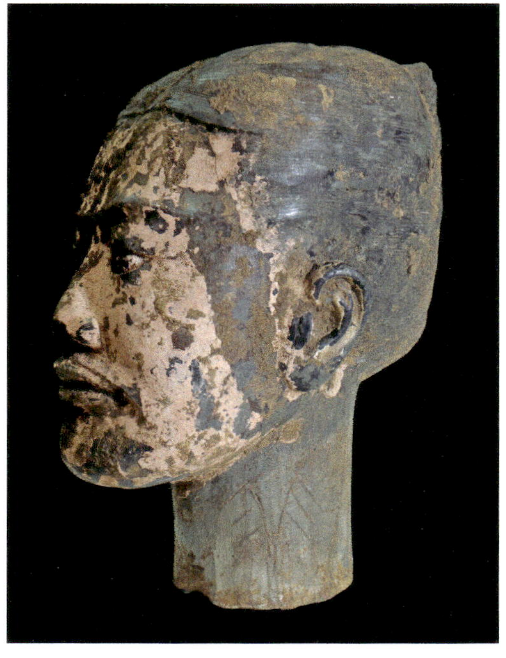

带陶文彩绘俑头清理保护

兵马俑出土位置T23

兵马俑出土局部

现场提取

现场拼对

提取拼对

现场提取记录

修复拼对

提取照相

专家现场指导

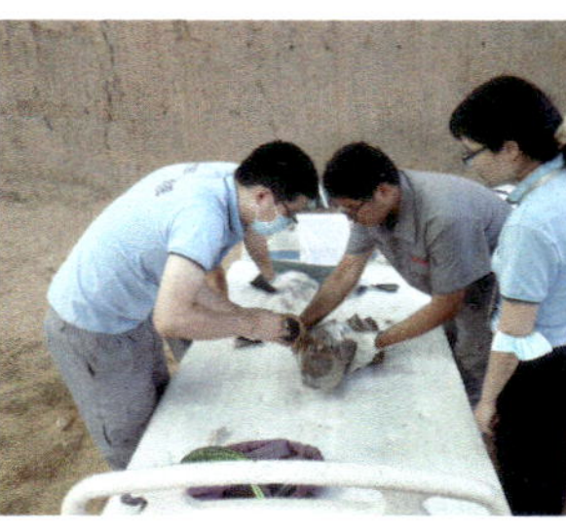

陶俑残片提取现场——病床

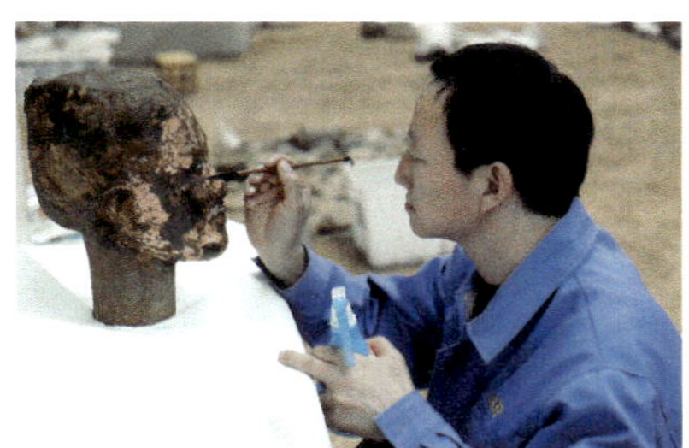

现场彩绘保护

提取、照相

现状记录

修复讨论

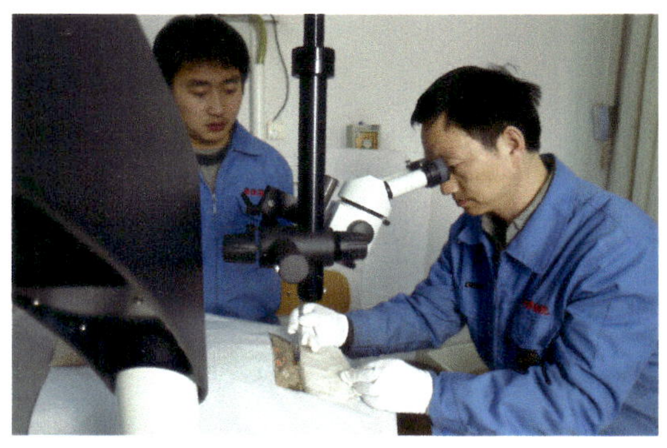

显微镜下回贴清理

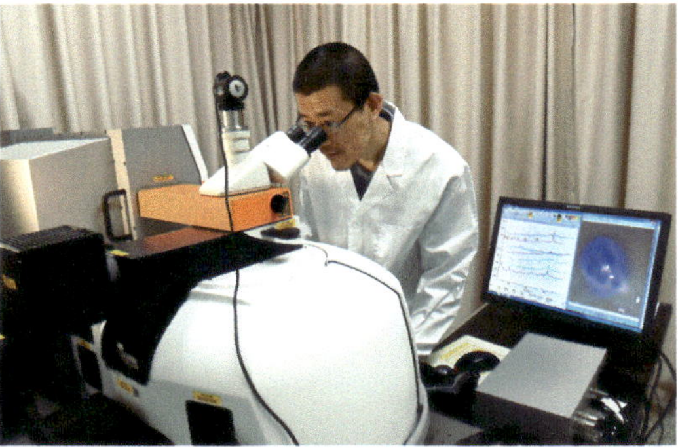

拉曼光谱分析

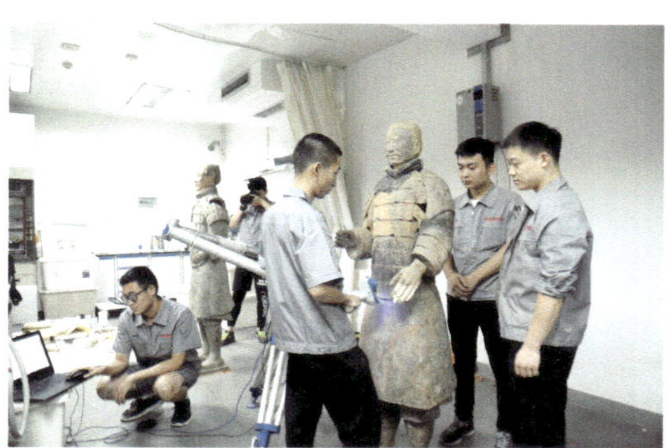

秦俑修复后整体扫描

便携式X射线荧光光谱检测

陶片超声波检测

色度在线测量

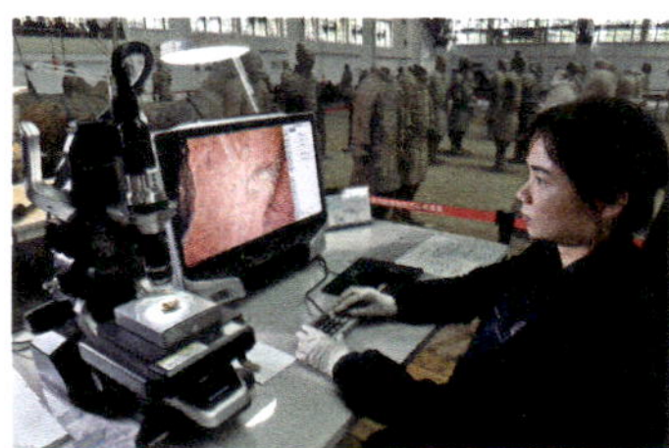

超景深三维显微彩绘层检测分析

制作工艺记录

陶俑修复工艺讨论

袁仲一研究员解读陶文

填写陶俑保护修复档案

保存现状记录

G9：9将军俑修复讨论

秦俑体腔内部制作痕迹

秦俑体腔泥条盘筑痕迹

秦代工匠指纹痕迹

一号坑现场环境监测

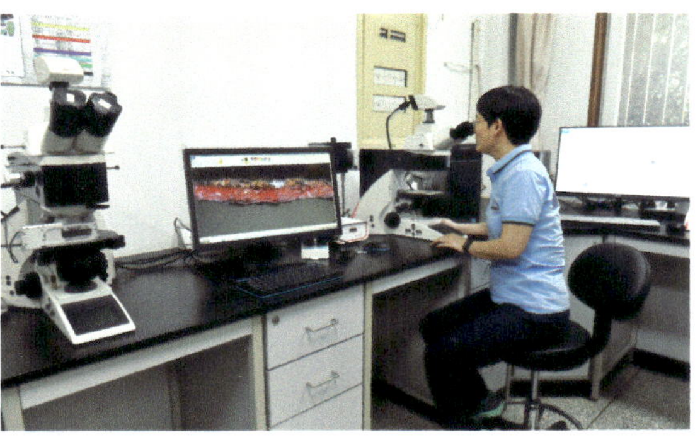

彩绘剖面分析

扫描电镜分析

现状记录

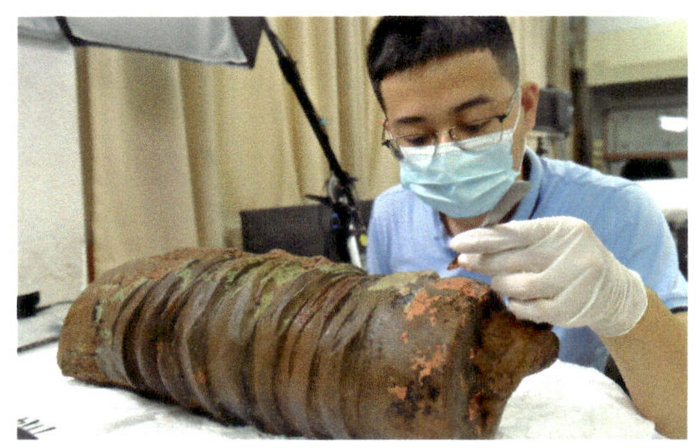

彩绘右臂清理中

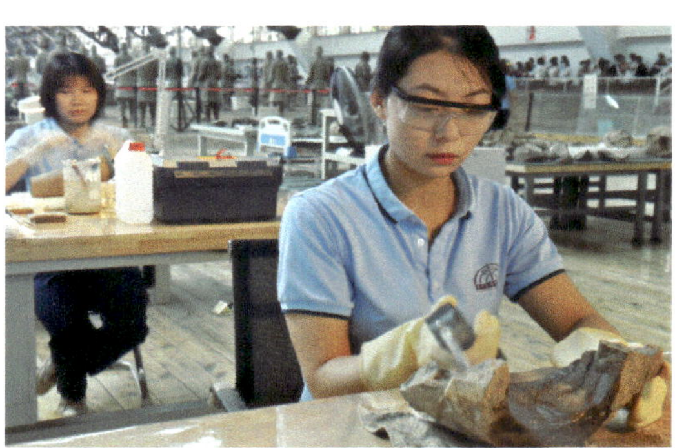

蒸汽清洗残断面

清理

放大镜下清理

彩绘俑头加固

注射加固

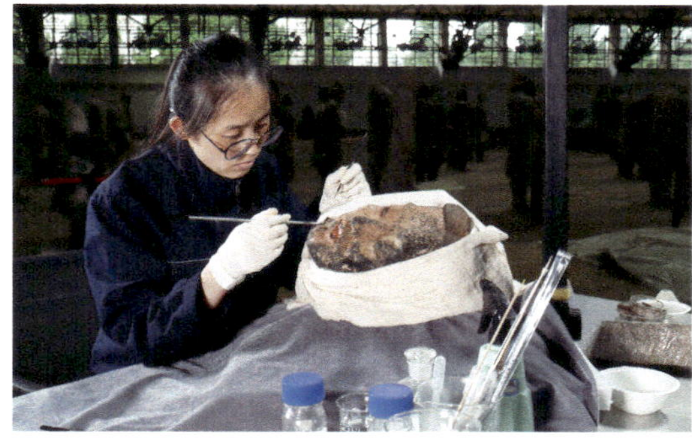

彩绘俑头清理加固

彩绘加固

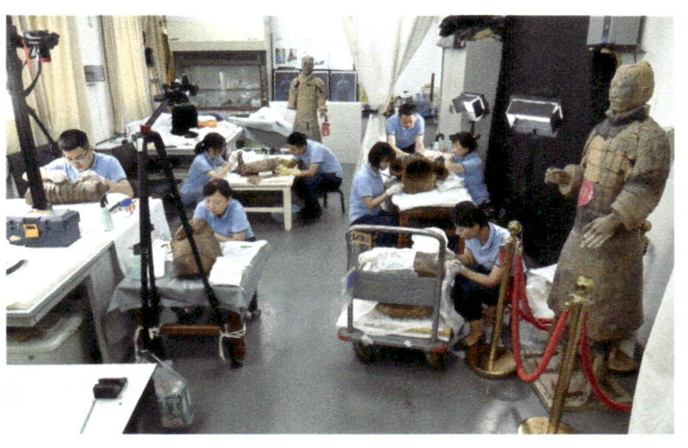

彩绘修复室清理加固

中德合作彩绘保护

粘接前彩绘残片整体照相

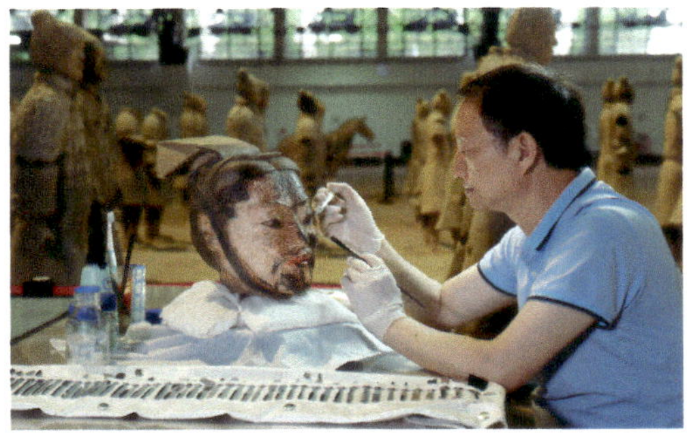

彩绘俑头加固

彩绘表面点涂加固

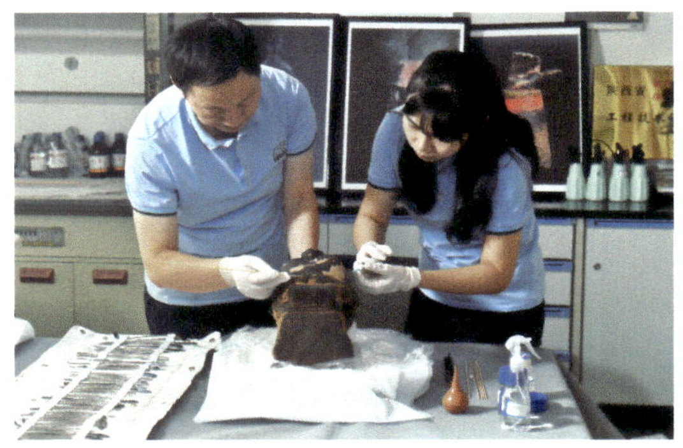

彩绘俑头注射加固

残片拼对粘接

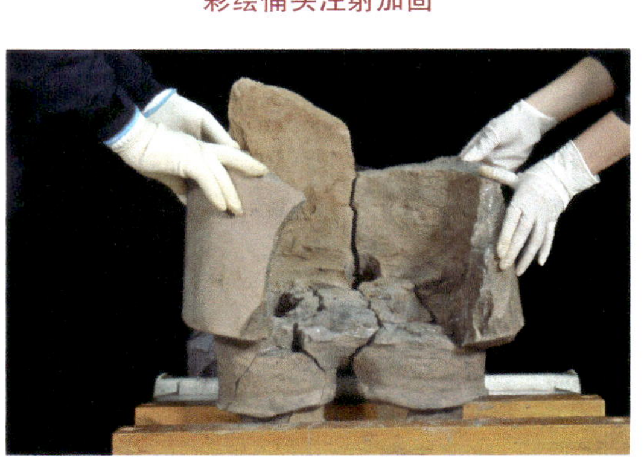

粘接前残片试拼

预防保护

一号坑修复现场

专家现场指导修复

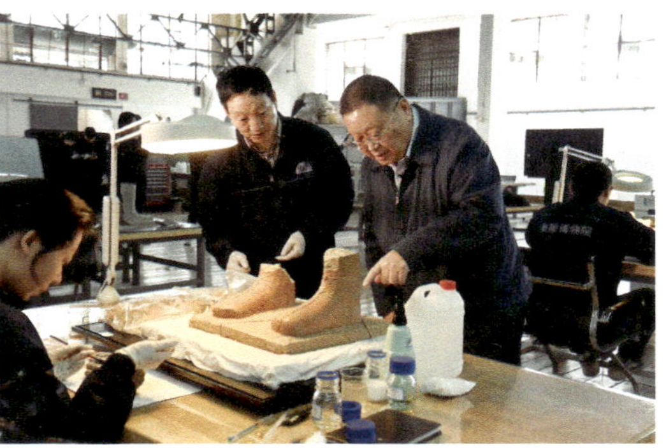

专家指导彩绘保护

现场拼对粘接

留观记录

拼对粘接

拼对粘接

陶俑粘接

专家指导粘接

保护修复中

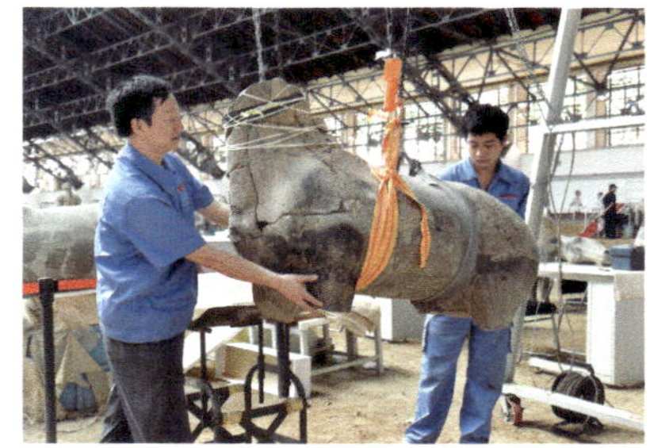

陶马修复

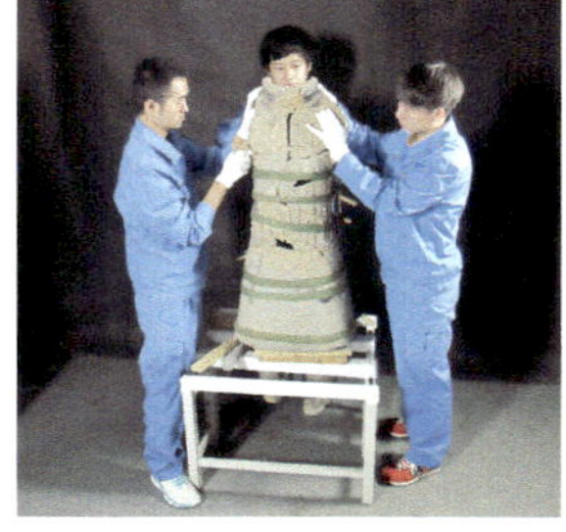

陶片拼对

陶俑绘图

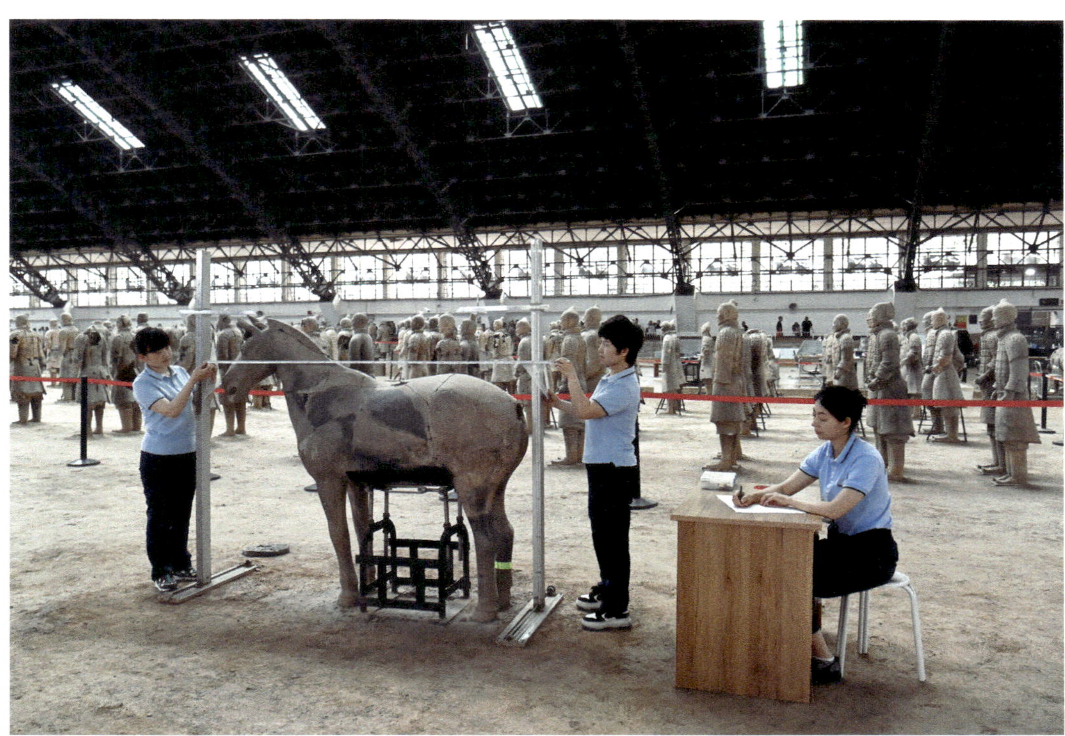

陶马绘图

秦俑保护修复

考古现场彩绘保护后

保护修复后彩绘俑头

彩绘俑头保护后

带有工匠俑头背部

保护修复后俑头

保护修复后俑头

保护修复后俑头

带有陶文“七丙”的俑头背部

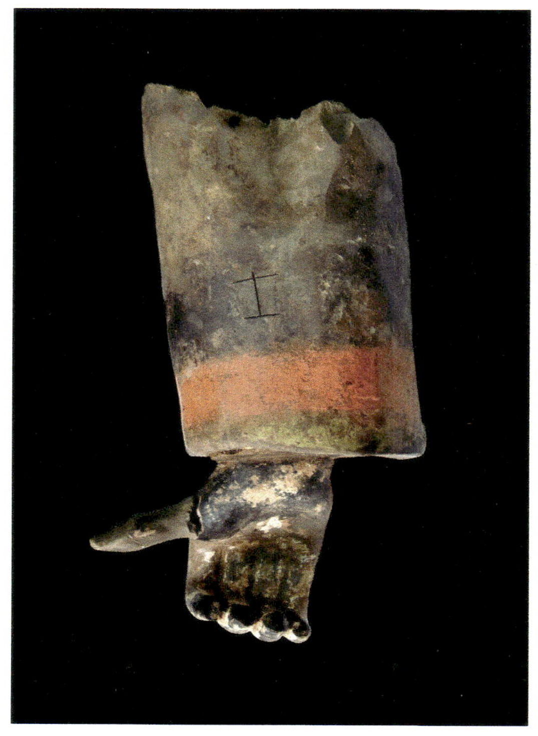

秦俑彩绘保护后——陶文“士”

保护修复后局部

G9：11 中国紫

G10：43 中国蓝

彩绘将军俑（正面）

彩绘将军俑（背面）

T23G9：C2③陶马修复后

T23G8：49/65带有工匠名“三辛”的陶俑

T23G10：15彩绘保护后

T23G10：41彩绘保护后

T23G11：24彩绘保护后

陶马修复专家现场评估

彩绘加固现场评估

修复会诊

中期验收专家合影

结项现场专家质询

结项现场专家验收

修复后陈列展示

修复后陈列展示

| 编号 | 陶俑编号 | 修复前 | 修复后（正面） | 修复后（背面） |
| --- | --- | --- | --- | --- |
| 1 | G8：5/14 |  |  |  |
| 2 | G11：51 | 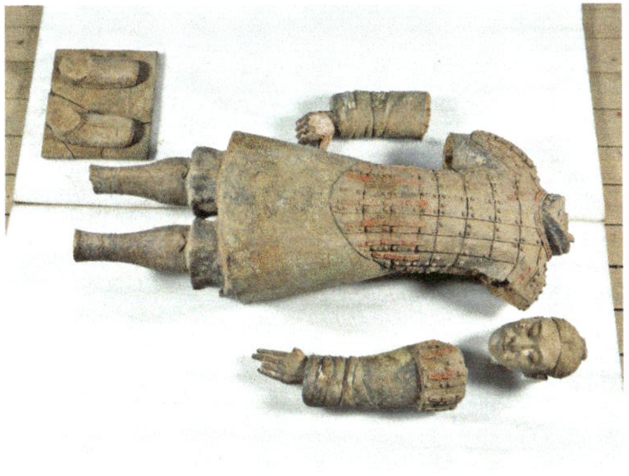 |  |  |

续表

| 编号 | 陶俑编号 | 修复前 | 修复后（正面） | 修复后（背面） |
| --- | --- | --- | --- | --- |
| 3 | G9∶18 |  |  |  |
| 4 | G10∶15 |  |  |  |

续表

| 编号 | 陶俑编号 | 修复前 | 修复后（正面） | 修复后（背面） |
| --- | --- | --- | --- | --- |
| 5 | G8：35 |   |   |   |
| 6 | G9：8 |   |   |   |

续表

| 编号 | 陶俑编号 | 修复前 | 修复后（正面） | 修复后（背面） |
| --- | --- | --- | --- | --- |
| 7 | G10：14/85 |  |  |  |
| 8 | G10：11 |  |  |  |

续表

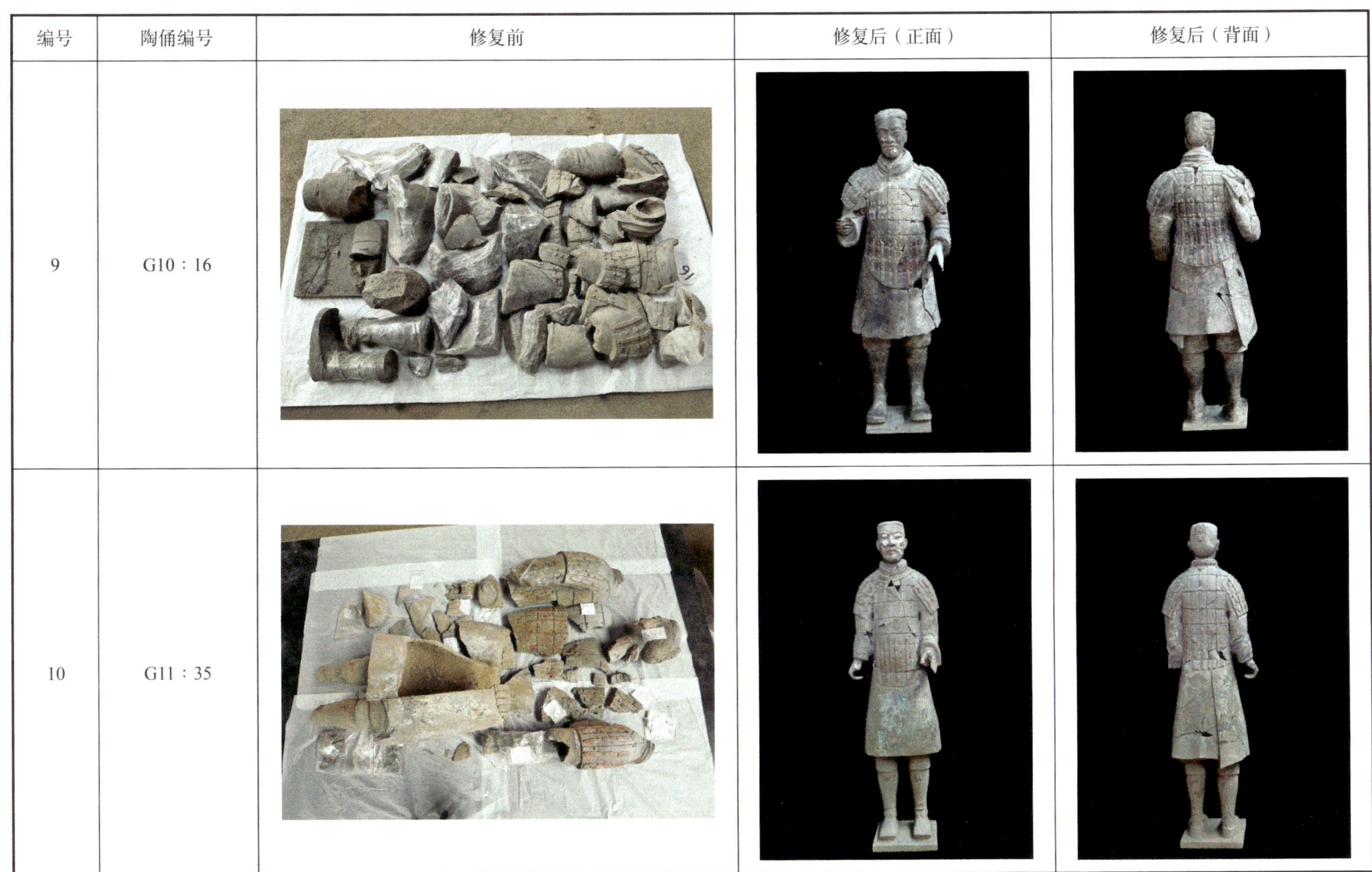

| 编号 | 陶俑编号 | 修复前 | 修复后（正面） | 修复后（背面） |
| --- | --- | --- | --- | --- |
| 9 | G10：16 | | | |
| 10 | G11：35 | | | |

续表

| 编号 | 陶俑编号 | 修复前 | 修复后（正面） | 修复后（背面） |
| --- | --- | --- | --- | --- |
| 11 | G9：13 |   |   |   |
| 12 | G10：17 |   |   |   |

## 二、保护修复报告专家推荐信

秦始皇帝陵博物院：

《秦始皇兵马俑一号坑新出土彩绘陶质文物保护修复报告（2010～2022）》，是秦俑一号坑第三次考古发掘新出土兵马俑保护修复工程的阶段性总结，是《秦始皇帝陵一号兵马俑陪葬坑发掘报告》的补充，是对秦代大型陶俑、陶马实施科学保护修复过程的详细记录及经验的总结，保护修复了140件国宝秦兵马俑，详细地介绍了考古发掘现场保护方法、科学检测分析、病害认知及类型、保护修复实施过程，并进行了数字化辅助修复新技术的应用，同时全面地对秦俑的制作工艺进行了深入的探索和研究，并以典型案例互补复杂彩绘保护修复的方法。附录了保护修复档案和部分兵马俑修复前后信息。

《秦始皇兵马俑一号坑新出土彩绘陶质文物保护修复报告（2010～2022）》内容丰富、结构合理、方法规范、资料翔实，对于珍贵出土文物的保护修复具有一定的参考和借鉴价值。作者十多年来坚持在考古发掘保护工作现场，一直在钻研并高水平地从事着兵马俑的保护修复工作，勤奋敬业的精神可佳！但是本报告的部分内容还要进一步优化修改，比如增加出土陶马等的保护修复内容等。

建议尽快出版，为秦俑、秦陵、秦文化研究者提供新的资料。

推荐人：陕西省文物保护研究院 [signature]
2023年8月16日

秦始皇帝陵博物院：

《秦始皇兵马俑一号坑新出土彩绘陶质文物保护修复报告（2010～2022）》，是自2009年以来秦俑文物保护修复团队为配合一号坑第三次考古发掘而进行的保护修复项目的阶段性成果总结，是对《秦始皇帝陵一号兵马俑陪葬坑发掘报告》的补充和完善，是陶质彩绘文物保护国家文物保护行业标准颁布以来实施的重大修复项目，保护修复了140件兵马俑，及时将出土的彩绘兵马俑经考古现场保护、清理、拼对后提取到文物保护修复实验室进行保护修复，并采取边发掘、边保护、边修复、边展示的一体化新模式向中外观众介绍秦兵马俑的科技考古、科学保护修复全过程，从这些残破千年的彩绘陶片中激活出历史的密码，使人们感悟大秦文明的辉煌。

《秦始皇兵马俑一号坑新出土彩绘陶质文物保护修复报告（2010～2022）》内容丰富，结构合理，将传统修复与现代科技保护相结合，在不断的实践基础上进行全面总结、分析和研究。

建议出版，为从事陶质彩绘类文物保护修复的技术人员及大中专院校相关专业的学生提供参考和指导。

推荐人：西安交通大学 [signature]
2023年8月28日

# Abstract

The Chinese large-scale ancient pottery and polychrome conservation and restoration is a national key cultural relic conservation and restoration project targeting the newly excavated terracotta fragments in the 23rd excavation unit of the Terracotta Army Pit 1. From May 2010 to December 2023, the third archaeological excavation of the Terracotta Army Pit 1 unearthed over 256 terracotta figures (including 16 terracotta horses), all of which were severely damaged, and some remains painted colors on their surfaces. Under the premise of fully maintaining the historical heritage, artistic and scientific value, for a variety of damages, the use of appropriate protective materials and processes, in accordance with relevant industry standards and practices, was implemented to conserve and restore the painted artifacts to meet display and research needs. On this basis, we established the painting conservators' effect evaluation system, and actively promoted technological achievements in pottery heritage, conservation and restoration of talented individuals. After 13 years of diligent effort, 140 terracotta warriors and horses have been scientifically conserved and restored.

## Chapter 1 Introduction

This chapter introduces the history of the excavation of Terracotta Army Pit 1 in the Mausoleum of the First Qin Emperor, the significance of the third archaeological excavation, the conservation and restoration status of the newly unearthed terracotta figures, as well as the importance of their conservation and restoration. This excavation adhered to close cooperation among on-site archaeology, cultural relics restoration, polychrome conservation, and scientific analyses while obtaining maximum information through multiple disciplines and channels. New insights have been gained in the arrangement of the military formation in the pit, weapons and protective equipment, command instruments, the body and facial types of the terracotta figures, the production process of the terracotta figures, and the making of the polychromy.

## Chapter 2 Basic Information on Newly Excavated Artifacts

Before the restoration of Terracotta Warriors and Horses, a comprehensive collection of information on the cultural relics themselves and their preservation environment was conducted. Detailed photography, recording, and archiving were done for each terracotta figure, documenting the number of broken pieces, the degree of damage, the preservation status of polychromy, types and locations of damage, and information on pottery inscriptions. Information that could not be identified by the naked eye was further detected through modern technological means. Simultaneously, specialized instruments were used at the restoration site of Pit I and in the polychrome restoration laboratory to monitor environmental information on a long-term basis, exploring the impact of temperature and humidity changes on the cultural relics. This provided a reliable basis for the later formulation of scientific and reasonable cultural relic conservation plans.

## Chapter 3　Disease Survey

This chapter summarizes the diseases and their causes of the Terracotta Warriors and Horses excavated and restored during the third excavation. Firstly, 18 common diseases of the Qin Terracotta Warriors and Horses are identified, which can be divided into polychrome layer diseases and pottery body diseases. Secondly, the degree of disease in 140 terracotta figures is recorded. Thirdly, the causes of the diseases are analyzed. Finally, corresponding prevention and treatment methods are proposed for specific diseases.

## Chapter 4　Scientific Analyses

This chapter introduces the analytical methods used in the restoration project of Pit 1, including Raman spectroscopy (RM), polarized light microscopy (PLM), scanning electron microscopy with energy dispersive spectroscopy (SEM-EDS), X-ray diffraction (XRD), X-ray inspection technology, ultrasonic testing, ultra-depth microscopy, Fourier transform infrared spectroscopy (FT-IR), et cetera. These methods are used to analyze the composition of polychrome layers, pottery bodies, crystalline salts, microorganisms, and adhesive selection testing. This allows a deeper understanding of the production techniques, disease mechanisms, preservation status, physicochemical properties, and material composition of the Qin Terracotta Warriors and Horses. It also facilitates the scientific and standardized analysis of painted terracotta cultural relics, diversifying analytical methods and providing a basis for the scientific conservation and restoration of painted Terracotta Warriors.

## Chapter 5　Conservation and Restoration

This chapter introduces the philosophy, principles, technical approach, and methods of conserving and restoring the Terracotta Warriors and Horses. Starting with emergency preservation at the archaeological site, steps such as environmental control, moisture retention, and pre-consolidation of painted decoration are taken. Subsequently, the figures are transported to the restoration laboratory for detailed conservation and restoration. Following a process of photographing and recording by body part, describing the current preservation status, analyzing diseases, conducting scientific analyses, developing restoration plans, cleaning, consolidation, piecing, bonding, patching, drawing, archiving, observation, and return, 140 painted Terracotta Warriors have been scientifically conserved and restored. This provides experience and techniques for the conservation and restoration of large painted terracotta cultural relics.

## Chapter 6 Suggestions for the Preservation Environment of the Restored Terracotta Warriors and Horses and Preventive Conservation

Starting from the production materials, production techniques, and key environmental factors that affect the preservation of Terracotta Warriors, this chapter analyzes the temperature, humidity, and atmospheric particulate matter in three preservation environments: Pit 1, pottery storage, and exhibition hall cabinets. The results show that the temperature and humidity in Pit 1 vary the most dramatically . In contrast, the temperature and humidity in the exhibition hall cabinets and pottery storage are suitable for storing cultural relics. The analysis also indicates that indoor atmospheric particulate matter is mainly affected by the infiltration of outdoor pollutants. Finally, suggestions for the preservation environment of cultural relics are proposed in terms of controlling environmental humidity, inhibiting the indoor infiltration of particulate pollutants, and increasing buffering measures.

## Chapter 7 The Application of Digital Technologies in the Conservation and Restoration of the Terracotta Warriors and Horses

1. To address the frequent breakage and secondary damage caused by traditional restoration methods during the piecing of Terracotta Warrior fragments, this chapter explores the use of digital technology in their restoration. By combining traditional restoration techniques with modern technology, three-dimensional laser scanners and high-resolution cameras are used to capture three-dimensional point clouds and texture images of Terracotta Warrior fragments. This digital data is then used to explore digital restoration methods, providing scientific references for actual restoration work.

2. Based on the digital models created through three-dimensional scanning and virtual piecing, mechanical finite element analysis is conducted on the models themselves through a certain format conversion. This determines the mechanical stability of the Terracotta Warriors and provides scientific and individualized preventive protection measures and suggestions for

their conservation and restoration based on the analysis results.

## Chapter 8 Discussion on the Production Process of the Terracotta Warriors and Horses of Qin and Related Issues

Based on the restored fragments of the Terracotta Warriors and Horses, a preliminary exploration of the Qin Terracotta production team and the sources of the craftsmen has been conducted. The first and second parts detail the production process of the Terracotta Warriors and Horses, which includes the main process of sculpting, the combination of molding and sculpting, firing in the kiln, and painting after exiting the kiln. However, more evidence is needed to determine how the Terracotta Army statues were supported during the firing process. The third part examines the 111 pottery inscriptions discovered, indicating that the majority of the numerical inscriptions are symbols used for counting or numbering, while the inscriptions with artisan names are a means for the rulers to inspect the quantity and quality of the terracotta figures. The fourth part analyzes the 112 fingerprints left by the makers, and based on anthropological principles, it is initially determined that the age composition of the ancient potters was diverse, with adults over 16 years old making up the majority.

## Chapter 9 Conservation and Restoration Cases

1. This section introduces the emergency conservation and restoration methods at the archaeological site for painted terracotta head. Typical disease types were addressed with protective treatments, and exploratory efforts were made to reattach multiple polychrome fragments on the soil to the statues. After repeated consolidation with various protective materials, the painted layers of the terracotta head was stabilized, achieving satisfactory conservation results.

2. Taking the High-ranking Military Official (General) Statue as an example, the process started with emergency conservation measures on-site, creating a controlled microenvironment and maintaining the humidity of the polychrome layer. Once the painted layers stabilize, the figure was transported to the restoration laboratory for further scientific conservation and restoration. Adhering to the principle of minimal intervention, the causes of the diseases were analyzed, and scientific conservation and restoration methods were employed to treat the diseases. The painted layers were consolidated using a combination of polyethylene glycol (PEG200) and acrylate emulsion, and the extracted polychrome fragments on the soil were repositioned and reattached. By combining traditional and modern restoration techniques, the original appearance of the statue was restored.

3. Using a terracotta horse as an example, this section focuses on the conservation

and restoration of terracotta horses with a large number of fragments, widespread disease distribution, and significant restoration difficulties. Traditional restoration methods were primarily employed, following the principles and technical guidelines for the conservation and restoration of cultural relics. Methods such as attaching cloth to the inner cavity and using brackets for adhesion and fixation were adopted. For legs that bear heavy loads, dowel pins were used to ensure their safety and stability, providing technical support for subsequent terracotta horse restoration.

4. This section showcases the use of menthol as a temporary consolidation technique for the extraction of fragile relics in the Qin Terracotta Army Pit 1. This technique is not limited to the extraction of painted relics but is also effective for the consolidation and extraction of various other types of cultural relics and remains.

## Chapter 10 Concluding Remarks

After thirteen years of efforts by conservation and restoration personnel, two-thirds of the newly excavated terracotta figures from the third archaeological excavation have been conserved and restored, with 140 terracotta figures undergoing scientific conservation and restoration. This project highlights several notable achievements: polychrome terracotta conservation technology, digital technology application, adhesive screening research for ceramic artifacts, online color monitoring technology, and temporary consolidation techniques. This conservation and restoration project satisfies the needs of archaeological research, exhibition display, scientific research, and utilization, optimizing the conservation and restoration techniques and processes for large painted ceramic artifacts and achieving a new breakthrough in the conservation and restoration technology of painted ceramic artifacts.

# 后　　记

时光不语，岁月成诗！自2009年6月开启了秦始皇帝陵兵马俑一号坑第三次考古发掘以来至2022年底，秦俑文保工作者不负时代，砥砺前行，将历史的碎片拼接成完整的兵马俑，留住绚丽的色彩，复活秦代的军团！这些具有历史、艺术、科学和社会价值的文化遗产，是先辈们留给我们的宝贵财富与精神家园，我们有责任、有义务去保护、利用与传承。传承民族精神，守护中华文明的精神标识。

本书是秦始皇帝陵兵马俑考古发掘50周年、秦始皇帝陵博物院/秦始皇兵马俑博物馆建院（馆）45周年以来第一部秦兵马俑保护修复报告，也是国家文物局陶质彩绘文物保护行业标准推广实施后第一批国家文物局重点文物保护修复工程，既是考古报告的完善和补充，也是保护修复工程成果及经验的总结。

十三年来，严格按照文物保护行业标准，科学化、规范化保护修复了140件彩绘兵马俑，规范了保护修复程序，建立了完善的保护修复档案。在对出土兵马俑陶胎、彩绘、各类病害、制作痕迹等要素进行充分观察、检测、分析的基础上，针对各种病害，采用相应保护材料和工艺，按照相关行业标准和操作规范进行保护处理，优化大型陶质文物修复技术，研发修复专用设备及工具，注重兵马俑现场保护、脆弱遗迹提取、制作方法、彩绘工艺、工匠信息等方向的科技史研究，为研究秦代服饰文化、彩绘艺术及制作工艺等方面提供了实物资料。十三年来，感谢时任馆长吴永琪研究员、副馆长曹玮研究员、总工程师周铁研究员、保管部主任赵昆研究员对这项重大保护修复工程的精心安排和大力支持。

从2009年6月秦俑一号坑第三次考古发掘开始，秦始皇帝陵博物院（陶质彩绘文物保护国家文物局重点科研基地）文保人员精心设计规划，与考古人员密切配合联合开展工作，顺利组建现场保护组和文物修复组，开展了《秦俑一号坑新出土兵马俑保护修复方案》的编制和实施工作。十几年的努力和奋斗，保护修复组全体同仁不辱使命，接续前行，超额完成了目标任务。

在项目实施及报告撰写过程中，得到了国家文物局、陕西省文物局历任领导的大力支持和高度关注。感谢兄弟单位同仁的鼎力支持与指导。他们是中国文化遗产研究院詹长法、马清林、李黎、马菁毓研究员；故宫博物院陆寿麟、李化元、雷勇研究员；中国国家博物馆铁付德、张月玲研究员；中国科学院上海硅酸盐研究所李伟东、赵静研究员；上海博物馆熊樱菲研究员；陕西省文物保护研究院马涛、邵安定、白崇斌研究员；陕西省考古研究院赵西晨研究员、梁依倩馆员；陕西历史博物馆侯宁彬、路智勇研究员；汉景帝阳陵博物院何宏研究员、孔琳馆员；陕西省文物交流中心赵昆研究员；西安碑林博物馆张喆文馆员。

感谢北京科技大学郭宏教授；北京建筑大学祝磊、胡云岗、侯妙乐教授，易伟同、刘兴奇博士；上海大学罗宏杰教授；中国科学技术大学龚德才教授；河北科技大学牛春梅教授；西安交通大学和玲、梁军艳、徐海波教授；西北工业大学杨军昌教授；西北大学杨璐、王丽琴、刘成教授；陕西师范大学李玉虎、胡道道、晁小练教授；德国慕尼黑工业大学艺术品保护系艾默林（Erwin Emmerling）教授，卡特琳娜（Catharina Blaensdorf）、琳达（Linda Zachmann）、查萝苔（Charlotier）博士等。

感谢秦始皇兵马俑博物馆前任馆领导袁仲一、吴永琪、曹玮、侯宁彬研究员，段志长、贾强书记，周铁总工程师；现任领导李岗、田静、王原茵、郭向东、周萍、陈志平研究员以及武天新（纪委书记）、侯宏庆（工会主席）等。

感谢本书的审稿专家詹长法、马涛、和玲、郭宏、周萍、杨璐研究员（教授）。

感谢保护部（科研基地、工程中心）全体同志的支持。

感谢考古部申茂盛、许卫红、邵文斌、容波、蒋文孝研究员，刘春华副研究员，李㮚、肖卫国馆员；藏品部王东峰副研究员；陈列部马生涛研究员、叶晔副研究员；信息部王勇、王亮副研究员；科研规划部李宇副研究员、朱学文研究员；办公室严伟、李斌、高伦主任；社教部农倩、冯莉副研究员；安全保卫部姜波、李军主任；财务部张满林、杨鑫娟、吕伟、罗高峰主任；人力资源部刘珺、齐溶主任；纪检室马三恒、贾飞主任；基建部贾涛主任；摄影师张天柱研究员，赵震、肖卫国馆员等。

感谢在归纳整理本书资料及校对过程中努力工作的李晓溪、黄建华、蒽艳娥、金玉云及英文校对杨莹等。

感谢项目组全体同仁：兰德省、周铁、赵昆、张尚欣、王东峰、李晓溪、夏寅、容波、李华、王春艳、王伟锋、严淑梅、朱振宇、牛学者、王响、王眉、张沙、兰翔、郭鲜艳、杨秦雄、任雯雯、金玉云、蒽艳娥、焦佳伟、王驰、张盼、段光辉、安乐、付喜萍、严平、郭海娇、和金波、陈飞、杨震、王高峥、和晓娣、王吉、王立、肖泰华、杨鹏、余秋、宋世雄、黄磊、刘源、种小波、刘兴宇、陈园、陈康等。

我们既是秦俑的修复师，也是“秦兵马俑医院”的医生；大美工匠，良医治国宝；古为今用，庚续传承，让复活的兵马俑再次闪耀着中华文明！

本书是集体智慧的结晶，充分发挥团队的专业特长，归纳总结。

各章节撰写情况如下：

第一章由申茂盛、兰德省完成；

第二、三章由兰德省完成；

第四章由夏寅、黄建华、付倩丽、李晓溪、惠娜、罗强完成；

第五章由兰德省、李晓溪、王东峰、容波、王春燕、蒽艳娥完成；

第六章由李华完成；

第七章由祝磊、胡云岗、易伟同、刘兴奇完成；

第八章由兰德省、李晓溪、金玉云、孔琳完成；

第九章案例一由兰德省、蒽艳娥完成；案例二、三由兰德省完成；案例四由容波、王春燕完成；

第十章由兰德省、李晓溪完成；

附录中的图片由申茂盛、张天柱、赵震、肖卫国、兰翔等提供；

封面由张喆文设计；英文摘要由李晓溪、杨莹、夏寅完成。

本书由兰德省主编；兰德省、李晓溪、黄建华、蒽艳娥、金玉云负责统稿编辑；周萍、夏寅审核。

“不负韶华，以梦为马，历尽千帆，归来仍是少年”，在此感谢大家无私的奉献和辛勤的付出！

秦俑伴我们成长，我们送秦俑健康！

兰德省

2024.05.18